U0354547

本书得到以下资助，谨致谢忱：

国家社会科学基金青年项目“中国特色知识产权刑事司法保护机制实证研究”（批准号：10FXC031）

中国博士后科学基金项目“后TRIPs时代知识产权执法规则的国际发展和中国应对研究”（批准号：2014M562097）

湖南省教育厅科学研究重点项目“从政策到法治：打造我国知识产权执法保护机制升级版研究”（批准号：15A101）

国家社会科学基金青年项目

知识产权刑事司法

中国特色实证研究

EMPIRICAL RESEARCH ON INTELLECTUAL PROPERTY PROTECTION BY CRIMINAL PROCEDURE：A PERSPECTIVE FROM CHINESE CHARACTERISTICS

贺志军 袁艳霞 著

北京大学出版社
PEKING UNIVERSITY PRESS

序言一

1994年世界贸易组织《知识产权协定》(TRIPS)第61条为各成员设置了“刑事程序”的条约义务。以此为契机,世界各国的知识产权刑事保护翻开了崭新的一页,知识产权刑事司法在国际层面日益受到重视。令国人印象深刻的是,美国历年《特别301报告》几乎都在要求“中国应加强知识产权刑事司法保护”,2007年还提起“中美WTO知识产权争端案”,称中国知识产权刑事保护不力、不符合《知识产权协定》第41.1条和第61条的要求①,所幸被专家组报告以美国“没有证实”为由而驳回。在世界贸易组织以外的场所,现已或正在缔结包含知识产权刑事司法义务的大量多边、复边、双边条约性质的文件。

“入世”后,尤其是近年来,我国知识产权刑事司法也日趋强化。2009年《最高人民法院关于贯彻实施国家知识产权战略若干问题的意见》提出:“加大知识产权刑事司法保护力度,依法严厉制裁侵犯知识产权犯罪行为,充分体现惩罚和震慑犯罪功能。”2010年10月至2011年6月,国务院部署开展“打击侵犯知识产权和制售假冒伪劣商品”(简称“双打”)专项行动,专项行动结束后又建立相应长效工作机制。可以说,刑事司法渐成我国打击“侵权假冒”工作的重要方面和内容。

---

① See WT/DS362/1, pp. 1-2.

本书正是在前述国内外背景下,及时对“知识产权刑事司法保护机制”展开研究所形成的成果。通读全书,我认为有以下三个鲜明的“特色”:

一是问题为导向。如何合理进行知识产权刑事司法定量的设置与测定,如何畅通知识产权案件“行刑衔接”机制,如何优化知识产权刑事侦控机制,如何在“三合一”改革下确定知识产权刑事案件管辖及定罪量刑,这些都是该书挖掘知识产权刑事司法作业“流水线”所蕴涵的“中国特色”而提炼出来的代表性问题。应当说,分析我国知识产权刑事司法保护机制的运行“绩效”、揭示存在的问题和提出优化设计的完善对策,是回应现实关切所需,实有必要且意义重大。

二是体系显完整。本书着眼于刑事司法机关和知识产权刑事司法保护机制中各种参与者共同形成的整体关系图景,沿着两根主要的逻辑链条展开论证体系的架构:一个是涉及立法机关与司法机关权限划分、行政机关与司法机关案件合处的“外循环”,另一个是涉及公检法三机关之间内部关系的“内循环”。从外部——内部二维角度来展开我国知识产权刑事司法机制及其“中国特色”分析,不失为一种较为合适的体系分析视角。

三是方法有创新。本书尝试将法律实证分析方法引入“知识产权刑事司法保护机制”议题的研究中,利用三章的篇幅从年度司法数据实证、司法案例实证、司法解释规范文本实证三个方面,将实证方法的运用落到了实处。这种方法论的尝试,一定程度上有利于弥补传统法学研究偏重思辨、轻视实证之方法上的不足,具有较大的学术创新意义。

贺志军博士自2013年进入中南财经政法大学知识产权研究中心从事博士后研究工作,我担任其合作导师。在承担单位较为繁重的教学科研工作之余,他还在我的指导下进行了大量知识产权法领域的文献阅读,完成论文多篇,本书也正是在这一期间撰写完成的。虽然尚不能尽善尽美，但其回应现实关切的学术态度、探索实证研究和跨学科研究的勇气，值得嘉许。希冀本书两位作者以已有学术积累基础为起点，不断勇攀高峰，取得更大的学术成就！

是为序。

吴汉东

2015年11月15日

序言二

贺志军博士和袁艳霞博士合作的新著《知识产权刑事司法:中国特色实证研究》即将付梓,邀请我作序,我欣然应允。

党的十八届五中全会特别强调,牢固树立创新、协调、绿色、开放、共享的发展理念,深化知识产权领域改革,加强知识产权保护和运用,为我国加快建设知识产权强国提供了有力支撑。本书的研究主题——我国的知识产权刑事司法——是回应时代发展和要求的前沿课题。

随着知识经济的兴起,知识产权刑事司法在国际层面正走向强化。如:世界贸易组织(WTO)成员利用刑事手段打击假冒盗版的呼声与关注度都很高;在大量多边、复边、双边条约性质的文件中,充斥着各种高于《知识产权协定》(TRIPS)义务的所谓"超TRIPS"执法条款;世界海关组织(WCO)、国际刑警组织(INTERPOL)和世界知识产权组织(WIPO)等,自2004年即发起"全球打击假冒和盗版大会";国际刑警组织设有"知识产权犯罪行动组",并建立运行了"国际知识产权犯罪数据库"。不少国家专门对打击知识产权犯罪进行了战略研究与实施,如:英国自2004年起,启动了"打击知识产权犯罪国家战略";美国2008年的《优化知识产权资源和组织法案》,将知识产权刑事司法追诉机制实质性地推进了一大步。

我国自1997年《中华人民共和国刑法》在分则第三章第七节设立"侵犯知识产权罪"以来,知识产权刑事司法逐渐得到强化。2001年

"入世"和2008年提出国家知识产权战略，进一步加强了知识产权刑事司法的外部和内部的"驱动力"。2007年启动的"中美WTO知识产权争端案"，对我国知识产权刑事司法门槛进行了一次"国际洗礼"。2004年8月和2010年10月，国务院两次分别部署全国性打击侵犯知识产权的"专项行动"；2011年11月，就建立健全打击侵权和假冒伪劣的长效机制进行部署，不仅运用行政处罚手段，而且注重发挥刑罚惩治和预防知识产权犯罪的功能。由此，刑事司法是我国打击"侵权假冒"不可或缺的关键环节。本书密切关注我国打击"侵权假冒"刑事司法实际，从理论上推动知识产权刑事司法模式由"运动型"向"机制型"优化转变，无疑意义重大，恰逢其时。

我认为，本书在研究方法上跳出了我国传统的以思辨性规范分析为主要方法的范式，具有重要的学术创新价值。我国知识产权刑事司法问题是一个集价值、规范和事实于一身的议题，对它的深入研究，本身急需展开实证分析。作者采用了法律实证分析方法，考察了十余个年度的刑事司法数据，利用北大法意等网站甄选出1 617份刑事判决进行定量分析，选取有关知识产权刑事司法的31个文件、130个规范文本进行实证分析，从而使"一些透过我们熟悉的规范学方法所看不到的事实"得到发现和揭示。同时，作者力图进行跨学科研究，综合运用了刑法学、刑事诉讼法学、知识产权法学、统计学、经济学等学科的基本理论和研究工具，运用和剖析了大量司法案例和各地的实践做法，并将重要的知识产权法学成果嵌入本议题研究之中，研究视野开阔，研究内容丰富。

尤其是本书的研究成果不是片段性的孤立研究，而是贺志军博士持续展开系列纵深研究的结晶。自2006年9月，他在我的指导下开始攻读博士学位起，便对知识产权刑事保护表现出了较大兴趣，读博期间已在该领域取得不少学术成果，如发表知识产权刑事保护主题的相关论文近10篇，与我合著出版的《多维视角下我国知识产权的刑事保护研究》受到学界好评。2009年5月，他的博士学位论文《我国著作权刑法保护问题研究》以全优的成绩顺利通过答辩，被纳入"武汉大学刑法博士文丛”出版。毕业后,他沿着“从立法到司法”的进路,继续坚持在打击侵权和假冒伪劣领域的纵深研究。2010 年,成功获得国家社科基金青年项目“中国特色知识产权刑事司法保护机制实证研究”课题,并于 2014 年圆满结项。为实现刑事法与知识产权法之间真正的“跨学科连结”,2013 年他进入中南财经政法大学知识产权研究中心,师从知名法学家吴汉东教授开展知识产权法领域的博士后研究工作。在博士后研究期间,他获得中国博士后科学基金等一系列科研项目,在知识产权执法保护领域不断取得系列研究成果。本书是他所取得的优秀学术成果的又一代表作。

贺志军博士和袁艳霞博士都具有学术理论的研究热情,保持着孜孜不倦的学术追求和践行著书立说的学术使命。喜在研究中,乐在学术里。我既为他们的学术成长和成就感到由衷的欣慰,更期望他们能不断进取、跨越式发展,期待他们取得更多更好的学术成果。

莫洪宪

2015 年 11 月 18 日

目 录

图表目录

绪　论

一、研究命题界定

（一）知识产权刑事司法保护

知识产权保护涉及立法保护、行政保护和司法保护。知识产权司法保护是从国家权力角度而言的，即通过司法途径来保护知识产权。而从当事人角度是通过诉讼途径来保护，具体包括民事诉讼、行政诉讼、刑事诉讼三种类型。2008年，《国家知识产权战略纲要》将司法保护描述为相对于行政保护具有“主导作用”的保护形式。党的十八届四中全会更是提出要形成“高效的法治实施体系”，知识产权司法保护问题在我国正日趋受到重视。

知识产权刑事司法保护可作如下界定：由国家公诉人或享有知识产权的自诉人向人民法院对侵犯知识产权犯罪人提起刑事诉讼，追究侵犯知识产权犯罪人的刑事责任，以保护相应知识产权的活动。[①] 一方面，它是刑事立法保护在刑事司法中的具体实践。知识产权刑事立法的生命在于应用。知识产权罪刑规范在中国存在和运作多年，如果公安机关不对知识产权犯罪行为立案、侦查，检察机关不提起公诉，法院不审理、判决，则知识产权刑事立法保护就会沦为“纸面上的法”，成

---

① 参见莫洪宪、贺志军：《多维视角下我国知识产权的刑事保护研究》，中国人民公安大学出版社2009年版，第23页。

为纯粹的文字游戏。另一方面,知识产权刑事司法保护是整个知识产权保护“系统工程”中的重要部分。正如 WIPO 前总干事 Kamil Idris 所言,“比较共同的看法是,在打击侵犯知识产权过程中最有效的方法和程序,是那些涉及刑事司法的方法和程序”。[①] 2009 年,最高人民法院《关于贯彻实施国家知识产权战略若干问题的意见》提出“加大知识产权刑事司法保护力度,依法严厉制裁侵犯知识产权犯罪行为,充分体现惩罚和震慑犯罪功能”。2010 年 10 月至 2011 年 6 月,我国政府还自上而下开展了声势浩大的“打击侵犯知识产权和制售假冒伪劣商品”(“双打”)的专项行动。我国知识产权刑事司法保护日趋步入良性发展的轨道,在某种意义上已成为目前中国解决侵权和假冒问题的一剂“良方”,对此有必要进行实证考察和理论总结。

（二）司法机制

“机制”原指机器的构造和运作原理,现通常指制度机制,即借指事物的内在工作方式,包括有关组成部分的相互关系以及各种变化的相互联系。司法机制可作如下界定:司法机关或其他相关主体在司法活动中形成的稳定工作方式和工作关系。知识产权刑事司法保护机制与知识产权刑事司法机制是含义相同的概念,只在表述上突出该机制特定的保护功能而已。

司法机制与司法制度、司法体制是三个既紧密相关又有所区别的概念。“制度”通常是指社会制度,美国经济学家道格拉斯·诺思将“制度”(institution)定义为:“一个社会的游戏规则,更规范地说,它们是为决定人们的相互关系而人为设定的一些制约。制度构成于人们在政治、社会或经济方面发生交换的激励结构,制度变迁决定了社会演进的方式,因此,它是历史变迁的关键。”[②]司法制度是一个国家所建立的、调整司法机关或其他相关主体之间进行司法活动的、具有正式

① Kamil Idris, Intellectual Property: A Power Tool for Economic Growth, WIPO, 2003, p.318.

② 〔美〕道格拉斯·诺思:《制度、制度变迁与经济绩效》,刘守英译,生活·读书·新知三联书店 1994 年版,第 3 页。

形式和强制性的规范体系,是国家的基本政治制度之一。"体制"通常指体制制度,是制度形之于外的具体表现和实施形式,是"制度之形体";对应的,"机制"就是"制度之运作机理",通过制度系统内部组成要素,按照一定的方式相互作用实现其特定功能。在我国刑事司法中,公、检、法三机关之间的"流水线"关系,各自内部架构及职能,司法鉴定组织和鉴定人管理等,都属于体制性的制度内容;而各种司法程序等,则属于机制性的制度内容。可见,司法体制和司法机制都属于司法制度的范畴,司法制度制约着司法体制与司法机制,也受到后两者的反作用。在这种意义上,司法机制是从属于司法制度的。

(三) 中国特色

"中国特色"的提法主要缘于邓小平的中国特色社会主义理论。党的十八大报告系统阐述了"中国特色社会主义道路""中国特色社会主义理论体系"和"中国特色社会主义制度"的概念。社会主义法治具有自身的中国特色,主要体现在宪法和法律价值取向以及国家权力运行机制、法治运行环境等基本制度方面。在公法层面上体现更为突出,而在一些技术性规定方面则不甚明显,这一定程度上是受到中国政治体制改革现状的影响。

司法机制的"中国特色"可界定为:由我国国情所决定的、司法机制所形成并稳定展现的、在本土运作效果良好而与其他国家存在明显不同的独特方面、环节和特征。其属性可作如下概括:一是国别差异性。一个国家实行何种司法制度,是由该国国情决定的。即使社会制度相同的国家,其司法制度也存在差异。二是内在稳定性。道格拉斯·诺思提出制度的路径依赖(path dependency)概念,即一种现存制度具有一种类似于物理学上的惯性,一旦采用了一种制度进入某种特定的路径,则这种制度就可能会情不自禁地产生一种惯性,对之前人们的选择产生一种依赖,这正好解释了司法机制存在中国特色的合理性。三是相对性。在强调中国特色的同时,也应当关注各国法治及其司法机制的一般规律,合理吸收国际化经验。

司法机制的国别特色根本上取决于司法制度的特色。有学者对我国司法制度的“中国特色”概括为司法定位、司法架构、司法运行、司法功能、司法方式、司法为民、司法队伍、司法政治八个方面。[①] 其中司法机制体现出的中国特色主要有：在司法运行上，外部运行实行分工负责、互相配合、互相制约；内部运行实行民主集中，上下级运行，建立必要的案件请示制度，运行效果评价注重法律效果和社会效果的有机统一。在司法功能上，具有司法解释功能、案例指导功能、法律教育功能；在司法方式上，实行宽严相济、综合治理；在司法为民上，坚持群众路线、便民诉讼、人民陪审。知识产权刑事保护落实到司法改革过程中，无疑离不开中国司法制度这一国情，因此，本书拟以上述司法制度特色为基础，来挖掘知识产权刑事司法机制的中国特色。

二、国内外研究现状述评

（一）国外研究现状

国外关于知识产权刑事司法保护的研究主要集中在以下方面：

1. 知识产权刑事司法基本理论研究

在 Kadish(1963)[②]关于用刑事措施强化经济规制探讨的基础上，Shavell(1993)、Nuno Garoupa(1997)[③]等提出了“最优执法”(optimal law enforcement)理论，为“行政处罚与刑事司法并存”提供了理论支持。Gregor Urbas(2005)[④]提出“公共当局与私人利益之间互动”的知识产权刑事执法模式，在学界影响较大。David Lefranc(2012)用历史

---

① 参见虞政平：《中国特色社会主义司法制度的“特色”研究》，载《中国法学》2010 年第 5 期。

② See S. A. Kadish, Some Observations on the Use of Criminal Sactions in Enforcing Economic Regulation, 30 University of Chicargo Law Review, 1963, pp. 423-49.

③ See S. Shavell, the Optimal Structure of Law Enforcement, 36 *Journal of Law and Economics*, 1993, pp. 255-87; Nuno Garoupa and F. Gomez, Punish Once or Punish Twice: A Theory of the Use of Criminal Sactions in Addition to Rugulatory Penalties, UPF School of Law (mimeograph), 2002.

④ Gregor Urbas, “Criminal Enforcement of Intellectual Property Rights, Interaction Between Public Authorities and Private Interests”, in Christopher Heath & Anselm Kamperman Sanders (eds), New Frontiers of Intellectual Property Law, Hart Publishing, 2005, pp. 302-322.

分析方法研究知识产权刑事执法问题，Andrea Wechsler（2012）运用经济分析的方法就知识产权刑事执法展开探讨。

2. 当代知识产权刑事司法的制度与多维比较研究

Christophe Geiger（2012）主编出版了《知识产权刑事执法：当代研究手册》①，这是“中美 WTO 知识产权争端案”于 2009 年尘埃落定后，国际学术界对知识产权刑事保护问题的一次集大成式的研究探讨，集中了许多知名学者的专题论文。其中，既有法律框架的考察成果，如：Henning Grosse Ruse-Khan 的《刑事执法与国际知识产权法》，Jonathan Griffiths 的《欧洲侵犯知识产权的刑事责任：基本权利的地位》，Tuomas Mylly 的《刑事执法与欧盟法》和 Johanna Gibson 的《欧盟知识产权刑事制裁指令草案研究》；又有各国经验的考察成果，如：Daniel Gervais 的《美国和加拿大知识产权刑事执法》，Guido Westkamp 的《英国知识产权使用行为的犯罪化：从商标使用到非法下载》，Joanna Schmidt-Szalewski 的《知识产权刑事法比较：过去、现在和未来——以法国为例》。另外，Geraldine S. Moohr（2008）编著的《知识产权和信息刑法：案例与材料》②，成为美国法学院的主流案例教材；Claudia Milbradt（2009）主编出版的《打击产品盗版的法律与战略：以德国、法国、荷兰、西班牙、英国、中国和美国为例》③，对德、法等七国打击侵权假冒的法律制度进行深入的详细比较；美国联邦检察官 Sherri Schornstein（2013）出版的《知识产权刑事执法：美国的视角》④，分析了美国刑事司法系统如何处理知识产权犯罪，揭开了联邦检察体系指控程序的神秘面纱，提供了关于知识产权刑事执法的详细信息。

---

① Christophe Geiger, Criminal Enforcement of Intellectual Property: A Handbook of Contemporary Research, Edward Elgar Publishing Limited, 2012.

② Geraldine S. Moohr, The Criminal Law of Intellectual Property and Information: *Cases and Materials*, Thomson, 2008.

③ Claudia Milbradt (ed.), Fighting Product Piracy: Law & Strategies in Germany, France, the Netherlands, Spain, UK, China, USA, German Law Publishers, 2009.

④ Sherri Schornstein, Criminal Enforcement of Intellectual Property Rights: U.S. Perspective, Oxford University Press USA, 2013.

3. 少数学者对中国知识产权刑事保护作了研究

如 Peter K. Yu(2012)对 TRIPS 协定下中国知识产权刑事执法规则构建的阐释;Daniel Chow(2000)、Jessica Zhou(2002)、Paul Torremans(2007)①和 Frederick Abbott(2007)②等,对中国假冒商标和盗版执法、中国履行 TRIPS 协定包括刑事义务的情况、美国与中国知识产权刑事司法比较等进行了研究。

4. 一些国际组织和外国政府在知识产权刑事保护领域取得了重要的调研成果,积累了大量的相关素材

如经合组织(OECD)开展了“关于假冒和盗版”三阶段大型国际调研项目,从事实层面考察知识产权犯罪的危害,形成了方法各异的大量计量研究资料;国际刑警组织等发起“全球打击假冒和盗版大会”,并成为治理知识产权犯罪国际协调与研究平台;美欧不断签订超 TRIPS 自由贸易协定,强化知识产权的刑事保护;美国 2008 年以来逐年发布《〈优化知识产权资源和组织法〉年度报告》;英国 2004 年即已制定和实施了“打击知识产权犯罪国家战略”,并逐年发布年度报告等。

（二）国内研究现状

国内对知识产权刑事司法保护的研究尚较分散,大致包括以下三个阵营:

1. 刑事法学者阵营

姜伟等(2004)③较早关注了知识产权犯罪案件刑事诉讼程序及其完善问题;赵秉志等(2006)④、王志广(2007)⑤、卢建平(2008)等对知识

---

① Paul Torremans, et. al., Intellectual Property and TRIPS Compliance in China: Chinese and European Perspectives, Edward Elgar Publishing Ltd., 2007.

② Frederick M. Abbott, Thomas Cottier, Francis Gurry, International Intellectual Property in an Integrated World Economy, Aspen Publishers, 2007.

③ 参见姜伟:《知识产权刑事保护研究》,法律出版社 2004 年版。

④ 参见赵秉志主编:《中国知识产权的刑事法保护及对欧盟经验的借鉴》,法律出版社 2006 年版。

⑤ 参见王志广:《中国知识产权刑事保护研究》(理论卷),中国人民公安大学出版社 2007 年版;王志广:《中国知识产权刑事保护研究》(实务卷),中国人民公安大学出版社 2007 年版。

产权犯罪的公安执法、行政案件移送、管辖、取证举证、鉴定与专家证人等具体刑事司法问题有过探讨；刘宪权（2007）[①]及黄祥青等对侵犯知识产权犯罪的司法认定问题，如单位犯罪、共犯、未完成形态等进行了实务性研究；赵秉志（2011）、刘科（2009）[②]、贺小勇（2011）[③]和齐文远等从全球化和有效性等视角探讨了中国知识产权刑事司法保护问题。

2. 知识产权法学者阵营

他们在“三审合一”或诉讼程序衔接的研究中包含了对刑事司法机制的一些论述，如张玉瑞（2006）、蒋志培（2005）等提出将我国知识产权司法保护机制完善和改进纳入司法机制改革范围，提出了“大知识产权”司法审判格局，旨在理顺知识产权民事、行政、刑事诉讼程序的衔接机制，发挥公、检、法机关的职能作用。也有的从中外比较视角进行了论述，如马琳（2009）就中、德以及更宏观地从中国与欧盟的知识产权刑事执法进行了比较研究。

3. 办理知识产权刑事案件的司法实务机关阵营

公安部等已主办多次“中国知识产权刑事保护论坛”和相关研讨、调研，有的成果还在具体机制层面付诸实施；地方司法机关也屡屡举办类似研究活动，如2011年4月深圳市检察院与《检察日报》社在深圳主办了“打击和防范侵犯知识产权犯罪研讨会”。

（三）国内外研究现状评析

一方面，近年来，美国、欧盟等对知识产权刑事保护的水准和要求急剧上升，积累了大量相关素材，国外学界出现了对知识产权刑事保护议题的研究力度明显加大的趋势，但不乏存在某些利益偏见。国外关于中国的研究成果有利于提高西方学界与实务界对中国相关制度

---

① 参见刘宪权、吴允锋：《侵犯知识产权犯罪理论与实务》，北京大学出版社2007年版。

② 参见刘科：《〈与贸易有关的知识产权协定〉刑事措施义务研究》，中国人民公安大学出版社2011年版。

③ 参见贺小勇等：《WTO框架下知识产权争端法律问题研究——以中美知识产权争端为视角》，法律出版社2011年版。

与机制的认识，但存在某些失之准确的地方。另一方面，国内对知识产权刑事司法保护研究的重视程度远未足够，方法上多停留于规范分析和一般理论研究层面，缺少经验层面的问题揭示、数据调查及定量分析，缺乏科学信度和说服力；内容上"体系性思考"欠缺；视角上存在部门局限。

迄今，国内外尚无专门文献运用"实证方法"对"中国特色知识产权刑事司法保护机制"这一"问题"进行专门研究，本书试图对此进行创新性的探讨。

三、研究思路和研究内容

（一）研究思路

"天下之事，不难于立法，而难于法之必行。"立法者对制度构建的作用常常被过度放大，司法者对制度的诠释与解构往往并未被学界所重点关注。由此，本书的逻辑起点是：从对司法、司法机关和司法者的关注出发，试图回答"知识产权刑事司法保护机制的完善如何成为可能及更为有效"的问题。

问题的把握有赖于对知识产权刑事司法实践进行一种类型化的梳理、提炼和分析。然而，如何准确把握"司法实践"本身并非易事，需避免天马行空式的宏大叙事。本书从大处着眼、小处着手，关注和充分利用年度统计报告中的司法数据、公开的大样本司法判决等"司法事实"，深入加工司法解释规范的"文本事实"。从这些可验证的经验性事实中，可获致对"司法实践"及其问题的有可信度的掌握。研究分析需要遵循一个合理的逻辑框架来确定描述的维度。本书以刑事司法机关为分析的出发点，将知识产权刑事司法保护机制中各种参与者(players)所共同形成的整体关系图景描绘成下图。

在该框架图中存在两根主要的逻辑链条：一个可谓是刑事司法的"内循环"，涉及公、检、法三机关之间的内部关系。完整的知识产权刑事司法保护机制应当对每个阶段的工作机制均展开深入研究，但本书的主要目的在于挖掘知识产权刑事诉讼作业的"流水线"（从侦控到

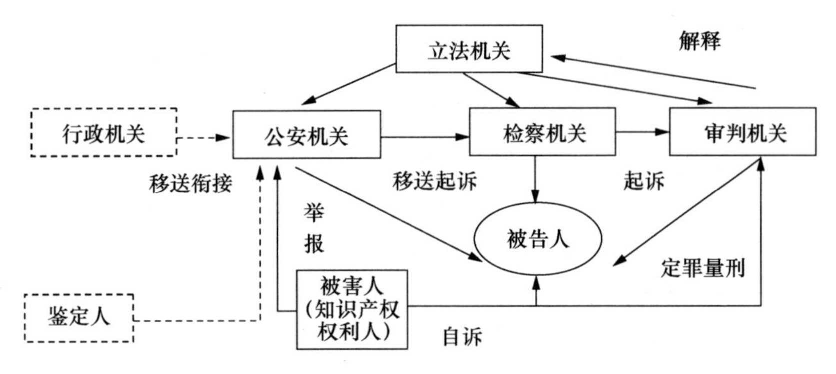

知识产权刑事司法保护机制框架图

审判)中所蕴涵的“中国特色”,故采“问题研究”思路,旨在总结规律、发现问题和优化设计,而不平均着墨。另一个则可称是刑事司法的“外循环”,既涉及立法机关与司法机关在知识产权刑事保护上的权限划分,司法机关可对立法机关制定的法律进行“司法解释”,尤其是“司法具体定量”作业,又涉及行政机关与司法机关在知识产权违法犯罪案件的合力处理,对涉嫌犯罪的知识产权案件进行行政移送与司法受理(由公安机关受理)。

(二) 研究内容

本书围绕知识产权刑事司法机制的“实证考察”(第一章至第三章)和“理论问题”(第四章至第七章)两大方面展开研究。

“实证考察”是从“实然事实”切入,将刑事司法机制运作结果——在该机制下,我国知识产权刑事司法历年统计数据、处理的代表性案件数据库、司法解释规范库(刑事司法保护的规则形成即“游戏规则”制定)——进行呈现与数据解读。这些运作结果是该机制作用于知识产权违法犯罪行为所形成的客观化载体,呈现出知识产权刑事司法保护机制的运行实效。

“理论问题”研究是在“实然”基础上展开的对该机制本身的全方位描述和阐释,按“从外部到内部”的二维角度展开对我国知识产权刑事司法机制及其“中国特色”的分析。

1. 从外部关系看,司法机关在知识产权刑事司法保护上与立法、行政机关存在着颇有“中国特色”的联系

这种联系主要表现在如下几个方面:

(1) 知识产权刑事司法定量机制研究。这是从立法机关与司法机关的关系角度切入的,二者刑事保护权限划分呈现出“立法既定性又抽象,定量 + 司法具体定量”特色。立法机关负责通过设定知识产权罪刑规范来划定犯罪圈范围;司法机关有权在类型化案件或个案中,通过对数额、情节等调节“犯罪阀门”,来具体裁决案件的入罪或出罪。

(2) 知识产权案件“行刑衔接”机制研究。这是从行政机关与司法机关的关系角度切入的,二者呈现出行政执法机关向公安司法机关移送涉嫌知识产权犯罪案件的“行刑衔接”特色。行政执法机关负责“行政执法”,对刑事门槛以下的知识产权违法行为进行行政处罚,是“捕小”;司法机关负责“刑事司法”, 即负责处理刑事门槛以内的刑事案件,只“抓大”。在“捕小”作业中,一旦发现涉“大”,即涉嫌犯罪就启动行政移送刑事案件程序。从二者的地位变化看,呈现出行政依赖到司法主导的过渡与转型。

2. 从内部关系看,公、检、法三机关分工负责、互相配合、互相制约

知识产权犯罪案件进入刑事司法的场域后,依次要经过侦查、起诉、审判等刑事诉讼阶段,呈现出“三阶合力”打击知识产权犯罪的景象。

(1) 知识产权刑事侦控机制是着眼于审判前程序,包括侦查和控诉两个子机制。出于资料可获得性及篇幅等考虑,本书将二者合并进行研究。由于《刑事诉讼法》将“鉴定”规定在“侦查”之下,故也将鉴定纳入侦查机制中;被害人救济机制在知识产权刑事案件的妥善处理中也值得重视与完善,就救济程序而言,被害人可能进行自诉和提起附带民事诉讼,故纳入控诉机制。在控、辩、审三方博弈关系中,因辩护人及辩护制度在知识产权刑事司法中的“中国特色”不甚明显而不专题论述。

(2) 知识产权刑事审判机制研究。一方面,“三合一”改革下的案件管辖机制,是三机关都共同面临的问题,尤其在知识产权办案能力有待提高、地方保护现象有一定市场的场合,管辖权的确定对知识产权刑事保护有直接影响。另一方面,知识产权刑事定罪量刑机制,着眼于审判阶段的定罪与量刑的规律性问题。

总括起来看,中国特色知识产权刑事司法保护机制,既是“三权”(立法、行政、司法权)之间的机制,又是“三机关”(侦查机关、控诉机关和审判机关)之间的机制,还是“三庭室”(刑事审判庭、行政审判庭和知识产权庭)之间的机制,是承载于司法解释规范库、历年统计数据库、代表性案件数据库之中的活机制。

四、研究方法

(一) 法律实证分析

法律实证分析是按一定程序规范对一切可进行标准化处理的法律信息进行经验研究、量化分析的研究方法。[①] 传统法学研究以思辨性规范分析为主要方法范式。我国知识产权刑事司法机制运行的成效如何、有何真正的问题,是个集价值、规范和事实于一身的议题,似乎很难从单纯的思辨与规范研究中得到令人信服的答案,因此,运用实证分析方法成为一种内在的要求。本书系统、全面地将法学实证分析方法引入“知识产权刑事司法机制”议题的研究中,具有方法创新的学术价值,有利于弥补本领域偏重思辨、忽视实证之方法上的不足。具体运用则从年度司法数据实证、司法案例实证、司法解释规范文本实证三个方面展开:(1) 年度司法数据实证分析属于宏观事实层面的展开,对该机制十余年运行实效的各年度统计数据进行定量分析和比较解读;(2) 司法案例实证分析属于微观事实层面的展开,对北大法意等网站收录的 1 617 份知识产权刑事判决建立案件数据库,采用 SPSS 软件进行定量分析和比较解读;(3) 司法解释实证分析属于规范

① 参见白建军:《论法律实证分析》,载《中国法学》2000 年第 4 期。

层面的展开，对有关知识产权刑事司法的31个文件、130个规范建立文本数据库，进行法律文本实证分析，从事实层面归纳揭示其若干特点。

（二）规范分析和跨学科研究法

规范分析以一定的价值判断为基础，回答"应该是什么"的问题。本书以刑事法学的分析方法为基本理论模式，按"外部—内部"的逻辑顺序阐述我国知识产权刑事司法保护四大子机制，即司法定量机制、行刑衔接机制、侦控机制和审判机制，分析其制度性应然要求、现行运作特色及不足、如何进一步优化完善等问题。在吸收国内外已有研究成果的基础上，综合运用刑法学、刑事诉讼法学、知识产权法学、统计学、经济学等跨学科基本理论和研究工具，尤其是将被刑事法学界所忽视的、一些重要的知识产权法学成果嵌入刑事保护领域中来，有利于在本议题上克服单一部门法视角的局限性。

（三）案例分析和比较分析

本书在分析知识产权司法定量、刑事侦控、"三合一"改革、定罪量刑等问题时，运用和剖析了大量司法案例和各地实践经验作为例证，以具体、直观地呈现有关子机制的问题、特征和规律。在年度数据流变、侦控组织优化、犯罪数额计算等诸多方面与美国等国家进行了横向比较，尤其是将美国司法部《知识产权犯罪追诉手册》（2013年第4版）①作为较重要的比较分析素材之一；在知识产权犯罪与一般刑事犯罪年度数据、司法解释规范演进等方面进行了纵向比较研究，揭示了刑事司法机制的差异和变化及可完善之处。

---

① Computer Crime & Intellectual Property Section (2013), *Prosecuting IP Crimes Manual*, United States Department of Justice.

第一章　知识产权刑事司法年度数据实证分析

第一节　实证分析说明与设计

一、数据来源

自1997年刑法设置侵犯知识产权罪专节以来，我国逐渐建立起规范的知识产权刑事司法数据发布机制，形成了可观的数据积累。因此，本书拟对相关数据进行系统梳理，以总结规律和趋势。在经验材料的选取方面，数据具体来源主要包括：

(1) 各年度《中国知识产权保护状况白皮书》（以下简称《保护白皮书》）。由国家知识产权局组织公安部、农业部、文化部、海关总署、工商总局、版权局、林业局、法制办、最高人民法院及最高人民检察院等知识产权相关部门共同编写，内容涵盖立法、审批登记、行政执法、司法保护、体制机制建设、宣传、培训、国际合作交流等各方面，是国内外各界了解我国知识产权保护总体状况的重要渠道和权威材料。[①] 我国从1998年以来各年度《保护白皮书》都有完整汇编。此外，有的省

① 参见国家知识产权战略网：《中国知识产权保护状况白皮书》，载 http://www.nipso.cn/bai.asp，2014年5月30日访问。

份也发布了地方知识产权保护状况白皮书。

（2）各年度《中国知识产权年鉴》。由国家知识产权局组织编写，于2001年创刊，属于年鉴类资料汇编。

（3）各年度《中国法院知识产权司法保护状况》白皮书（以下简称《司法白皮书》）。由最高人民法院编写和发布，对上年度人民法院知识产权司法保护状况进行全面介绍，首度发布是在2010年4月。它是人民法院贯彻落实国家知识产权战略和加强知识产权司法保护工作的重要举措。此外，有的地方高级人民法院也发布了年度知识产权司法保护白（蓝）皮书。

上述三个来源的司法统计数据，是目前中国可公开得到的较权威的数据，可以反映我国知识产权刑事司法的宏观状况。一些地方司法机构和学者所作的局部性实证研究，在一些具体问题的分析上也起着很好的补充作用。另外，本章根据各年度"两高"工作报告，整理了全国同期一般刑事犯罪案件的总体数据，与知识产权刑事司法数据进行某些对比分析。

二、数据特性与分析设计

（一）数据特性

1. 标准"二分"性

在司法机关统计口径意义上，我国"知识产权刑事案件"有狭义和广义之分。狭义上，它仅指侵犯知识产权罪（以下简称"侵知类"）案件，即《中华人民共和国刑法》（以下简称《刑法》）第213—219条规定的7个罪名的案件，具体包括：假冒注册商标罪，销售假冒注册商标的商品罪，非法制造、销售非法制造的注册商标标识罪，假冒专利罪，侵犯著作权罪，销售侵权复制品罪和侵犯商业秘密罪。广义上，它又可指涉及知识产权犯罪（以下简称"涉知类"）的刑事案件，具体范围除前述7个罪名案件外，还包括涉及知识产权犯罪但又以其他罪名判处的案件。这里的"其他罪名"常见的是：生产、销售伪劣商品犯罪（第140—148条规定之罪），非法经营罪（第225条），损害商业信誉、商品声誉罪(第221条)等。

2. 数据欠连续

由于缺乏完整的相应权威统计,有些年度的数据无法获得,以致有些对分析三机关刑事司法机制颇具价值的指标无法利用。《保护白皮书》从1998年就开始颁布,但关于司法保护的数据直到2004年才开始有,且1998—2003年的保护数据皆是在"公安机关保护知识产权"的标题下进行描述的,无"司法保护"的专门数据。鉴于数据连续性和完整性,本书只能在尽可能的范围内做"片段式"分析。

3. 主体差异性

在知识产权刑事司法各环节上,公、检、法三机关对各自行使职能情况都有独立的主要统计指标而形成不同的统计数据。公安机关主要包括立案数、破案数、抓获人数、涉案金额等统计指标;检察机关主要包括批捕案件数/人数、起诉案件数/人数以及专项监督立案等统计指标;法院主要包括受理案件数、审结案件数/人数及判决人数等统计指标。刑事司法对案件事实认定和法律适用上,本应呈现出程度不断深入和范围逐渐限缩的特点,但是,由于数据统计主体和方法、口径等差异,及存在上、下游序次关系所致同一年度上的统计时间差,造成同一概念下侦、诉、审的数据存在不一致甚至矛盾现象,尤其是三机关就相同或相似的变量指标所列出的年度统计数据会存在一些口径差异。

(二) 分析设计

基于上述数据特征,本书整理了我国涉及知识产权刑事司法案件的年度数据,并进行了计算、加工和比较分析,解读了数据背后所蕴含的许多新信息、新视角,旨在揭示我国知识产权刑事司法机制运行的相应规律和趋势。据此,本书在分析上进行了如下设计和学术努力:

(1) 以数据可获得性为原则,对侦查与起诉阶段涉及知识产权犯罪的案件数据进行梳理,重点关注逮捕和起诉数据。

(2) 对涉及知识产权犯罪案件的审判数据进行梳理,包括审结案件数量和罪名适用等方面,进行各罪、分域及变动规律等方面的分析。

（3）就侦、控、审三阶段某些共同指标的数据流变以及我国与英、美等国侵犯知识产权罪年度数据，在可能的范围内进行初步比较分析。

第二节　知识产权刑事司法年度数据解读

一、侦控阶段：逮捕与起诉适用特征

（一）年度逮捕数据解读

是否对犯罪嫌疑人适用逮捕措施，反映着对其社会危险性（包括人身危险性）程度的判断。本书从刑事司法权力运行角度分析知识产权刑事司法中的逮捕措施适用情况：一方面，从逮捕措施适用的启动入手，考察公安机关提起批捕的成功程度和检察机关依法监督制约的力度。具体指标体现为批捕率，即侦查阶段对犯罪嫌疑人提起批捕和决定批捕的比例情况。另一方面，从犯罪嫌疑人被羁押后，逮捕措施在侦查、起诉、审判中的运用着眼，考察逮捕措施在各诉讼阶段上的作用变化及其适用的普遍性程度即广义上的逮捕率。具体考察三项指标：一是捕送比，即侦查阶段被逮捕者在移送审查起诉的犯罪嫌疑人总体中所占比例情况；二是捕诉比，即检察机关批准逮捕与提起公诉人数的比例；三是捕判比，即批准逮捕与法院生效判决人数的比例。

1. 批捕率

知识产权刑事批捕率的计算方法为：犯罪嫌疑人批捕率 = 批捕人数/提请批捕人数。2008—2013 年各年度知识产权刑事批捕率数据及其与同期各类刑事案件总体批捕率数据对比如表 1-1。

表 1-1　知识产权犯罪与一般刑事犯罪嫌疑人批捕率对比

年份	知识产权犯罪案件			一般刑事犯罪案件		
	批捕人数	提捕人数	批捕率%	批捕人数	提捕人数	批捕率%
2003—2007	6 339	/	/	4 232 616	4 488 547	94.30
2008	2 107	2 565	82.14	952 583	1 060 398	89.83

（续表）

年份	知识产权犯罪案件			一般刑事犯罪案件		
	批捕人数	提捕人数	批捕率%	批捕人数	提捕人数	批捕率%
2009	2 119	2 667	79.45	941 091	/	/
2010	2 613	3 368	77.58	916 209	980 404	93.45
2011	5 952	7 806	76.25	908 756	1 059 851	85.74
2012	6 995	9 327	75.00	/	/	/
2013	/	5 081	/	879 817	961 906	91.47

说明:《2013 年中国法院知识产权司法保护状况》白皮书将知识产权犯罪数据与制售假冒伪劣商品犯罪数据合并报告。由于不方便甄别涉及知识产权的准确数据,只好舍弃该年度部分相应数据。

从表 1-1 可知:

(1) 5 年间知识产权犯罪嫌疑人批捕率呈现出持续下降趋势,从 82.14% 渐次下降到 75% 。这说明,在逮捕措施运用上,公安机关提起批捕条件与法定逮捕规则的吻合度存在着一定缺口;检察机关对知识产权案件逮捕措施运用的制约力度在逐渐加大,保障犯罪嫌疑人权益的法律监督实效化程度越来越高,流于形式的色彩渐渐淡出。

(2) 同期的知识产权刑事批捕率稳定地低于一般刑事犯罪总体批捕率。可能与我国刑事司法政策从过去“严打”转型为“宽严相济”相关,一般刑事犯罪的嫌疑人批捕率也有一定的下降趋势并有所波动;但是,2008 年、2010 年、2011 年的知识产权刑事批捕率仍分别比它低 7.6、15.9、9.5 个百分比。

2. 捕送比、捕诉比、捕判比

这三项指标的计算方法为:捕送比 = 批捕人数/移送审查起诉人数;捕诉比 = 批捕人数/提起公诉人数;捕判比 = 批捕人数/判决生效人数。刑事诉讼各阶段被逮捕者数量并不是一个恒量,被逮捕者可能被变更强制措施、因案件撤销而被释放或在某个阶段“出局”而最终并非都会被移送审查起诉或提起公诉,其数量处于不断地变化之中。由于从目前司法统计中无从获得这方面的“跟进”数据,本书退而求其次,将被逮捕者数量“视为”一个恒量,即对批捕人数,考察其在全部被移送审查起诉、被提起公诉、作出生效判决的知识产权犯罪嫌疑人(被告人）中的占比，依此得到的这三个指标可能有所偏高。2008—2012年各年度知识产权刑事逮捕率数据见表1-2和图1-1，与同期一般刑事案件总体数据对比如表1-3。

表1-2 知识产权犯罪嫌疑人捕送比、捕诉比、捕判比

年份	批捕人数	移送人数	公诉人数	判决人数	捕送比（%）	捕诉比（%）	捕判比（%）
2006	1 979	/	2 396	3 508	/	82.60	56.41
2007	2 174	/	2 637	4 328	/	82.44	50.23
2008	2 107	3 482	2 697	5 388	60.51	78.12	39.11
2009	2 119	3 518	2 695	5 836	60.23	78.63	36.31
2010	2 613	4 122	3 066	6 001	63.39	85.23	43.54
2011	5 952	11 147	6 870	10 055	53.40	86.64	59.19
2012	6 995	31 880	14 153	15 518	21.94	49.43	45.08
2013	5 081	/	8 802	13 424	/	57.73	43.21

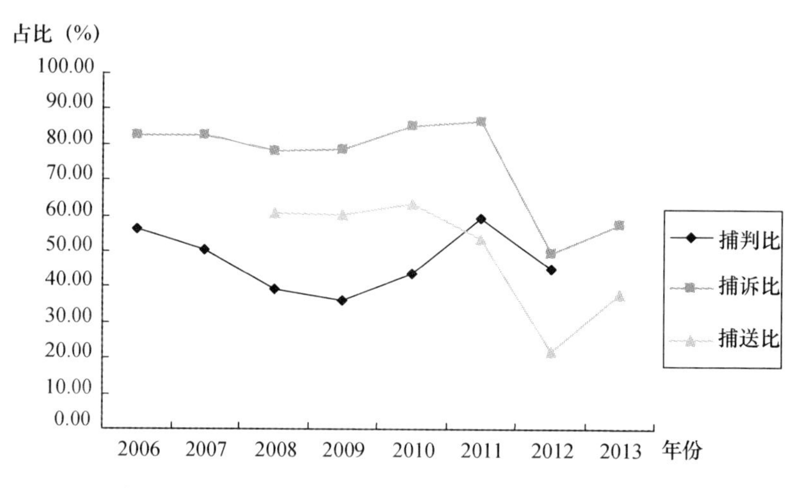

图1-1 涉及知识产权犯罪嫌疑人（被告人）捕送比、捕诉比、捕判比曲线

从图1-1及表1-2可知：第一，三个指标及相应曲线在2010年及以前明显分层，但主要走势较为相似，总体上呈大致持平到突然下降的变动轨迹。第二，2011至2012年出现了“分化异常”，捕送比曲线急剧下行，而捕诉比、捕判比先上行而后下行，捕判比连续两度超过捕送比。这表明,不同诉讼阶段对案件和人员具有明显的“过滤”作用。检察机关审查起诉后,“不起诉”数量从公安机关移送审查起诉总量中被扣除,公诉数量会少于移送审查数量,基数变少导致捕诉比相对于捕送比会上升。捕诉比变动某种程度上与“过滤”作用大小相关,2011年“未降反升”可能受到强“过滤”作用的影响。同理,公诉人数经过法院审理,对应的判决生效人数会有一定“过滤”。在表1-2中,“判决人数”大于“公诉人数”,原因是它包括公诉和自诉两类被告人,加上法院系统与检察系统所理解的“知识产权犯罪”这一统计口径也存在不一致现象,前者宽于后者。

表1-3　知识产权犯罪与一般刑事犯罪嫌疑人捕送比、捕诉比、捕判比对比

年份	知识产权犯罪案件			刑事犯罪案件		
	捕送比(%)	捕诉比(%)	捕判比(%)	捕送比(%)	捕诉比(%)	捕判比(%)
2003—2007	/	85.11	/	89.54	90.20	/
2008	60.51	78.12	39.11	81.16	83.28	94.57
2009	60.23	78.63	36.31	/	82.96	94.39
2010	63.39	85.23	43.54	77.76	79.78	91.04
2011	53.40	86.64	59.19	73.24	75.66	86.47
2012	21.94	49.42	45.08	/	/	/
2013	/	57.73	37.85	63.95	66.43	75.98

就一般刑事犯罪案件而言,捕送比稳定地低于捕诉比不超过3个百分点,即审查起诉的过滤作用较弱(被扣除的“不起诉”量比例甚低);捕判比稳定地高于捕诉比10个百分点左右;从2003年以来,三个指标都呈持续下降趋势。就同期捕诉比指标进行比较,在2003—2009年以前,知识产权犯罪案件平均低于一般刑事犯罪案件5个百分点左右,2010年反而高5.5个百分点,2011年高11个百分比,2012年回落至远远低于后者。这说明,一方面,在知识产权刑事侦查和审查起诉阶段对逮捕措施的倚重程度总体上低于一般刑事案件;2010—2011年开展“双打”专项行动期间,出现“高程度倚重”的短期现象(2011年最突出)。另一方面,知识产权刑事侦查和审查起诉阶段非

羁押比例远高于一般刑事案件，表明其“卷入”的未适用逮捕者数量规模相对更大，且呈上升趋势。

3. 控制逮捕适用有利于改善刑事诉讼生态环境

逮捕措施适用比例下降，应当说是知识产权刑事司法的一种进步。逮捕制度的初衷是诉讼保障功能，即作为一种旨在保证刑事诉讼顺利进行的强制措施，本应具有暂时性和程序保障性。但在我国长期的司法实践中，却普遍成为定罪的前置和刑罚适用的预演，学者称之为“定罪判刑预演化”。[①] 究其原因是，逮捕往往被赋予了一定的证据收集功能，对犯罪嫌疑人进行讯问及“由供到证”展开调查，事实上是我国侦查机关在许多一般刑事案件中遵循的侦查模式。侦查机关和检察机关实行与逮捕挂钩的内部考核机制等多种因素，导致逮捕“绑架”了整个刑事司法体制的运行，造成刑事诉讼“下游生态恶化”。[②] 逮捕适用普遍化，早已成为学界广为诟病的现象。逮捕尤其是不当逮捕带来许多弊端，给被羁押者造成了重大影响，国家需要巨额的财政支出，造成人力、物力、财力的巨大耗费。这种状况与我国社会治理水平较低、侦查资源不足有内在联系，因此，完全脱离犯罪嫌疑人进行侦查还不太现实。

上述年度数据显示，近年来，知识产权刑事司法领域出现了崭新的变化，批捕率、捕送比持续下降，如 2012 年移送审查起诉的知识产权犯罪嫌疑人中，未适用逮捕措施的达 78.06%，接近八成；提起公诉的非逮捕类被告人占 50.58%，已突破五成。知识产权刑事批捕率降低、逮捕适用减少，给检察机关在后续的起诉阶段带来更宽松的环境，为依法作出不起诉决定提供了应有的空间；给法院带来了宽松的审判环境，为依法作出无罪判决和公正量刑提供了空间。这种逮捕适用上的限缩趋势，对整个刑事诉讼“生态环境”的改善起到了“培基固本”

---

① 参见陈瑞华：《刑事诉讼的中国模式》，法律出版社 2008 年版，第 297 页。

② 参见左卫民等：《中国刑事诉讼运行机制实证研究》(二)，法律出版社 2009 年版，第 14 页。

的基础作用，有利于保证现代刑事证据规则在中国的确立和实施，也有利于为控、辩、审的理性互动搭建平台。值得一提的是，2012年《中华人民共和国刑事诉讼法》（以下简称《刑事诉讼法》）第93条规定："犯罪嫌疑人、被告人被逮捕后，人民检察院仍应当对羁押的必要性进行审查。对不需要继续羁押的，……予以释放或者变更强制措施。"这种羁押必要性审查制度，可进一步控制逮捕措施的不当适用，实现动态流程化的治理普遍羁押和超期羁押的顽疾。

（二）年度起诉数据解读

对公安机关移送审查起诉的案件或人员，是否实际提起公诉，在司法机制运行中实具有承"上"（侦查）启"下"（审判）的关键作用。起诉适用情况体现为起诉率，具体可从案件和人员两个维度考察，包括两项指标：一是案件起诉率，计算方法为：公诉案数/移送审查起诉案数；二是嫌疑人起诉率，计算方法为：提起公诉人数/移送审查起诉人数。

1. 起诉率

2008—2012年，各年度知识产权刑事起诉率数据统计及与同期一般刑事犯罪起诉率数据对比如表1-4。由表可知：

表1-4　知识产权犯罪与一般刑事犯罪起诉率对比

年份	知识产权犯罪案件						刑事犯罪案件		
	公诉案数	审查案数	案件起诉率(%)	公诉人数	审查人数	嫌犯起诉率(%)	公诉人数	审查人数	嫌犯起诉率(%)
2003—2007	/	/	/	/	/	/	4 692 655	4 727 088	99.27
2008	1 432	1 770	80.90	2 697	3 482	77.46	1 143 897	1 173 768	97.46
2009	1 535	1 931	79.49	2 695	3 518	76.61	1 134 380	/	/
2010	1 697	2 207	76.89	3 066	4 122	74.38	1 148 409	1 178 307	97.46
2011	3 786	5 690	66.54	6 870	11 147	61.63	1 201 032	1 240 786	96.80
2012	8 612	17 244	49.94	14 153	31 880	44.39	/	/	/
2013	/	/	/	/	/	/	1 324 404	1 375 797	96.26

（1）从知识产权刑事案数和人数绝对值看，5年间公安机关移送审查起诉案件和人数与同期检察机关提起公诉案数和人数都有稳定

增长，尤其是2011年和2012年增幅甚大。

（2）同期知识产权刑事案件起诉率和嫌疑人被起诉率持续下降，都从2008年的80%左右下降到2012年的不足50%（该年度公安机关侦查终结后向检察机关移送审查起诉的知识产权刑事案件中，有一半左右被检察机关作出不起诉处理），形成“量升率降”的“悖反现象”。

（3）一般刑事案件嫌疑人起诉率自2003年以来总体亦有略微下降趋势，但从未低于96%；知识产权犯罪嫌疑人起诉率在2008年的高点也不过为80.90%，低点更在50%以下，从而与之形成鲜明的“差距现象”。

由此可得出，我国知识产权刑事司法保护中存在纵向发展和横向比较上的“起诉率趋低”的事实性结论。“起诉率趋低”折射出知识产权刑事案件中“移送审查起诉”和/或“审查起诉”机制运行在当前可能存在值得反思的重大问题。

2. 刑事司法运行机制对起诉率的影响

（1）起诉率降低与前文所述的批捕率降低存在关联。我国知识产权犯罪与一般刑事犯罪不起诉率与不批捕率数据对比如表1-5。由表可知，知识产权犯罪不起诉率近年都在20%以上，2012年达到近年来最高值55.61%；一般刑事犯罪案件不起诉率在2013年达到最高，只有3.74%。不起诉率与不批捕率在2008—2010年的增长趋势基本是一致的；2011至2012年不批捕率维持原有的增长趋势，但不起诉率则“跨越式”地急剧增高，二者总体上有很强的正相关性。可能的解释是，曾提请批捕但未批捕的这部分嫌疑人，相对于被逮捕者而言，被不起诉概率较大；未曾提请批捕的嫌疑人，相对于被提请批捕者而言，被不起诉的概率更大。批捕率降低为传统的“高起诉率”松绑，进而使不起诉率提升有了可能。

表 1-5 知识产权犯罪与一般刑事犯罪嫌疑人不起诉率与不批捕率对比

年份	不起诉率（%）		不批捕率（%）	
	知识产权犯罪	刑事犯罪	知识产权犯罪	刑事犯罪
2003—2007	/	0.73	/	5.70
2008	22.54	2.54	17.86	10.17
2009	23.39	/	20.55	/
2010	25.62	2.54	22.42	6.55
2011	38.37	3.20	23.75	14.26
2012	55.61	/	25.00	/
2013	/	3.74	/	8.53

（2）知识产权案件刑事政策和办案机制对起诉率有直接影响。一方面，刑事政策由过去的“严打”转型为近年的“宽严相济”，不起诉率提升有了政策土壤。最高人民检察院 2006 年 12 月颁布了《关于在检察工作中贯彻宽严相济刑事司法政策的若干意见》，提出“宽严相济刑事司法政策的核心是区别对待”，“对严重犯罪依法从严打击，对轻微犯罪依法从宽处理……对犯罪的实体处理和适用诉讼程序都要体现宽严相济的精神”，明确要“严厉惩治侵犯知识产权犯罪”。近年来，“两高”的年度工作报告还专门汇报了办理和审结知识产权刑事案件的年度数据。可见，侵犯知识产权犯罪是作为我国宽严相济刑事政策之“严”的对象进行控制的，但贯彻宽严相济刑事政策决定了须“济之以宽”，即根据案件具体情况，通过非犯罪化、非监禁化和非司法化方式，以宽济严。起诉率的持续降低，说明侦查机关和起诉机关在知识产权刑事政策的掌控上存在差距。另一方面，刑事司法考评机制在推进改革，无疑对改变过去不正常的高起诉率是有直接作用的。传统上，我国公安机关和检察机关对逮捕与起诉的适用这两项极为重要的侦控阶段司法活动，都要进行考核和评比，具体是对逮捕率和起诉率进行评价。这种评价机制存在固有的弊端，相关改革正在探索试行。2013 年，中共中央政法委出台了《关于切实防止冤假错案的规定》，公安部下发了《关于进一步加强和改进刑事执法办案工作切实防止发生冤假错案的通知》，提出建立健全科学合理、符合司法规律的办案绩效

考评制度，不能片面追求破案率、批捕率、起诉率、定罪率等指标；2015年1月，中共中央政法委会议要求各政法机关对各类执法司法考核指标要全面清理，坚决取消刑事拘留数、批捕率、起诉率、有罪判决率、结案率等不合理的考核项目。

3. 移送审查起诉的数量与质量需要反思

案件事实对起诉有决定性的作用，而案件事实的发现与证明，却很大程度上取决于“移送”，起诉率趋低提示“移送”在数量和质量方面存在问题。

（1）移送审查起诉的数量可能存在一定问题。在某种意义上，刑事案件侦查具有某种“广种薄收”的色彩，即立案时把嫌疑人列入侦查视野要“广”，但侦查终结移送审查起诉时就需要根据起诉标准来“薄收”。批捕率、捕送比降低，问题不是出在“捕”上，而是出在“送”上。从逮捕的角度，可能被移送审查起诉的嫌疑人群体包括三个部分：批捕的群体、提捕但未批捕的群体、未提捕但移送的群体。无需提请逮捕或不能被批捕，意味着这部分涉案人员社会危害程度相对并不是最严重的，但从捕送比数据可发现，侦查终结后，公安机关移送了大量相对较为轻微的知识产权刑事案件。在以往高逮捕率的运作中，检察机关面对已逮捕的审前羁押事实和系统内的起诉率考评压力，不得不维持同一“惯性”从而形成高起诉率；在逮捕比例降下来后，对于不存在羁押这一事实的嫌疑人，就有了宽松的空间来严格依照起诉标准进行审查起诉了。但实际上，这部分相对轻微的案件，本可在移送阶段就不移送处理的，勉强被移送后，被不起诉的结果就会随之而来。

（2）移送审查起诉的质量值得检视。移送审查起诉制度规定在《刑事诉讼法》第160条，即公安机关对案件侦查终结，应做到“犯罪事实清楚，证据确实、充分”，并且有起诉意见书，连同案卷材料、证据一并移送同级人民检察院审查决定。检察机关审查起诉的结果是起诉或不起诉，二者居一。人民检察院认为“犯罪嫌疑人的犯罪事实已经查清，证据确实、充分，依法应当追究刑事责任的，应当作出起诉决定”（《刑事诉讼法》第172条）。不起诉决定有三种：一是绝对不起诉，

"犯罪嫌疑人没有犯罪事实,或者有本法第十五条规定的情形之一"(《刑事诉讼法》第173条第1款);二是相对不起诉,即存在"犯罪情节轻微,依照刑法规定不需要判处刑罚或者免除刑罚"的情形(《刑事诉讼法》第173条第2款);三是存疑不起诉,即"对于二次补充侦查的案件,人民检察院仍然认为证据不足,不符合起诉条件的,应当作出不起诉的决定"(《刑事诉讼法》第171条)。绝对不起诉情形的知识产权案件被移送审查起诉的,在司法实践中较为罕见,知识产权刑事"起诉率趋低"现象主要表现为因证据不足的存疑不起诉和情节轻微的相对不起诉两类。如果这一推理成立,则可以得出以下结论:在知识产权刑事案件中,公安机关"移送审查起诉"时对证据和情节的把控尚与法定要求存在一定差距,检察机关"审查起诉"比公安机关控制得更严格。

二、审判阶段:审结案数与罪名适用变化

(一)年度审结案数总体解读

1. 审结案数

《保护白皮书》从2004年开始报告"司法保护状况",故分析年度为2004—2013年。各年度我国法院一审审结涉及知识产权犯罪案件数量与年度增长率情况见表1-6、图1-2。

表1-6　知识产权犯罪与一般刑事犯罪审结案数年度增长对比

<table>
<tr><th rowspan="2">年份</th><th colspan="2">知识产权犯罪</th><th colspan="2">一般刑事犯罪</th></tr>
<tr><th>审结案数</th><th>年度增长率(%)</th><th>审结案数</th><th>年度增长率(%)</th></tr>
<tr><td>2003</td><td>/</td><td>/</td><td rowspan="5">3 385 000</td><td rowspan="5">/</td></tr>
<tr><td>2004</td><td>2 751</td><td>/</td></tr>
<tr><td>2005</td><td>3 529</td><td>28.28</td></tr>
<tr><td>2006</td><td>2 277</td><td>-35.48</td></tr>
<tr><td>2007</td><td>2 684</td><td>17.87</td></tr>
<tr><td>2008</td><td>3 326</td><td>23.92</td><td>768 130</td><td>/</td></tr>
<tr><td>2009</td><td>3 660</td><td>10.04</td><td>767 000</td><td>-0.15</td></tr>
</table>

（续表）

年份	知识产权犯罪		一般刑事犯罪	
	审结案数	年度增长率(%)	审结案数	年度增长率(%)
2010	3 942	7.70	779 641	1.65
2011	5 504	39.62	840 000	7.74
2012	12 794	132.45	986 229	17.41
2013	9 212	-28.00	954 000	-3.27

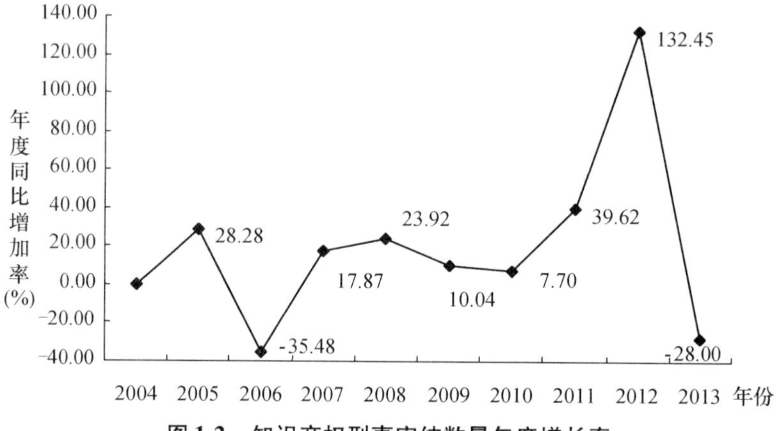

图 1-2　知识产权刑事审结数量年度增长率

从图表可知：我国知识产权刑事案件审结数量自 2006 年以后实现了连续 6 年增长，2012 年达到顶峰为 12 794 件。据权威统计，从 1997—2009 年，共审结知识产权刑事一审案件 14 509 件。[①] 这样，1997 年刑法实施后 13 年间审结的刑案总数与 2012 年一年的数量相差不大。在年度增长率曲线上，有两个明显的倒“V”字轨迹，波谷和波峰都较为明显。一个是 2005 年突然上升到第一个波峰，紧接着 2006 年大幅度负增长成为波谷。另一个是从 2007 年到 2012 年审结案数增长率不断攀升，2011 年陡然加速增长，2012 年更是达到无以复加的“井喷”式增长，成为新的波峰；2013 年大幅度负增长，又形成更大的波谷，

① 参见最高人民法院：《中国法院知识产权司法保护状况（2009 年）》，载《人民法院报》2010 年 4 月 21 日，第 2 版。

不过其绝对数量仍居10年之中的第二位。一般刑事犯罪审结案数年度增长率波动要平缓得多,但2009—2013年的波动方向则大体与知识产权犯罪基本一致。由此可得出,我国知识产权刑事审结案数年度增长呈“突快突慢”,具有显著非均衡性的事实性结论。

2. 刑事司法的“运动型”色彩

上述两个倒“V”字的曲线轨迹,与国务院两次部署全国性打击侵犯知识产权“专项行动”具有直接的关联性。第一次是2004年8月发文要求开展为期一年的保护知识产权专项行动,第二次是2010年10月—2011年6月底在全国集中开展专项行动。[①] 该两次专项行动都鲜明地以保护“知识产权”为主题,期限在半年到一年,空间上波及全国。在国务院成立了以副总理为组长的工作组或领导小组,成员单位涉及数十个部委和“两高”,具有“自上而下”性。各地相应成立了省级领导小组,组织本地的专项行动,有完善的行动方案并跟踪监督。在这种运动执法大背景下,刑事司法机关顺势而为,加大了知识产权案件的办理,真正发挥了以刑罚震慑知识产权犯罪分子的作用。被打击处理的违法犯罪总量大,影响也极大。2010年10月—2011年6月,“专项行动”成果展披露,全国公安机关“亮剑”行动破案1.6万起,抓获犯罪嫌疑人2.9万人,涉案金额131.2亿元;检察机关批捕涉嫌侵权假冒犯罪案件2 895起,审查起诉案件2 176起,批准逮捕5 336人;法院系统受理相关刑事案件2 492起,判决1 985起。[②] 由于刑事诉讼需要依照法律程序进行而具有与所耗诉讼期限相当的滞后效应,知识产权刑事案件审结数量在2005年和2012年才出现高速增长波峰。这种增长建立在专项行动模式基础之上,在没有进一步大幅度增加知识产权刑事司法资源的条件下,相对于剧增的审结案件基数,专项行动结

---

① 参见2004年8月26日国务院办公厅《关于印发保护知识产权专项行动方案的通知》(国办发〔2004〕67号),2010年10月27日国务院办公厅《关于印发打击侵犯知识产权和制售假冒伪劣商品专项行动方案的通知》(国办发〔2010〕50号)。

② 参见国务院新闻办公室:《中国政府建立打击侵权假冒常态化工作机制》,载中国网 http://www.china.com.cn/zhibo/zhuanti/ch-xinwen/2011-12/13/content_24140675.htm,2014年5月30日访问。

束后的后续年度将必然会出现负增长及增长放缓势头。可以说，我国知识产权刑事司法增长具有一定程度的“运动型”色彩。

值得注意的是，两次“专项行动”结束后的负增长存在某种差异性。在第一次结束后的2006年立即出现了“负增长”，绝对数低于波峰形成前的年度数量；第二次则延续了2012年“超常增长”，到2013年才出现“负增长”，但相对于波峰前的年度而言，仍保持快速增长态势。可能的原因是，随着专项行动被写入国家战略，呈现出常态化、制度化局面，2011年“专项行动”虽形式上已结束，但实质上仍在继续之中，相关长效机制已逐步建立并发挥了作用。

（二）年度审结案数分类解读

1. 分类审结案数

涉及知识产权刑事案件（“涉知”类）可划分为四大类：侵犯知识产权罪（“侵知”型，即《刑法》第213—219条），生产、销售伪劣商品犯罪（“伪劣”型，即《刑法》第140—148条），非法经营罪（“非营”型，即《刑法》第225条）和其他涉及知识产权犯罪（“其他”型，如《刑法》第221条损害商业信誉、商品声誉罪）。我国法院2004—2013年10年间，一审审结四大类涉及知识产权刑事案件数量和判决人数见图1-3；同时编制出各年度分类占比图，如图1-4。

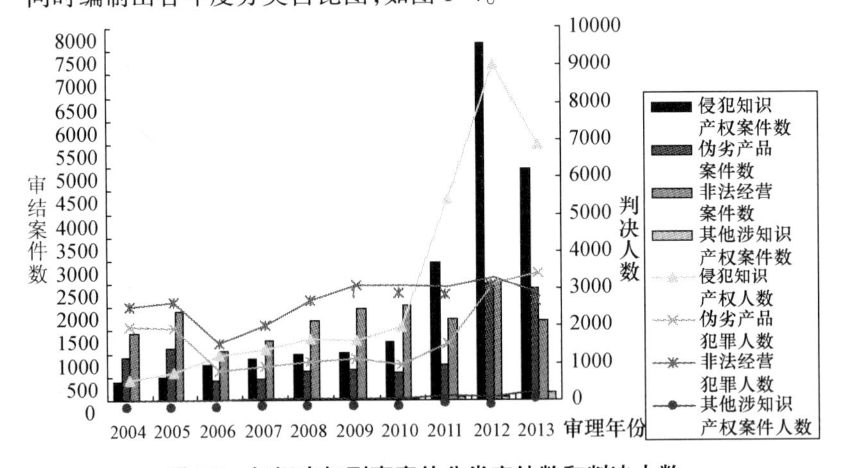

图1-3 知识产权刑事案件分类审结数和判决人数

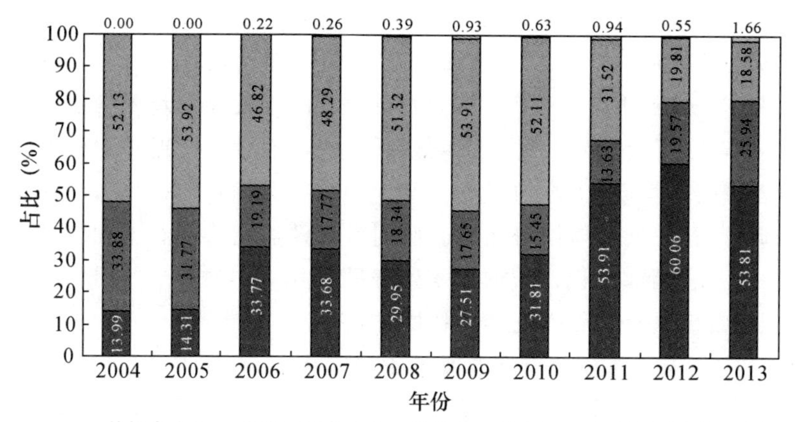

图 1-4　知识产权刑事审结案件分类构成比例

知识产权刑事案件分类审结数和判决人数在 2005 年及以前呈现出“侵知”型居低、“伪劣”型居中、“非营”型居高的稳定格局，侵犯知识产权罪经过两次“跃进”，才使罪名适用格局发生“逆转”。第一次是 2006 年首次超过“伪劣”型而开始居中；第二次是 2011 年再超过“非营”型而开始居高。“非营”型占比则由 2004—2010 年之间围绕 50% 为轴上下波动，2013 年首次落后于“伪劣”型了。至此，新的罪名格局即“侵知”型居高、“伪劣”型居中、“非营”型居低已基本稳定下来。侵知类刑事案件在整个涉知类刑事案件中的占比数，可以反映出法院在知识产权刑事司法保护的末端环节上，对侵犯知识产权罪罪刑规范的运用和依赖程度。侵知类案件占比数曲线呈螺旋式上升趋势表明，自 2011 年后，我国知识产权刑事司法保护已一改过去大量运用生产、销售伪劣商品犯罪、非法经营罪等涉知类罪名，转变到主要依靠“侵犯知识产权罪”刑法规范的轨道上来。

2. 非法经营罪在知识产权领域的淡出

审结案件分类数据中，“侵知”型与“非营”型发生罪名适用格局的明显“逆转”，这应当与我国最高司法机关就知识产权罪质解释路径和刑事司法态度发生转变有关。自 1998 年最高人民法院在《关于审理非法出版物刑事案件具体应用法律若干问题的解释》（以下简称《非法出版物解释》）第 11 条和第 15 条规定关于非法出版行为“以非法经营罪定罪处罚”以来，在司法实践中将大量的侵犯著作权犯罪以适用非法经营罪加以处理，据统计，后者曾是前者数量的 5～6 倍。[1] 为了克服非法经营罪在知识产权领域泛化适用之不足和回应学界多年的探究和呼吁，最高司法机关近年摒弃了将“侵犯著作权犯罪”与“非法经营罪”按“竞合”处理的观点。2011 年 1 月，“两高”和公安部、司法部颁行的《关于办理侵犯知识产权刑事案件适用法律若干问题的意见》（以下简称《知识产权刑事案件意见》）第 12 条规定：“非法出版、复制、发行他人作品，侵犯著作权构成犯罪的，按照侵犯著作权罪定罪处罚，不认定为非法经营罪等其他犯罪。”由此，在知识产权领域奉行限缩非法经营罪适用的司法政策（详见第七章），“侵犯知识产权罪”成为知识产权刑事司法保护的主要罪名武器。

（三）侵犯知识产权罪案件年度审结数据解读

1. 侵犯知识产权罪案件各罪数据解读

法院审理侵犯知识产权罪各罪案件数与判决人数情况见图 1-5。

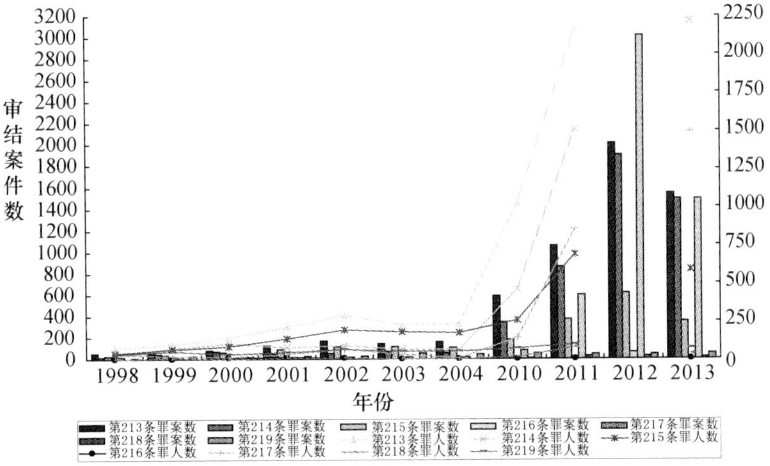

图 1-5　法院以侵犯知识产权罪各罪定罪审结案件数和判决人数

说明：国家知识产权局编写、最高人民法院研究室供稿的《中国知识产权年鉴》，从 2005 年开始，不再对侵犯知识产权罪各罪详细的审结案件数、生效判决人数和所处刑罚进行统计介绍；最高人民法院从《中国法院知识产权保护状况（2010 年）》开始介绍各罪数据情况。本书虽已多方努力，仍缺 2005—2009 年数据及 2012 年部分相关数据。

① 参见高晓莹：《论非法经营罪在著作权刑事保护领域的误用与退出》，载《当代法学》2011 年第 2 期。

从上述图表可看出，侵犯知识产权罪7个罪名的适用出现明显的竞争与分化情况。在2004年及其以前，7个罪的案件审结数都在200件以下。但2010年时，有两个罪名的审结案件数遥遥领先，即假冒注册商标罪突破500件达到585件，销售假冒注册商标的商品罪突破300件达到345件，同时非法制造、销售非法制造的注册商标标识罪与侵犯著作权罪分别达到182件和85件。2011年，假冒注册商标罪和销售假冒注册商标的商品罪两罪继续居领先增长地位，但侵犯著作权罪一跃达到594件，首次超过销售非法制造的注册商标标识罪（370件），位居第三。2012年，侵犯著作权罪再次飞跃式地突破3 000件，达到3 018件，成为第一大罪名，占全年审结的侵犯知识产权罪全部案件数7 684件的39.28%；相反，假冒注册商标罪下降为第二位，为2012件；销售假冒注册商标的商品罪为第三位，为1 906件；非法制造、销售非法制造的注册商标标识罪为615件，增长明显放缓。2013年，侵犯著作权罪数量出现“下挫”，为1 499件；假冒注册商标罪和销售假冒注册商标的商品罪分别为1 546件和1 496件，三罪审结数量基本持平。

2. 侵犯知识产权罪案件各领域数据解读

按照知识产权领域差异，可将侵犯知识产权罪7个罪名划分为4个领域：商标犯罪，包括第213、214、215条之罪；著作权犯罪，包括第217、218条之罪；商业秘密犯罪，指第219条之罪；专利犯罪，指第216条之罪。这4个主要的知识产权领域，便是刑事司法保护的主要“战场”。各领域犯罪占比数的计算方法为，某领域犯罪案件数/侵犯知识产权罪案件数，如：商标犯罪占比 = 商标犯罪案件数/侵犯知识产权罪案件数。依此进行数据整理见表1-7、图1-6。

表 1-7　侵犯知识产权罪各领域审结案件数及占比

年份		1998	1999	2000	2001	2002	2003	2004	2010	2011	2012	2013
商标	案件数	94	135	216	266	354	328	321	1 112	2 293	4 533	3 392
	占(%)	73.44	77.14	87.10	84.71	86.76	82.21	83.38	88.68	77.28	58.99	68.43
著作权	案件数	23	15	11	17	25	18	15	90	624	3 045	1 514
	占%	17.97	8.57	4.44	5.41	6.13	4.51	3.90	7.18	21.03	39.63	30.54
商业秘密	案件数	11	23	15	25	27	52	48	50	49	43	50
	占(%)	8.59	13.14	6.05	7.96	6.62	13.03	12.47	3.99	1.65	0.56	1.01
专利	案件数	0	2	6	6	2	1	1	2	1	63	1
	占(%)	0.00	1.14	2.42	1.91	0.49	0.25	0.26	0.16	0.03	0.82	0.02
总案件数		128	175	248	314	408	399	385	1 254	2 967	7 684	4 957

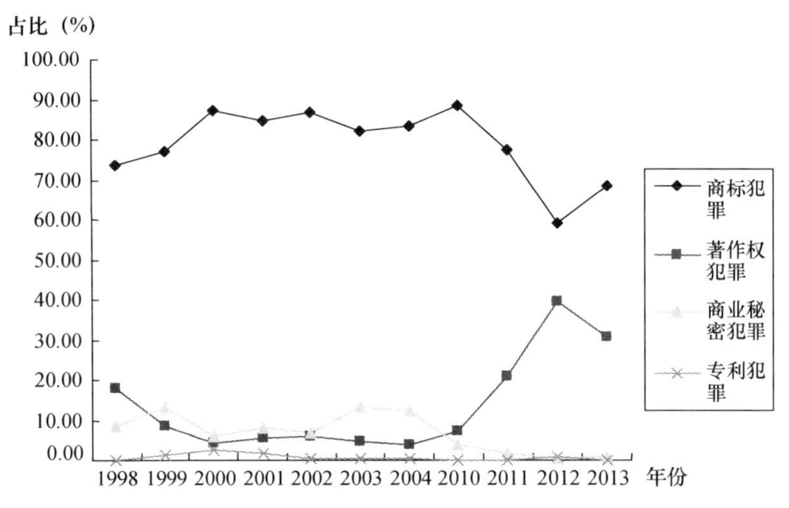

图 1-6　侵犯知识产权罪各领域审结案件数占比"对称"曲线

从占比曲线可以直观看到"对称"性，即商标犯罪案件与侵犯著作权犯罪案件的占比数，大体上以 50% 线为轴、呈上下对称分布的形状（缺失 2005—2009 年数据），二者呈此消彼长关系。这表明，我国在不同犯罪领域刑事司法的数量规模具有明显的非均衡性。具体来说：

（1）在商标领域，刑事司法数量规模较大。商标犯罪占比多年在 80% 左右波动，远高于著作权犯罪，但一直未达到最高人民法院《知识产权刑法保护有关问题的调研报告》所称的"我国法院以侵犯知识产权罪审结的案件90%以上是侵犯商标类犯罪”。[①] 近年更呈下降趋势,2012年跌至58.99%。商标案件占比最大的原因,可能与其成本低、容易实施且收益高有关。

(2) 审结的著作权犯罪案件占比多年一直低位运行,近年异军突起。1994年,全国人大常委会《关于惩治侵犯著作权的犯罪的决定》实施,我国法院开始审理侵犯著作权犯罪案件,罪名适用上多倚重侵犯著作权罪。销售侵权复制品案件数量甚大,但能最后走完司法程序并定罪量刑的较少,原因可能是立法规定的构成条件难以在司法实务中实现。

(3) 商业秘密、专利领域刑事案件审结量最少。这与司法实践中前瞻性理论研究缺乏、执法部门没有对该类犯罪的查处标准达成共识、在犯罪处理上歧义颇多、没有形成比较成熟的打击模式有关。[②] 商业秘密犯罪被害人多希望民事处理,国家机关主动介入会遇到保密要求及启动鉴定程序等方面障碍,进入司法程序一般是被害人在无可奈何情况下最后进行的选择。[③] 公安部经侦局的统计显示,从1998—2007年以侵犯商业秘密罪立案的有999起,但审结数量不到一半。专利犯罪因与冒充专利收益相当而后果迥异以致不具有经济可行性,可能使假冒专利罪成为立法“空文”。

三、数据流变:跨机关比较和国际比较

(一)“三阶”流程:限缩特征与过滤作用

公安机关移送审查起诉数、检察机关提起公诉数、法院一审审结数,应当呈现出三机关“渐次限缩”的趋势。我国知识产权刑事司法中

① 最高人民法院研究室、民三庭、刑二庭:《知识产权刑法保护有关问题的调研报告》,载最高人民法院民三庭编:《知识产权审判指导与参考》(第7卷),法律出版社2004年版,第94—144页。

② 参见武汉市中级人民法院知识产权庭:《知识产权“三审合一”工作座谈会综述》,载钱峰主编:《中国知识产权审判研究》,人民法院出版社2009年版,第70—71页。

③ 参见皮勇主编:《侵犯知识产权罪案疑难问题研究》,武汉大学出版社2011年版,前言第2页。

该三个“节点”上的案件数和人数的数量变化关系见表1-8、表1-9。整个刑事司法诉讼都是着眼于解决被告人刑事责任问题，即被告人有罪与否的问题。被告人有罪判决率计算方法为：被告人判决有罪率＝判决有罪人数/判决人数。被告人有罪率曲线如图1-7。

表1-8　公检法三机关知识产权刑事司法案件数量年度对比

（单位：件）

年份	2004	2005	2006	2007	2008	2009	2010	2011	2012	2013
移送审查起诉	/	/	/	/	1 770	1 931	2 207	5 690	17 244	/
提起公诉	/	/	/	/	1 432	1 535	1 697	3 786	8 612	/
一审审结	2 751	3 529	2 277	2 684	3 326	3 660	3 942	5 504	12 794	9 212

说明：《保护白皮书》从2008年开始报告检察机关职能作用的有关数据，故之前数据空缺。

表1-9　公检法三机关知识产权刑事司法涉案人数年度对比

（单位：人）

年份	2005	2006	2007	2008	2009	2010	2011	2012	2013
移送审查起诉	/	/	/	3 482	3 518	4 122	11 147	31 880	/
提起公诉	968	2 396	2 637	2 697	2 695	3 066	6 870	14 153	/
一审审结	5 336	3 508	4 328	5 388	5 836	6 001	10 055	15 518	13 424
判决有罪	5 319	3 507	4 322	5 386	5 832	6 000	7 892	15 338	13 265

说明：表中2011年度和2012年度“判决有罪”数据系改采“判处刑罚”标准的数据值（不含缓刑、免刑等）。

由图表可知：

（1）知识产权刑事司法机制的过滤能力和程度，在三机关之间的数据变动上得到了部分体现。公、检之间从移送审查起诉数到提起公诉数出现“明显”限缩特征，但检、法之间从提起公诉数到一审审结数却存在不匹配甚至矛盾之处。提起公诉数远少于一审审结数，可能主要是一审审结的案件除了公诉案件外，还包括自诉案件，以及年度统计带来的滞后时间差。不过，由于知识产权刑事自诉情况至今无权威的统计数据，不宜简单进行“一审审结数—提起公诉数”的运算确定。

如2012年,公安机关提起公诉8612件14153人,法院一审审结12794件15518人,如果认为审结比公诉多出的4182件都是自诉案数,则会导致有的自诉案件中没有被告人(因为仅多出的1365名审结人数可能是自诉案件的被告人)。这类数据上的矛盾表明,三机关之间统计数据在范围、滞后性等方面出现了流变,统计口径上可能有重大差异,检察院、法院对"涉嫌侵犯知识产权""涉及侵犯知识产权"的理解上可能是各说各语。

(2) 近8年来,知识产权刑事案件被告人的有罪判决率基本达到99.60%以上,这与上文所介绍的侦控阶段犯罪嫌疑人批捕率及被起诉率趋低形成巨大反差。2008—2012年这5年间,犯罪嫌疑人批捕率从82.14%持续下降到75.00%,犯罪嫌疑人被起诉率从2008年的77.46% 持续下降到2012年的44.39%,但同期被告人有罪判决率则在99.60%以上高位运行。在"侦、控、审"三阶流程中,"控"这一环节过滤了较多不符合法律标准的犯罪嫌疑人和案件,一旦被提起控诉,则"审"这一环节基本已再无多大过滤空间了。

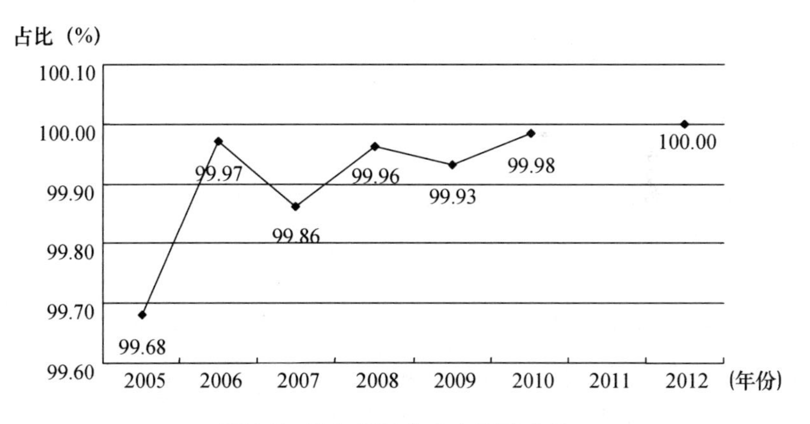

图1-7 涉知类被告人有罪率曲线

说明:2011—2012年数据都是刑罚人数,一般小于有罪人数,但权威资料表明,2012年全部判决"均为有罪判决"(严格意义上不等于全部判决人数均为有罪人数),故仅舍去2011年的有罪率。

（二）案均人数：案件群体性变化

案均人数指标是借鉴美国司法部知识产权行动组进展报告中“案均起诉被告人数”(the number of defendants being charged per case)[①]概念,并考虑案件群体性维度而设计的,旨在分析我国刑事司法打击的是否主要是知识产权群体性犯罪及其群体性程度如何。以公开获取的知识产权刑事司法年度案数与人数方面的数据为基础,分别在侦查、提起公诉和审判阶段三个“节点”上采集和计算案件平均涉案人数,计算方法为:① 移送案均人数 = 移送审查起诉人数/移送审查起诉案数;② 公诉案均人数 = 提起公诉人数/公诉案数;③ 判决案均人数 = 判决生效人数/判决案数。现将各年度知识产权犯罪案均人数数据及与一般刑事犯罪的对比统计如表 1-10。

表 1-10 知识产权犯罪与一般刑事犯罪案均人数对比

（单位:人/案）

年份	知识产权犯罪			一般刑事犯罪判决案均人数
	移送案均人数	公诉案均人数	判决案均人数	
2006	/	/	1.54	/
2007	/	/	1.61	/
2008	1.97	1.88	1.62	1.31
2009	1.82	1.76	1.59	1.30
2010	1.87	1.81	1.52	1.29
2011	1.96	1.81	1.83	1.25
2012	1.85	1.64	1.21	/
2013	/	/	1.46	1.21

在所考察年度范围内,我国移送案均人数与公诉案均人数在走势上大体相同,呈现出基本平行的波浪式起伏变动趋势,同时前者在数值上高于后者。判决案均人数更低,2006—2010 年 5 年间都在 1.5 至

① See Department of Justice's Task Force on Intellectual Property, Progress Report of the Department of Justice's Task Force on Intellectual Property, available on www.justice.gov/criminal/cybercrime/press-releases/2006/2006IPTFProgressReport(6-19-06).pdf, p.46.

1.65 之间;但 2011 年高达 1.83, 高于公诉案均人数;2012 年出现最低值 1.21;2013 年有所回升达 1.46。解读可知:

(1) 总体上各年度案均人数呈现出公、检、法三机关“逐步渐降”特征,一定意义上体现了刑事案件在侦查、提起公诉和审理判决不同阶段上不断“限缩”作业的客观规律,同时也与三机关统计口径存在一定偏差不无关系。

(2) 公安、检察机关各自案均人数的数值变动有一定的稳定性,同时出现有限波动,但未见大起大落,移送案均人数与公诉案均人数总体上呈下降趋势,其中,公诉案均人数比移送案均人数下降幅度更大。

(3) 法院判决案均人数在 2011—2013 年间出现“奇高奇低”。相反,我国 2008—2013 年一般刑事犯罪判决案均人数从 2008 年的 1.31 人/案持续下降到 2013 年的 1.21 人/案,波动比较平缓。对此的可能解释是:在 2011 年审结的案件中,由于当时打击侵权假冒“专项行动”集中办理大案要案,故犯罪组织的规模化程度有了较大提高;又由于统计口径差异,甚至在数值上略高于检察起诉案均人数。2012 年案件数量持续“井喷”,而大案要案增长有限,故处理了很多规模化程度较低的案件,整体上显著地拉低了案均人数。这折射出我国打击侵权假冒“专项行动”既打“老虎”、又打“苍蝇”的倾向。2013 年法院案均人数回升很快,但仍低于除 2012 年以外的其他所有年度值。

(三) 国际比较:美、英知识产权刑事司法年度数据变化

1. 美国的年度数据

根据《美国法典》第 18 编第 2320(g)节的法定强制要求,美国司法部应就该法典第 18 编第 2318、2319、2319A 和 2320 节所规定的知识产权犯罪而提起的指控作出报告。这里对 2005—2012 年各财政年度美国司法部知识产权报告数据进行整理分析,见表 1-11、表 1-12、表 1-13。[①]

① See U. S. Department of Justice, *Performance and Accountability Report* (Appendices D “Intellectual Property Report”), available on http://www.justice.gov/ag/annualreports.

表 1-11 美国知识产权犯罪年度数据

年份	2005	2006	2007	2008	2009	2010	2011	2012
受理侦查案数	361	333	368	303	243	343	330	314
受理侦查人数	642	580	561	467	404	543	481	496
起诉案数	143	178	200	179	150	158	158	152
起诉被告人数	319	297	268	239	203	239	203	218
审结案数	95	155	177	174	175	152	135	144
审结被告人数	133	223	278	270	230	212	206	205

说明：本表包括美国联邦所有地区法院、所有法律下之数据。对应的术语分别为：受理侦查案数（Number of Investigative Matters Received）、起诉案数（Number of Cases Filed）、审结案数（Number of Cases Resolved/Terminated）。

表 1-12 美国知识产权犯罪审结案件被告人处置情况

年份	2005	2006	2007	2008	2009	2010	2011	2012
认罪被告人数	112	178	240	220	198	185	178	183
审理判决有罪被告人数	7	9	10	8	5	7	13	4
撤销指控被告人数	10	16	15	26	21	14	11	11
无罪被告人数	1	2	1	8	2	2	1	2
其他终结情形被告人数	3	18	12	8	4	4	3	5
审结被告人总数	133	223	278	270	230	212	206	205

说明：对应术语为：认罪被告人数（Number of Defendants Who Pleaded Guilty）、审理判决有罪被告人数（Number of Defendants Who Were Tried and Found Guilty）、撤销指控被告人数（Number of Defendants Against Whom Charges Were Dismissed）、无罪被告人数（Number of Defendants Acquitted）、其他终结情形被告人数（Other Terminated Defendants）。

表 1-13 美国知识产权犯罪年度数据①

年份	侦查案均人数	起诉案均人数	审结案均人数
2005	1.78	2.23	1.40
2006	1.74	1.67	1.44

① 参见各年度《美国联邦司法部年度绩效与述职报告》（U. S. Department of Justice, Performance and Accountability Report），载美国司法部网站 http://www.justice.gov/ag/annualreports/pr2012/par2012.pdf.

（续表）

年份	侦查案均人数	起诉案均人数	审结案均人数
2007	1.52	1.34	1.57
2008	1.54	1.34	1.55
2009	1.66	1.35	1.31
2010	1.58	1.51	1.39
2011	1.46	1.28	1.53
2012	1.58	1.43	1.42

分析可知：

（1）美国联邦地区法院的2005—2012年8年间，知识产权刑事案件审结数量相比我国少之又少，各年度从未超过200件，人数从未超过300人。

（2）美国每年审结被告人中，撤销指控的比例达到被告人总数的5%～10%，2005—2012年分别占比为7.52%、7.17%、5.40%、9.63%、9.13%、6.60%、5.34%、5.37%；无罪宣告的比例也显著高于我国，2005—2012年分别占比为0.75%、0.90%、0.36%、2.96%、0.87%、0.94%、0.49%、0.98%。合并计算“被告人认罪”和“审理判决有罪”者在“审结被告人总数”中的占比，即有罪判决率，分别为89.47%、83.86%、89.93%、84.44%、88.26%、90.57%、92.72%、91.22%。

（3）美国判决案均人数在1.3—1.6左右不断波动起伏，侦查案均人数略微要高，在1.45—1.8之间波动，而起诉案均人数更为接近（有高于，也有低于）判决案均人数，三者之间未见明显分层及大起大落特征。

2. 英国的年度数据

英国2004年即提出“打击知识产权犯罪国家战略”，2006年进行修正，2011年重新制定新版战略①，知识产权犯罪在警察优先事项中

① See Intellectual Property Office, Prevention and Cure: the UK IP Crime Strategy 2011, available on http://www.ipo.gov.uk/ipcrimestrategy2011.pdf

获得重视。从2004年开始，英国知识产权局负责发布各年度《英国知识产权犯罪报告》，主要目的是在英国范围内建立对知识产权犯罪的准确测定机制。英国各年度刑事司法数据见表1-14。

表1-14 英国知识产权犯罪追诉、有罪和训诫人数①

年份	2002	2003	2004	2005	2006	2007	2008	2009	2010	2011	2012
追诉(TMA)	455	507	629	962	1 128	1 068	1 012	958	753	655	674
有罪(TMA)	329	399	503	749	920	884	913	801	662	487	506
训诫(TMA)	18	59	120	194	187	187	201	118	66	55	38
追诉(CDPA)	97	111	134	195	342	514	621	753	520	113	113
有罪(CDPA)	71	84	100	160	249	362	478	563	366	97	92
训诫(CDPA)	13	55	171	202	247	177	180	79	45	41	16
追诉总计	552	618	763	1 157	1 470	1 582	1 633	1 711	1 273	768	787
有罪总计	400	483	603	909	1 169	1 249	1 391	1 364	1 028	584	598
训诫总计	31	114	291	396	434	364	381	197	111	96	54

说明：从英国司法部依照《1994年商标法》(the TMA 1994)和《1988年版权、设计和专利法》(the CDPA 1988)发布的《知识产权犯罪年度报告：2012—2013》(IP Crime Annual Report：2012—2013)获得的有关数据整理所得。其中，"追诉人数"是指Number of people proceeded against，"有罪人数"是指Number of people found guilty，"训诫人数"是指Number of people cautioned。

从表可知：

(1) 英国从立案追诉到判决有罪在人数上呈明显"漏斗型"递减趋势，其训诫人数与有罪人数之间保持着较大比例。2002—2012年间，有罪被告人占被追诉者的比率分别为72.46%、78.16%、79.03%、78.57%、79.52%、78.95%、85.18%、79.72%、80.75%、76.04%、75.98%。

(2) 商标犯罪占比呈递减趋势，2002—2012年间，有罪被告人中侵犯商标犯罪的占比分别为82.25%、82.61%、83.42%、82.40%、78.70%、70.78%、65.64%、58.72%、64.40%、83.39%、84.62%。可

① See Intellectual Property Office, IP Crime Annual Report (2010—2011), available on http://www.ipo.gov.uk/

见,英国审结知识产权刑事案件中商标犯罪占比似乎呈“U”型变动。我国也经历了从高位到低位的变化,但 2013 年有所反弹。

3. 年度数据的国际比较

（1）在年度案件和人数总量及增加比率上,我国远远超过了美国和英国,也更重视数量增加与力度增强的正相关性。美国 2008 年通过《优化知识产权资源和组织法》(PROIP 法),在刑事司法组织体系和资源配备方面是空前的,仅司法部“计算机犯罪和知识产权部”“计算机黑客与知识产权组”及 FBI、地方知识产权犯罪执法机构所获得的授权拨款数,每年就达 5 500 万美元,全部用于对侵犯知识产权犯罪的侦查与追诉。[①] 但即使这种新的战略部署,也未产生任何“运动式”的提升效果,反而在审结案数和人数方面还似乎有所下降。英国 2004 年实施“打击知识产权犯罪国家战略”已有 10 年,但其追诉及有罪案数和人数从 2005 年开始上升,到 2009 年左右达到峰值,之后开始回落,2012 年已基本回落到战略实施前年度的水平。我国谈到加强知识产权刑法保护力度时,实务界往往举出公、检、法机关每年查处、检控以及审判的案数、人数、涉案金额及上升幅度,如果比上年度有所上升,则表明加大了力度;反之,则一般认为力度不够大。国际比较显示,这种看法实际上失于片面。力度上升,短期内会带来处理数据的上升,同时也对后续的犯罪产生遏制效应,长远看会带来处理数据的下降,即力度加强反映在数据增长上可能是倒“U”型轨迹。“上阳线”固然表明力度加大,“下阴线”也可能如此。

（2）相比于美国和英国的刑事诉讼“三阶”年度数据,我国知识产权刑事侦、控、审三阶段“限缩”特征在统计数据上尚不明显,被告人有罪率非常高。美国受理侦查人数后实际被起诉的,基本都在 50% 左右(或以下),起诉被告人数与审结被告人数基本相当。英国的追诉人数最终成为有罪人数的,有明显“限缩”式变动。这与我国知识产权刑事

---

① 参见贺志军:《我国著作权刑法保护问题研究》,中国人民公安大学出版社 2011 年版,第 346 页。

司法统计不完善有关,最高司法机关实有必要就知识产权刑事案件统计进行科学设计和作出操作规定,为关于连续性诉讼环节过滤情况的研究提供数据条件。

(3) 美国案均人数年度数据未见明显分层及大起大落特征,而我国 2011—2013 年三个年度的判决案均人数有明显异常波动,2011 年出现超高数值,2012 年、2013 年则大幅低于以往任何年度。这表明,我国知识产权刑事司法在群体性维度上可能存在某种非理性因素。由于我国的"犯罪"概念实质上相当于美国的"重罪"(第四章有论述),如果要做到确保昂贵的刑罚资源投入到群体性大的案件处理上,则我国判决案均人数应显著高于美国。比较显示,我国判决案均人数仅整体略高于(2012 年甚至显著低于)美国的数值,这意味着我国将相当于美国"重罪"的刑罚资源适用在与其整体犯罪相当的群体性案件上。可见,我国的案件群体性(判决案均人数)确有偏低之嫌,宜将其控制在一定的数值标准以上,突出群体性犯罪的打击,以确保刑罚资源在知识产权领域的有效配置。

四、结论与建议

(一) 分析结论

(1) 知识产权刑事批捕率近年持续下降,逮捕措施适用维持着较严格的法定标准,被移送审查起诉的知识产权犯罪嫌疑人广泛适用逮捕以外的其他强制措施。控制逮捕措施的适用,既有利于治理普遍羁押和超期羁押的顽疾,更有利于改善整个刑事诉讼生态环境。

(2) 知识产权刑事起诉率近年与移送审查起诉、提起公诉案数和人数持续上升形成"增长悖反"现象。起诉率降低既与批捕率降低存在关联性,又受到知识产权刑事政策和办案机制的直接影响。移送审查起诉可能存在数量偏大及质量值得检视的问题,如大量相对比较轻微的知识产权犯罪案件和人员可能被不当移送。

(3) 知识产权刑事审结案件数量近年持续上升,但各年度之间增长严重不均衡,具有较明显的"运动型"司法模式色彩。但"专项行动”结束后,2012 年比 2011 年仍增长 132.45%,2013 年虽比 2012 年下降 28%,却仍比 2011 年增长 68.82%,预示着打击侵犯知识产权的长效工作机制可能开始发挥功能。在审结的案件中,侵犯知识产权罪日益成为知识产权刑事司法保护的主要武器,侵犯知识产权罪与非法经营罪在罪名适用格局上发生了“逆转”。

(4) 在司法机关已处理的知识产权刑事案件中,案均人数的数值呈总体下降趋势。其中,判决案均人数 2012 年已锐减至 1.21 人/案,确有偏低之嫌,提示在整体上司法打击了很多群体性程度较低的犯罪案件。

由此可以发现,从力度看,我国司法机关的确落实了“加大知识产权刑事司法保护力度”的要求,成效显著,但从整体司法效益看,至少在近五年中是存在着一定程度的“量升质降”的问题之嫌的。我国知识产权刑事司法机制运行成效打了一些折扣,急需进行理性的完善。至于美国所称“中国知识产权刑事司法保护不力、未履行国际公约义务”之类的指责,是别有用心和根本没有事实证据的。

(二) 对策建议

1. 理性对待知识产权刑事司法年度数据

中国知识产权刑事司法主要指数(Criminal IPR Enforcement Indexes)已超过了美国[1],但刑事司法机制良性运作比数据变动本身更为重要。片面追求知识产权刑事执法数量的数据崇拜论(唯数论)在我国颇有市场,现在需要破除唯数论而对刑事司法力度与年度数据的关系进行科学认识和解读。由于知识产权刑事执法存在较高成本,包括美国在内的经合组织成员国家对知识产权侵权者提起刑事诉讼的只占全部知识产权执法活动中的极小部分,并不是只有大量的刑事诉讼才证明与履行 WTO 义务相符。[2] 某些指标上的“量升率降”与加大刑

---

① See H. Liu, the Criminal Enforcement of Intellectual Property Rights in China: Recent Developments and Implications, 5 *Asian Criminology*, 2010, pp. 137-156.

② See Frederick M. Abbott et. al., International Intellectual Property in An Integrated World Economy, Aspen Publishers, 2007, p. 614.

事司法力度有一定的相悖性，尤其是起诉率的大幅下降说明，应当加大比率性指标在保护力度上的权重和运用程度。完善的司法统计制度对加大力度不可或缺，应对统计标准、方法、程序等予以严格规范，增强协调性、连续性、稳定性，并体现知识产权刑事司法实际总量和消除统计数据之间的不合理性。

2. 推动知识产权刑事司法由“运动型”向“机制型”的模式转变

学者指出，运动式执法不是一夜之间遽成气候，它是在行政科层强激励、辖区公众（部分）弱激励的合力之下，由常规化的执法懈怠逐步催生、形塑出来的必然产物。[①] “专项行动”对促进知识产权刑事司法力度和提升意识功不可没，但同时存在不可持续性、不可复制性、成本效益不经济性的固有缺陷。建立运行刑事司法长效机制，实现知识产权行政执法部门与公、检、法等机关之间依法衔接及互动，以提高刑事司法体系的“造血”功能，而不是单纯依靠增加人力、物力等资源来加大刑事司法保护力度，才是长久之策。国家已提出建立健全打击侵权和假冒伪劣的“长效机制”，并将“打击侵权和假冒伪劣工作纳入政府绩效考核体系”。[②] 在该考核体系下，就知识产权刑事司法而言，除了考核办理案件的数量指标及观照批捕率、逮捕率、提起公诉率、有罪判决率、刑罚适用率外，还应引入诸如行政移送、合作侦查、鉴定瑕疵率、附带民诉、三合一审判、判决一致性、被害人救济等多个维度的事关刑事司法机制运作本身的指标，从而改变目前“唯数论”考核模式，将知识产权刑事司法活动引入“办案数量与质量并重、办案绩效与机制建设并重”的轨道上来。

3. 调整知识产权刑事司法政策目标，即集中优势资源打击重点案件与人员

2008 年《国家知识产权战略纲要》提出，“针对反复侵权、群体性

---

① 参见吴元元：《双重博弈结构中的激励效应与运动式执法——以法律经济学为解释视角》，载《法商研究》2015 年第 1 期。

② 《国务院关于进一步做好打击侵犯知识产权和制售假冒伪劣商品工作的意见》（国发〔2011〕37 号）。

侵权以及大规模假冒、盗版等行为,有计划、有重点地开展知识产权保护专项行动";后续多个年度《国家知识产权战略实施推进计划》都强调:"打击重点领域重点地区侵犯知识产权违法犯罪行为","针对重点领域、重点产业开展专项保护和维权援助工作"。细化落实"重点打击"政策目标,需借鉴国外的成功经验,在司法统计中增加公诉案件的案均人数指标,以报告案件的群体性程度,将有利于使刑事程序减少和过滤掉相对比较轻微的知识产权犯罪案件,因而是很有必要的。

第三节 知识产权刑事司法保护动力机制

一、动力机制转型

年度数据的实证分析,充分揭示了我国知识产权刑事司法保护的强劲发展态势,值得追问的是:究竟是什么力量在推动我国知识产权刑事司法机制的形成与发展呢?从国际和国内二维角度看,履行国际公约义务和实施国家知识产权战略,可以说是进行我国知识产权刑事司法保护的两个基本动力来源,两者通过国家利益为支点而形成合力。回顾立法和司法历程可知,我国知识产权刑事保护经历了"逼我所用"到"为我所用"的转型和变化过程。正如学者所言,一个国家使用刑事手段保护知识产权,虽然需要关注并满足国际条约的要求,但主要是由国内的社会、经济和文化发展战略决定的。[①] 与改革开放前期"国际义务要求"是推动知识产权刑事保护制度变迁的重要动力不同,建设创新型国家和实施国家知识产权战略以来,"国内战略需求"是逐渐出现的主要新引擎,其动力来源已由国际驱动过渡到国内产业驱动。

产业驱动之力源于知识产权的制度功能。由于知识产权产业的

---

① 参见王世洲主编:《关于著作权刑法的世界报告》,中国人民公安大学出版社2008年版,第26页。

日益繁荣,知识产权作为一种激励机制,成为维护发明者、创作者与投资者经济上诱因的制度工具,其在经济增长上的功能愈发突出。[①] 知识产权制度成为连接知识财产与市场优势之间的桥梁(见图 1-8)。我国的"专项行动"足以表明:保护知识产权越来越出于整顿和维护知识产权领域的国内"经济秩序",以确保有效竞争。有学者研究了 108 个国家的数据,结果显示:发展中国家的创新能力随其知识产权保护水平的增强而增强,一个国家最优知识产权保护水平与其经济发展水平呈二次非线性关系(U 型曲线关系)。原因是:知识产权保护产生模仿效应和创新效应两种效应,最优保护水平依据是均衡在外企部门的社会福利损失和在本地部门的社会福利收益。假设一个发展中国家可以选择知识产权保护水平 β,该国的经济发展水平(技术能力)为 θ,当起始于低水平的 θ 时,提高 θ 可能对模仿外国技术的收益的影响比促进本国创新的收益的影响更大,因此模仿效应就可能占优于创新效应,应降低知识产权保护水平;当模仿效应和创新效应高于特定水平时,本国创新效应增强至优于模仿效应,此时应当提高知识产权的保护水平。[②] 由此,最优知识产权保护水平应当是随着发展水平的提高,起初降低然后提高的 U 型曲线关系。

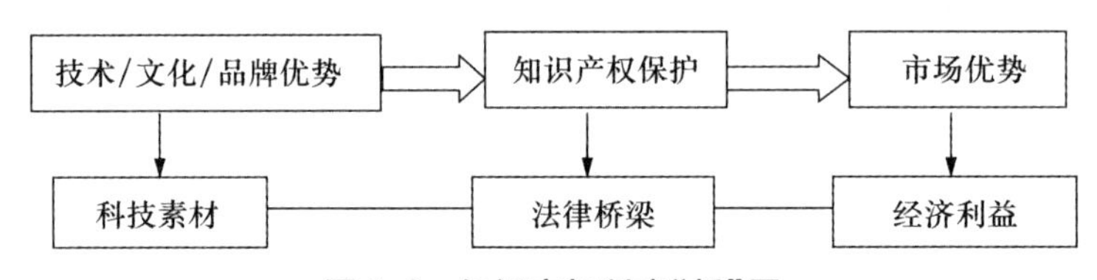

图 1-8　知识产权制度"桥"图

这里的"国内战略需求",可以被具体化为地方、部门、行业等战略需求。在宏观层面,它是中国政府的动力机制;在中观层面,是各地、各相关部门的动力机制;在微观层面,是案件各方主体的动力机制。

---

① 参见熊琦:《著作权的法经济分析范式——兼评知识产权利益平衡理论》,载《法制与社会发展》2011 年第 4 期。

② 参见单晓光、许春明等:《知识产权制度与经济增长:机制 · 实证 · 优化》,经济科学出版社 2009 年版,第 80—93 页。

机制的建立和运行具有统一性，同时也有地方非均衡性。国内战略需求和国际外部压力对我国知识产权刑事司法保护的需求各有多大影响力、比例如何、演化程度怎样？通过对该动力机制进行实证检验，可获得数量性的认识。

二、动力机制实证检验

（一）实证检验说明

1．指标选取和变量设计

我国受到的“国际外部压力”有多个方面，包括来自单个外国、外国国家群体、区域性国际组织、多边国际组织等所施加的压力。他们要求中国强化知识产权刑事司法保护机制的主张，在国际上尤其是发达国家集团具有很大的市场。本书选取“外国或国际文件对中国知识产权刑事保护的描述”表征“国际外部压力”，具体设计为两个变量：

（1）选取“美国特殊301报告结论”U值。自1989年以来，美国根据《1988年综合贸易与竞争法》就贸易伙伴知识产权保护适当性和有效性发布《特别301报告》共26份，中国年年榜上有名，其中2005—2014年已连续10年列为“重点观察名单”，并一贯认为中国知识产权刑事司法应加强。它对中国造成了不可忽视的压力，又直接导致通过中美知识产权谈判及中美联合商贸委员会（JCCT）而形成双边协定压力。

（2）选取“WTO等国际多边框架内存在的知识产权刑事司法义务规则”W值，以体现美国以外的其他国家和国家组织施加的多边压力。2007—2009年“中美WTO知识产权争端案”，直指中国知识产权刑事司法保护不力，使我国高度重视履行该协定义务。

刑事司法保护机制的“国内战略需求”动力来源的表现形式有很多方面，比如各个地区、产业、企业的知识产权创造量，有效知识产权受侵犯的概率、受损程度，非刑事手段的效率……根据法律实证分析中的“转换原理”，本书设置“国内知识产权创造量”变量，来表征“国内战略需求”指标。对刑事司法保护而言，更具有法律意义的应是授权量而不是申请量，具体设计为两个变量：

（1）专利选取最具实际影响力的“国内发明专利授权量”变量，考察在发明专利授权总量中的占比值 P（商业秘密的保护需求也能从该技术保护需求中得到较大程度的反映）。

（2）商标选取“国内商标注册量”变量，考察在商标注册总量中的占比值 T。由于著作权实行自动保护原则，无须履行作品登记等手续，其数量不容易获得；而如果选取“我国版权输出量”为变量，虽具有一定的合理性，但是由于其总体数量很小（我国版权国际贸易存在巨大逆差），故不设置相应变量。

综上，“美国特殊 301 报告结论”U 值、“WTO 等国际多边框架内存在的知识产权刑事司法义务规则”W 值和“国内发明专利授权量”P 值、“国内商标注册量”T 值，以上四个变量 R、M 和 P、T，分别构成了两组指标，各自表征了国际外部压力和国内战略需求这两个刑事司法保护机制的动力源。

2. 变量赋值

美国“特殊 301 报告结论”U 的赋值规则是：量表为 0—5 分；中国未被列入名单为 0 分；列入观察名单基准值为 1 分，后续列入观察名单则每次增加 0.1 分；列入重点观察名单基准值为 3 分，后续列入重点观察名单则每次增加 0.1 分；列入 306 条款监督名单基准值为 2 分，后续列入 306 条款监督名单则每次增加 0.1 分。WTO 协定框架内存在的对中国的义务性约束 M 赋值办法为：量表为 0—5 分；未加入为 0 分；作为观察员参与 TRIPS 协定等 WTO 的规则制定，直至加入 WTO，基准值为 1 分，后续每年增加 0.1 分；加入当年的基准值为 2.5 分（正式承担 WTO 下知识产权刑事司法保护义务），随着加入时间的推移，后续每年增加 0.1 分；在 WTO 被提起诉讼，当年赋值增加 1 分。由此，“国际压力”指标值处于 0—10，具体数值即为 U 数值与 W 数值之和。

“国内发明专利授权量”占比值 P，赋值区间 0—5，即把百分比转化为“五分制”即得 P 值。“国内商标注册量”T 值也是同理，为“国内需求”指标值。国内需求指标值由 P 数值和 T 值合成之和，处于

0—10。

（二）变量数据整理

“国际压力”和“国内需求”两个变量的取值结果，分别见表 1-15 和表 1-16。

表 1-15　1989—2012 年间“国际压力”指标

年份	特别 301 名单	*U* 数值	WTO 规则	*W* 数值	指标值
1989	重点观察名单	3	观察员 TRIPS 协定制定	1	4
1990	重点观察名单	3.1	后续 1 年	1.1	4.2
1991	重点外国	3.2	后续 2 年	1.2	4.4
1992	观察名单	1	后续 3 年	1.3	2.3
1993	重点观察名单	3.4	后续 4 年	1.4	4.8
1994	重点外国	3.5	后续 5 年(TRIPS 协定生效)	1.5	5
1995	观察名单	1.1	后续 6 年	1.6	2.7
1996	重点外国	3.6	后续 7 年	1.7	5.3
1997	306 条款监督	2	后续 8 年	1.8	3.8
1998	306 条款监督	2.1	后续 9 年	1.9	4
1999	306 条款监督	2.2	后续 10 年	2.0	4.2
2000	306 条款监督	2.3	后续 11 年	2.1	4.4
2001	306 条款监督	2.4	加入 WTO	2.5	4.9
2002	306 条款监督	2.5	加入 1 年	2.6	5.1
2003	306 条款监督	2.6	加入 2 年	2.7	5.3
2004	306 条款监督	2.7	加入 3 年	2.8	5.5
2005	重点观察名单	3.7	加入 4 年	2.9	6.6
2006	重点观察名单	3.8	加入 5 年	3.0	6.8
2007	重点观察名单	3.9	加入 6 年 WTO 被诉	4.1	8
2008	重点观察名单	4.0	加入 7 年	4.2	8.2
2009	重点观察名单	4.1	加入 8 年	3.3	7.4
2010	重点观察名单	4.2	加入 9 年	3.4	7.6
2011	重点观察名单	4.3	加入 10 年	3.5	7.8
2012	重点观察名单	4.4	加入 11 年	3.6	8

表 1-16 1985—2012 年间“国内需求”指标①

年份	国内发明	发明总量	国内占比(%)	P 数值	国内商标	商标总量	国内占比(%)	T 数值	指标值
1985	38	40	95.00	4.75	19 584	21 668	90.38	4.52	9.27
1986	52	56	92.86	4.64	26 993	32 119	84.04	4.20	8.84
1987	311	422	73.70	3.68	27 687	32 141	86.14	4.31	7.99
1988	617	1 025	60.20	3.01	25 448	290 52	87.59	4.38	7.39
1989	1 083	2 303	47.03	2.35	31 810	36 435	87.31	4.37	6.72
1990	1 149	3 838	29.94	1.50	25 966	31 271	83.04	4.15	5.65
1991	1 311	4 122	31.80	1.59	34 501	40 330	85.55	4.28	5.87
1992	1 386	3 966	34.95	1.75	42 710	48 088	88.82	4.44	6.19
1993	2 634	6 556	40.18	2.01	42 668	48 726	87.57	4.38	6.39
1994	1 676	3 883	43.16	2.16	47 482	58 301	81.44	4.07	6.23
1995	1 546	3 393	45.56	2.28	59 895	91 866	65.20	3.26	5.54
1996	1 395	2 976	46.88	2.34	101 178	128 428	78.78	3.94	6.28
1997	1 532	3 494	43.85	2.19	188 047	223 038	84.31	4.22	6.41

① 整合以下资料所得：各年度《中国知识产权统计年报》，载国家知识产权局网站 http://www.sipo.gov.cn/tjxx/；各年度《中国商标战略年度发展报告》，载国家工商总局网站 http://sbj.saic.gov.cn/tjxx/，2014 年 5 月 30 日访问。

（续表）

年份	国内发明	发明总量	国内占比（%）	P数值	国内商标	商标总量	国内占比（%）	T数值	指标值
1998	1 655	4 733	34.97	1.75	80 095	107 710	74.36	3.72	5.47
1999	3 097	7 637	40.55	2.03	96 139	122 401	78.54	3.93	5.95
2000	6 177	12 683	48.70	2.44	129 441	158 575	81.63	4.08	6.52
2001	5 395	16 296	33.11	1.66	167 563	202 839	82.61	4.13	5.79
2002	5 868	21 473	27.33	1.37	169 904	212 533	79.94	4.00	5.36
2003	11 404	37 154	30.69	1.53	206 070	242 511	84.97	4.25	5.78
2004	18 241	49 360	36.96	1.85	225 394	266 619	84.54	4.23	6.07
2005	20 705	53 305	38.84	1.94	218 731	258 532	84.61	4.23	6.17
2006	25 077	57 786	43.40	2.17	228 814	275 641	83.01	4.15	6.32
2007	31 945	67 948	47.01	2.35	215 161	263 478	81.66	4.08	6.43
2008	46 590	93 706	49.72	2.49	342 498	403 469	84.89	4.24	6.73
2009	65 391	128 489	50.89	2.54	737 228	837 643	88.01	4.40	6.95
2010	79 767	135 110	59.04	2.95	1 211 428	1 349 237	89.79	4.49	7.44
2011	112 347	172 113	65.28	3.26	926 330	1 022 698	90.58	4.53	7.79
2012	143 847	217 105	66.26	3.31	919 951	1 004 897	91.55	4.58	7.89

我国受理专利申请起始于 1985 年 4 月 1 日，专利授权始于 1985 年 12 月 26 日，但为与前述国际压力指数匹配，本书选取 1989—2012 年之间的数据来分析。

（三）中国知识产权刑事司法保护动力指数曲线

在给定框架和规则内，按年度编制成“国际压力”和“国内需求”两个时间序列变量，再取两者之和的均值，即合成为“中国知识产权刑事司法保护动力综合指数”时间序列变量（见图 1-9）。同时，按“国际压力”和“国内需求”两个时间序列变量，绘制“中国知识产权刑事司法保护动力指数分解曲线”（见图 1-10）。

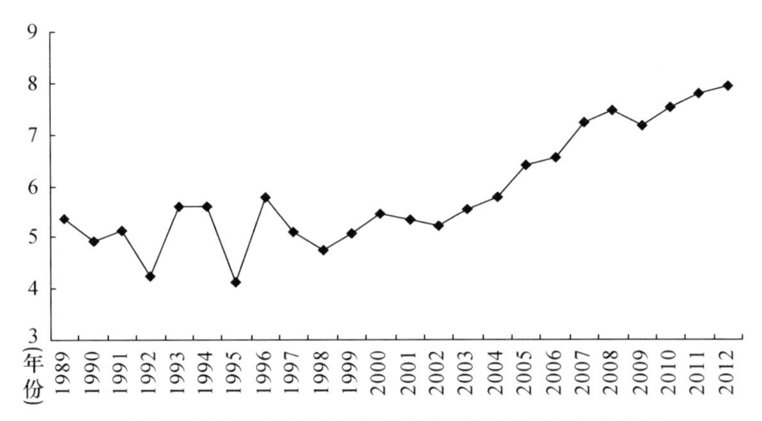

图 1-9　中国知识产权刑事司法保护动力综合指数曲线

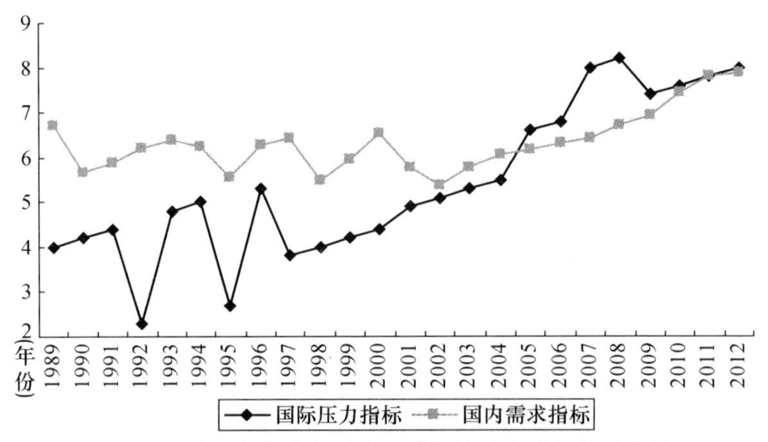

图 1-10　中国知识产权刑事司法保护动力指数分解曲线

由图可知：

（1）两条曲线总体上都是向上抬升的。

（2）两根曲线在 2004—2005 年之间出现交叉，在 2010—2012 年之间出现重叠。2005 年首次超过国内需求指数，2007 年、2008 年连续膨胀式上升，2009 年后与国内需求指数曲线接近重合。

（3）国际压力指数曲线比国内需求指数曲线更陡峭、上升幅度更大，1992 年、1996 年、2009 年都有一个短暂的低谷，主要是由于国际压力释放后的暂时缓解。不过，国际外部压力是有其限度的，虽然压力体现多种多样，但真正对我国具有刚性约束力的却仅局限于中国根据所加入的国际条约或签订的双边、多边协定而承担的相应知识产权刑事司法义务，目前主要就是 TRIPS 协定及与美国等国家达成的相关双边协定。

“国际压力”和“国内需求”两个时间序列变量的相关性检验结果，如表 1-17。

检验结果表明，“国际压力”和“国内需求”的 Pearson 相关系数为 0.662，显著性的 p 值为 0，说明二者呈显著的、高度的正相关关系，即“国际压力”指标值提升，“国内需求”指标值也在提升。二者高度正相关的原因可能在于，随着中国经济改革发展及确立建设创新型国家目标，知识产权资源在中国的作用与在美国等其他国家一样，都越来越重要，对其进行有效的刑事司法保护的要求也在攀升，呈现出“保护”与“创造”互促效应，可以说，在这一点上，国内和国际的利益需求具有一致性。

表 1-17　“国际压力”和“国内需求”的相关性检验

		国际压力	国内需求
国际压力	Pearson 相关性	1	0.662**
	显著性（双侧）		0.000
	N	24	24
国内需求	Pearson 相关性	0.662**	1
	显著性（双侧）	0.000	
	N	24	24

** 在 0.01 水平（双侧）上显著相关。

(四)国内需求曲线的重新发现

理论界就作为最大发展中国家的中国应否加强知识产权保护的争论,实质上是关于知识产权保护制度形成动力的分歧。

本质上,知识产权战略有创造、运用、管理和保护四个方面,唯有当国内有足够数量的知识产权"创造"量时,才可为本国强力"保护"提供足够的动力。一种较流行的看法是,我国的知识产权"创造",未为"保护"提供足够多的动力。比如,有学者质疑我国一再加强的知识产权执法现状[①],认为与发达国家相比,我国加强知识产权保护,主要是保护外国人的利益,并抑制国内企业对国外技术的模仿活力,会强化发达国家创新企业的竞争力并提高其产品在我国的价格。然而,从图 1-10 看,国内需求曲线在 2004 年以前一直都是在 5 分以上,高于国际压力指数;2002 年以后持续 10 年上升折线。以最能反映科学发展水平的发明专利为例,解读国家知识产权局数据可知:国内年度申请量在 2003 年、年度授权量在 2009 年(达 50.89%)、累计拥有量在 2011 年(达 50.4%),已分别首次实现"内超外"(即国内发明专利数量超过国外发明专利数量),目前我国保护的发明专利已主要是国内发明专利。《国家知识产权事业发展"十二五"规划》的实施,将使已出现的"内超外"特征进一步被放大。据统计,"十一五"时期,实用新型专利、外观设计专利和商标注册的年申请量多年位居世界第一,发明专利、植物新品种年申请量位居世界第二,版权相关产业对经济增长的贡献超过 6%。截至 2012 年底,我国商标注册累计申请 1136 万件,累计注册商标 765.6 万件,有效注册商标 640 万件,依然保持"三个世界第一"。[②] 有学者对我国专利行政保护制度进行绩效研究后指出,主要动力仍是中国国民的国内市场需求,整体上主要维护的是中国国家利

① 参见张平:《对知识产权若干问题的讨论——有感于一再加强的知识产权执法现状》,载中国社会科学院知识产权研究中心、中国知识产权培训中心编:《完善知识产权执法体制问题研究》,知识产权出版社 2008 版,第 3 页。

② 参见国家工商总局:《2012 年中国商标战略年度发展报告》,载国家工商总局网站 http://sbj.saic.gov.cn/tjxx/,2014 年 5 月 30 日访问。

益和中国专利权主体的合法权利。[①] 可见，前述反对加强保护的观点，对我国知识产权保护国内需求并无准确意识。

按照 Suhejla Hoti 等的观点，随着知识产权价值获得认可的程度上升，知识产权保护愈加强有力，知识产权诉讼在上升，着眼于如何保护知识产权的政策行动也在增加。[②] 为此，以“国内需求”指数（表 1-17）和 1998—2012 年法院一审审结“侵犯知识产权罪”案件数（表 1-7）为两个时间序列变量，通过 SPSS 进行“双变量相关分析”，结果如表 1-18。检验结果表明，“国内需求”和“法院审结案数”的 Pearson 相关系数为 0.737，显著性的 p 值为 0.002，小于 0.01，说明二者呈显著的、高度的正相关关系，即“国内需求”指数值越大，“法院审结案数”值也同步增加（吻合程度达到 0.737 倍）。从国内知识产权获取量与外国在华的知识产权获取量动态较量看，我国知识产权“创造”程度已为本国刑事“保护”提供了充分的动力需求。

表 1-18　年度知识产权总量与知识产权刑事案件审结量相关性检验

		国内需求	法院审结案数
国内需求	Pearson 相关性	1	0.737**
	显著性（双侧）		0.002
	N	15	15
法院审结案数	Pearson 相关性	0.737**	1
	显著性（双侧）	0.002	
	N	15	15

** 在 0.01 水平（双侧）上显著相关。

应注意的是，在国内战略需求占主导条件下仍存在国际压力。我国知识产权刑事司法领域已出重拳、耗巨资，但知识产权违法犯罪却持续受到国际社会的广泛关注，尤其是以美国为首的发达国家的屡屡

---

① 参见邓建志：《中国专利行政保护制度绩效研究》，载《中国软科学》2012 年第 2 期。

② See Suhejla Hoti et. al., Intellectual Property Litigation Activity in the USA, in Michael McAleer and Les Oxley (eds), Economic and Legal Issues in Intellectual Property, Blackwell Publishing, 2007, pp. 231-246.

发难,这里可能存在内外视角上的某种偏差,即某些保护问题属于国内动力尚未迫切需求而国际压力却有要求的事项,对此,应关注“阶段论”与“适度论”,注意推进速度的节奏和适用范围的覆盖面。至于“履行义务”要求,不应也不能使我国成为 TRIPS 规则的“奴隶”。本来 TRIPS 协定就是一个利益安排,随着广大发展中国家的觉醒,WTO 逐渐还俗化。在“欧盟诉美国版权法第 110(5)节”案中,对生效的 WTO 裁决,美国国会不少议员坚持不修法,只是进行 3 年赔偿,迄今不了了之。[①] 因此,在极端情形下,当国家受到的损害大于所获得的利益时,甚至可考虑行使退出权利。

① 参见赵星:《知识产权侵权犯罪被害人保护和救济研究》,中国人民公安大学出版社 2008 年版,第九章。

第二章　知识产权刑事司法判决实证分析

第一节　实证分析说明与设计

一、样本选取

案例是法治的细胞，是看得见的法典和应然规则的实然形式。司法判决是实证分析的理想素材，通过对既有司法判决进行全样本或合理抽样的统计分析，可以发现我国知识产权刑事司法系统处理了哪些类型、种类的侵犯知识产权罪案件，犯罪认定模式有哪些，存在哪些问题和经验，从而在实践层面把握我国知识产权刑事司法保护机制。该如何界定所要分析的侵犯知识产权罪司法案件范围呢？从总量上看，1998—2013 年 16 年间，全国法院以“侵犯知识产权罪”一审审结的案件总数为 23 100 件，判决生效人数为 32 995 人（见表 1-7）。从可获得性上看，数量众多的基层人民法院审理侵犯知识产权罪，又尚未全面建立司法判决数据库，故囿于资料匮乏，要进行全样本研究难度极大，甚至不太可能。对此，本书通过依托国内权威法律专业网站“北大法意网”所提供的“中国裁判文书库”，来建立自己的“合理抽样”后的样本整体。如学者所言，实证分析“关键不在于样本的数量大小，也不在于抽样框架是处于何种目的确定的，而在于根据某个框架所获得的样本与总体之间是否相近”。[1]“中国裁判文书库”所收集的样本案例来自最高人民法院各业务厅、研究机构、出版单位、网站等权威机构公开发布的真实判决，可称为“示范性案件”，以此作为本实证分析的样本基础具有代表性。

由于网站数据记录处于不断更新状态，笔者多次跟踪并最后以2013年10月1日为截止日期。在该时间点，“中国裁判文书库”中共有判决记录1 763 858条，其中刑事判决316 107条。经过以侵犯知识产权罪（第213—219条）7个罪名所含关键词为“名称”、以“刑事”为“类型”进行检索[2]，共计得到1 804条侵犯知识产权罪的判决记录；剔除少数重复情形记录后，实际从该网站收集到1 714份判决文书。收集的裁判文书存在标准文书和非标准文书的分类：标准文书是指符合统一文书格式、文书结构明确、各字段内容比较齐全、在数据分析整理过程中较容易进行整理和提取的文书类型；非标准文书是指文书结构不明确、格式不统一的文书。为提高数据提取的准确性和分析可行性，本书主要针对标准裁判文书进行整理分析，共整理得到1 617条记录，并确保每条记录的“案号”（判决书案件编号）具有唯一性，从而排除了重复记录的可能。所有记录数据都是从“北大法意”网站“中国裁判文书库”中涉及侵犯知识产权罪的7大案由案例中的标准文书中进行全样本提取的。

本书基本假定是，在“北大法意网”上收集的判决是随机的，不存在人为选择情形。尽管所分析判决在年份和省份上具有集中和非均衡特性，但不应据此否定总体样本收集的随机性。

二、变量设计与构想

从理想角度看，可对每份判决记录设置数十个变量，每个变量代

---

① 白建军：《法律实证研究方法》，北京大学出版社2008年版，第190页。

② “中国裁判文书库”，载北大法意网 http://iras.lib.whu.edu.cn:8080/rewriter/LAWYEE/http/vvv9k-vxdd9nqf/Case/Case.asp.

表一个观测点即维度特征,可得到关于刑事司法机制非常丰富的变量信息。除案件基本情况(包括时间、地点、事件、法律等)外,可按司法机制各主要环节来设计和采集信息:(1) 立案环节,如案发方式、行政移送、是否侦查提前介入、是否行政处罚、行政与刑事司法机关之间是否有争议、证据是否被采用;(2) 侦查阶段,如管辖根据、批捕次数、退补、鉴定、权利证明、是否与业界权利人合作;(3) 检察阶段,如人员是否固定、所处专业科室、是否指挥侦查,有无争议、有无辩护、是否自诉、是否附带民诉;(4) 审判阶段,如审理组织、审委会讨论、变更罪名、竞合罪名、有无罚没措施、是否上诉等。年份、省份、城乡、判决罪名等变量可作为进行分组和比较的依据。未设置变量的信息就被过滤掉了,即不再进行相关考察分析。

实际上,本书变量设计受到了多方面限制,其中最关键的是判决书内容的限制。有的判决书中被告人的信息缺失,大多数判决书对行政前置、司法鉴定等这些很有研究价值的观测点语焉不详。故经过反复设计权衡,本书最终设计出 22 个信息采集点。由于涉及 1 617 份判决书,数据提取工作量大,提取难度大。有些信息可通过计算机程序方法进行提取,但有些信息如“判决认定数额或数量”或“罚没措施”等信息的提取则甚为烦琐,必须阅读判决书,且难免有表述不清楚或者阙如情形。为研究数量关系,被告人是否被判处主刑,所判处的主刑(实刑)期限、罚金数额如何,其数值提取既必要又非容易。需要说明的是,对于单独犯罪的,可直接进行取值;涉及共同犯罪的,本书采取按照“取高不取低”原则,着眼于考察整个案件在判刑上的苛厉程度,即只取单个的最高期限或数额;涉及被告人犯数罪的,本书则按照“直接后果”原则,着眼于考察知识产权犯罪的直接刑罚,即只取判决中表述的对应侵犯知识产权罪判处的刑罚。

第二节 判决统计分析

一、案件判决基本统计分析

（一）样本案由特征

1 617 份判决的案由分布情况如表 2-1。分析可知：

（1）从单个罪名看，占比最多的是销售假冒注册商标的商品罪，达 56.2%；其次是假冒注册商标罪达 24.1%，侵犯著作权罪达 7.2%，非法制造、销售非法制造的注册商标标识罪则为 6.3%。占比最少的是假冒专利罪，仅占 0.1%，侵犯商业秘密罪为 1.7%，销售侵权复制品罪占 2.3%。此外，还有“两项以上侵犯知识产权罪”占比 2.1%。

（2）从侵犯知识产权领域看，商标犯罪判决占 86.6%，著作权犯罪判决占 9.5%。

（3）“两项以上侵犯知识产权罪”有 34 条记录，同时适用第 213、214、215 条的判决有 1 个，仅第 213 条与第 214 条同时适用的有 23 个，仅第 213 条与第 215 条同时适用的有 8 个，第 217 条与第 215、218 条同时适用的各 1 个。可见，主要是假冒注册商标罪（达 32 条记录）等三个商标犯罪罪名的同时适用。

表 2-1 知识产权刑事判决罪名分布

<table>
<tr><th>罪名</th><th>频数</th><th>百分比（%）</th><th>类百分比（%）</th></tr>
<tr><td>假冒注册商标罪</td><td>389</td><td>24.1</td><td rowspan="3">86.6</td></tr>
<tr><td>销售假冒注册商标的商品罪</td><td>909</td><td>56.2</td></tr>
<tr><td>非法制造、销售非法制造的注册商标标识罪</td><td>102</td><td>6.3</td></tr>
<tr><td>假冒专利罪</td><td>2</td><td>0.1</td><td>0.1</td></tr>
<tr><td>侵犯著作权罪</td><td>117</td><td>7.2</td><td rowspan="2">9.5</td></tr>
<tr><td>销售侵权复制品罪</td><td>37</td><td>2.3</td></tr>
<tr><td>侵犯商业秘密罪</td><td>27</td><td>1.7</td><td>1.7</td></tr>
<tr><td>两项以上侵犯知识产权罪</td><td>34</td><td>2.1</td><td>2.1</td></tr>
<tr><td>合计</td><td>1 617</td><td>100.0</td><td>100.0</td></tr>
</table>

此外,还有少量记录中出现与其他罪名形成数罪的情形,因为不是“两项以上侵犯知识产权罪”,故直接列入各具体侵犯知识产权罪罪名之下。具体是:

(1) 第214条(销售假冒注册商标的商品罪)与第225条(非法经营罪)同时适用的有7个,与第140条(生产、销售伪劣产品罪)、第204条(骗取出口退税罪)、第266条(诈骗罪)、第277条(妨害公务罪)同时适用的各1个。

(2) 第215条(非法制造、销售非法制造的注册商标标识罪)与第140条、第225条同时适用的分别为3个、1个。

(3) 第217条(侵犯著作权罪)与第363条(制作、复制、出版、贩卖、传播淫秽物品牟利罪)同时适用的有5个,与第225条(非法经营罪)同时适用的有1个。

(4) 第219条(侵犯商业秘密罪)与第158条(虚报注册资本罪)、第163条(非国家工作人员受贿罪)、第266条(诈骗罪)同时适用的各为1个、2个、1个。

(二) 样本时空特征

1617份判决的审结年份、省份和城乡分布情况如表2-2、表2-3、表2-4。

表2-2　知识产权刑事判决时间分布

年份	1995	1998	1999	2000	2001	2002	2003	2004	2005
计数	6	2	3	4	5	1	5	10	8
百分比(%)	0.4	0.1	0.2	0.2	0.3	0.1	0.3	0.6	0.5
年份	2006	2007	2008	2009	2010	2011	2012	2013	合计
计数	43	35	43	83	138	354	697	180	1617
百分比(%)	2.7	2.2	2.7	5.1	8.5	21.9	43.1	11.1	100

表 2-3 知识产权刑事判决地区分布

省份	频数	百分比(%)	省份	频数	百分比(%)
上海	910	56.3	河北	5	0.3
河南	322	19.9	湖北	5	0.3
广东	129	8.0	山东	5	0.3
浙江	53	3.3	辽宁	3	0.2
江苏	48	3.0	内蒙古	3	0.2
北京	42	2.6	安徽	2	0.1
湖南	32	2.0	贵州	1	0.1
广西	15	0.9	吉林	1	0.1
重庆	13	0.8	江西	1	0.1
陕西	11	0.7	青海	1	0.1
四川	8	0.5	天津	1	0.1
福建	6	0.4	合计	1 617	100.0

表 2-4 知识产权刑事判决城乡分布

	市区	县域	中级以上	合计
频数	1 229	107	281	1 617
百分比(%)	76.0	6.6	17.4	100.0

在研究的样本总体中,从 1995—2005 年之间,各年度判决计数都不超过 10 件,累计占比才达到 2.7%,故研究样本的记录主要集中在 2006—2013 年之间,尤其以 2011 年、2012 年和 2013 年为主,分别占比为 21.9%、43.1% 和 11.1%,该 3 年合计占比达 76.1%。这表明,知识产权刑事司法判决公开程度近几年在急剧上升,所分析判决具有较强的时效性。

样本中,上海市、河南省和广东省占比为前三强,分别为 56.3%、19.9% 和 8.0%。究其原因可能是:一方面,这些省份本身知识产权刑事判决的绝对数量就多;另一方面,其判决公开比重大,被北大法意网站收录。案件数量在 10 个以上的只有 10 个省份,除港澳台外,尚有 7 个省份没有判决进入分析视野。

从1 617份判决的城乡分布看，市区法院作出的占76.0%，县法院作出的占6.6%，中级以上法院作出的（含一审和二审判决）占17.4%。可以看出，我国知识产权刑事司法总体上具有鲜明的“城市主导”特点。

二、侦控阶段变量特征

（一）描述性统计分析

侦查和起诉阶段的被告人数、“另案处理”、延期审理情况，分别见表2-5、表2-6、表2-7。

表2-5　知识产权刑事被告人数情况

人数	频数	百分比(%)	有效百分比(%)
1	912	56.4	56.4
2	432	26.7	26.7
3	139	8.6	8.6
4	70	4.3	4.3
5	57	3.5	3.5
6	3	0.2	0.2
7	3	0.2	0.2
8	1	0.1	0.1
合计	1 617	100.0	100.0

表2-6　知识产权刑事判决“另案处理”情况

	频数	百分比(%)	有效百分比(%)	累积百分比(%)
有在逃者	20	1.2	1.2	1.2
有另案处理者	236	14.6	14.6	15.8
有已判刑者	46	2.8	2.8	18.7
两项以上	37	2.3	2.3	21.0
皆无	1 278	79.0	79.0	100.0
合计	1 617	100.0	100.0	

在样本判决中，被告人为1人的占比达56.4%，为2人的占比为26.7%，被告人在3人以上的合计仅占16.9%。这表明现行知识产权刑事司法处理的案件以单一被告人为主。样本案件中属于2011—2013年3年间审结的占比达76.1%，而该3年的案均人数分别为1.83人/案、1.21人/案和1.46人/案；这与被告人数的总体分布是相符合的。

判决书中表述有“在逃”“另案处理”“已判刑”等同案人员的，合计有339份判决，占比为21.0%。这表明，案件侦查阶段存在一定的不彻底性，即本可以合案处理的案件因为侦查等主客观原因而不得不分案处理。

表2-7 知识产权刑事案件延期审理情况

	刑事案件	频数	百分比（%）	有效百分比（%）	累积百分比（%）
有效	延期审理	101	6.2	6.3	6.3
	未延期审理	1 515	93.7	93.8	100.0
	合计	1 616	99.9	100.0	
缺失	系统	1	0.1		
	合计	1 617	100.0		

在1 617份判决中，延期审理的有101个，达6.3%。根据《刑事诉讼法》第198条的规定，延期审理的事由包括三类：需要通知新的证人到庭、调取新的物证、重新鉴定或者勘验的；检察人员发现提起公诉的案件需要补充侦查、提出建议的；由于申请回避而不能进行审判的。实践中，第三类事由极为罕见；而根据第一、二类事由进行延期审理的，某种意义上表明侦控阶段的准备工作尚未达到交付审判的标准和程度。

（二）相关分析

1. 影响延期审理的因素分析

如上所述，延期审理与否在一定程度上提示着侦控阶段工作质量的高低，因此影响延期审理的因素值得进一步探究。这里拟考察分析案件被告人数量、有另案处理者两个因素与延期审理的相关性及程度。分析结果如表2-8、表2-9。

表2-8 被告人数对延期审理的影响

		被告人数								合计
		1	2	3	4	5	6	7	8	
延期审理	计数	49	27	11	9	4	0	1	0	101
	行百分比(%)	48.5	26.7	10.9	8.9	4.0	0.0	1.0	0.0	100.0
	列百分比(%)	5.4	6.3	7.9	12.9	7.0	0.0	33.3	0.0	6.3
未延期审理	计数	862	405	128	61	53	3	2	1	1515
	行百分比(%)	56.9	26.7	8.4	4.0	3.5	0.2	0.1	0.1	100.0
	列百分比(%)	94.6	93.8	92.1	87.1	93.0	100.0	66.7	100.0	93.8
合计	计数	911	432	139	70	57	3	3	1	1616
	行百分比(%)	56.4	26.7	8.6	4.3	3.5	0.2	0.2	0.1	100.0
	列百分比(%)	100.0	100.0	100.0	100.0	100.0	100.0	100.0	100.0	100.0

表2-9 有另案处理者对延期审理的影响

		另案处理情况					合计
		有在逃者	有另案处理者	有已判刑者	两项以上	皆无	
延期审理	计数	1	12	1	2	85	101
	行百分比(%)	1.0	11.9	1.0	2.0	84.2	100.0
	列百分比(%)	5.0	5.1	2.2	5.4	6.7	6.3
未延期审理	计数	19	224	45	35	1192	1515
	行百分比(%)	1.3	14.8	3.0	2.3	78.7	100.0
	列百分比(%)	95.0	94.9	97.8	94.6	93.3	93.8
合计	计数	20	236	46	37	1277	1616
	行百分比(%)	1.2	14.6	2.8	2.3	79.0	100.0
	列百分比(%)	100.0	100.0	100.0	100.0	100.0	100.0

从表可见,被告人为1—5人时,各自的延期审理比率(各栏的“列百分比”)分别为5.4%、6.3%、7.9%、12.9%和7.0%;由于被告人数在6—8人的样本过少,延期审理与否的统计意义不显著,故可剔除不计。这表明,一般而言,被告人数为1人的延期审理比率明显低于均

值;被告人数增加时延期审理的可能性也更大。这可能与案件复杂性提高直接相关(当然,被告人数众多时,由于侦控阶段往往作为大案要案重点对待,反而延期审理的概率又会降低)。

有另案处理情形的延期审理比率平均为(16/339 = 4.72%),显著低于总体样本的延期审理比率6.3%;具体来说则分别为:"有在逃者"为5.0%、"有另案处理者"为5.1%、"有已判刑者"为2.2%、两项以上为5.4%。这可能与另案处理分担了部分事实认定难题相关,尤其在"有已判刑者"案件中更能观察到这种"难题分担"效应。

2. 影响附带民事诉讼、二审结论的因素分析

在控诉阶段上,检察机关是否告知和帮助被害人提起附带民事诉讼,对知识产权权利人保护具有重要意义。对法院判决不服时,检察机关抗诉及其成功率数据,体现着其履行法律监督职责的情况。这里拟考察案由与附带民事诉讼、检察抗诉与二审结论的关联程度。分析结果如表2-10、表2-11。

表2-10　案由与附带民事诉讼的关系

			附带民事诉讼		合计
			提起附带民诉	未提起	
案由	假冒专利罪	计数	1	1	2
		行百分比(%)	50.0	50.0	100.0
	侵犯商业秘密罪	计数	3	24	27
		行百分比(%)	11.1	88.9	100.0
	其他侵犯知识产权罪	计数	0	1 588	1 588
		行百分比(%)	0.0	100.0	100.0
合计		计数	4	1 613	1 617
		行百分比(%)	0.2	99.8	100.0

在1 617份判决中,附带民事诉讼总计4个,在总样本中占比0.2%;案由分布包括假冒专利罪1个,侵犯商业秘密罪3个。这表明,知识产权刑事司法中,作为被害人的知识产权人在控诉阶段提起附带民事诉讼的比率极低,被害人权利保护值得高度关注。提起附带民事

诉讼的案由较为集中在商业秘密犯罪案件上。

表 2-11　检察抗诉与二审结论的关系

			二审结论				合计
			维持原判	直接改判	发回重审	准许撤诉	
二审启动方式	检察抗诉	计数	3	2	1	1	7
		行百分比(%)	42.9	28.6	14.3	14.3	100.0
		列百分比(%)	2.0	5.0	25.0	10.0	3.4
	非检察抗诉	计数	148	38	3	9	198
		行百分比(%)	74.7	19.2	1.5	4.5	100.0
		列百分比(%)	98.0	95.0	75.0	90.0	96.6
	合计	计数	151	40	4	10	205
		行百分比(%)	73.7	19.5	2.0	4.9	100.0
		列百分比(%)	100.0	100.0	100.0	100.0	100.0

在 205 个二审案件中,从启动方式看可分为两类:第一类是检察抗诉,总共仅 7 个,占 3.4%(在 1 617 个判决中占比为 0.43%),说明检察机关对法院判决的认同程度非常高。从二审结论看,案件总体被“维持原判”的比率达 73.7%,其中,检察抗诉案件受到“维持原判”处理的有 3 个,在其自身 7 个案件中占比达 42.9%,但仍远低于非检察抗诉案件(达 74.7%)。“维持原判”与“准许撤诉”都可被视为检察抗诉不当,二者合计比率达 57.2%;“直接改判”或“发回重审”可被视为抗诉成功,即“二审发改率”指标为 42.9%,这已对一审法官形成了较大压力。第二类是非检察抗诉,即系原审被告人上诉而引起二审,被改判或“发回重审”的也达 20.7%。如上海市第二中级人民法院审理的毕某某犯销售假冒注册商标的商品罪案①,二审即改判免刑。顺便提及的是,上海江沪实业有限公司、谢益元被控假冒注册商标宣告无罪案②,是通过再审改判无罪的案例。这说明,在我国知识产权刑事司法中,当事人(主要是被告人)也扮演着判决“纠错”的重要角色。

① 参见上海市第二中级人民法院(2009)沪二中刑终字第 457 号刑事裁定书。
② 参见上海市闵行区人民法院(2003)闵刑再初字第 2 号刑事判决书。

三、审判阶段程序变量特征

知识产权刑事案件由于其具有很强的专业性,因而其审判相对来说属于较难的案件类型,在审判阶段程序机制上具有自身特征。这里选取审级及中级法院作用、审判组织选择、审判委员会作用三个方面展开统计分析。

(一) 审级分布及中级法院的作用

1 617 份判决的审级分布与区县法院的关系如表 2-12。

表 2-12 审级与区县法院的关系

			区县法院		中级以上	合计
			市区	县域		
审级	一审	计数	1 228	107	76	1 411
		行百分比(%)	87.0	7.6	5.4	100.0
		列百分比(%)	99.9	100.0	27.0	87.3
	二审	计数	0	0	205	205
		行百分比(%)	0.0	0.0	100.0	100.0
		列百分比(%)	0.0	0.0	73.0	12.7
	再审	计数	1	0	0	1
		行百分比(%)	100.0	0.0	0.0	100.0
		列百分比(%)	0.1	0.0	0.0	0.1
合计		计数	1 229	107	281	1 617
		行百分比(%)	76.0	6.6	17.4	100.0
		列百分比(%)	100.0	100.0	100.0	100.0

分析可知:(1) 一审、二审、再审案件各为 1 411 条、205 条、1 条记录,占比分别为 87.3%、12.7% 和 0.1%。样本的审级分别基本符合逐渐限缩的预期特征。(2) 中级法院审理记录 281 条。其中,一审为 76 条,二审为 205 条,占比分别为 27%、73%,说明中级法院主要角色还是上诉审理。(3) 在 1 411 条一审记录中,中级法院占比仅为 5.4%。但是,进一步挖掘数据可知,如果将样本记录大户“上海”的数据撇开,

则中级法院一审比例上升为13.7%(见表2-13),远高于总体样本中5.4%的比例值。这说明,除上海这种知识产权刑事案件在基层法院普遍审理的省市外,许多其他省份的中级法院在一审中仍发挥着重要作用,甚至有些地区如郑州、西安等地,还实行了知识产权刑事案件提级到中级法院管辖的做法。

表2-13 审级与区县法院的关系(上海除外)

			区县法院		中级以上	合计
			县域	市区		
审级	一审	计数	358	107	74	539
		行百分比(%)	66.4	19.9	13.7	100.0
		列百分比(%)	100.0	100.0	30.6	76.2
	二审	计数	0	0	168	168
		行百分比(%)	0.0	0.0	100.0	100.0
		列百分比(%)	0.0	0.0	69.4	23.8
合计		计数	358	107	242	707
		行百分比(%)	50.6	15.1	34.2	100.0
		列百分比(%)	100.0	100.0	100.0	100.0

(二)审判组织的选择

根据《刑事诉讼法》第178条规定,刑事审判组织有三种形态:基层法院适用简易程序可采用法官独任制,基层和中级法院一审案件可适用陪审合议制(法官与陪审员组成合议庭)和法官合议制,上诉和抗诉案件采用法官合议制。这里按照"主体—客体"的二维逻辑,从案由(客体)和区县法院(主体)两个方面来分析知识产权刑事审判组织选择的影响因素。结果如表2-14、表2-15。

表 2-14 审判组织与案由的关系

			审判组织			合计
			法官独任制	陪审合议制	法官合议制	
案由	假冒注册商标罪	计数	70	121	198	389
		行百分比(%)	18.0	31.1	50.9	100.0
		列百分比(%)	30.6	15.6	32.4	24.1
	销售假冒注册商标的商品罪	计数	104	534	271	909
		行百分比(%)	11.4	58.7	29.8	100.0
		列百分比(%)	45.4	68.8	44.3	56.2
	非法制造、销售非法制造的注册商标标识罪	计数	15	34	53	102
		行百分比(%)	14.7	33.3	52.0	100.0
		列百分比(%)	6.6	4.4	8.7	6.3
	假冒专利罪	计数	0	0	2	2
		行百分比(%)	0.0	0.0	100.0	100.0
		列百分比(%)	0.0	0.0	0.3	0.1
	侵犯著作权罪	计数	35	42	40	117
		行百分比(%)	29.9	35.9	34.2	100.0
		列百分比(%)	15.3	5.4	6.5	7.2
	销售侵权复制品罪	计数	5	22	10	37
		行百分比(%)	13.5	59.5	27.0	100.0
		列百分比(%)	2.2	2.8	1.6	2.3
	侵犯商业秘密罪	计数	0	4	23	27
		行百分比(%)	0.0	14.8	85.2	100.0
		列百分比(%)	0.0	0.5	3.8	1.7
	两项以上侵犯知识产权罪	计数	0	19	15	34
		行百分比(%)	0.0	55.9	44.1	100.0
		列百分比(%)	0.0	2.4	2.5	2.1
合计		计数	229	776	612	1 617
		行百分比(%)	14.2	48.0	37.8	100.0
		列百分比(%)	100.0	100.0	100.0	100.0

从审判组织看，法官独任制的有229条记录，占比仅14.2%，非独任制的达85.8%。从表可知，不同案由的审判组织选择具有显著差异。具体来看，“独任制”比率最高的是侵犯著作权罪；采用“合议制”最高的是假冒专利罪、侵犯商业秘密罪和两项以上侵犯知识产权罪的案件，都是100%，可能与其技术性强或案情复杂紧密相关。“合议制”中，“销售型”犯罪即销售假冒注册商标的商品罪和销售侵权复制品罪，呈现出对“法官与陪审员合议制”的更大倾向性，分别占该类犯罪的58.7%和59.5%。

表2-15　审判组织与区县法院的关系

			审判组织			合计
			法官独任制	陪审合议制	法官合议制	
区县法院	市区	计数	195	743	291	1 229
		行百分比(%)	15.9	60.5	23.7	100.0
		列百分比(%)	85.2	95.7	47.5	76.0
	县域	计数	33	26	48	107
		行百分比(%)	30.8	24.3	44.9	100.0
		列百分比(%)	14.4	3.4	7.8	6.6
	中级以上	计数	1	7	273	281
		行百分比(%)	0.4	2.5	97.2	100.0
		列百分比(%)	0.4	0.9	44.6	17.4
合计		计数	229	776	612	1 617
		行百分比(%)	14.2	48.0	37.8	100.0
		列百分比(%)	100.0	100.0	100.0	100.0

为判断市区法院和县域法院对审判组织的选择是否存在统计上的显著差异，这里运用SPSS进行参数检验。参数检验方法是：原假设H_0认为是正态分布而不存在统计学上的显著差异，利用显著性概率值P来判断是否拒绝原假设；只要P值小于给定的显著性水平（一般取0.01或0.05），则拒绝原假设，说明具有统计上的显著差异。对表2-15进行卡方检验，Pearson检验值为562.602，概率值P为0。这表明

区、县法院选择审判组织具有显著的统计差异性，存在极大的不同偏好：市区法院选择“法官与陪审员合议制”的达60.5%，“法官独任制”仅占15.9%。县域法院选择“法官合议制”的最多，达44.9%；同时“法官独任制”比例甚大，达30.8%；“法官与陪审员合议制”占24.3%。人民陪审制在知识产权刑事司法中有非常突出和重要的制度作用，城区基层法院中已超过六成案件被适用；但在县域法院适用比例则不到四分之一。由于缺少“人民陪审”的有力支撑，县域法院可能为缓解办案压力而扩大了“法官独任制”形式；同时为解决“疑难案件”又扩大了“法官合议制”形式。

（三）审委会的作用特征

1. 法院内部是怎样将案件提交审委会的？

《刑事诉讼法》第180条规定，“对于疑难、复杂、重大的案件，合议庭认为难以作出决定的，由合议庭提请院长决定提交审判委员会讨论决定。审判委员会的决定，合议庭应当执行”。运行SPSS对提交审委会的审判组织形式进行分析，结果如表2-16。

表2-16　审委会讨论与否和审判组织形式的关系

			审判组织			合计
			法官独任制	陪审合议制	法官合议制	
审委会讨论	经过审委会讨论	计数	4	11	16	31
		行百分比(%)	12.9	35.5	51.6	100.0
		列百分比(%)	1.7	1.4	2.6	1.9
	未经过审委会讨论	计数	225	765	596	1 586
		行百分比(%)	14.2	48.2	37.6	100.0
		列百分比(%)	98.3	98.6	97.4	98.1
合计		计数	229	776	612	1 617
		行百分比(%)	14.2	48.0	37.8	100.0
		列百分比(%)	100.0	100.0	100.0	100.0

在提交审委会讨论的31个样本案件中，由独任法官提交的占12.9%，法官合议庭和陪审合议庭提交的各占51.6%和35.5%。从法理上讲，独任制审理与提交审委会讨论，意味着在案件是否疑难、复杂的判断上出现了矛盾，或者说之前选择独任制是不妥当的。而在法官独任制审理的229个案件、陪审制审理的776个案件和法官合议制审理的612个案件中，提交审委会讨论的案件比例分别为1.7%、1.4%和2.6%；法官合议制提交审委会的比例几乎高于陪审制审理一倍，某种意义上这意味着法官群体比陪审员群体似乎要更信任、更依赖审委会制度。

2. 审委会的案件讨论决定是否为检察机关所尊重？

运行SPSS对提交审委会讨论案件的后续被上诉、抗诉情况进行分析，结果如表2-17。

表2-17 审委会讨论与否和检察抗诉的关系

		是否检察抗诉		合计
		检察抗诉	非检察抗诉	
审委会讨论	经过审委会讨论	0	1	1
	未经过审委会讨论	7	197	204
合计		7	198	205

可见，经过审委会讨论的案件，没有1件被检察抗诉；205件启动二审的案件中，曾经过审委会讨论的只有1件，且系被告人上诉而非检察抗诉。可见检察机关对审委会制度也似乎甚为信任，或者说从检法角度看审委会的决定在质量上是较可靠的。

3. 审委会作用发挥是否具有很大的地域差异乃至法院个性差异特点？

这里拟从其与法院所在省份的关系角度分析，分析结果如表2-18。

分析可知，提交审委会讨论的共计31份判决，占全部样本1.9%。从省份来看，涉及7个省（直辖市、自治区）。其中，河南省占20个，在31个审委会讨论记录中占比64.5%，在河南省全部322个样本记录

表 2-18 审委会讨论与否和法院所在省份的关系

			法院所在省份											
			安徽	北京	福建	广东	广西	贵州	河北	河南	湖北	湖南	吉林	江苏
审委会讨论	是	计数	1	5	0	0	0	0	0	20	1	0	0	0
		行百分比(%)	3.2	16.1	0	0	0	0	0	64.5	3.2	0	0	0
		列百分比(%)	50.0	11.9	0	0	0	0	0	6.2	20.0	0	0	0
	否	计数	1	37	6	129	15	1	5	302	4	32	1	48
		行百分比(%)	0.1	2.3	0.4	8.1	0.9	0.1	0.3	19.0	0.3	2.0	0.1	3.0
		列百分比(%)	50.0	88.1	100.0	100.0	100.0	100.0	100.0	93.8	80.0	100.0	100.0	100.0
合计		计数	2	42	6	129	15	1	5	322	5	32	1	48
		行百分比(%)	0.1	2.6	0.4	8.0	0.9	0.1	0.3	19.9	0.3	2.0	0.1	3.0
		列百分比(%)	100.0	100.0	100.0	100.0	100.0	100.0	100.0	100.0	100.0	100.0	100.0	100.0
			江西	辽宁	内蒙古	青海	山东	陕西	上海	四川	天津	浙江	重庆	合计
审委会讨论	是	计数	1	0	0	0	0	0	0	2	0	0	1	31
		行百分比(%)	3.2	0	0	0	0	0	0	6.5	0	0	3.2	100.0
		列百分比(%)	100.0	0	0	0	0	0	0	25.0	0	0	7.7	1.9
	否	计数	0	3	3	1	5	11	910	6	1	53	12	1 586
		行百分比(%)	0	0.2	0.2	0.1	0.3	0.7	57.4	0.4	0.1	3.3	0.8	100.0
		列百分比(%)	0	100.0	100.0	100.0	100.0	100.0	100.0	75.0	100.0	100.0	92.3	98.1
合计		计数	1	3	3	1	5	11	910	8	1	53	13	1 617
		行百分比(%)	0.1	0.2	0.2	0.1	0.3	0.7	56.3	0.5	0.1	3.3	0.8	100.0
		列百分比(%)	100.0	100.0	100.0	100.0	100.0	100.0	100.0	100.0	100.0	100.0	100.0	100.0

中，则占比6.2%；北京市5个，占比16.1%，在北京市全部42个样本记录中占比11.9%；四川省2个，占比6.5%；安徽、湖北、江西、重庆四地的法院各1个，各占比3.2%。相反，上海市910个样本记录，广东129个样本记录，浙江53个样本记录，江苏48个样本记录，却都无一个提交审委会讨论。这表明，是否提交审委会讨论，除案情情况外，与各地的审判传统与经验直接相关。

由于近年一些曾有审委会介入的刑事错案进入公众视野，审委会制度受到诟病。但一个不争的事实是，经过审判委员会讨论的案件，其公正性或其案件质量显然要高于单纯独任审判或合议制审判的案件。审判委员会实行的是民主集中这种带有集体决策性质的司法工作运行机制，且与“独立行使审判权”似乎有些冲突；不过，某种意义上“审判权独立”的理解可被扩展到整个法院系统，而非单一法院、单一合议庭，从而使法院集体的智慧被集中运用到疑难案件的法律适用上。党的十八届三中全会报告提出，“改革审判委员会制度，完善主审法官、合议庭办案责任制，让审理者裁判、由裁判者负责”。但知识产权刑事案件因其专业性，加之设立知识产权法院等改革并未涉及解决知识产权案件“三合一”审理问题，故在该等审理中审委会无疑仍具有其制度功能。

四、审判阶段实体变量特征

知识产权刑事司法实体处理主要是定罪量刑问题，而量刑机制因其数量关系便于获取和比较利用，这里选取判处实刑的主刑期限、判处罚金的数额及刑罚适用方式三个方面展开统计分析。

（一）主刑期限数量特点

本书就“主刑期限月数”和“罚金数额”的取值，涉及两个以上被告人的，采“取高不取低”原则，即只取被告人中实刑的最高期限或罚金的最高数额。在样本总量上，少数判决书在上传给网站时对文书中的数字进行了隐匿处理，如尤某某、王某某销售假冒注册商标的商品案[①]中，被告人尤某某被判处“有期徒刑×年×个月，缓刑×年，罚金人民币×万元”，逐一去获取将耗时甚大，故只好做缺失处理。本书 1 617 条记录实刑月数缺失的有 47 条，余下的 1 570 条记录中，614 条记录是确定没有实刑的，占比 39.1%。下文仅对判处了实刑的 956 条记录作进一步分析。

1. 实刑记录的主刑期限月数统计量及频数分布

表 2-19　最高主刑期限月数统计量　（单位：月）

N	全距	极小值	极大值	均值	均值标准误	中值	众数	标准差	方差
956	82	2	84	19.68	0.421	18.00	12	13.010	169.255

从表 2-19、表 2-20 可知：

（1）最高主刑期限月数取值的均值为 19.68 个月的有期徒刑，刚超过一年半；最大值为 84 个月，即侵犯知识产权罪的最高刑期 7 年，最小值为 2 个月；众数为 12 个月（即频数最多的记录取值），中值为 18 个月。

（2）12 个月以下的实刑刑期占比 41.7%，24 个月以下的为 74.5%，36 个月以下的为 91.4%。频数较高的月数值是：30 个月的，有 61 条记录，占比 10.4%；12 个月的有 125 条记录，在 956 个记录中占比 13.1%；18 个月的有 116 个，占比 12.1%；24 个月的，有 118 个，占比 12.3%。

2. 最高主刑期限月数不同分组中的均值比较

按一定标准对样本分组，通过两个独立样本 t 检验，可考察各个分组均值是否存在统计学上的显著差异。这里拟从“罪—责”两个方面，选取所判罪名和被告人数量并进行分组比较。

① 参见上海市浦东新区人民法院（2010）浦刑初字第 644 号刑事判决书。

表 2-20 最高主刑期限月数分布

	月数	频数	百分比（%）	累积比（%）	月数	频数	百分比（%）	累积比（%）	月数	频数	百分比（%）	累积比（%）
有效	2	2	0.2	0.2	18	116	12.1	59.6	40	2	0.2	93.0
	3	31	3.2	3.5	19	1	0.1	59.7	42	23	2.4	95.4
	4	12	1.3	4.7	20	9	0.9	60.7	44	1	0.1	95.5
	5	17	1.8	6.5	21	7	0.7	61.4	45	1	0.1	95.6
	6	74	7.7	14.2	22	7	0.7	62.1	46	1	0.1	95.7
	7	33	3.5	17.7	24	118	12.3	74.5	48	20	2.1	97.8
	8	38	4.0	21.7	26	1	0.1	74.6	51	2	0.2	98.0
	9	29	3.0	24.7	27	10	1.0	75.6	54	5	0.5	98.5
	10	34	3.6	28.2	28	1	0.1	75.7	60	6	0.6	99.2
	11	4	0.4	28.7	30	71	7.4	83.2	64	1	0.1	99.3
	12	125	13.1	41.7	32	5	0.5	83.7	66	1	0.1	99.4
	13	2	0.2	41.9	33	2	0.2	83.9	70	1	0.1	99.5
	14	24	2.5	44.5	36	72	7.5	91.4	72	3	0.3	99.8
	15	16	1.7	46.1	37	1	0.1	91.5	78	1	0.1	99.9
	16	7	0.7	46.9	38	5	0.5	92.1	84	1	0.1	100.0
	17	6	0.6	47.5	39	7	0.7	92.8	合计	956	100.0	100.0

（1）各“案由”最高主刑期限的均值，如表2-21。

表2-21　各案由的最高主刑月数均值

案由	均值	样本数	标准差	样本总数占比%
假冒注册商标罪	22.31	279	13.520	29.2
销售假冒注册商标的商品罪	17.15	471	12.166	49.3
非法制造、销售非法制造的注册商标标识罪	24.33	60	12.087	6.3
假冒专利罪	24.00	2	0	0.2
侵犯著作权罪	22.10	68	15.098	7.1
销售侵权复制品罪	14.25	20	7.691	2.1
侵犯商业秘密罪	24.54	24	14.022	2.5
两项以上侵犯知识产权罪	19.53	32	11.190	3.3
总计	19.68	956	13.010	100.0

分析可知，主刑期限月数均值在商标犯罪和著作权犯罪的罪名分布上呈明显的“二分性”：直接的刑事侵权为“上游罪”，销售侵权产品的行为是“下游罪”，后者主刑期限均值远低于前者。如假冒注册商标罪22.31个月，侵犯著作权罪22.10个月；相反，销售假冒注册商标的商品罪17.15个月，销售侵权复制品罪14.25个月（当然，非法制造、销售非法制造的注册商标标识罪24.33个月，但该罪属于选择性构成行为，同时包含“上游罪”和“下游罪”）。这既与罪刑规范设置有关，也与司法贯彻“罪责刑相适应原则”相印证，以体现行为的社会危害性。

基于“案由”分组，将判处实刑的279个假冒注册商标罪判决与471个销售假冒注册商标的商品罪判决样本视为两个独立样本的总体，统计分析其最高实刑期限月数的均值是否有统计意义上的显著差异。分析结果如表2-22。

表 2-22　假冒注册商标罪与销售假冒注册商标的商品罪最高主刑均值 t 检验

		方差方程的 Levene 检验		均值方程的 t 检验						
		F	Sig.	t	df	Sig.	均值差值	标准误差值	95% 置信区间 下限	95% 置信区间 上限
主刑月数	假设方差相等	5.147	0.024	5.385	748	0.000	5.161	0.958	3.280	7.043
	假设方差不等			5.242	535.751	0.000	5.161	0.985	3.227	7.095

从该两独立样本 t 检验可知，两总体方差是否相等的 F 检验统计量为 5.147，对应的概率值 P 为 0.024。如果显著值为 0.05，由于概率值小于 0.05，可认为两总体方差存在显著差异（即“方差不相等”），故均值方差的 t 检验应看第二行，t 统计量为 5.242，概率值 P 为 0，小于显著值 0.01，故认为假冒注册商标罪与销售假冒注册商标的商品罪的最高主刑月数均值存在统计学上的显著差异。

（2）基于“被告人数”分组，划分为“被告人 1 人”和“被告人 2 人以上”两组，就其最高主刑期限均值进行两独立样本 t 检验，结果如表 2-23、表 2-24。

表 2-23　被告人数对最高主刑期限影响的基本描述统计

	被告人数	N	均值	标准差	均值的标准误
主刑月数	> = 2	667	18.83	11.443	0.443
	< 2	289	21.63	15.904	0.936

表 2-24　被告人数对最高主刑期限影响 t 检验

		方差方程的 Levene 检验		均值方程的 t 检验						
		F	Sig.	t	df	Sig.	均值差值	标准误差值	95% 置信区间 下限	95% 置信区间 上限
主刑月数	假设方差相等	76.185	0	−3.066	954	0.002	−2.796	0.912	−4.586	−1.006
	假设方差不等			−2.701	422.512	0.007	−2.796	1.035	−4.831	−0.762

判处实刑的“被告人 1 人”判决有 289 个，主刑期限均值 21.63 个月，“被告人 2 人以上”判决有 667 个，均值 18.83 个月。这种均值差异的 t 统计量为 -2.701，概率值 P 为 0.007，小于假定的显著值 0.05，故两总体样本均值存在统计意义上的显著差异。但问题是，“被告人 1 人”比“被告人 2 人以上”主刑均值要高出近 3 个月，似乎与一般的预期（即被告人 2 人以上比单独犯罪处刑应更严厉）相悖。对此的合理解释是，被告人 1 人的判决有六成被适用缓刑（下文有分析），另还有一部分被免刑或单处罚金，这个均值 21.63 个月实质上成为判处实刑的“门槛值”了；相反，“被告人 2 人以上”的实刑门槛值则低些（18.83 个月）。表面上的悖论，实由统计方法所致。如果按 1 570 条记录来统计分析，即把“被告人 1 人”但未判处实刑（即实刑月数为零）的记录纳入分析，则判处实刑的“被告人 1 人”判决有 902 个，主刑期限均值 6.93 个月，“被告人 2 人以上”判决有 668 个，均值 18.81 个月；t 统计量为 18.340，概率值 P 为 0，小于假定的显著值 0.05，故两总体样本均值存在统计意义上的显著差异。

（二）罚金数额适用的数量特点

1. 统计量及频数分布

判处罚金的有 1 577 份判决，罚金额（有两名以上被告人的“择一”取最高罚金额）的均值统计量及频数分布，分别见表 2-25、图 2-1。

表 2-25 最高罚金数额统计量 （单位：元）

N	全距	极小值	极大值	均值	均值标准误	中值	众数	标准差	方差
1 577	2 500 000.00	0.00	2 500 000.0	60 785.87	3 681.34	25 000.0	20 000.0	1.4619E5	2.137E10

1 577 份判决罚金额均值为 60 785.87 元，最大值为 250 万元，众数为 20 000 元，中值为 25 000 元。从分布频数看，罚金额为 5 000 元的有 149 条记录，占比 9.4%；10 000 元的 146 条，占比 9.3%；20 000 元的 156 条，占比 9.9%；30 000 元的 143 条，占比 9.1%；50 000 元的 141 条，占比 8.9%。从累计百分比看，罚金额 5 000 元以下的共占比 16.1%，10 000 元以下的累计占比 32.8%，20 000 元以下的累计达

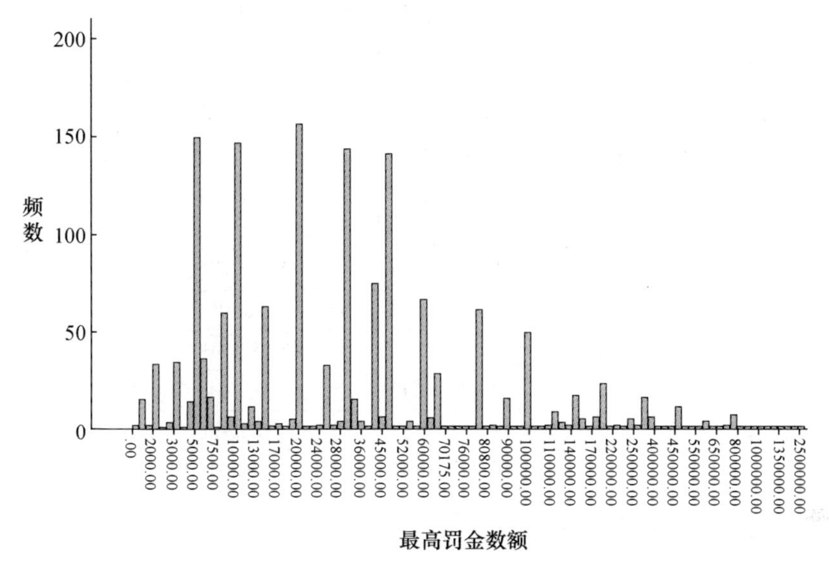

图 2-1　最高罚金数额频数分布

48.5%,30 000 元以下累计达 60.2%,50 000 元以下累计占比 75.5%,100 000 元以下的累计为 90.9%。侵犯知识产权罪多数规定了非法经营额刑事门槛为 5 万元以上,罚金一般是非法经营额 50% 以上 1 倍以下,故最低罚金额应为 25 000 元;当然,这仅仅有相对意义,如侵犯两种以上知识产权的非法经营额门槛将为 30 000 元,以违法所得、侵权产品数量等为门槛根据的不按该方法计算罚金额。但实践判处罚金额低于该“相对意义”上的应处最低额的判决数量超过一半,表明罚金适用数额总体上是较轻的。

2. 均值比较

从案由、时空因素及审理因素等维度进行分组,分析不同组别的罚金数额均值有何差异,从而甄别影响罚金数额的可能因素并进行 SPSS 统计分析。

(1) 案由因素对罚金数额的影响。以案由种类进行分组,得出各组的罚金均值结果,见表 2-26。

表 2-26 各案由的最高罚金数额均值

案由	均值	N	标准差	合计 N 的 %
假冒注册商标罪	87 667.3822	382	1.89670E5	24.2
销售假冒注册商标的商品罪	48 689.1403	884	1.20706E5	56.1
非法制造、销售非法制造的注册商标标识罪	47 745.0000	100	1.19532E5	6.3
假冒专利罪	17 5000.0000	2	1.76777E5	0.1
侵犯著作权罪	82 056.5217	115	1.96395E5	7.3
销售侵权复制品罪	31 527.7778	36	46 132.40950	2.3
侵犯商业秘密罪	83 600.0000	25	1.58744E5	1.6
两项以上侵犯知识产权罪	46 762.8788	33	34 181.60377	2.1
总计	60 785.8687	1 577	1.46191E5	100.0

从表 2-26 可知，不同的侵犯知识产权罪案由，其罚金额均值存在明显的“上游罪”和“下游罪”的分化特点。假冒注册商标罪 87 667 元，侵犯著作权罪 82 056 元，两者是假冒盗版犯罪的基本罪名，罚金均值较接近；销售假冒注册商标的商品罪 48 689 元，销售侵权复制品罪 31 527 元。当然，非法制造、销售非法制造的注册商标标识罪属于选择性构成行为，同时包含“上游罪”和“下游罪”，在主刑期限数量特点上它与假冒注册商标罪、侵犯著作权罪相当；但其罚金均值 47 745 元，甚至低于销售假冒注册商标的商品罪的均值。分析其原因，除了它也包括“销售型”犯罪之外，更大的可能是：该罪有“标识数量标准”，并在司法实践中频频作为入罪的门槛根据，但该种情况下的罚金却并无明确的计算规则，因而司法裁量空间更大、罚金适用趋于轻缓化。

（2）时空因素对罚金数额的影响。就时间因素而言，由于 2007 年“两高”《关于办理侵犯知识产权刑事案件具体应用法律若干问题的解释（二）》（以下简称《知识产权刑事案件解释（二）》）第 4 条，才首次规定侵犯知识产权犯罪“罚金数额一般在违法所得的 1 倍以上 5 倍以下，或者按照非法经营数额的 50% 以上一倍以下确定”，适用罚金额的规范性在 2007 年前后可能有较大悬殊，故以此进行分组，分析结果见

表 2-27、表 2-28。

表 2-27　2007 年前后侵犯知识产权刑事判决罚金数额均值

	审结年份	N	均值	标准差	均值的标准误
最高罚金数额	2007 之前（含 2007）	1 494	60 704. 3742	1. 48163E5	3 833. 22066
	2007 之后	83	62 251. 7711	1. 05185E5	11 545. 56686

表 2-28　2007 年前后侵犯知识产权刑事判决罚金数额均值 t 检验

		方差方程 Levene 检验		均值方程的 t 检验						
		F	Sig.	t	df	Sig.	均值差值	标准误差值	95% 置信区间 下限	95% 置信区间 上限
罚金数额	设方差相等	0. 025	0. 874	-0. 094	1575	0. 925	-1 548. 39692	16 491. 47288	-33 895. 94812	30 799. 1543
	设方差不等			-0. 127	101	0. 899	-1 548. 39692	12 165. 26592	-25 680. 99313	22 584. 1993

“2007 年及以后年度”判决罚金均值为 60 704 元，“早于 2007 年”判决罚金均值为 62 252 元；两独立样本 t 检验表明，t 统计量为 -0. 04694，概率值 P 为 0. 925，大于假定的显著值 0. 05，故两者没有统计意义上的显著差异。

就空间因素而言，分析不同地区的罚金额差异变化，可分别按区县法院、所在省份进行分组，结果见表 2-29、表 2-30。

表 2-29　区县法院判处侵犯知识产权案件罚金数额均值

	区县法院	N	均值	标准差	均值的标准误
最高罚金数额	市区	1 196	45 879. 2266	1. 09235E5	3 158. 61618
	县域	107	80 535. 1402	1. 68635E5	16 302. 57791

可见，“市区法院”罚金均值 45 879 元，“县域法院”罚金均值 80 535 元；进一步进行分析，区县法院判处侵犯知识产权案件罚金数额的两独立样本均值 t 检验，概率值 P 为 0. 039，小于显著值 0. 05，应当拒绝两样本总体不存在显著差异的原假设，认为城乡罚金存在显著

表 2-30　各省侵犯知识产权刑事判决罚金数额均值

省份	均值	N	标准差	N 的 %	省份	均值	N	标准差	N 的 %
安徽	125 000.0000	2	35 355.33906	0.1%	江西	200 000.0000	1	/	0.1
北京	26 523.9024	41	25 318.44040	2.6%	辽宁	41 666.6667	3	23 629.07813	0.2
福建	498 333.3333	6	7.94743E5	0.4%	内蒙古	39 333.3333	3	27 592.26945	0.2
广东	117 996.1240	129	3.06601E5	8.2%	青海	10 000.0000	1	/	0.1
广西	31 200.0000	15	50 035.98705	1.0%	山东	10 4000.0000	5	1.09909E5	0.3
贵州	50 000.0000	1	/	0.1%	陕西	68 000.0000	11	79 924.96481	0.7
河北	12 800.0000	5	11 734.56433	0.3%	上海	42 760.5233	879	91 973.43716	55.7
河南	69 546.5047	319	1.27114E5	20.2%	四川	134 285.7143	7	1.74518E5	0.4
湖北	65 750.0000	4	25 276.80096	0.3%	天津	60 000.0000	1	/	0.1
湖南	90 583.3333	30	1.41025E5	1.9%	浙江	34 730.7692	52	50 249.61823	3.3
吉林	50 000.0000	1	/	0.1%	重庆	49 692.3077	13	40 100.67459	0.8
江苏	161 520.8333	48	2.19003E5	3.0%	总计	60 785.8687	1 577	1.46191E5	100.0

差异，即法院所在城乡不同，其罚金均值存在统计学上的显著差异。

对各省判处罚金数额均值进行比较，由于大量省份样本数量过少，其罚金均值失去相应统计分析价值；但样本占比在1%以上的有8个省份，按其判决适用罚金额的均值大小，从高到低依次是：江苏（161 521 元）、广东（117 996 元）、湖南（90 583 元）、河南（69 547 元）、上海（42 761 元）、浙江（34 731 元）、广西（31 200 元）和北京（26 524 元）。这种结果当然受到各个省份样本量占比的很大影响（如上海占比55.7%而广西仅1.0%，案件众多使大要案比例相对下降，一般会将均值拉低），但似乎很难从经济发展水平进行阐释，应当是多种因素综合作用和影响的结果。

（3）审理因素对罚金数额的影响。以审判组织形式、审委会讨论与否分别进行分组，得出各组的罚金均值结果，见表2-31和表2-32。

表2-31　不同审判组织的侵犯知识产权刑事判决罚金数额均值

审判组织	均值	*N*	标准差	合计 *N* 的 %
法官独任制	25 665.2252	222	32 879.48252	14.1
法官与陪审员合议制	48 078.1770	757	92 285.91902	48.0
法官合议制	89 910.4599	598	2.09095E5	37.9
总计	60 785.8687	1 577	1.46191E5	100.0

表2-32　审委会讨论与侵犯知识产权刑事判决罚金数额均值

审委会讨论	均值	*N*	标准差	合计 *N* 的 %
经过审委会讨论	65 821.9355	31	64 982.51239	2.0
未经过审委会讨论	60 684.8868	1 546	1.47371E5	98.0
总计	60 785.8687	1 577	1.46191E5	100.0

可见，审判组织与罚金均值关系非常明显，独任制审理的均值远远低于合议制均值，陪审合议审理的均值又远远低于法官合议制的均值。均值差异背后的作用因素是案件重大复杂性，审判组织形式和罚金均值都共同受到它的决定性影响。“经过审委会讨论”的案件罚金均值65 822 元，“未经过审委会讨论”罚金均值60 685 元，表面上均值

相差达5 000多元,似乎存在显著差异;但进一步进行两独立样本 t 检验,概率值 P 为0.846,大于显著值0.05,应当接受两样本总体不存在显著差异的原假设,故审委会讨论与否的两样本总体的罚金均值,不存在统计学上的显著差异。

（三）刑罚适用方法的轻缓特点

除上文分析的主刑期限和罚金数额的数量特征外,总体样本记录在刑罚适用方法上还具有明显的轻缓性特点。本书针对刑罚适用方法的轻缓性变量指标,设计了免刑、单处罚金、缓刑、实刑四种从轻到重顺序排列的取值,即:先看判决中如有被告人被宣告“免予刑罚”的,取值为“有适用免刑”;次看如有被告人被判处“单处罚金”的,该记录取值即为“有适用单处罚金”;再看如有被告人被判处“缓刑”的,该记录取值即为“有适用缓刑”;最后看是否判处“实刑”,如是则取值为“全部实刑”,或者判决不详而成缺失值。需说明的是,对于涉及两个以上被告人的案件记录,只“择一”地考察被告人所受刑罚的轻重,并不对多个被告人“逐一”全部考察刑罚情况。理由是:本研究目的是以“案件”为分析单位,着眼于考察整个案件数据库在判刑上的苛厉程度;如果案件中有被告人仅被单处罚金或免刑,或虽判处有期徒刑但同时宣告缓刑,说明该“案件”整体刑罚比较轻缓,故对这一部分“轻缓性”刑罚的判决记录予以数量层面的揭示,更具有研究意义。

表2-33　知识产权刑事判决刑罚适用方法情况

		频数	百分比(%)	有效百分比(%)
有效	有适用免刑	8	0.5	0.5
	有适用单处罚金	48	3.0	3.0
	有适用缓刑	957	59.2	59.6
	全部实刑	594	36.7	37.0
	合计	1 607	99.4	100.0
缺失	系统	10	0.6	
合计		1 617	100.0	

可见,除10个系统缺失值外,1 607份判决记录中,案件中被告人

有适用免刑的 8 个，有适用单处罚金的案件有 48 个，占比分别为 0.5% 和 3.0%；被告人有适用（有期徒刑）缓刑的共 957 份判决，占比 59.6%；被告人全部判处实刑的有 594 个，案件实刑率（指同一案件各被告人全部被处实刑的比率）为 37.0%。六成案件有被告人适用缓刑，似乎超出了一般预期。当然这里有“四舍五入”的规则因素，即如两个以上被告人中有部分实刑、部分缓刑的，取值为“有适用缓刑”。

表 2-34 显示了不同被告人数的判决记录，可看到更真实的缓刑适用情况。957 个有适用缓刑的判决中，被告人为 1 人的有 580 份判决，占比 60.6%；被告人为 1 人的记录总数是 908 个，其中判处缓刑的占比 63.9%，这已经超过“六成”。被告人为 2 人的记录总数为 430 个，有 264 个记录中至少有 1 人被判处缓刑，缓刑适用率 61.4%；被告人为 3 人时，适用率 57.7%，为 4 人时 42.6%，为 5 人时 8.8%，为 6 人以上的 7 个记录则无 1 人适用缓刑。这说明，随着被告人人数增多，缓刑适用率呈下降特点。

表 2-34　被告人数对刑罚适用方法的影响

			是否判处主刑				合计
			有适用免刑	有适用单处罚金	有适用缓刑	全部实刑	
被告人数	1	计数	4	29	580	295	908
		行百分比（%）	0.4	3.2	63.9	32.5	100.0
		列百分比（%）	50.0	60.4	60.6	49.7	56.5
	2	计数	2	14	264	150	430
		行百分比（%）	0.5	3.3	61.4	34.9	100.0
		列百分比（%）	25.0	29.2	27.6	25.3	26.8
	3	计数	0	4	79	54	137
		行百分比（%）	0	2.9	57.7	39.4	100.0
		列百分比（%）	0	8.3	8.3	9.1	8.5
	4	计数	1	0	29	38	68
		行百分比（%）	1.5	0	42.6	55.9	100.0
		列百分比（%）	12.5	0	3.0	6.4	4.2

（续表）

			是否判处主刑				合计
			有适用免刑	有适用单处罚金	有适用缓刑	全部实刑	
被告人数	5	计数	1	1	5	50	57
		行百分比(%)	1.8	1.8	8.8	87.7	100.0
		列百分比(%)	12.5	2.1	0.5	8.4	3.5
	6	计数	0	0	0	3	3
		行百分比(%)	0	0	0	100.0	100.0
		列百分比(%)	0	0	0	0.5	0.2
	7	计数	0	0	0	3	3
		行百分比(%)	0	0	0	100.0	100.0
		列百分比(%)	0	0	0	0.5	0.2
	8	计数	0	0	0	1	1
		行百分比(%)	0	0	0	100.0	100.0
		列百分比(%)	0	0	0	0.2	0.1
合计		计数	8	48	957	594	1 607
		行百分比(%)	0.5	3.0	59.6	37.0	100.0
		列百分比(%)	100.0	100.0	100.0	100.0	100.0

五、结论与建议

（一）分析结论

1. 在审判程序特征上，中级法院、人民陪审制、审委会均发挥着自身的积极作用

中级法院的主要角色是上诉审理，除上海等省市外，许多其他省份中级法院在知识产权刑事一审中发挥着重要作用。人民陪审制在知识产权刑事司法中有突出制度作用，体现司法为民的特色，其适用在城区基层法院已超六成的案件但在县域法院不到四分之一，在“销售型”案件中适用近六成；审判组织选择因案由不同而有显著差异，假冒专利罪、侵犯商业秘密罪和两项以上侵犯知识产权罪案件全部都采取合议制。案件是否提交审委会讨论，与案件情况、各地审判传统与

经验直接相关；经过审委会讨论的案件无一被检察院抗诉，审委会决定的质量从检、法角度看是较可靠的；在“三合一”、设立知识产权法院等改革未完成之前，审委会的制度功能仍有作用空间。

2. 在审判实体特征上，审理判决“瑜”中存“瑕”、刑罚轻缓化特征突出

在一审判决有罪率极高的环境中，二审案件被“维持原判”的比率超七成；被告人扮演着重要的判决纠错功能角色，被告人上诉的“二审发改率”达两成。就刑罚轻缓性而言，有被告人适用缓刑的案件近六成，同一案件各被告人全部被处实刑的案件近四成；被告人为 1 人的判决的缓刑率超六成，被告人为 2 人的判决中至少有 1 人被判处缓刑的比例也过六成；被告人有适用免刑、有适用单处罚金的占比极低。就主刑期限而言，案件最高实刑刑期在一年、二年、三年以下的案件，累计占比分别达四成、七成半和九成；均值为 19. 68 个月有期徒刑；“上游罪”均值远高于“下游罪”（销售型）而呈明显“二分性”；经过审委会讨论案件的均值高于未经过审委会讨论案件；“被告人 1 人”案件的均值比“被告人 2 人以上”案件要高出近 3 个月，实质上征表了其判处实刑的“门槛值”更高；“市区法院”和“县域法院”判决的均值不存在统计学上的显著差异。就罚金刑而言，案件最高罚金额在 5 000 元、10 000 元、20 000 元、30 000 元、50 000 元、100 000 元以下的案件，累计占比分别达一成半、三成、五成、六成、七成半和九成；对比罚金“两个幅度”规则，实际判处罚金额低于应处最低额的案件过半，表明罚金适用数额总体较轻；均值为 60 785. 87 元。不同犯罪案由的罚金额均值存在“上游罪”和“下游罪”分化特点，依“数量标准”定罪情形下罚金额尚无明确计算规则而更易趋于轻缓化；市区法院与县域法院、各个省份法院的罚金均值存在统计学上的显著差异，但“2007 年及以后，年度”的判决与“早于 2007 年”的判决、经过审委会讨论与未经过审委会讨论案件的罚金均值，都不存在统计学上的显著差异。

3. 在侦控特征上，侦查受到被告人数多寡及在逃与否等影响明显，控诉中未重视附带民事诉讼、现有抗诉空间小

延期审理与否在一定程度上提示着侦控阶段工作质量的高低；在其影响因素意义上，被告人数为1人的延期审理比率明显低于均值，被告人数增加时延期审理的可能性也更大；但有另案处理情形的延期审理比率却显著低于均值，尤其在“有已判刑者”案件中更呈现“难题分担”效应。在控诉意义上，知识产权被害人提起附带民事诉讼的比率极低，被害人权利保护值得高度关注。在检察院抗诉意义上，检察机关对法院一审判决抗诉比例极低，不到1%，进入二审的案件只有3.4%是检察抗诉的，可见对一审判决认同程度非常高；检察院抗诉不当达六成，抗诉成功过四成。

（二）对策建议：建立知识产权刑事判决指导机制

本书梳理样本判决时发现，侵犯知识产权罪案件法律争点甚多，在构成要件、犯罪数额、是否单位犯罪、是否明知、共犯、未遂、罪数、刑罚量定、被害人赔偿等众多问题上，控辩双方往往出现分歧和上下级法院认定发生变化，不同法院对类似案件事实定罪与量刑处理存在较大差异。知识产权刑事判决领域存在较突出的“同案不同判”问题，亟待从机制上予以解决。有观点认为，应建立公开、便利的全国案例数据系统并建构案例指导制度，上一级法院特别是最高人民法院的判决书（尤其是那些涉及法律适用问题的）在全文经过一定技术处理后予以全面公开，并展示裁判文书的量刑理由。[①] 这一建议与本章的判决实证研究主旨直接相关，尤其是在知识产权刑事司法领域更有迫切需要。我国“两高”已建立的“案例指导制度”，其生成“指导性案例”主要依赖于最高司法机关的“司法外”权力，势必存在“供不应求”的问题。学界对该制度寄予厚望，但案例指导制度运行数年，却未见“两高”颁布一起知识产权刑事“指导性案例”，也许再过几年情形也不会有太大改观。因此，有必要在“指导性案例”之外，另辟发挥知识产权

---

① 参见刘树德：《刑事司法语境下的“同案同判”》，载《中国法学》2011年第1期。

刑事“判决指导”作用的途径。

建立知识产权刑事判决指导机制，意味着遴选出来的“判决”会发挥“本案之外”的作用，实现对后续类似案件判决的某种指导功能。当然，这种指导作用更多的是法官群体内的“自律”效力，与“指导性案例”的法律约束力不可同日而语。我国传统文化中不乏案例指导的制度基因，司法实践中充分运用案例形式加强上下级司法机关之间工作指导的针对性，已成为我国司法工作的特色所在。以最高人民法院为例：自1985年开始即定期在《最高人民法院公报》发布案例，至2011年底25年间，公报各类知识产权案件一共131个，但知识产权刑事案件只发布7个、刚过5%。一般认为，公报案例具有内容说服力和形式说服力。[①]《刑事审判参考》是由最高人民法院刑事审判各庭联合编写的审判指导刊物，设置有“指导案例”栏目，从1999至2011年，共刊载了30余个知识产权刑事案例。[②] 通过最高人民法院发布知识产权刑事案例途径发挥判决在“本案之外”的指导作用，虽然已有经验积累，但远未建成规范性的运作机制，且有重发布而轻指导倾向，故有必要加强知识产权刑事判决指导工作的规范化、制度化和长效化建设。具体内容包括：

1. 要确保知识产权刑事判决的可获得性

可利用2013年《人民法院知识产权裁判文书上网公布暂行办法》的契机，率先建立全国知识产权刑事判决查询系统，并应与审判信息化结合，实现即时性的司法判决积累功能。

2. 在判决查询系统基础上，开发出知识产权刑事判决指导系统

这要求按照判决遴选的一般原理标准，对既有判决进行遴选；同时，需要进行很多功能与内容的设计、加强和维护等工作。该判决指

---

① 参见陈越峰：《公报案例对下级法院同类案件判决的客观影响——以规划行政许可侵犯相邻权争议案件为考察对象》，载《中国法学》2011年第5期。

② 参见最高人民法院刑事审判第一、二、三、四、五庭主办：《中国刑事审判指导案例：破坏社会主义市场经济秩序罪》（《刑事审判参考》（1999—2008）分类集成），法律出版社2009年版；熊选国主编：《刑事审判参考》（总第78集），法律出版社2011年版。前者有侵犯知识产权罪专题汇编，后者设有“知识产权专栏”。

导系统可定位为包括法院在内的司法系统内部的操作平台，帮助公、检、法办案人员合法、科学地对知识产权刑事案件进行处理，使司法人员树立起让每个案件、每份判决都成为精品的意识。因为如果出现偏差，就会导致司法资源被白白耗费，知识产权刑事保护也成为一句空话。

3. 赋予各高级法院遴选知识产权刑事“指导判决”的功能

实践中，为解决本地审判实践中遇到的问题，地方法院普遍注重总结审判经验，对典型司法案例收集整理、理论分析及编辑出版，注重对有较大社会影响的关联和类似案件的及时沟通协调，统一案件裁判标准。各地法院通过地方法院网，也可及时公开各类知识产权审判工作信息。因此，由各高级法院负责从本司法辖区的众多知识产权刑事判决中遴选“指导判决”，既必要又可行，也有利于以一种新的方式缓解现行“两高”的“案例指导制度”所存在的“供不应求”等现实问题。

第三章　知识产权刑事司法解释实证分析

第一节　司法解释规范文本实证分析

一、实证分析说明与设计

（一）司法解释规范数据库方法

1985年至2013年底近30年间，最高人民法院共制定了40余件知识产权司法解释，其中现行有效的30余件；出台了40多份具有普遍指导意义的司法指导性文件。特别是自2000年以来，根据“入世”和建设创新型国家的需要，进一步加大了司法解释力度，其中不少涉及刑事司法。最高人民检察院及公安部也制定了不少与知识产权有关的解释性文件。从文本层面把握我国知识产权刑事司法机制，最直接可信的素材应当在国家层面上所确立的一系列关于知识产权刑事司法的规范性文件。迄今，学界对这些司法解释一般都只是以文件为单位进行分散性研究，以所有文件包含的“规范”为分析单位进行系统性分析的较为罕见。

本书通过文本考察，从现象面上提炼我国已建立的具体刑事司法机制。该机制的文本体现应包括三部分：①“两高”关于知识产权刑事司法解释的规范集合，这是最主要、最核心的；② 最高公、检、法机关颁行的其他规范性文件中涉及刑事司法的规范集合；③ 最高公、检、法机关与其他国家机关联合发布实施的规范性文件中涉及刑事司法的规范集合。由于文件数量有限，繁简不一，以文件内的每个条文（视为单个“规范”[①]的载体）设为一个记录，将所有适格司法解释中的“规范”汇总建成一个 SPSS 数据库。完成建库工作后，“在规格统一、边际清楚、视角丰富的法条数据库中重新审视法律，我们会看到一些通过我们熟悉的规范学方法所看不到的事实”。[②] 可从主体、对象、内容、政策、方法等多个不同维度（设计为不同变量）、视角，对该“规范”数据库展开观察和描述。

（二）31 个文件和 130 个规范

严格意义上的司法解释规范限于“解释”和“规定”形式，本书为扩大样本容量，全面反映司法政策价值取向，将意见、批复、通知等均纳入广义的司法解释考察范围。对具体内容进行解读后仅选取与知识产权刑事司法有关的条文纳入规范样本库。整理的结果是，共计有 31 个司法解释和其他规范性文件，规范数量达 130 个，具体见表 3-1。文件是机制运作的规范体现，大量的解释规范中蕴含着刑事司法解释机制特色。

（三）指标体系和变量设计

白建军教授在“刑事政策研究”中对司法解释分析，选取了宽宥与严厉、规范逻辑与实践逻辑、被动与主动、审判机关的主导作用 4 个视角。[③] 借鉴这种视角方法，本书建立起观察司法解释规范的指标体系和变量体系，包括 14 个变量，具体是：7 个是属于文件基本情况的，即

---

① 在法理学上，“法律规范”与“法律条文”是不同的概念：前者有其特定的严密逻辑结构，包括假定、行为模式和法律后果；后者只是直观的文本形式的体现。本书为了便于研究和后续比较，只是大体上将司法解释中的“条文”粗略地视为一个“规范”，采取的是形式意义而非实质意义上的“规范”概念。

② 白建军：《法律实证研究方法》，北京大学出版社 2008 年版，第 1 章。

③ 参见白建军：《关系犯罪学》（第二版），中国人民大学出版社 2009 年版，第八章“刑事政策与犯罪学”。

表 3-1 我国知识产权刑事司法解释规范

年月	主体	文件名称	所涉规范内容	个数
1985 年 2 月	最高人民法院	关于开展专利审判工作的几个问题的通知	3 种罪名适用;刑庭审理	2
1985 年 5 月	最高人民法院	关于个人非法制造、销售他人注册商标标识而构成犯罪的应按假冒商标罪惩处的批复	非法制造、销售他人注册商标标识	1
1985 年 10 月	最高人民检察院	关于个人非法制造、销售他人注册商标标识而构成犯罪的能否按假冒商标罪惩处的批复	没有营业执照的个人非法制造、销售他人注册商标标识,构成犯罪的,按投机倒把罪追究刑事责任	1
1992 年 3 月	最高人民检察院	关于加强对假冒商标犯罪案件查处工作的通知	涉及假冒商标犯罪案件查处问题	4
1992 年 9 月	最高人民检察院	最高人民检察院关于假冒商标案立案标准的暂行规定	明确假冒注册商标犯罪的立案标准情形	4
1993 年 12 月	最高人民检察院	最高人民检察院关于假冒注册商标犯罪立案标准的规定	废止暂行规定,进一步明确假冒注册商标犯罪的立案标准	7
1994 年 9 月	最高人民检察院	关于认真贯彻执行《全国人大常委会关于惩治侵犯著作权的犯罪的决定》的通知	惩治侵犯著作权的犯罪的批捕、起诉、法律监督、时效,此罪与彼罪区分	3
1994 年 9 月	最高人民法院	关于进一步加强知识产权司法保护的通知	对盗窃重要技术成果的,以盗窃罪依法追究刑事责任	1
1995 年 1 月	最高人民法院	关于适用《关于惩治侵犯著作权的犯罪的决定》若干问题的解释	明确著作权犯罪的定罪量刑标准	7

（续表）

年月	主体	文件名称	所涉规范内容	个数
1995 年 1 月	最高人民检察院	关于依法严肃查处侵犯知识产权犯罪案件的通知	确定重点案件类型；生产、销售盗版制品或假冒专利违法所得数额标准；参与专项斗争	3
1995 年 3 月	最高人民检察院	关于进一步严厉打击侵犯知识产权犯罪的通知	确定重点案件，加强查处；对有罪不究、以罚代刑、重罪轻判的行使法律监督职权	2
1998 年 7 月	最高人民法院	关于印发《全国部分法院知识产权审判工作座谈会纪要》的通知	审理知识产权侵权纠纷案件中，如果发现构成犯罪嫌疑的案件，应及时向公安移送犯罪线索	1
1998 年 12 月	最高人民法院	关于审理非法出版物刑事案件具体应用法律若干问题的解释	明确了有关著作权犯罪的定罪量刑标准；与出版物有关的非法经营罪标准	12
2001 年 4 月	“两高”	关于办理生产、销售伪劣产品刑事案件具体应用法律若干问题的解释	适用于部分侵犯知识产权犯罪案件（主要是商标犯罪案件）	1
2001 年 4 月	最高公检机关	关于经济犯罪案件追诉标准	刑法第 213—216 条、第 219 条及涉非法出版物的非法经营罪的追诉标准	6
2002 年 5 月	最高人民检察院	关于对合同诈骗、侵犯知识产权等经济犯罪案件依法正确适用逮捕措施的通知	经济纠纷不能动用刑事手段，区分经济犯罪与经济纠纷的界限，正确掌握逮捕条件，上级检察机关要加强协调和指导，加强监督	5
2004 年 6 月	最高人民法院	关于依法惩处生产销售伪劣食品药品等严重破坏市场经济秩序犯罪的通知	重点打击的侵犯知识产权犯罪类型；被害人直接起诉的立案与审理	2
2004 年 9 月	最高人民法院	关于进一步加强知识产权司法保护工作的通知	专项行动加大知识产权犯罪刑事惩处力度；重视财产刑和罚没措施；保障被害人自诉权利	1

（续表）

年月	主体	文件名称	所涉规范内容	个数
2004 年 12 月	“两高”	关于办理侵犯知识产权刑事案件具体应用法律若干问题的解释	重新系统规定侵犯知识产权罪数额标准、计算方法、情节标准、有关规范性构成要素含义	17
2005 年 5 月	最高人民法院	关于充分发挥审判职能作用积极参与整顿和规范市场经济秩序工作的通知	以抓好食品药品安全专项整治，开展保护知识产权和打击商业欺诈专项行动为重点	1
2005 年 9 月	“两高”	关于办理侵犯著作权刑事案件中涉及录音录像制品有关问题的批复	规定复制发行录音录像制品所适用的数量标准及信息网络传播行为属于侵犯著作权罪中的“复制发行”	1
2006 年 12 月	最高人民检察院	关于在检察工作中贯彻宽严相济刑事司法政策的若干意见	依法严厉惩治包括侵犯知识产权在内的严重破坏社会主义市场经济秩序犯罪	1
2007 年 1 月	最高人民法院	关于全面加强知识产权审判工作为建设创新型国家提供司法保障的意见	发挥刑罚惩治和预防知识产权犯罪功能；行、民审理中及时移送犯罪线索；加强知识产权刑事、民事、行政审判部门业务协调与沟通	3
2007 年 4 月	“两高”	关于办理侵犯知识产权刑事案件具体应用法律若干问题的解释（二）	进一步降低侵犯著作权罪的侵权复制品数量标准，规范有关缓刑、罚金的适用等	7
2008 年 6 月	最高公检机关	关于公安机关管辖的刑事案件立案追诉标准的规定（一）	第 217 条、第 218 条立案追诉标准	2
2009 年 3 月	最高人民法院	关于贯彻实施国家知识产权战略若干问题的意见	充分发挥刑事审判惩治和预防知识产权犯罪功能，加大对假冒注册商标和侵犯著作权犯罪行为打击力度等	4

（续表）

年月	主体	文件名称	所涉规范内容	个数
2010 年 3 月	“两高”	关于办理非法生产、销售烟草专卖品等刑事案件具体应用法律若干问题的解释	罪名适用；实施非法生产、销售烟草专卖品犯罪与侵犯知识产权犯罪等竞合时，从一重处理	2
2010 年 5 月	最高公检机关	关于公安机关管辖的刑事案件立案追诉标准的规定（二）	刑法第 213—216 条、第 219 条立案追诉标准 涉非法出版物的非法经营罪标准	6
2010 年 11 月	最高人民法院	关于充分发挥刑事审判职能作用依法严惩侵犯知识产权和制售假冒伪劣商品犯罪的通知	为专项行动提供强有力的司法保障；加大知识产权犯罪刑事打击力度；提升刑事审判办案效能；为侵权假冒刑事审判工作形成长效机制；适时公布典型案例	5
2011 年 1 月	最高公检法司机关	关于办理侵犯知识产权刑事案件适用法律若干问题的意见	结合侦查、起诉、审判实践，解决办案中遇到的新情况、新问题。如管辖、行政执法证据等	16
2011 年 12 月	最高人民法院	关于充分发挥知识产权审判职能作用推动社会主义文化大发展大繁荣和促进经济自主协调发展若干问题的意见	妥善处理商业秘密民事侵权诉讼程序与刑事诉讼程序的关系；推进“三审合一”试点工作，加强与公安机关、检察机关以及知识产权行政执法机关协调配合	2
合计		31		130

规范所属文件名称、制定时间、是否有效、颁发主体、文件形式、文件内容主题、文件针对性程度,7 个是属于解释规范基本情况的,即规范代码、涉及知识产权领域、涉及诉讼环节、定性与定量、原创与既有问题、入罪与出罪效果、实体与程序(详见本书附录二《知识产权刑事司法解释变量表》)。每个解释规范都要进行 14 次(即 14 个维度)的观察、取值,故得到 1 820 个取值,形成一个 SPSS 数据库。

二、司法解释规范描述统计

(一) 规范的实践阶段与效力

按各个规范制定时间,形成以下四个阶段,即:旧《刑法》(1979 年刑法)时期,“入世”前(1997 年《刑法》颁布—“入世”前)时期,“入世”后(“入世”后—国家知识产权战略颁布前)时期和国家战略(2008 年颁行国家知识产权战略)时期。130 个规范的制定阶段和效力情况,如表 3-2、表 3-3。

表 3-2　知识产权刑事司法解释规范阶段

阶段	频数	百分比(%)
旧《刑法》时期	35	26.9
“入世”前时期	20	15.4
“入世”后时期	38	29.2
国家战略时期	37	28.5
合计	130	100.0

表 3-3　知识产权刑事司法解释规范效力

效力	频数	百分比(%)
有效	85	65.4
失效	45	34.6
合计	130	100.0

从四个阶段看,制定的规范占比分别为 26.9%,15.4%,29.2%,28.5%。旧《刑法》时期的规范占 1/4 多,说明我国确实是很早就重视知

识产权刑事司法了，并不是“入世”后才被动起步的；1997 年《刑法》以来重视程度有所提高；“入世”后的 10 年间，规范数量合计占 57.7%，表明“入世”对刑事司法规范制定有提速作用。从效力看，130 个规范中现行有效的有 85 个，占比 65.4%；有 45 个已经失效，达 34.6%。由于时间跨度有 20 多年，规范的“新陈代谢”无疑是必要和合理的。

（二）制定主体与形式

130 个规范的制定主体和表现形式，如表 3-4、表 3-5。

表 3-4　知识产权刑事司法解释规范制定主体

制定主体	频数	百分比（%）
最高人民法院单独颁发	42	32.3
“两高”联合	44	33.8
最高人民检察院单独颁发	30	23.1
最高人民法院/最高人民检察院参与	14	10.8
合计	130	100.0

表 3-5　知识产权刑事司法解释规范文件形式

文件形式	频数	百分比（%）
解释	46	35.4
规定	25	19.2
意见	26	20.0
通知	29	22.3
批复	3	2.3
纪要	1	0.8
合计	130	100.0

从制定主体看，在 130 个解释规范中，最高人民法院单独颁发 42 个，占比 32.3%；最高人民检察院单独颁发 30 个，比例为 23.1%；最高人民法院和最高人民检察院联合制定 44 个，联合制定的比例为 33.8%。司法解释规范制定中，最高人民法院起着更为主导的作用。作为最高审判机关和最高检察机关，二者共同制定解释规范，一方面有利于统一执行法律，另一方面也带来控诉与审判标准的“同质化”，

如造成将追诉标准与定罪标准混同等弊端。

从规范形式看,2007 年最高人民法院《关于司法解释工作的规定》第 6 条规定:“司法解释的形式分为‘解释’、‘规定’、‘批复’和‘决定’四种。”1996 年最高人民检察院《司法解释工作规定》第 17 条规定:“司法解释文件采用‘解释’、‘规定’、‘规则’、‘意见’、‘批复’等形式。”1996 年最高人民法院《人民法院公文处理办法》规定的司法文件有 12 种具体形式:命令(令)、议案、报告、决定、规定、公告、通知、通报、批复、请示、函、会议纪要。学界呼吁,应堵住利用司法文件进行刑事司法解释的漏洞。本书所涉 130 个规范所用文件,形式主要是解释(35.4%)、通知(22.3%)、意见(20.0%)和规定(19.2%);相反,批复(2.3%)、纪要(0.8%)则很少见。在某种意义上,解释和规定具有“规范”属性,而通知、意见、纪要具有“政策”属性,批复则更多的具有针对“具体案件”的属性;如此,则规范、政策、具体案件三类解释形式的占比,分别为 54.6%、43.1% 和 2.3%。这说明颁发主体纯粹被动地回应下级司法机关所遇到并提出的问题(基于案件而请示的回复)的情形,出现极少,而主动解释的情形占主导地位,但规范解释在数量上仅略多于政策解释而已,故解释形式尚存在重回应现实所需、重解决问题而轻规范构建的特点和品格。

(三) 规范内容

1. 规范的专门性程度

表 3-6 显示,所在文件系专门针对知识产权犯罪问题的规范有 78 个,占比 60.0%;而 40.0% 的规范散见于各种并非专门针对知识产权犯罪问题的司法文件之中。这意味着,一方面知识产权刑事司法解释的自觉度并不高,较长时期缺乏集中、统一、权威的解释文件;另一方面知识产权刑事司法问题的受关注度甚高,反复被不同文件所提及和规定。

表 3-6 知识产权刑事司法解释规范的专门性程度

针对性程度	频数	百分比(%)
规范所在文件系专门针对知识产权犯罪问题	78	60.0
规范所在文件涉及知识产权犯罪问题	52	40.0
合计	130	100.0

2. 规范所属的罪名领域

表3-7显示，综合性侵犯知识产权罪占36.2%，商标犯罪占26.2%（其中假冒注册商标罪17.7%），著作权犯罪占22.3%（其中侵犯著作权罪18.5%），专利犯罪占4.6%，商业秘密犯罪占3.1%。由此可知，司法解释的活跃领域在于三个方面：知识产权犯罪共性问题、商标犯罪问题、著作权犯罪问题。

表 3-7 知识产权刑事司法解释规范的罪名领域

<table>
<tr><th>罪名</th><th>频数</th><th>百分比(%)</th><th>领域百分比(%)</th></tr>
<tr><td>假冒注册商标罪</td><td>23</td><td>17.7</td><td rowspan="3">26.2</td></tr>
<tr><td>销售假冒注册商标的商品罪</td><td>5</td><td>3.8</td></tr>
<tr><td>非法制造、销售非法制造的假冒注册商标标识罪</td><td>6</td><td>4.6</td></tr>
<tr><td>假冒专利罪</td><td>6</td><td>4.6</td><td>4.6</td></tr>
<tr><td>侵犯著作权罪</td><td>24</td><td>18.5</td><td rowspan="2">22.3</td></tr>
<tr><td>销售侵权复制品罪</td><td>5</td><td>3.8</td></tr>
<tr><td>侵犯商业秘密罪</td><td>4</td><td>3.1</td><td>3.1</td></tr>
<tr><td>综合性侵犯知识产权罪</td><td>47</td><td>36.2</td><td>36.2</td></tr>
<tr><td>其他</td><td>10</td><td>7.7</td><td>100.0</td></tr>
<tr><td>合计</td><td>130</td><td>100.0</td><td></td></tr>
</table>

3. 规范所涉的诉讼环节

表3-8显示，在侦、诉、审三个主要阶段上，侦查起诉规范占36.2%，要多于审判规范（只占30%）；但三阶段的共性规范也为数不少，占33.8%。由此，司法解释规范具有鲜明的实务操作性，广覆盖、重侦诉（未见只片面重视审判的做法），这样更能使刑事追诉活动真正

落到实处。

表 3-8　知识产权刑事司法解释规范的涉诉环节

涉及诉讼环节	频数	百分比(%)
涉及立案侦查起诉	47	36.2
涉及审判定罪量刑	39	30.0
涉及知识产权刑事司法综合性问题	44	33.8
合计	130	100.0

4. 规范的实体与程序内容特点

表 3-9 显示,从内容看,犯罪数额、犯罪构成要件、犯罪形态、刑诉程序各占比 29.2%、13.1%、12.3%、22.3%,而罪名适用和刑罚适用各占比 3.8%、2.3%。这充分表明,我国知识产权刑事司法解释核心任务是完成“定罪”功能,其中尤其以完成知识产权犯罪概念中“定量”因素的司法认定为关键;而刑罚适用的规范相对不受重视。

表 3-9　知识产权刑事司法解释规范的实体与程序特点

实体与程序	频数	百分比(%)
罪名适用	5	3.8
犯罪数额	38	29.2
犯罪构成要件	17	13.1
犯罪形态	16	12.3
刑罚适用	3	2.3
刑诉程序	29	22.3
技术性规定	6	4.6
综合性规定	16	12.3
合计	130	100.0

(四) 规范方法与效果

1. 规范的定性与定量方法分析

表 3-10 显示,涉及定性和定量问题的规范占比分别为 65.4% 和 34.6%,即司法解释有 1/3 的规范是为了完成“具体定量”的使命。而

一个危害行为能否入罪，在中国刑法语境中，“具体定量”起到最直接的作用，在知识产权刑事司法领域，这一作用被进一步凸显出来。

表 3-10　知识产权刑事司法解释规范的定性与定量特点

定性与定量	频数	百分比(%)
涉及定性问题	85	65.4
涉及定量问题	45	34.6
合计	130	100.0

2. 规范的原创性分析

表 3-11 显示，130 个规范中，有 69 个涉及原创性问题，占比 53.1%；涉及既有问题完善的有 42 个，占比 32.3%；但同时也有 19 个仅仅是对既有问题的重述，占比 14.6%。这表明，由于知识产权刑事案件属于较新型案件，专业性强，司法解释规范填补空白的原创性内容较多；同时，原创性规范又势必面临被完善的命运。不过，重述既有问题则属于单纯的“注意规范”，其制定应当遵循必要性的原则，予以适当控制。

表 3-11　知识产权刑事司法解释规范的原创性

原创性	频数	百分比(%)
涉及原创性问题	69	53.1
涉及既有问题的完善	42	32.3
涉及既有问题的重述	19	14.6
合计	130	100.0

3. 规范的效果分析

表 3-12　知识产权刑事司法解释规范的效果

入罪出罪效果	频数	百分比(%)
产生犯罪化或监禁刑效果	123	94.6
产生非犯罪化或非监禁化效果	7	5.4
合计	130	100.0

从规范效果的宽严度看，各个规范有入罪或出罪、增加或减少法网密度，提高或降低刑罚等指向，体现出入罪化或出罪化的道路方向。表3-12显示：产生入罪效果即犯罪化或监禁刑效果的有123个规范，占94.6%；相反，产生出罪效果即非犯罪化或非监禁化效果的只有7个规范，占比仅5.4%。可见，我国知识产权刑事司法解释遵循的基本是“犯罪化”的进路。

三、司法解释规范多维相关分析

这里选取规范制定主体、文本内容、解释方法三个维度，进行因素间相关分析。

（一）规范制定的主体维度

1. 制定主体与规范形式的关系

表3-13 知识产权刑事司法解释规范的制定主体与表现形式

			文件形式						合计
			解释	规定	意见	通知	批复	纪要	
制定主体	最高人民法院单独颁发	计数	19	0	9	12	1	1	42
		行百分比(%)	45.2	0.0	21.4	28.6	2.4	2.4	100.0
		列百分比(%)	41.3	0.0	34.6	41.4	33.3	100.0	32.3
	“两高”联合	计数	27	0	16	0	1	0	44
		行百分比(%)	61.4	0.0	36.4	0.0	2.3	0.0	100.0
		列百分比(%)	58.7	0.0	61.5	0.0	33.3	0.0	33.8
	最高人民检察院单独颁发	计数	0	11	1	17	1	0	30
		行百分比(%)	0.0	36.7	3.3	56.7	3.3	0.0	100.0
		列百分比(%)	0.0	44.0	3.8	58.6	33.3	0.0	23.1
	最高人民检察院参与	计数	0	14	0	0	0	0	14
		行百分比(%)	0.0	100.0	0.0	0.0	0.0	0.0	100.0
		列百分比(%)	0.0	56.0	0.0	0.0	0.0	0.0	10.8
合计		计数	46	25	26	29	3	1	130
		行百分比(%)	35.4	19.2	20.0	22.3	2.3	.8	100.0
		列百分比(%)	100.0	100.0	100.0	100.0	100.0	100.0	100.0

从表3-13体现的颁发主体看，最高人民法院青睐用“解释”，而“通知”和“意见”形式次之；最高人民检察院对“通知”“规定”用得较

多;联合发布则用“解释”或“意见”(仅一个批复,是关于复制发行录音录像制品犯罪的处理问题);最高人民检察院参与型的全部是最高人民检察院与公安部联合发布的,都是“规定”;最高人民法院从不使用“规定”。由此可见:(1)“解释”要么是最高人民法院单独作出(占41.3%)的,要么是“两高”联合作出的(占59.7%)。从某种意义上说,司法过程中狭义的“法律适用解释权”是由最高人民法院在主导。(2)“通知”在知识产权刑事司法规范总体中占比22.3%。这表明规范化程度不高,更多是政策性的回应行为。

根据全国人大常委会《关于加强法律解释工作的决议》规定,公安部、司法部等都属于行政机关而无权对属于审判、检察工作中具体应用法律问题进行解释。但上表显示,10.8%左右的规范是最高人民检察院参与、与最高人民法院以外的其他主体(行政机关)共同制定的,这部分司法解释规范的效力值得质疑,或者其规范性质应重新定位(非司法解释的规范性司法文件)。

2. 制定主体与规范原创性的关系

知识产权刑事司法规范是“涉及原创性问题”还是“涉及既有问题的完善”,在界定上可能会存在交叉地带和差异。本书认为,这里的“原创性”标准不能太高,只要在规范整体中属于首次制定的,或者就先前已有规范的既有问题在后续规范中增加了新的原创性内容的,如2004年“两高”《关于办理侵犯知识产权刑事案件具体应用法律若干问题的解释》(以下简称《知识产权刑事案件解释(一)》)就侵犯著作权罪增加“侵权复制品数量标准”;2010年最高人民检察院、公安部《关于公安机关管辖的刑事案件立案追诉标准的规定(二)》(以下简称《公安刑事追诉标准(二)》)就销售假冒注册商标的商品罪增加“货值金额三倍于销售金额”的规则都可以识别为“涉及原创性问题”的规范。表3-14显示,在69个原创性规范中,最高人民法院、最高人民检察院单独颁发的各占40.6%和17.4%;在最高人民法院单独颁发的42个规范中,原创性规范占比66.7%,而最高人民检察院单独颁发的30个规范中,原创性规范占40%。可以说,最高人民法院的原创性主体地位更明显。原因可能是,最高人民法院制定的规范主要涉及刑事司法链条中的最终处理事项，而不像最高人民检察院制定的规范仅涉及阶段性程序事项。

表 3-14 知识产权刑事司法解释规范的制定主体与原创程度

			原创与既有问题			合计
			涉及原创性问题	涉及既有问题的完善	涉及既有问题的重述	
颁发主体	最高人民法院单独颁发	计数	28	9	5	42
		行百分比(%)	66.7	21.4	11.9	100.0
		列百分比(%)	40.6	21.4	26.3	32.3
	"两高"联合	计数	23	11	10	44
		行百分比(%)	52.3	25.0	22.7	100.0
		列百分比(%)	33.3	26.2	52.6	33.8
	最高人民检察院单独颁发	计数	12	14	4	30
		行百分比(%)	40.0	46.7	13.3	100.0
		列百分比(%)	17.4	33.3	21.1	23.1
	最高人民法院/最高人民检察院参与	计数	6	8	0	14
		行百分比(%)	42.9	57.1	0.0	100.0
		列百分比(%)	8.7	19.0	0.0	10.8
合计		计数	69	42	19	130
		行百分比(%)	53.1	32.3	14.6	100.0
		列百分比(%)	100.0	100.0	100.0	100.0

（二）规范的内容维度

1. 四个阶段的内容变化

表 3-15 知识产权刑事司法解释规范在各阶段的内容变化

			阶段				合计
			旧《刑法》时期	"入世"前时期	"入世"后时期	国家战略时期	
实体与程序	罪名适用	计数	3	0	0	2	5
		行百分比(%)	60.0	0.0	0.0	40.0	100.0
		列百分比(%)	8.6	0.0	0.0	5.4	3.8
	犯罪数额	计数	5	11	10	10	36
		行百分比(%)	13.9	30.6	27.8	27.8	100.0
		列百分比(%)	14.3	55.0	26.3	27.0	27.7

（续表）

			阶段				合计
			旧《刑法》时期	"入世"前时期	"入世"后时期	国家战略时期	
实体与程序	犯罪构成要件	计数	5	2	5	5	17
		行百分比(%)	29.4	11.8	29.4	29.4	100.0
		列百分比(%)	14.3	10.0	13.2	13.5	13.1
	犯罪形态	计数	2	5	4	6	17
		行百分比(%)	11.8	29.4	23.5	35.3	100.0
		列百分比(%)	5.7	25.0	10.5	16.2	13.1
	刑罚适用	计数	1	0	2	0	3
		行百分比(%)	33.3	0.0	66.7	0.0	100.0
		列百分比(%)	2.9	0.0	5.3	0.0	2.3
	刑诉程序	计数	9	1	8	11	29
		行百分比(%)	31.0	3.4	27.6	37.9	100.0
		列百分比(%)	25.7	5.0	21.1	29.7	22.3
	技术性规定	计数	3	1	3	0	7
		行百分比(%)	42.9	14.3	42.9	0.0	100.0
		列百分比(%)	8.6	5.0	7.9	0.0	5.4
	综合性规定	计数	7	0	6	3	16
		行百分比(%)	43.8	0.0	37.5	18.8	100.0
		列百分比(%)	20.0	0.0	15.8	8.1	12.3
合计		计数	35	20	38	37	130
		行百分比(%)	26.9	15.4	29.2	28.5	100.0
		列百分比(%)	100.0	100.0	100.0	100.0	100.0

分析上表可知，刑诉程序的规范受重视程度在提高，在四个阶段中占比分别为31.0%、3.4%、27.6%、37.9%。"入世"后，我国在程序规范方面有飞跃式的"扩容"，尤其是在国家知识产权战略颁行后的3年内颁行的规范占近四成。只有重视程序规范，才可能把知识产权刑事司法保护真正落到实处。

2. 各罪内容分析

表 3-16　知识产权刑事司法解释规范所涉领域的内容分布

		实体与程序								合计
		罪名适用	犯罪数额	构成要件	犯罪形态	刑罚适用	刑诉程序	技术规定	综合规定	
假冒注册商标罪	计数	0	6	6	2	0	4	1	4	23
	行百分比(%)	0.0	26.1	26.1	8.7	0.0	17.4	4.3	17.4	100.0
	列百分比(%)	0.0	16.7	35.3	11.8	0.0	13.8	14.3	25.0	17.7
销售假冒注册商标的商品罪	计数	0	3	1	1	0	0	0	0	5
	行百分比(%)	0.0	60.0	20.0	20.0	0.0	0.0	0.0	0.0	100.0
	列百分比(%)	0.0	8.3	5.9	5.9	0.0	0.0	0.0	0.0	3.8
非法制造、销售假冒注册商标标识罪	计数	2	3	0	1	0	0	0	0	6
	行百分比(%)	33.3	50.0	0.0	16.7	0.0	0.0	0.0	0.0	100.0
	列百分比(%)	40.0	8.3	0.0	5.9	0.0	0.0	0.0	0.0	4.6
假冒专利罪	计数	1	3	1	0	0	1	0	0	6
	行百分比(%)	16.7	50.0	16.7	0.0	0.0	16.7	0.0	0.0	100.0
	列百分比(%)	20.0	8.3	5.9	0.0	0.0	3.4	0.0	0.0	4.6
侵犯著作权罪	计数	0	7	7	6	1	1	2	0	24
	行百分比(%)	0.0	29.2	29.2	25.0	4.2	4.2	8.3	0.0	100.0
	列百分比(%)	0.0	19.4	41.2	35.3	33.3	3.4	28.6	0.0	18.5
销售侵权复制品罪	计数	0	4	1	0	0	0	0	0	5
	行百分比(%)	0.0	80.0	20.0	0.0	0.0	0.0	0.0	0.0	100.0
	列百分比(%)	0.0	11.1	5.9	0.0	0.0	0.0	0.0	0.0	3.8
侵犯商业秘密罪	计数	0	3	0	0	0	1	0	0	4
	行百分比(%)	0.0	75.0	0.0	0.0	0.0	25.0	0.0	0.0	100.0
	列百分比(%)	0.0	8.3	0.0	0.0	0.0	3.4	0.0	0.0	3.1
综合性侵犯知识产权罪	计数	2	3	0	5	2	21	2	12	47
	行百分比(%)	4.3	6.4	0.0	10.6	4.3	44.7	4.3	25.5	100.0
	列百分比(%)	40.0	8.3	0.0	29.4	66.7	72.4	28.6	75.0	36.2
其他	计数	0	4	1	2	0	1	2	0	10
	行百分比(%)	0.0	40.0	10.0	20.0	0.0	10.0	20.0	0.0	100.0
	列百分比(%)	0.0	11.1	5.9	11.8	0.0	3.4	28.6	0.0	7.7
合计	计数	5	36	17	17	3	29	7	16	130
	行百分比(%)	3.8	27.7	13.1	13.1	2.3	22.3	5.4	12.3	100.0
	列百分比(%)	100	100	100	100	100	100	100	100	100

分析可知：

（1）司法解释在制定内容上有分有合，有的专门针对侵犯商标权、著作权等特定知识产权领域犯罪；有的针对所有知识产权犯罪。换言之，解释规范是从共性和个性两个层面对各罪实体和程序两大方面进行规定的：7个具体个罪属于个性层面的规范，占比56.1%，“综合性侵犯知识产权罪”及“其他”规定属于共性层面的规范，占比43.9%。

（2）犯罪数额、刑诉程序是规范总量中占比最多的内容，分别占比27.7%和22.3%：犯罪数额在每个罪中都有相应的规范，刑事程序规范则主要体现在综合规范中，涉及具体领域时多是在该领域的基本罪名中进行规定的（如假冒注册商标罪）。

（3）单一个罪的解释规范数目有限，在列举的8个方面内容中有不少都是空白。所涉的则都是针对性很强的内容，从中能觉察出司法解释以解决实务问题为驱动和导向的生成进路。构成要件认定规范中，侵犯著作权罪和假冒注册商标罪分别占比41.2%和35.3%，而非法制造、销售假冒注册商标标识罪和侵犯商业秘密罪都未制定此内容的规范。规范所涉内容与司法实践问题不完全对应，如侵犯商业秘密罪的“重大损失”要件认定是司法面临的重大问题，却因为尚无成熟的统一解决办法而未上升为解释规范。

3. 诉讼环节的内容特点

表3-17 知识产权刑事司法解释规范所涉环节的内容分布

<table>
<tr><th colspan="3" rowspan="2"></th><th colspan="3">涉及诉讼环节</th><th rowspan="2">合计</th></tr>
<tr><th>侦查起诉</th><th>审判定罪量刑</th><th>刑事司法综合性问题</th></tr>
<tr><td rowspan="6">实体与程序</td><td rowspan="3">罪名适用</td><td>计数</td><td>0</td><td>4</td><td>1</td><td>5</td></tr>
<tr><td>行百分比（%）</td><td>0.0</td><td>80.0</td><td>20.0</td><td>100.0</td></tr>
<tr><td>列百分比（%）</td><td>0.0</td><td>10.3</td><td>2.3</td><td>3.8</td></tr>
<tr><td rowspan="3">犯罪数额</td><td>计数</td><td>17</td><td>8</td><td>13</td><td>38</td></tr>
<tr><td>行百分比（%）</td><td>44.7</td><td>21.1</td><td>34.2</td><td>100.0</td></tr>
<tr><td>列百分比（%）</td><td>36.2</td><td>20.5</td><td>29.5</td><td>29.2</td></tr>
</table>

（续表）

			涉及诉讼环节			合计
			侦查起诉	审判定罪量刑	刑事司法综合性问题	
实体与程序	犯罪构成要件	计数	3	4	10	17
		行百分比(%)	17.6	23.5	58.8	100.0
		列百分比(%)	6.4	10.3	22.7	13.1
	犯罪形态	计数	1	5	10	16
		行百分比(%)	6.3	31.3	62.5	100.0
		列百分比(%)	2.1	12.8	22.7	12.3
	刑罚适用	计数	0	1	2	3
		行百分比(%)	0.0	33.3	66.7	100.0
		列百分比(%)	0.0	2.6	4.5	2.3
	刑诉程序	计数	16	9	4	29
		行百分比(%)	55.2	31.0	13.8	100.0
		列百分比(%)	34.0	23.1	9.1	22.3
	技术性规定	计数	2	2	2	6
		行百分比(%)	33.3	33.3	33.3	100.0
		列百分比(%)	4.3	5.1	4.5	4.6
	综合性规定	计数	8	6	2	16
		行百分比(%)	50.0	37.5	12.5	100.0
		列百分比(%)	17.0	15.4	4.5	12.3
	合计	计数	47	39	44	130
		行百分比(%)	36.2	30.0	33.8	100.0
		列百分比(%)	100.0	100.0	100.0	100.0

侦、诉、审三阶段共性规范(占规范总体的33.8%)主要集中在犯罪构成要件、犯罪形态等方面内容上。犯罪数额解释规范中,针对侦查起诉阶段的占44.7%,而针对审判阶段的仅占21.1%;刑诉程序解释规范中,针对侦查起诉阶段的占55.2%,而针对审判阶段的占31.0%;罪名适用内容的解释规范主要是针对审判阶段(占80%)。解释规范的内容与诉讼阶段的相关性甚为明显:犯罪数额与刑诉程序规范事关刑事司法程序的启动和进展,成为侦诉等审判前程序的重头戏;审判阶段更关心定罪量刑的最终处分问题。

（三）解释规范的方法维度

1. 定性与定量

表 3-18 知识产权刑事司法解释规范所涉领域的定性与定量方法运用

			定性与定量		合计
			涉及定性问题	涉及定量问题	
涉及知识产权领域	假冒注册商标罪	计数	15	8	23
		行百分比(%)	65.2	34.8	100.0
		列百分比(%)	17.6	17.8	17.7
	销售假冒注册商标的商品罪	计数	1	4	5
		行百分比(%)	20.0	80.0	100.0
		列百分比(%)	1.2	8.9	3.8
	非法制造、销售非法制造的假冒注册商标标识罪	计数	2	4	6
		行百分比(%)	33.3	66.7	100.0
		列百分比(%)	2.4	8.9	4.6
	假冒专利罪	计数	3	3	6
		行百分比(%)	50.0	50.0	100.0
		列百分比(%)	3.5	6.7	4.6
	侵犯著作权罪	计数	16	8	24
		行百分比(%)	66.7	33.3	100.0
		列百分比(%)	18.8	17.8	18.5
	销售侵权复制品罪	计数	1	4	5
		行百分比(%)	20.0	80.0	100.0
		列百分比(%)	1.2	8.9	3.8
	侵犯商业秘密罪	计数	1	3	4
		行百分比(%)	25.0	75.0	100.0
		列百分比(%)	1.2	6.7	3.1
	综合性侵犯知识产权罪	计数	41	6	47
		行百分比(%)	87.2	12.8	100.0
		列百分比(%)	48.2	13.3	36.2
	其他	计数	5	5	10
		行百分比(%)	50.0	50.0	100.0
		列百分比(%)	5.9	11.1	7.7
合计		计数	85	45	130
		行百分比(%)	65.4	34.6	100.0
		列百分比(%)	100.0	100.0	100.0

可见,定性方法总体上更受青睐,在 130 个解释规范中占比 65.4%。其中,定性方法在综合性侵犯知识产权罪领域运用比例高达 87.2%,在侵犯知识产权的“基本罪名”如假冒注册商标罪亦达 65.2%,侵犯著作权罪达 66.7%。相反,在由基本罪名而来的“派生罪名”领域主要采用的是定量方法,如销售假冒注册商标的商品罪和销售侵权复制品罪领域都达到 80.0%,侵犯商业秘密罪为 75.0%,非法制造、销售非法制造的假冒注册商标标识罪为 66.7%。由此,基本罪名及综合性犯罪领域,比派生罪名更需要对定性问题进行较详细的规定。

2. 原创与非原创

表 3-17 显示,69 个原创性规范中,“综合性侵犯知识产权罪”占 34.8%,“侵犯著作权罪”占 21.7%,“假冒注册商标罪”为 10.1%,“其他”为 11.6%。综合性侵犯知识产权罪规范占比高,这与整个知识产权犯罪属于新型经济犯罪有关;单一个罪中,“侵犯著作权罪”原创程度远高于其他个罪,值得研究。这可能与信息技术普及下当代传播技术革命致著作权权能不断扩张,著作权产业勃兴而引起致著作权犯罪有利可图、犯罪形态翻新等新情况有关。数字技术下侵犯著作权罪的实行行为、营利目的、定罪根据、数额或数量计算等一系列前所未有的实务问题都需要司法解释进行创造性的作为。

表 3-19　知识产权刑事司法解释规范所涉领域的原创程度

<table>
<tr><th colspan="3" rowspan="2"></th><th colspan="3">原创与既有问题</th><th rowspan="2">合计</th></tr>
<tr><th>涉及原创性问题</th><th>涉及既有问题的完善</th><th>涉及既有问题的重述</th></tr>
<tr><td rowspan="9">涉及知识产权领域</td><td rowspan="3">假冒注册商标罪</td><td>计数</td><td>7</td><td>13</td><td>3</td><td>23</td></tr>
<tr><td>行百分比(%)</td><td>30.4</td><td>56.5</td><td>13.0</td><td>100.0</td></tr>
<tr><td>列百分比(%)</td><td>10.1</td><td>31.0</td><td>15.8</td><td>17.7</td></tr>
<tr><td rowspan="3">销售假冒注册商标的商品罪</td><td>计数</td><td>3</td><td>2</td><td>0</td><td>5</td></tr>
<tr><td>行百分比(%)</td><td>60.0</td><td>40.0</td><td>0.0</td><td>100.0</td></tr>
<tr><td>列百分比(%)</td><td>4.3</td><td>4.8</td><td>0.0</td><td>3.8</td></tr>
<tr><td rowspan="3">非法制造、销售非法制造的假冒注册商标标识罪</td><td>计数</td><td>3</td><td>3</td><td>0</td><td>6</td></tr>
<tr><td>行百分比(%)</td><td>50.0</td><td>50.0</td><td>0.0</td><td>100.0</td></tr>
<tr><td>列百分比(%)</td><td>4.3</td><td>7.1</td><td>0.0</td><td>4.6</td></tr>
</table>

（续表）

			原创与既有问题			合计
			涉及原创性问题	涉及既有问题的完善	涉及既有问题的重述	
涉及知识产权领域	假冒专利罪	计数	2	2	2	6
		行百分比(%)	33.3	33.3	33.3	100.0
		列百分比(%)	2.9	4.8	10.5	4.6
	侵犯著作权罪	计数	15	4	5	24
		行百分比(%)	62.5	16.7	20.8	100.0
		列百分比(%)	21.7	9.5	26.3	18.5
	销售侵权复制品罪	计数	4	1	0	5
		行百分比(%)	80.0	20.0	0.0	100.0
		列百分比(%)	5.8	2.4	0.0	3.8
	侵犯商业秘密罪	计数	3	1	0	4
		行百分比(%)	75.0	25.0	0.0	100.0
		列百分比(%)	4.3	2.4	0.0	3.1
	综合性侵犯知识产权罪	计数	24	14	9	47
		行百分比(%)	51.1	29.8	19.1	100.0
		列百分比(%)	34.8	33.3	47.4	36.2
	其他	计数	8	2	0	10
		行百分比(%)	80.0	20.0	0.0	100.0
		列百分比(%)	11.6	4.8	0.0	7.7
合计		计数	69	42	19	130
		行百分比(%)	53.1	32.3	14.6	100.0
		列百分比(%)	100.0	100.0	100.0	100.0

3. 入罪与出罪

表3-20显示，130个规范中产生出罪效果的只有7个规范，占比仅为5.4%，分布在刑诉程序、刑罚适用（仅涉及缓刑适用）和综合性规定三个方面。知识产权司法解释“犯罪化/监禁化”的路径是从以下方面展开的：通过降低或变相降低犯罪数额标准（30.9%），改变刑事诉讼程序规则（21.1%），调整犯罪构成要件（13.8%）、犯罪形态（13.0%）认定等；相反，调整罪名适用（4.1%）和刑罚适用（1.6%）的途径则作用不大，这可能是罪刑法定原则下司法解释对罪名确定、刑罚运用的空间受到严格限制的缘故。当今国际上呈现出“轻轻重重”的两极化刑事政策趋势，我国2005年即提出贯彻“宽严相济”刑事政

策。在知识产权犯罪领域,我国司法实践中出现了有一定普遍性的刑罚宽缓判决现象,但知识产权刑事司法解释对“以宽济严”的制度与机制设计显得滞后,故实有必要及时加大相应的规范引导力度。

表 3-20　知识产权刑事司法解释规范内容的效果

			入罪出罪		合计
			犯罪化/监禁化	非犯罪化/非监禁化	
实体与程序	罪名适用	计数	5	0	5
		行百分比(%)	100.0	0.0	100.0
		列百分比(%)	4.1	0.0	3.8
	犯罪数额	计数	38	0	38
		行百分比(%)	100.0	0.0	100.0
		列百分比(%)	30.9	0.0	29.2
	犯罪构成要件	计数	17	0	17
		行百分比(%)	100.0	0.0	100.0
		列百分比(%)	13.8	0.0	13.1
	犯罪形态	计数	16	0	16
		行百分比(%)	100.0	0.0	100.0
		列百分比(%)	13.0	0.0	12.3
	刑罚适用	计数	2	1	3
		行百分比(%)	66.7	33.3	100.0
		列百分比(%)	1.6	14.3	2.3
	刑诉程序	计数	26	3	29
		行百分比(%)	89.7	10.3	100.0
		列百分比(%)	21.1	42.9	22.3
	技术性规定	计数	6	0	6
		行百分比(%)	100.0	0.0	100.0
		列百分比(%)	4.9	0.0	4.6
	综合性规定	计数	13	3	16
		行百分比(%)	81.3	18.8	100.0
		列百分比(%)	10.6	42.9	12.3
合计		计数	123	7	130
		行百分比(%)	94.6	5.4	100.0
		列百分比(%)	100.0	100.0	100.0

第二节 知识产权刑事司法解释机制特色

人民法院的司法活动对完善法律体系具有不可替代的独特作用，司法解释是法律完善的一种具体方式。[①] 我国的司法解释对完善知识产权刑事法律规范体系功不可没。结合上节的文本实证分析结果，知识产权刑事司法解释机制特色可从三个维度进行概括：(1) 在“谁来解释”即解释主体维度，呈现出解释权专有特色；(2) 在“为什么解释”即解释动力维度，呈现出回应现实需求的特色；(3) 在“解释得如何”即解释效果维度，呈现出犯罪化和监禁化解释的特色。

一、主体特色：解释权专有

（一）“两高”作为专有主体：解释权行使

1. “两高”解释权行使方式

我国司法所拥有的法律解释权独具“中国特色”，在知识产权刑事司法领域同样如此。从一般意义上比较，英美法系国家采用判例法模式，其司法机关（仅指法院）不仅享有解释法律的权力，而且更有制定法律即所谓法官造法的权力；大陆法系国家虽然采用成文法体制，但当今较普遍赋予了司法机关以解释法律的权力。从更具体的比较来看，像中国“两高”所拥有的就一般法律问题脱离具体案件而制定抽象司法解释的权力，在世界各国并不多见。[②] 我国“两高”行使的这种司法解释权力，既不是各级法院或检察院均可享有的，也不是每个法官或检察官可以分享的，它属于“一级二元”体制。所谓“一级”指司法解释的法定主体是最高司法机关——最高人民法院和最高人民检察院；而“二元”指司法解释权，由最高人民法院和最高人民检察院两个

---

① 参见江必新：《司法对法律体系的完善》，载《法学研究》2012 年第 1 期。

② 参见虞政平：《中国特色社会主义司法制度的“特色”研究》，载《中国法学》2010 年第 5 期。

机关行使。最高司法机关的部门和地方司法机关的文件，虽然数量庞大，实际发挥作用，但都是在该体制内存在，本身不具有或取得司法解释意义上的地位。

“两高”行使解释权，一般采取发布抽象性法律解释的方式，解释文件本身大都体现为更细致的法律规范形式。现行司法解释出现“立法化”的倾向，在体现罪刑法定原则的明确性要求上起到了一定的积极作用，在知识产权刑事领域表现为，明确了各个具体犯罪的构成要件内容。但是，这种“立法化”司法解释数量日益增多、内容庞杂，呈现出主动性、创制性、专断性的特征①，逐渐暴露出自身的不足。

（1）与罪刑法定原则的法定性要求之间存在着冲突。司法机关制定普遍抽象性规则，在法理上有侵犯本应由立法机关所独享的立法权，有违背程序法定观念之嫌，解释法律由立法机关承担更合适。如果允许司法过程中进行第二次利益选择和价值平衡，难以养成对法律的信仰。②

（2）法律依据不足。《中华人民共和国宪法》第 67 条第 4 款及《中华人民共和国立法法》第 42 条都将“解释法律”规定为全国人大常委会的职权之一；司法解释合法性的依据是 1981 年 6 月 10 日全国人大常委会《关于加强法律解释工作的决议》所规定的：凡属于人民法院审判过程中具体应用法律、法令的问题，由最高人民法院进行解释；凡属于人民检察院检察工作中具体应用法律、法令的问题，由最高人民检察院进行解释。《中华人民共和国人民法院组织法》第 33 条也有类似规定。这种授权仅针对“具体应用法律、法令的问题”进行解释。

从理论上说，能够与罪刑法定原则相协调的司法解释方式，采取法官“个案解释”更为适合，即法官在对具体案情的法律适用中对刑法条文进行解释并以判例为主要表现形式，从而可以消弭刑法司法解释

---

① 参见袁明圣：《司法解释“立法化”现象探微》，载《法商研究》2003 年第 2 期。

② 参见汪建成：《〈刑事诉讼法〉的核心观念及认同》，载《中国社会科学》2014 年第 2 期。

与罪刑法定原则的法定性、明确性、法不溯及既往要求之间的紧张关系。“两高”解释时不应给刑法用语下定义，只能采取列举式的规定（即列举对何种行为适用何种规定），不要期待司法解释像刑法一样稳定。[①] 有些学者担心法官个案解释将导致法律适用不统一的问题，不过，我国“两高”建立的“案例指导制度”，已经提供了较符合国情的解决方案，可以成为今后司法解释制定的新的增长点。

2. “两高”解释权关系：“同质之弊”v“冲突之弊”

最高人民法院和最高人民检察院分别扮演着国家最高审判机关和控诉机关的角色，但在知识产权刑事司法解释制定上，却有时发生角色混淆而出现“同质之弊”或“冲突之弊”。

（1）“同质之弊”：知识产权刑事立案追诉标准与定罪标准的高度“同质化”。危害行为具备达到犯罪程度之社会危害性的标准，是司法机关对危害行为追究刑事责任的标准，是从刑事实体法的角度确定是否需要对特定危害行为追究刑事责任[②]；追诉标准并非定罪意义上的证明标准即定罪标准，前者属于刑事实体法，而后者属于刑事程序法的范畴。根据刑事诉讼的基本原理，随着诉讼阶段的推进，证明标准逐渐提高，入罪程度逼近“判决确定有罪”而应呈“收缩”之势，故立案标准、追诉标准、定罪标准应当体现“位阶”上的高度渐升特征。然而，知识产权刑事领域的最高人民检察院追诉标准，已大量地与最高人民法院的定罪标准同一化。不过，近几年来，最高人民检察院司法解释已对这一理论主张有一定的回应和体现。比如：2008 年，最高人民检察院、公安部《关于公安机关管辖的刑事案件立案追诉标准的规定（一）》（下称《公安机关刑事追诉标准（一）》）就销售侵权复制品案立案追诉列举了“违法所得数额虽未达到上述数额标准，但尚未销售的侵权复制品货值金额达到三十万元以上的”追诉情形；在最高人民法

① 参见张明楷：《刑法学》（第四版），法律出版社 2011 年版，第 36 页。

② 参见黄晓亮：《破坏金融管理秩序罪追诉标准问题研究》，载《政治与法律》2010 年第 3 期。

院的有关解释中并无类似规定。2010 年《公安机关刑事追诉标准（二）》就销售假冒注册商标的商品案又有类似的追诉标准。这种“三倍未遂”追诉标准的确立，最初动因可能出于解决司法成本与收益失衡问题，符合刑事诉讼的过滤收缩作业特性；在并无相应定罪标准的条件下，仍有利于启动知识产权刑事侦查程序。

（2）“冲突之弊”：二元主体解释规范之间存在矛盾。在知识产权犯罪以外的领域，这种弊端频频出现，如对于绑架后杀害被绑架人的罪名适用、对转化型抢劫是否属于“八罪”中的“抢劫”行为等问题，“两高”曾发生分歧。在知识产权领域也有适当体现，如 2001 年最高人民检察院、公安部《关于经济犯罪案件追诉标准的规定》（以下简称《经济犯罪追诉标准》，2010 年被《公安刑事追诉标准（二）》取代）对侵犯知识产权罪规定了“受过行政处罚二次以上”又侵犯同种知识产权构成犯罪的，以及侵犯“驰名商标或者人用药品”商标等特定追诉情形，而 2004 年“两高”《知识产权刑事案件解释》定罪标准中，并无该等情形，但二者共存了 6 年之久，对侦查、起诉等司法活动显会造成一定不利影响。又如，侵犯商业秘密案在《经济犯罪追诉标准》中规定了两种情形应予追诉；在《公安刑事追诉标准（二）》中则规定了 4 种应予立案追诉情形：“（一）给商业秘密权利人造成损失数额在五十万元以上的；（二）因侵犯商业秘密违法所得数额在五十万元以上的；（三）致使商业秘密权利人破产的；（四）其他给商业秘密权利人造成重大损失的情形。”在 2004 年“两高”《知识产权刑事案件解释》规定的定罪标准中则仅有一种情形“给商业秘密权利人造成损失数额在五十万元以上的”。如此，“破产”等情形启动侦查，其后续起诉与定罪的解决方案却不甚明了。多种追诉或定罪情节并存的模式，虽有利于多维度揭示不同的社会危害性，但不能列举穷尽而容易产生不同诉讼阶段上情节衔接上的矛盾冲突。

针对二元解释主体体制，有研究指出，宜先依法纯化刑事司法解释主体并建立“两高”联合刑事司法解释委员会，再取消最高人民检察院刑事司法解释权，最终建立最高人民法院一元一级刑事司法解释体制。[①] 本书认为，“二元”解释主体应当进行解释事权上的“分而治之”模式：一方面，对审判阶段以前的刑事诉讼程序问题由最高人民检察院单独解释，最高人民法院应当退出该领域。另一方面，在二者发生交叉的事权领域，应自觉进行角色定位，追诉与定罪的情节口径应当一致而在程度上体现不同诉讼阶段上的差异性。为避免出现两家解释的矛盾，防止最高人民检察院的单独解释在审判工作中被置之不理的尴尬局面出现，建立“两高”联合刑事司法解释委员会不失为可行的权宜之策，从长远看，既然可以联合解释，则完全可实行“一元”解释。

（二）解释权分割：部门参与和地方解释

1. 解释权部门分割

表3-4显示，在130个解释规范中，最高人民法院或最高人民检察院独立制定的分别占比32.3%和23.1%、“两高”联合制定的比例为33.8%；此外，最高人民检察院与公安部两家或最高公、检、法三家联合制定的比例尚有10.8%。公安部参与系列刑事案件立案追诉标准等司法解释、意见的制定，招致不少诟病，对“一级二元”解释体制具有侵蚀作用。对此，一种辩护理由是，此种公安部参与制定的“规定”不属于司法解释。本来最高法、检、公三家之间确实有司法解释以外的更多业务关系，立案追诉标准等规定，也确实发挥着司法解释的效力，称其不是司法解释，实为掩耳盗铃，此辩护实难成立。

不过，“凡是存在的都是合理的”，公安部参与司法解释制定，可能有特别意义：公安机关属于具有刑事司法职能的行政机关，其领导体制异于法院系统和检察系统，与法官和检察官习惯于依照法律规定办事模式不同，公安干警更习惯于执行上级指示。在最高法、检、公机关层面联合制定司法解释，可能是重视司法解释的工具操作功能使然。然而，建设法治国家要求司法解释应率先步入法治轨道，公安部参与司法解释失却法律依据，在其不宜出台司法解释的情况下，可采由执

---

① 参见赵秉志：《刑法解释研究》，北京大学出版社2007年版，第235—239页。

法机关以转发司法解释、联合会议纪要等多种形式，对问题进行沟通、协调，共同促进知识产权刑事司法保护。

2. 解释权“央—地”分割：地方法检公的解释功能

（1）知识产权刑事司法解释将犯罪数额、数量标准授权各省高级法院具体制定并报备的做法实不足取。有关授权规定试举如下几例：一是1992年最高人民检察院《关于假冒商标案立案标准的暂行规定》（已失效）就假冒商标数额标准规定，“各省、自治区、直辖市人民检察院可以根据本地区的实际情况，在本条第1、2、3项规定的数额幅度内，确定本地区的具体数额标准，并报最高人民检察院备案”。二是1998年最高人民法院《非法出版物案件解释》第18条规定，“各省、自治区、直辖市高级人民法院可以根据本地的情况和社会治安状况，在本解释第八条、第十条、第十二条、第十三条规定的有关数额、数量标准的幅度内，确定本地执行的具体标准，并报最高人民法院备案”（其中涉及非法出版物的数额与数量问题，主要是涉及知识产权的非法经营罪）。三是2001年公安部与最高人民检察院《经济犯罪追诉标准》（已失效）明确要求，“各省、自治区、直辖市公安厅、局应会同当地人民检察院，结合本地实际情况，在《关于经济犯罪案件追诉标准的规定》确定的数额幅度内，及时确定本省（自治区、直辖市）范围内统一执行的数额标准，并报公安部和最高人民检察院备案”。这种地方性刑事门槛标准的弊端非常明显，因为知识产权犯罪流动性极大，涉及地域面广，省际标准差异势必带来跨省案件处理的不合理与麻烦，且这种省际标准差异对“法制统一”存在着侵蚀作用。此外很多其他涉及数额、数量问题的解释并没有类似的“授权”条款，说明最高司法机关在考虑各地经济发展不平衡的刑事政策时，不可能很彻底。相反，确立全国统一的标准不存在不利于或放纵嫌疑人、被告人的问题，也不存在打击面过窄或过宽的问题。①

（2）地方法院的内部文件在司法中的作用和地位存在模糊性问

---

① 参见赵秉志：《刑法解释研究》，北京大学出版社2007年版，第236页。

题。试举一例:2011 年底,江苏省高级人民法院、省人民检察院与省公安厅联合发布《关于办理知识产权刑事案件若干程序问题的意见》。该意见出台背景是,2010 年下半年开展“双打”专项行动,知识产权刑事案件数量增长,案件审理中,程序法、实体法适用问题凸显,遂由江苏省高级人民法院于 2010 年底开始牵头组织起草,在汇集各方面意见的基础上正式联合发布。该意见内容包括:知识产权刑事案件办理过程中的管辖权划分;知识产权权利状况审查;证据收集、固定、移交及处置;刑事司法鉴定(主要是技术鉴定)的内容、鉴定机构及人员的确定以及鉴定机构的职责;犯罪嫌疑人和权利人在司法鉴定过程中的相应权利;鉴定报告的预审查制度等。本书认为,地方公、检、法机关层面联合制定配套文件有其积极意义:一是有利于解决执法落实问题,成为落实刑事法律和司法解释的阵地和执行“管道”;二是根据地方实际更有针对性。相对于普通刑事案件而言,知识产权刑事案件对于地方实际办案的公、检、法三机关都属于新类型案件,侦查、公诉及审理经验均处于不断积累之中,成为辖区内公、检、法机关知识产权刑事案件的办案指南,也是司法解释规范的“孵化器”。但弊端是可能出现越权、犯上,故有必要通过建立备案、审查等机制,扬长避短、发挥其正能量作用。

二、动力特色:回应型解释

(一)回应型特点及体现

表 3-2 描述了“知识产权刑事司法解释规范阶段”情况。1979 年刑法时期已重视知识产权刑事司法,解释规范占 26.9%,“入世”前 22 年间总计占比为 42.3%。2001 年 12 月“入世”后 10 年间,解释规范数量合计占 57.7%,“入世”和“国家知识产权战略实施”提高了刑事司法规范的供给力度。从规范制定动力看,具有某种“回应型”解释特点:一是回应国际承诺的履行,这是对外的回应;二是回应国内专项行动的配合开展,这是对内的回应。

1. “入世”是回应的一个分水岭

“入世”后，“两高”、公安部不断加强知识产权刑事司法规范建设，先后发布系列司法解释和其他规范性文件。其中“入世”后至国家知识产权战略颁布前即颁行了 38 条解释规范，超过整个旧刑法时期的解释规范数量（35 条）。这些解释规范的制定具有以下特点：（1）直接制定动因是履行“入世”承诺，即《中国加入世界贸易组织工作组报告书》第 304 条“中国的行政主管机关将建议司法机关作出必要调整，降低金额标准”，以解决对“刑事程序不能被有效地用以打击盗版和假冒行为”的关注，和履行对美国作出的“增加对知识产权侵权者的刑事起诉”等双边承诺。[①]（2）就同一领域不断深入和填补形成司法解释规范群。（3）在制定过程中，代表知识产权人利益的产业组织发挥了一定作用。如 2004 年《知识产权刑事案件解释（一）》的起草中，先后多次、多渠道、采取多种方式听取了中国外商投资企业协会、欧盟委员会、中国商业软件联盟、美国电影协会、中国美国商会、美国信息产业机构等行业协会和部门的意见。[②] 这正好表明，它在某种意义上是一种履行“入世”承诺的行为。

2. 国家知识产权战略是回应的另一个分水岭

2008 年后，国家知识产权战略时期已颁行 37 条解释规范，同样超过整个旧刑法时期的解释规范数量。国家知识产权战略实施中开展了打击侵犯知识产权专项行动。为配合国内专项行动的开展，经过近三年的深入调研，“两高”和公安部、司法部于 2011 年出台了《知识产权刑事案件意见》，最高人民法院等也颁发了系列司法解释及司法文件，如《关于贯彻实施国家知识产权战略若干问题的意见》（法发[2009]16 号）、《关于充分发挥知识产权审判职能作用推动社会主义文化大发展大繁荣和促进经济自主协调发展若干问题的意见》（法发[2011]18 号）等，以直接配合战略实施和专项行动的开展。

---

① 参见孙国祥，魏昌东：《经济刑法研究》，法律出版社 2005 年版，第 493 页。

② 参见吴仪：《在中美知识产权圆桌会议上的讲话》，载国家商务部网站 http://tfs.mofcom.gov.cn/aarticle/cj/200503/20050300022935.html，2014 年 5 月 30 日访问。

（二）回应型解释评析

1.“分水岭”效应的主原因应是知识产权刑事司法动力机制发生急剧转型

（1）“入世”使“国际压力”模式发生变化，即从外交与政治压力转变为法律义务压力。TRIPS 协定在第 61 条设置知识产权刑事程序，对该义务的不履行，可通过争端解决机构（DSB）进行法律裁决；由于受到外部国际规则的义务约束，因而不得不进行磨合调试。主流看法是，“入世”前的《非法出版物案件解释》和《经济犯罪追诉标准》等解释确定的定罪量刑和追诉标准都过高，有的问题还没有作出解释或不尽科学，有待进一步解释，而追诉标准并不等同定罪标准。“入世”后经过及时调整，刑事司法标准由“过高”调整为“更加明确、合理”。总体上较大幅度降低和进一步明确了有关知识产权犯罪的定罪量刑标准，增加侵权复制品数量等新的定罪根据，规范缓刑和罚金适用等，从而使知识产权刑法规范的司法适用率提高，有利于震慑今后的盗版和假冒犯罪。这些司法解释的颁行，无疑是履行协定刑事司法义务的重要体现。

（2）国家知识产权战略颁行使“国内需求”模式发生变化，即从被动需求转变为自觉自主的战略性需求。创新型国家建设、国家知识产权战略、保护知识产权专项行动、创新驱动发展战略等一系列目标和行动都表明，我国知识产权保护并不是孤立事件，而是国家战略层面的任务，刑罚具有惩治和预防知识产权犯罪的功能，是最强力的保障力量。

2. 回应型解释需要避免理性不足的弊端

考察既有司法解释形成过程可以发现，回应型解释尚存在理性不足甚至有时可能“拍脑袋”决策的弊端，应从制度理念建构与方式完善上进行规范。

（1）对外部的回应需要做到原则性与灵活性相结合。《知识产权刑事案件解释》（一）（二）确立的侵权复制品数量标准，经历了从阙如（1998 年）—1 000 张/份（2004 年）—500 张/份（2007 年）的迅速演变过程,其中“从1 000到500”的变化,主要是回应美国2007年4月向WTO“起诉”对我国的压力。但这种回应,染上了“迁就”的色彩,有丧失司法解释应有原则性形象之嫌。

(2) 某些内部需求由于缺少触点或推手,长期被忽视而未能得到解释规范上的回应。比如,现今刑事司法解释规范对专利、商业秘密两个领域几乎无暇顾及。虽然TRIPS协定第61条只将商标假冒和版权盗版作为义务规定,但我国假冒专利、侵犯商业秘密被犯罪化是百分百的事实。司法实务中商业秘密无罪率甚高(2003年、2004年数据尤其明显)、分歧甚多,但2004年及迄今的司法解释都一直未重视解决。

(3) 如学者所言,必须强调基于审判经验启动具体的司法解释的形成过程,以实现法律的技术完善作为具体司法解释的建构重心。[①] 2005年“两高”《关于办理侵犯著作权刑事案件中涉及录音录像制品有关问题的批复》是不多见的、针对类型化案件的一个司法解释文件。大量司法解释都是基于推理而启动形成,造成“司法解释泛化”现象,带来诸如弱化刑法条文含义、解释不当、效力高于成文刑法等许多弊端。[②] 通过司法解释实现社会利益一般调整的做法,超越司法解释本身的权限与能力,影响具体司法解释的制度生长趋向与内容选择,并导致司法解释的定位逾矩与功能紊乱。

(4) 回应型解释需实事求是、科学决策。2004年《知识产权刑事案件解释(一)》起草中,充分听取了美欧等国行业协会和部门的意见,但是否同样重视听取国内企业界尤其是知识产权行业的竞争性经营者、知识产品消费者等方面的意见?有何调查报告?如果以此类调研为前置,恐“从1 000到500”现象难以发生。可见,司法解释形成中的“回应”机制,尚有理性构建的较大空间,今后应强化更自主地进行解释,以确保优化司法解释的质量。

---

① 参见陈甦:《司法解释的建构理念分析——以商事司法解释为例》,载《法学研究》2012年第2期。

② 参见张明楷:《刑法学》(第四版),法律出版社2011年版,第36页。

三、效果特色：犯罪化解释

（一）犯罪化解释特点与体现

表3-12显示，130个规范中产生入罪效果的有123个规范，占比为94.6%。“犯罪化”（和“监禁化”）是我国知识产权刑事司法解释的效果特色。表3-20还揭示出“犯罪化”途径包括调整犯罪构成要件、降低或变相降低犯罪数额标准、改变犯罪形态认定和刑事诉讼程序规则等方面。鉴于犯罪数额、犯罪形态、诉讼程序等问题在后续章节有专门论述，这里以犯罪构成要素的实质解释为例，具体分析犯罪化解释特点。囿于知识产权犯罪属于法定犯这一本质，其犯罪构成包含了大量的规范性构成要件要素，相关内涵及外延解读，不能仅仅拘泥于刑法的字面规定，而必须与该犯罪所违反的前提法即知识产权法的规定保持协调。一些构成要件要素本来是有争议的，如商标犯罪“两同”标准、著作权犯罪“未经许可”等的认定，但随着案件判决的增多，逐渐达成司法共识而被司法解释纳入“成文”规范体系。

1. 商标犯罪行为要素：商标“两同”假冒到“足以误导”

商标犯罪“两同”标准的认定包括“同一种商品”和“与其注册商标相同的商标”两个方面。

（1）认定“同一种商品”，要求在权利人注册商标核定使用的商品和行为人实际生产销售的商品之间，从“名”与“实”两个维度展开比较。一是名称相同的商品可以认定为“同一种商品”，此处“名称”是指国家工商行政管理总局商标局在商标注册工作中对商品使用的名称，通常即《商标注册用商品和服务国际分类》中规定的商品名称。二是名称不同但指同一事物的商品，即在功能、用途、主要原料、消费对象、销售渠道等方面相同或者基本相同，相关公众一般认为是同一种事物的商品，也可以认定为“同一种商品”。

（2）认定“与其注册商标相同的商标”的标准有所扩张。根据“两高”《知识产权刑事案件解释》第8条规定，“相同的商标”是指“与被假冒的注册商标完全相同，或者与被假冒的注册商标在视觉上基本无差别、足以对公众产生误导的商标”。“误导”措辞在《商标法实施条例》第50条有出现，即“在同一种或者类似商品上，将与他人注册商标相同或者近似的标志作为商品名称或者商品装潢使用，误导公众的”。《知识产权刑事案件意见》则强调“在视觉上基本无差别，足以对公众产生误导”这一核心内涵，在外延上包括改变注册商标颜色、字体、字母大小写、文字横竖排列，或者文字、字母、数字等之间的间距等不影响体现注册商标显著特征的商标。2013年《中华人民共和国商标法》（以下简称《商标法》）第57条采“混淆”措辞，将“未经商标注册人的许可，在同一种商品上使用与其注册商标相同的商标的”和“未经商标注册人的许可，在同一种商品上使用与其注册商标近似的商标，或者在类似商品上使用与其注册商标相同或者近似的商标，容易导致混淆的”，分开列举为侵犯注册商标专用权的行为表现。

《知识产权刑事案件解释》第8条的创新意义在于，将商标犯罪中“相同”适当扩张到“基本相同”，判定“相同商标”具备必要的弹性，从而将实质上的部分“近似”假冒商标行为纳入了假冒注册商标罪调整范围。从实质论解释的角度出发，作出这种扩大解释是必要的，其理由可概括为①：一是“足以误导”的“近似”假冒行为严重损害消费者权益。由于专业知识或认知能力限制，一般消费者难于准确查明核定的注册商标和核定的对应商品，故“近似”假冒造成的混淆程度与公众辨认能力相关，其误导程度及其范围不亚于“两同”假冒。二是对商标权利人的损害巨大。对侵犯注册商标行为的刑法、商标法应对，不应仅重注册商标名下的商品价值而轻注册商标自身价值；“足以误导”的“近似”假冒行为，会对注册商标信誉乃至销售等产生负面影响。三是部分国家（地区）对假冒商标行为样态采取“相同”兼“类似”或“近似”的刑法调整模式。

---

① 参见王育平：《侵犯知识产权刑事案件中若干问题的思考》，载正义网 http://www.jcrb.com/zhuanti/fzzt/djzscq/zf/201104/t20110415_530221.html2011-04-15，2014年5月30日访问。

不过，实践中判断对是否“误导”或“混淆”，容易发生分歧。上海市闵行区人民法院审结的上海江沪实业有限公司、谢益元假冒注册商标案[1]是认定“相同商标”的典型案例。日本石原产业株式会社注册“TIPAQUE（泰白克）”商标，用于钛白粉；被告单位未经许可使用“TIPAQUE”、“TITANIUMDIOXIDE”、“R930”字样的包装，出售R930钛白粉，非法经营额计1 120 950元。该法院一审判决构成假冒注册商标罪并生效；该院再审认为：日本石原产业株式会社在我国注册的商标为“TIPAQUE、泰白克”中英文组合文字，而本案江沪公司使用的商标为“TIPAQUE”英文，并非完全等同于日本石原产业株式会社在我国注册的商标，也不具有“在视觉上基本无差异”的情形，不宜以假冒注册商标罪论处；遂宣告无罪。

2. 著作权犯罪行为要素：“复制发行”的刑法涵摄张力

著作权网络挑战难题是伴随着计算机信息网络和数字传播技术的发展和普及而产生的。信息网络传播权是2001年《中华人民共和国著作权法》（以下简称《著作权法》）所首创，2006年国务院《信息网络传播权保护条例》细化的新权能，相对于著作权刑事规范20年不变的“旧瓶”而言，可谓是“新酒”，“旧瓶”能否装“新酒”，即自动成为刑法所保护的内容，还是应当通过其他途径实现刑法对信息网络传播行为的涵摄？

我国最高司法机关能动地采取“涵摄”解释进路来应对，即把“复制发行”进行“网络化”扩张：一是2004年《知识产权刑事案件解释（一）》第11条第3款规定，通过信息网络向公众传播他人文字作品、音乐、电影、电视、录像作品、计算机软件及其他作品的行为，应当视为《刑法》第217条规定的“复制发行”；二是2005年《关于办理侵犯著作权刑事案件中涉及录音录像制品有关问题的批复》明确，未经录音录像制作者许可，通过信息网络传播其制作的录音录像制品的，应当视为刑法上的“复制发行”。由此，《刑法》第217条涉及“复制发行”的

---

① 参见上海市闵行区人民法院（2003）闵刑再初字第2号刑事判决书。

第1款、第3款都已被扩展适用于网络环境;学者称其为"中国版的信息网络传播权刑法保护制度"。[1] 有论者提出质疑,传统著作权法中"发行"的本质是有形载体的所有权和占有发生实质性转移;"信息网络传播"与"发行"是两种互不包容的独立行为,不可混淆界限。[2] 还有人认为,司法解释将信息网络传播纳入"发行"中,是权宜之计,违反有关法定犯基本原理、体系解释的要求,系存在越权的类推解释。[3]

本书认为,"复制发行"网络化扩张应属于扩大解释而非类推解释。(1) 它具有扩大解释的可能性。我国2007年加入了"因特网条约"即《世界知识产权组织版权公约》(WCT,简称《WIPO版权条约》)和《世界知识产权组织表演和录音制品条约》(WPPT,简称《WIPO表演和录音制品条约》),承担保护其规定的"向公众提供权"之条约义务。该种专有权在各国大致有"隐含式""重组式""新增式"三种立法模式:"隐含式"通过扩大"发行权""展示权""表演权"控制范围,将其纳入了版权法既有概念之中;"重组式"设立了涵盖信息网络传播权在内的大权利"向公众传播权";"新增式"增设了"信息网络传播权"权能,独立于传统的传播权。2001年《著作权法》第10条采取"新增式"模式;2004年《知识产权刑事案件解释(一)》第11条第3款借鉴"隐含式"模式的技术进路,将著作权法中"信息网络传播"解释进著作权刑法中的"复制发行"概念里。这种扩大解释,在我国著作权刑法长期滞后语境中具有合理性,信息网络传播与传统发行都具有使公众获得作品复制件的共性,国外"隐含式"模式也表明,二者存在固有的"亲缘"关系,故有可能从"复制发行"角度进行扩大解释(只是"视为"而非"等同于")。理论上说,"复制发行"这一刑法概念可以具有相对独

---

① 王俊平等:《论我国信息网络传播权的刑法保护》,载《中州学刊》2009年第1期。

② 参见王迁:《论著作权法中"发行"行为的界定——兼评"全球首宗BT刑事犯罪案"》,载《华东政法学院学报》2006年第3期。

③ 参见刘杨东、侯婉颖:《论信息网络传播权的刑事保护路径》,载《法学》2013年第7期。

立性,从而包容著作权法上"以用设权"①而新创制的信息网络传播权。(2)它具有扩大解释的必要性。对同一个"向公众提供权",著作权法的新增式模式和著作权刑法适用上的隐含式模式,存在逻辑分裂之不足。相对于解释进路而言,著作权刑法的修法进路才是最根本、最可取的。这种所谓刑法概念相对独立性,是以弥补刑法滞后而作为其具有必要性的前提条件的,其代价是导致民事、刑事概念不一和失却法体系的统一性。作出此种扩大解释的原因,实际上是司法机关为弥补刑法的滞后性和为更好地追究网络环境下侵犯著作权的犯罪行为,在刑法没有作出相应修改以前,不得已在实践中进行的一种变通处理方法。但今后宜修正《刑法》第 217 条将信息网络传播权囊括其中。

3. 主观要素:解释推定认定方法

我国司法解释形成了"明知是指知道或者应当知道"相对稳定的认定规则。该规则最初起源于窝赃、销赃罪"明知是赃物"的认定,1992 年"两高"《关于办理盗窃案件具体应用法律若干问题的解释》规定,认定窝赃、销赃罪的明知时,只要"证明被告人知道或应当知道是犯罪所得的赃物"即可,通过"技术性手段",解决长期困扰司法机关的"明知是赃物"的认定困难问题。司法解释中的"应当知道",是推定意义上的明知,大致有两种类型:一种类型是明确列举基础事实,由基础事实推定明知的存在;另一种类型是不规定前提事实,只是规定了"应当知道",使明知的推定认定成为可能与必要。

知识产权刑事司法解释对明知(willfulness)、目的等主观要素适度采取了推定认定机制。(1)2004 年《知识产权刑事案件解释(一)》关于《刑法》第 214 条即销售假冒注册商标的商品罪中的"明知"推定规则。其第 9 条第 2 款列举了下列基础事实:"(一)知道自己销售的商品上的注册商标被涂改、调换或者覆盖的;(二)因销售假冒注册商

---

① 参见熊琦:《著作权激励机制的法律构造》,中国人民大学出版社 2011 年版,第 129 页。

标的商品受到过行政处罚或者承担过民事责任、又销售同一种假冒注册商标的商品的；（三）伪造、涂改商标注册人授权文件或者知道该文件被伪造、涂改的；（四）其他知道或者应当知道是假冒注册商标的商品的情形。”（2）2011 年《知识产权刑事案件意见》第 10、11 条关于侵犯著作权犯罪“营利目的”和“未经许可”的推定规则（在 2004 年《知识产权刑事案件解释（一）》第 11 条第 1、2 款规定基础上完善而来）。其第 10 条列举“以营利为目的”的基础事实包括：“（一）以在他人作品中刊登收费广告、捆绑第三方作品等方式直接或者间接收取费用的；（二）通过信息网络传播他人作品，或者利用他人上传的侵权作品，在网站或者网页上提供刊登收费广告服务，直接或者间接收取费用的；（三）以会员制方式通过信息网络传播他人作品，收取会员注册费或者其他费用的；（四）其他利用他人作品牟利的情形。”其第 11 条涉及“未经著作权人许可”的认定，目的是证明“明知”系他人有著作权的作品而实施侵犯行为，证明方法有两种：一是直接证据证明，既可以是权利人的直接证据，即依据著作权人或者其授权的代理人、著作权集体管理组织、国家著作权行政管理部门指定的著作权认证机构出具的涉案作品版权认证文书来认定；又可以是行为人的直接证据，即依据出版者、复制发行者伪造、涂改授权许可文件或者超出授权许可范围的证据来认定。二是推定认定，即只要证明基础事实，就可推定出“未经许可”，因其证明严格程度更低，故允许反证。主要适用于涉案作品种类众多且权利人分散、直接证明证据又难以一一取得的案件。其基础证明事实是涉案复制品系非法出版、复制发行的，且出版者、复制发行者不能提供获得著作权人许可的相关证明材料，此时即可推定“未经著作权人许可”。反证理由包括权利人放弃权利、涉案作品的著作权不受我国著作权法保护，或者著作权保护期限已经届满等。

4. 侵犯知识产权罪共犯规范

我国司法解释通过以下两个规范确立了侵犯知识产权罪共犯制度：一个是 2004 年《知识产权刑事案件解释（一）》第 16 条，该条规定：

"明知他人实施侵犯知识产权犯罪，而为其提供贷款、资金、账号、发票、证明、许可证件，或者提供生产、经营场所或运输、储存、代理进出口等便利条件、帮助的，以侵犯知识产权犯罪的共犯论处。"另一个是2011年《知识产权刑事案件意见》第15条，该条规定："明知他人实施侵犯知识产权犯罪，而为其提供生产、制造侵权产品的主要原材料、辅助材料、半成品、包装材料、机械设备、标签标识、生产技术、配方等帮助，或者提供互联网接入、服务器托管、网络存储空间、通讯传输通道、代收费、费用结算等服务的，以侵犯知识产权犯罪的共犯论处。"但是，从比较角度看，我国共犯规范的许多行为在外国可能本身就是犯罪实行行为。如有的国家和地区已将销售型侵犯知识产权犯罪行为延伸到输入、购买、储存和持有阶段。① 又如"金砖国家"之一的南非在《反假冒货物法》（Counterfeit Goods Act）第2条中设立"假冒货物交易罪"，其行为包括为交易目的在商业活动过程中"持有、制造、使用、销售、展览、进口或出口"（possession, manufacture, use, sale, exhibition and importation）假冒货物。②

司法实践中，对于共犯规范的适用还存在不统一的现象。以上海某区检察院为例，在詹某假冒注册商标案中，3名受雇用负责包装、生产、运输等帮助行为的嫌疑人，虽未被批捕，仍被起诉判刑；在王某假冒注册商标案中，参与制假的被雇用工人在公安、检察阶段都未做任何处理；在李某销售假冒注册商标的商品案中，两名受雇负责开车、搬运的辅助人员，公安机关对之取保候审，但检察机关作出不起诉决定；在涂某销售假冒注册商标的商品案中，许某为赚取运费，明知是假冒

---

① 参见刘远山：《我国侵犯商标权犯罪定罪和量刑研究》，知识产权出版社2010年版，第198页。

② See Michael Blakeney et. al. (ed), *Border Control of Intellectual Property Rights*, Thomson Sweet & Maxwell, R. 15: June 2008. 南非《反假冒货物法》1997年颁行，2001年经过修正，该法案现行文本是2001年修正的文本。参见世界贸易组织官网 http://www.wipo.int/wipo/ex/en/text.jsp? file.id = 180959，2015年11月1日访问。

香烟仍提供车辆和运输,检察机关仍以情节显著轻微而未予批捕。[①]本书认为,从共犯规范到实际的共犯司法追责,尚离不开规范运用者的司法智慧;应在坚持罪刑法定原则的前提下,结合过错程度加以准确处理,避免对国内企业或人们生活造成不应有的过度伤害或新增过重负担。一般来说,处于辅助地位的涉案人员虽持一定的放任态度,但一般收取定期租金、运输费、加工费或固定工资,与非法获得数额无关,不宜一概作犯罪化处理。

(二)谨慎行权:犯罪化解释的合理轨道

1. 遵循罪刑法定原则慎用创设性解释

司法解释在知识产权犯罪圈的调控上到底能起多大作用?作为对《刑法》"本文"的解释,它不能脱离解释的合理轨道。刑法规范解释应当谨慎和谦抑,不得破坏其确定性和预见性,以符合国民的预测可能性为原则。在我国经济转型、信息技术迅猛发展背景下,知识产权刑事司法解释可以引入法律现实主义,适用利益权衡、重视经验归纳而不拘泥于简单的演绎推理,具有一定的合理性[②];但"刑法解释的创造性发挥到极致也不过就是:对刑法规范现在的客观的含义进行阐述"。[③] 理论上,刑法解释大体有主观解释论和客观解释论的分野。主观解释论可分为极端的主观解释论和温和的主观解释论;客观解释论则存在纯粹的客观解释论和有限的客观解释论。主流观点一般认为有限的客观解释论是较为妥当的。有学者指出,创设性刑法规范解释具有某种不正当性[④],对之必须保持应有的警惕。

(1)应遵守文义原则。知识产权刑法规范是知识产权刑事政策的载体,只有围绕知识产权刑事立法进行司法解释,使立法通过牵制司法解释牵制具体司法活动,才能制约司法权,保证知识产权刑法规

---

① 参见万海富、秦天宁:《上海检察机关办理侵犯知识产权犯罪案件调查》,载《中国刑事法杂志》2010年第6期。

② 参见胡铭:《法律现实主义与转型社会刑事司法》,载《法学研究》2011年第2期。

③ 陈兴良、周光权:《刑事司法解释的限度》,载《法学》1997年第3期。

④ 参见李翔:《论创设性刑法规范解释的不正当性》,载《法学》2012年第12期。

范的正当适用。因此，不得突破犯罪构成要素文义（脱逸于语义）行使解释权。

（2）应反对漏洞填补。与民法领域截然不同的是，刑法奉行罪刑法定原则，“漏洞在某种程度上必须被尊重”。但价值补充是允许的，其本身并非“创设性”解释。与之相关的是，最高司法机关应当有权对可罚性违法性程度进行整体性把握，这涉及“司法定量机制”（容第四章展开）。

2. 运用“实质解释论”在知识产权领域实现不当罚行为的出罪化

“实质解释论”从“实质的犯罪论”这一刑法理论借用而来。罪刑法定原则同时包含了形式合理性和实质合理性，禁止处罚不当罚的行为乃其实质性要求之一。刑法禁止的必定是值得科处刑罚的行为，如果由于语言特点导致刑法的文字表述可能包含了不值得科处刑罚的行为，应当对刑法作出实质的解释，使刑法所规定的行为仅限于值得科处刑罚的行为。[①] 当某种知识产权不法行为不具有罪刑规范所指向的特定社会危害性，而刑法条文的字面又能将该行为包含在其中时，规范的实质内容应当优先，对该种行为要从实质上进行理解，而不应从形式上理解从而对其定罪处刑。知识产权刑事司法解释在“出罪化”道路上也迈开了一些脚步，主要体现如下：

（1）2004 年《知识产权刑事案件解释》第 4 条吸收 2001 年《专利法实施细则》第 84 条的“内核”，限制解释“假冒他人专利”含义，终结了“专利侵权行为犯罪化”处理的司法实践。联合国贸易和发展大会（UNCTAD）曾指出[②]：由于刑事处罚有许多负面影响，这对公司尤其是中小公司构成重大威慑，而愿意绕过专利发明进行运作；与商标假冒和版权盗版不同，如果没有专家调查（包括认定是否符合等同性），专利侵权是不能确定的，这也正是那些被认为授予专利很高程度保护的

---

① 参见张明楷：《刑法分则的解释原理》（第二版），中国人民大学出版社 2011 年版，第 12 页。

② See UNCTAD-ICTSD, *Resource Book on TRIPS and UNCTAD Development*, Cambridge Publishing, 2005, p. 621.

国家(如美国),也没有针对专利侵权的刑罚制裁的缘故。我国台湾地区历经曲折于2003年“专利法”中彻底实现了专利侵权除罪化。此外,专利案件的诉讼复杂度、专利权的可质疑性等,远非其他知识产权所能比。在实务界已采取限制论背景下,国内学界以加强专利权刑法保护为由,提出增设“侵犯专利权罪”(非法实施他人专利罪)建议①,实不足取。

(2)取消知识产权领域“受过两次以上行政处罚”作为“情节严重”情形的做法。1998年《非法出版物案件解释》第3条规定了“因侵犯著作权曾经两次以上被追究行政责任或者民事责任,两年内又实施刑法第二百一十七条所列侵犯著作权行为之一的”定罪情节;2001年《经济犯罪追诉标准》(已失效)对多个知识产权罪名规定了“两次行政处罚”后又有侵犯的追诉情形,2004年“两高”发布《知识产权刑事案件解释》时即予以取消。而2011年刑法在盗窃罪修改中将“扒窃入刑”,致学界“以扒窃入罪为标杆,洞察刑法变迁新动向”②,认为一定程度上体现了行为人刑法的特点。于是学界有观点提出,知识产权刑事定量根据过于单一,应增加“两次行政处罚”根据,即受过两次以上行政处罚后又实施该行为,可作为成立侵犯知识产权罪所需的“情节严重”之一。③ 在知识产权民事、行政保护日益加强的背景下,这种主张已与刑法上的法益保护原则相去甚远,应予以否定。

(3)取消了对驰名商标的特殊刑法保护。假冒驰名商标行为,从2001年《经济犯罪追诉标准》(已失效)中的无论非法经营额多少都犯罪,已变化为2004年“两高”发布《知识产权刑事案件解释》时的与非驰名商标一视同仁。然而,仍有学者批判现行立法对驰名商标保护不

---

① 参见余高能:《对我国侵犯知识产权犯罪刑事立法系统性的考量》,载《知识产权》2013年第12期。

② 梁根林:《但书、罪量与扒窃入罪》,载《法学研究》2013年第2期。

③ 参见刘科:《〈与贸易有关的知识产权协定〉刑事措施义务研究》,中国人民公安大学出版社2011年版,第334页。

够充分，呼吁应完善其刑法保护立法。[①] 其实，该种观点是误解了驰名商标制度的功能。商标法上给予对驰名商标的特别法律待遇，都集中在“注册”节点上：一是他人就未注册驰名商标申请注册易致混淆的，不予注册并禁止使用；二是他人就注册驰名商标申请注册而误导公众的，不予注册并禁止使用（即所谓“跨类”保护）；三是对恶意注册商标的无效宣告中不受5年的时间限制。相反，驰名商标应当根据当事人的请求，作为处理涉及商标案件需要认定的事实，进行“个案”认定；生产、经营者不得将“驰名商标”字样用于商品、商品包装或者容器上，或者用于广告宣传、展览以及其他商业活动中。可见，驰名商标制度的功能回归，自然消解了其刑法特殊保护的正当性。

① 参见杨凯：《我国驰名商标刑法保护的立法探讨》，载《知识产权》2010年第3期。

第四章　知识产权刑事司法定量机制

知识产权刑事司法定量机制涉及立法机关与司法机关的刑事保护权限划分，体现为“立法定性兼定量”和“司法具体定量”的衔接关系。“司法具体定量”特色可从量的设定与量的测定两个维度展开研究：量的设定主要解决如何确定定量的根据与数值的设定，涉及司法解释的形成进路与调整技术问题；量的测定是关于犯罪数额或数量的计算方法，涉及在案件中的实际司法操作问题。

第一节　刑事司法定量机制基础及演变

一、立法与司法：犯罪抽象定量与具体定量

（一）“违法—犯罪二元主义”：三权关系

从更广阔的法律图景看，我国法律体系确立的是“违法—犯罪二元主义”模式和标准，这是一项基本的“法律国情”。侵犯行为采“二分法”：一类是“一般违法”行为，由非刑事法律、行政法规规定行政处罚；另一类是“严重违法”即“犯罪”行为，由刑法规定刑罚。相反，多数外国不划分违法与犯罪，实行“犯罪一元主义”，“犯罪”被进一步划分为重罪、轻罪（及违警罪）。从法律效果比较看，外国的轻罪（及违警罪）大体上相当于我国的行政违法行为；我国的“犯罪”大体上相当于外国刑法中的“重罪”，具有强烈的否定评价色彩，对罪犯也不可避免

地具有标签效应。除了名称上分别称为“轻罪”（国外）或“行政违法”（我国）的差异外，更主要的是法律性质及处理程序上的不同。如果用一个等式粗略勾勒中、外在民、行、刑三类案件上的相当关系，可表示为：（中国）侵权 + 违法 + 犯罪 =（美国等外国）侵权 + 犯罪；即美国等外国的犯罪概念是“大犯罪”概念，相当于中国的“违法—犯罪”在内。如果将知识产权刑法保护放到一元主义的框架下考察，必然会错误地得出国外知识产权的刑法保护范围比我国大的谬误结论。

“二元主义”模式直接导致立法、行政和司法三项国家权力在犯罪问题上的两大运行关系问题：

1. 立法如何界分违法与犯罪？

二者都是侵犯法益的行为，具有同质性，区别在于侵犯法益的程度不同（是否达到应受刑罚性程度），即定量上的差异。由此，“二元主义”模式决定了中国的犯罪概念必须采取“立法定性 + 定量”进路，即刑法中“犯罪”概念是包含定量因素的，基本上所有的罪名规定都是将“定量”要求嵌入在具体罪刑规范的犯罪成立要件之中的。与之相反，外国对各个“犯罪”是否在刑法规范中规定“定量因素”，则采取迥异的立法进路：外国（包括主要英、美法系国家和大陆法系国家）多是采单一的“立法只定性、不定量”进路，符合罪刑规范定性要求的行为都是犯罪，由刑事司法者在司法程序中再逐案考虑具体的定量因素而决定犯罪成立与否及轻重。如英、美、德、法、日等国都是这样。大陆法系刑法中的“可罚的违法性”理论，正是司法者拥有定量权的体现。中国刑法区别于域外刑法的特质之一是，违法性程度的成文化，它不仅是可罚违法性程度的价值判断，而且也是事实该当性的符合性判断。犯罪概念的“立法定性 + 定量”进路具体又可分为“立法定性 + 抽象定量”和“立法定性 + 具体定量”两种。如后文所析，中国主要采取的是“立法定性 + 抽象定量”进路，决定了犯罪的“司法具体定量”这一中国特色。由此，如果说国外盛行的是“立法定性 + 司法定量”模式，我国的模式则可描述为“立法既定性又定量 + 司法具体定量”。

2. 法的实施过程中如何界分违法与犯罪？

行政执法机关和刑事司法机关分别承担着处理违法与犯罪的职责，并享有相关的职权。在相应的犯罪定量被具体化之后，行政执法机关在查处“违法”过程中如发现涉嫌“犯罪”的，应当依法移送刑事司法机关处理，这就决定了“行刑衔接”成为又一项中国特色了（详见第五章）。

可见，犯罪概念要不要定量，涉及中国的立法体制和技术问题，“法律国情”成为我国“量”的设定具有正当性的根本依据。立法上采取“定性＋定量”的犯罪概念，其价值在于以适应中国国情的方式适当划定犯罪圈，即通过“定量”门槛控制，适度调节犯罪圈“阀门”，故是利大于弊的明智选择。其一，从理论上看，它更符合刑法补充性、谦抑性、最后手段性和刑法经济原则的要求，符合刑法不完整性的客观现实和理性认识。刑事保护在法律体系中的重要地位，不能否定其他法律自身的制裁性，现代私法日渐发达，刑法作用仅限于维持社会必要的生存条件。[①] 其二，从实践上看，它在一定程度上可减少犯罪数、降低犯罪率，使相当比例的公民免留犯罪污名劣迹，使刑事司法力量集中打击事关国家稳固、社会发展、公民生命与财产安全的犯罪活动。[②] 当然，立法模式的形成原因比较复杂，既有法律传统的不同，也有法学理论体系的区别；既有立法制度的相异，也有社会制度的分歧；既是多种价值观使然，也是社会文明发展不同选择的结果。[③]

（二）司法定量：实现知识产权立法抽象定量“具体化”的工具

1. 侵犯知识产权罪立法抽象定量及评价

按立法上对“定量”要求的明确程度为标准，可分为“立法抽象定

---

① 参见黄太云：《网络与知识产权犯罪的立法问题》，载《中国刑事法杂志》2007年第3期。

② 参见储槐植：《我国刑法中犯罪概念的定量因素》，载《法学研究》1988年第2期。

③ 参见青锋：《关于网络与知识产权刑事法律保护的几个基本理念》，载《中国刑事法杂志》2007年第3期。

量”与“立法具体定量”两种进路，数额成为犯罪成立要件要素。[①] 由立法者在分则罪刑规范中直接规定具体数额标准的具体数额犯，在《刑法》分则350个条文（截止到《中华人民共和国刑法修正案（九）》）中仅有4个，包括第140条、第203条、第348条和第351条；除此以外的抽象数额犯数量众多，但立法者都仅规定“数额较大”“数额巨大”或“数额特别巨大”等幅度性标准，其具体数额则由司法机关通过司法解释予以明确。我国立法关于侵犯知识产权罪构成要件规定中的定量要求具有抽象性。刑法规定了商标、专利、著作权和商业秘密四类共7种知识产权犯罪，其情节规定总体上包括5种类型：“情节严重”“销售金额数额较大”“违法所得数额较大或者有其他严重情节”“违法所得数额巨大”和“给权利人造成重大损失”。可以说，它是刑事立法传统和模式在知识产权领域的展示，顾及知识产权民事、行政、刑事三类责任的递进性和层次性。

知识产权犯罪抽象定量在构成要件表述上采取不确定的抽象概念方式，属于规范性构成要素而非记述性构成要素，用来区分侵犯知识产权罪与知识产权民事违法或行政违法（由知识产权部门法规定）。刑法采取这种抽象定量的规范性构成要件要素的正当性，可用“构成要件总体应罚论”来说明。该观点认为，刑法规定总是在犯罪各个诸要件的总体上，使行为的违法性与有责性达到值得科处刑罚的程度。如果在一般情况下还没有达到这种程度，刑法就强调某种或某些要素，使总体上达到这一程度；如果难以通过强调犯罪构成的某一方面的具体内容使之达到这种程度，或不能预见所有情节严重的情况而无法作出具体规定，或虽能预见但需做冗长的表述使刑法丧失简短价值，刑法就会作出一个“情节严重”的概括性规定。这种要件虽然显得缺乏具体标准，但有利于顾及个别（案）正义，有利于在认定犯罪时进行刑事政策的考量，而不至于定罪的僵化，还能有效限制刑法的处罚

① 参见涂龙科：《犯罪论中数额的地位》，载《法律科学》2012年第4期。

范围。[①] 不过,罪刑法定之明确性原则要求,罪刑规范具备基本的规范质量和国民预测可能性。国外有学者曾针对我国侵犯著作权犯罪的刑法规范中“数额巨大”和“情节特别严重”等表述指出,这些含糊不清的用词,使援引法律存在不稳定性,而对于有关罪犯将处以 3 年以上有期徒刑这样严厉的刑罚来说,这种不稳定性的后果无疑将是非常严重的。[②] 我国打击假冒侵权的执法实践也已表明,“量”的难以把握导致案件办理中常常出现“刑民”纠结、“行刑”纠结的局面。症结的根源在于,我国确立的是以“量”界分知识产权“民—行—刑”领域的整体法律保护框架。

2. “司法具体定量”实现“立法抽象定量”的操作化

在危害行为进入犯罪圈(即不法行为的犯罪化)过程中,立法和司法呈现为两个阶段。外国刑法多是前后相继的“立法定性描述”和“司法定量裁决”的“二阶段”犯罪化模式;刑事法网相对比较严密、刑事责任相对更为严格,同时司法者有权根据实质违法性、可罚的违法性或社会相当性标准等自由裁量是否追究刑事责任。我国刑法则具有自身特色:一方面,立法过程中,采取“立法定性 + 定量”的“一阶段”模式[③];同时立法只做宣誓性层面的抽象定量,好处是具有的涵摄能力更大、语词射程更远,越有利于在法益保护和人权保障之间保持可移动的空间。实践证明,立法抽象定量模式确实有利于根据实际情况、根据同样数额的危害行为在不同时期、不同地方对社会的不同危害程度而适时调整,从而保证罪刑规范的社会适应性和维护刑法典的稳定性。另一方面,犯罪具体定量通常是留给司法解释去规定,并由司法者在个案中完成具体认定任务。司法解释定量区别于司法者定量,前者仍是规范性的作业,由具有司法解释权的最高人民法院、最高人民

① 参见张明楷:《刑法学》(第三版),法律出版社 2009 年版,第 109 页。

② See Robert Burrell, A Case Study in Cultural Imperialism: The Imposition of Copyright on China by the West Perspectives on Intellectual Property and Ethics, Sweet & Maxwdll, 1998.

③ 参见梁根林:《合理地组织对犯罪的反应》,北京大学出版社 2008 年版,第 134—135 页。

检察院进行；后者是个案中的法官、检察官所进行的事实性操作过程；就关系而言，前者是后者的基础。司法解释定量依司法阶段不同而存在分化差异。危害行为进入犯罪圈有三个司法阶段——立案侦查、起诉、审判，由此使立案标准、追诉标准、定罪标准等有了制定的必要。“司法具体定量”在某种意义上使犯罪概念中的定量因素更多地从立法向司法转移，呈某种实质上“立法定性、司法定量”的景观，但不同的是，“立法抽象定量”有缩小犯罪圈而提高刑罚有效性之功用；“司法具体定量”又可避免单纯司法者定量的恣意而提高刑罚适用统一性。

二、文本考察：刑事门槛实证分析

（一）文本变迁

以文本为基础，可对侵犯知识产权罪各自定罪根据与数额标准的修改演进情况系统考察，具体见表4-1至表4-7。为简化表述，本节各表将司法解释文件名进一步简称如下：《出版解释》指《非法出版物案件解释》，《经济追诉》指公安部、最高人民检察院《经济犯罪追诉标准》，《解释一》指“两高”《知识产权刑事案件解释（一）》，《解释二》指“两高”《知识产权刑事案件解释（二）》，《追诉一》指《公安刑事追诉标准（一）》，《追诉二》指《公安刑事追诉标准（二）》，《意见》指《知识产权刑事案件意见》。

表4-1　假冒注册商标罪定量演变

	非法经营额	违法所得	其他根据	其他补充
经济追诉	个人10万元，单位50万元	/	假冒驰名商标或人用药品商标；受过行政处罚两次以上又假冒的；造成恶劣影响的	/
解释一	5万元（两种商标3万元）	3万元（两种商标2万元）	其他情节严重的情形	特别严重至5倍
解释二	同上	同上	同上	同上

（续表）

	非法经营额	违法所得	其他根据	其他补充
意见	产品制作完成尚未附着假冒注册商标标识的，其价值可计入非法经营额	/	/	/

表 4-2　销售假冒注册商标的商品罪定量演变

	销售金额数额较大	销售金额数额巨大	其他根据	其他补充
经济追诉	个人 10 万元，单位 50 万元	/	/	/
解释一	5 万元	25 万元	/	升格至5倍
解释二	同上	同上	/	同上
意见	/	/	未遂犯货值金额标准：15 万元或（已销售金额不满 5 万元的）合计 15 万元	/

表 4-3　非法制造、销售非法制造的假冒注册商标标识罪定量演变

	标识数量	非法经营额	违法所得	其他根据	其他补充
经济追诉	2 万件（套）	20 万元	2 万元	驰名商标标识的；两次行政处罚又犯的；利用贿赂等非法手段推销的	/
解释一	2 万件（套）（两种 1 万件（套）	5 万元（两种 3 万元）	3 万元（两种 2 万元）	其他情节严重的情形	特别严重至 5 倍
追诉二	同上	同上	同上	同上	同上
意见	/	/	/	未遂犯标识数量标准：6 万件或（部分销售的）合计 6 万件（两种在 3 万件）	/

表 4-4　假冒专利罪定量演变

	非法经营额	违法所得	损失根据	其他补充
经济追诉	/	10 万元	直接经济损失 50 万元	/
解释一	20 万元/两项 10 万元	10 万元/两项 5 万元	直接经济损失 50 万元	/
追诉二	同上	同上	其他情节严重的情形	特别严重至 5 倍

表 4-5　侵犯著作权罪定量演变

	违法所得	非法经营额	复制品数量	其他根据	其他补充
出版解释	个人 5 万元/单位 20 万元	个人 20 万元/单位 100 万元	/	两次行政或民事责任，两年内又犯罪的；其他严重后果	升格：违法所得 20 万/100 万；非法经营额 5 倍
解释一	3 万元	5 万元	1000 张(份)	其他严重情节情形	特别严重至 5 倍
解释二	/	/	500 张(份)	/	特别严重至 5 倍
意见	/	(网络传播)5 万元	(网络传播)500 件(部)	(网络传播)点击数 5 万次；注册会员 1 000 人；达到两项以上标准一半；其他严重情节	/

表 4-6　销售侵权复制品罪定量演变

	违法所得数额巨大	货值金额
出版解释	个人 10 万元，单位 50 万元	/
解释一	10 万元	/
追诉一	10 万元	尚未销售的货值金额 30 万元

表 4-7　侵犯商业秘密罪定量演变

	损失数额	其他根据	其他补充
经济追诉	权利人直接经济损失 50 万元	致使权利人破产或造成其他严重后果	单位 5 倍
解释一	权利人损失数额 50 万元	/	“特别严重后果”5 倍

（续表）

	损失数额	其他根据	其他补充
追诉二	权利人损失数额 50 万元	违法所得数额在 50 万元；致使权利人破产；其他给权利人造成重大损失情形	/

1．知识产权刑事门槛在形式和内容上有其特点

（1）从制定主体看，分类制定门槛。从刑事诉讼阶段看，主要有立案（追诉）标准、定罪（量刑）标准。前者主要是最高人民检察院、公安部联合制定，如《经济犯罪追诉标准》（已失效）第 78 条规定“追诉”，是指“公安机关立案侦查、检察机关审查批捕、审查起诉的活动”。后者主要是“两高”联合或最高人民法院单独制定。由于公、检机关对刑事案件的处理并不具有终局裁决的权力，故追诉标准不具有确定危害行为构成犯罪的最终效力，只对公、检机关处理案件时有法律约束力；人民法院“可以参照适用其全部或部分规定，也可以完全不遵守”追诉标准规定，而另外确立罪与非罪的界限。[①] 事实上，追诉标准与定罪量刑标准侧重有异，但相互影响而内在统一。

（2）从内容演变看，各罪有异，由分到合，动态调整。作为入罪门槛的数额标准因罪而异，宽严有别，从严打击的是假冒商标和盗版行为，突出体现了“区别对待”这一宽严相济刑事政策精神。著作权犯罪门槛标准原来是与其他知识产权犯罪分离规定的，合并规定于同一司法解释中始于 2004 年《知识产权刑事案件解释（一）》。知识产权刑事门槛标准调整较频繁、幅度较大，与各国知识产权刑事门槛下降趋势大体相适应。

2．各罪降低入罪门槛，具体途径有多样性

（1）增加定量根据。如侵犯著作权罪增加了数量根据；司法解释

① 参见黄晓亮：《破坏金融管理秩序罪追诉标准问题研究》，载《政治与法律》2010 年第 3 期。

对《刑法》第219条增加了"违法所得"根据，但《刑法》法条中并无此要素；侵犯专利罪增加"其他情节严重的情形"的兜底根据。

（2）降低数额标准。包括降低绝对值、降低单位定罪数额、降低侵犯两项以上知识产权行为的数额、降低法定刑升格数额等多方面。

（3）扩大未遂犯定量适用。典型的是销售侵权复制品罪，因刑法条文规定了"违法所得巨大"要件最不太可能被降低门槛，但《公安刑事追诉标准（一）》设置了"货值金额"根据惩治未遂犯，使该罪和销售假冒注册商标的商品罪及非法制造、销售非法制造的假冒注册商标标识罪都发生类似的定量演变。

（4）从严改变计算数额的规则。《知识产权刑事案件意见》规定，假冒注册商标罪中制作完成尚未附着假冒注册商标标识的产品的价值可计入非法经营额；网络传播侵权作品或制品的侵犯著作权罪，未达到定罪数额或数量标准，但分别达到其中两项以上标准的一半以上的，视为"其他严重情节"。

（二）司法解释定量规范

在前述章节所分析的130个规范中，定量性司法解释规范占比34.6%，共有11个知识产权刑事司法解释文件对刑事门槛进行过规定或调整，总计共45个"犯罪数额"规范或称"刑事门槛"规范。按制定时期、所属各罪领域及其原创性程度为标准进行统计分析，结果分别，见表4-8至表4-10。

表4-8　知识产权刑事司法解释定量规范的制定时期

时期	1979年《刑法》时期	1997年《刑法》颁布—"入世"前	"入世"后—国家知识产权战略颁布前	国家知识产权战略时期
规范数量	8	12	12	13

表 4-9　知识产权刑事司法解释定量规范的各罪分布

各罪		频数	百分比(%)
有效	假冒注册商标罪	8	17.8
	销售假冒注册商标的商品罪	4	8.9
	非法制造、销售非法制造的假冒注册商标标识罪	4	8.9
	假冒专利罪	3	6.7
	侵犯著作权罪	8	17.8
	销售侵权复制品罪	4	8.9
	侵犯商业秘密罪	3	6.7
	综合性侵犯知识产权罪	6	13.3
	其他	5	11.1
	合计	45	100.0

表 4-10　知识产权刑事司法解释定量规范原创性与各罪领域的关系

			原创与既有问题			合计
			原创问题	既有完善	既有重述	
涉及知识产权领域	假冒注册商标罪	计数	2	6	0	8
		行百分比(%)	25.0	75.0	0.0	100.0
	销售假冒注册商标的商品罪	计数	2	2	0	4
		行百分比(%)	50.0	50.0	0.0	100.0
	非法制造、销售非法制造的假冒注册商标标识罪	计数	1	3	0	4
		行百分比(%)	25.0	75.0	0.0	100.0
	假冒专利罪	计数	1	2	0	3
		行百分比(%)	33.3	66.7	0.0	100.0
	侵犯著作权罪	计数	6	2	0	8
		行百分比(%)	75.0	25.0	0.0	100.0
	销售侵权复制品罪	计数	3	1	0	4
		行百分比(%)	75.0	25.0	0.0	100.0
	侵犯商业秘密罪	计数	2	1	0	3
		行百分比(%)	66.7	33.3	0.0	100.0
	综合性侵犯知识产权罪	计数	5	0	1	6
		行百分比(%)	83.3	0.0	16.7	100.0
	其他	计数	4	1	0	5
		行百分比(%)	80.0	20.0	0.0	100.0
	合计	计数	26	18	1	45
		行百分比(%)	57.8	40.0	2.2	100.0

由表可知：

（1）我国在四个时期中都频频地制定知识产权刑事司法定量规范，这与“立法抽象定量”一劳“久”逸的休眠状态形成鲜明对照，且“司法具体定量”更具有灵活性和与时俱进的品格。

（2）各罪的司法定量具有不可或缺性，但仍有详略之别，假冒注册商标罪和侵犯著作权罪是定量规范的两个“重点户”，是假冒专利罪及侵犯商业秘密罪定量规范数的几乎3倍。原因可能是，我国为与TRIPS协定第61条导向保持一致，将商标假冒和著作权盗版作为刑事司法重点，相应地其定量规范的需求与供应就更为活跃。

（3）定量规范原创性程度最高的是综合性侵犯知识产权罪领域（达83.3%），可能是以往偏重各罪定量规范制定而忽视了侵犯知识产权罪共性定量规范的制定，故动辄系原创。各罪领域则以著作权罪领域最具有原创性，侵犯著作权罪和销售侵权复制品罪定量规范原创性比例都分别达75%。而假冒注册商标罪和非法制造、销售非法制造的假冒注册商标标识罪定量规范的原创性比例最低（25%）。这与我国传播技术革命直接相关，数字网络技术下与著作权有关的刑事定量既有较大需求，又创新性程度高。相反，商标领域可以说是属于传统的知识产权领域，司法定量的创新工作更多的只是对既有规范的完善。

三、国际洗礼：刑事司法定量“WTO之争”

2007年提起、2009年裁决的“中美WTO知识产权争端”案（下称“争端案”）中，美国及其他第三方成员对我国提出了质疑，针对的便是我国侵犯知识产权罪中“较高”的刑事门槛（criminal threshold）这一定量要求。这启示了国内学界：如何看待中美在知识产权刑事门槛设定上的差异，如何进一步对我国侵犯知识产权罪刑法规范中的犯罪定量因素展开探索。

（一）“争端案”中“商业规模”含义的澄清

“争端案”是中外就中国犯罪定量模式的沟通过程，是西方对中国犯罪定量模式、二元主义的疑问解决过程。成员根据 TRIPS 协定第 61 条第 1 句承担刑事保护义务的案件,应满足“商业规模”(on a commercial scale)这一具有刑事门槛意义的限定条件,故核心在于厘清“商业规模”这一概念分歧,其含义界定,事关我国知识产权刑事门槛机制(threshold)的维系与发展。“争端案”启动伊始,美国贸易代表就称,“根据现行中国法律,最低门槛,即可能予以刑事起诉的最低数量盗版为 500 份侵权物。……当警察在中国查抄一家涉嫌销售侵权物的商铺时,盗版者总是千方百计地使被查抄的数量恰好低于该门槛。换言之,该门槛为盗版者创造了一个避风港,盗版者可以毫不费力地在那里获得庇护”。[①] 美国认为,TRIPS 条约第 61 条中“commercial scale”的用意是在市场上划一条应当予以刑事处罚的“红线”,应当追究刑事责任的行为不仅仅应当以数量(quantitative)来区分,并且要对有质量(qualitative)的侵权行为进行刑事处罚。而 2009 年 1 月 WTO 正式公布的《“中国——影响知识产权保护与实施的措施”专家组报告》(WT/DS362/R),以先例形式“造法”,确认了“商业规模”的刑事门槛地位。

专家组关于“commercial scale”的分析体现在报告第 7.532—第 7.579 段,其中第 7.577 段是结论性裁定。[②] 专家组认为,“具有商业规模的”假冒或盗版指的是,“达到与特定市场的特定产品有关的典型或通常商业活动的大小或程度的假冒或盗版”,这是评价成员是否履行协定第 61 条项下刑事义务的标准(benchmark)。是否具有“商业规模”取决于“典型或通常”商业活动的大小或程度是多少(还要与特定的市场和产品相联系)。根据具体情况,这种“典型或通常”商业活动可大可小,从长远看,则与营利性(profitability)相关。但根本不可能存在一个适用与所有市场、所有产品的“一刀切”的“商业规模”标准。

① Remarks by U. S. Trade Representative Susan C. Schwab Announce of Request for Consultation with China on IPR and on Certain Market Access Issues of Copyright Intensive Industries, April 9, 2007.

② See WT/DS362/R, paras. 7.532-7.579.

“商业规模”标准本身是相对的，是依产品和市场而变化的。中国刑事门槛是否与协定有符合性必须参照中国市场来评价。

专家组报告就门槛水平对我国刑事措施与协定符合性的分析体现在报告的第7.600—第7.632段。[①] 专家组把问题归结为两点：一是数量问题，即中国刑事追诉门槛是否太低，以致未覆盖有商业规模的蓄意假冒商标和盗版；二是中国（单纯依靠数量和营业数额、利润等做法）是否遗漏了其他应当处罚的商业规模的蓄意假冒和盗版？这两个问题实际上与本章后文关于定量根据、数值设定直接相关联。对此，报告分析指出：成员各自法律制度和实践的差异在执法领域更为重要，只是不应减损对协定实施规定的义务。只要成员“事实上”对具有商业规模的蓄意商标假冒和版权盗版案件提供了刑事程序和救济，就履行了其义务。如果指控其实施方法未能在此类案件中提供刑事程序和救济，则该指控必须有证据予以证明。专家组认为，美国在指控中主要是依赖中国设立刑事门槛措施的文本本身，从表面看确实可能将某些商业活动排除在刑事措施之外，但仅仅基于从措施表面，并不能区分在中国市场上哪些行为是商业规模的和哪些却不是。500张（份）等数量及美国所称的门槛以下的499张（份）等数字或因素本身并未表明，对中国某个产品或某个市场来说构成“商业规模”，唯一的事实是其数量相当于或略少于涉案措施本身。关于非法经营额门槛是否能囊括所有在中国的商业规模假冒盗版案件，美方或中方所提供的统计数字等都不足以（sufficient）使专家组形成结论。刑事门槛的数量标准，与某一产品在某一成员的特定市场上是否构成“商业规模”没有必然联系。因此，美国的举证不符合“美国—赌博案”所确立的“初步证据规则”[②]，因未完成其举证责任，不能证实中国“刑事门槛”规定不符合TRIPS协定第61条第1句下的义务。

---

① See WT/DS362/R, paras. 7.600-7.632.

② See WTO Appellate Body Report in US-Gambling, para. 140.

从报告所引用的10个第三方关于“商业规模”的陈述①看，成员对“商业规模”理解也存在重大分歧，“争端案”专家组报告对消除分歧意义重大。专家组其实也对中国门槛下的案件有质疑的表示，如认为从行文看，的确不对某些商业活动适用刑事程序和处罚。虽在条文分析上可能有疑义之处，但是很难搜集足够的证据对该事实主张予以证明(美国提供的支持其主张的证据，主要是一些媒体报道、文章和“中国著作权联盟”报告等)，故不能认定。

(二)“商业规模”立法的国内调适

“争端案”第一次从国际规则的解释层面，明确回答了知识产权刑事保护的标准和范围等一系列具体问题，为成员依据国内法履行协定第61条义务留下了一定的空间，契合当今众多成员对第61条义务履行的不同实践，积极捍卫了协定关于知识产权刑事保护的规则。中国现行的知识产权刑事门槛制度得以维系，中国特色的双轨保护模式经受了一场WTO争端考验，在应对国际压力方面赢得了“主动牌”。其实，最初第61条被纳入协定之中，也正是协定本身有关条款如序言、第1.1条、第41.5条等内容相互制约、平衡的结果，裁决对平衡原则的再次重申和捍卫，也为广大发展中国家根据国情谋划国内知识产权刑事保护制度提供了法律基础，为国际规则谈判制定起到缓冲润滑作用。②

1.“商业规模”的国内刑事立法模式

“商业规模”的模糊性，影响着罪行范围的确定，不符合刑法“罪刑法定主义”原则，故落实于刑法条文时，宜作更细致之安排。③ 该“商业规模”的一定数量界定，应考虑能否满足各成员“有效实施”TRIPS协定各义务的要求，同时又可以被看做是各成员“自行决定”的实施之

---

① See WT/DS362/R, paras. 7.484-7.493.

② 参见陈福利:《中美知识产权WTO争端研究》，知识产权出版社2010年版，第302页。

③ 参见章忠信:《著作权侵害行为之刑事政策检讨》，载《万国法律》2002年10月。

适当方法。各国（地）知识产权刑法中的“商业规模”的主要模式有六种[①]：一是对“商业规模”不作规定（如法国）；二是规定“告诉才处理”，包括完全告诉才处理和特定情况下可以不告诉才处理（如中国台湾地区）；三是规定特定的数额条件或者发生条件（如美国、英国和中国香港特别行政区）；四是在执行刑法的有关政策中规定，“商业规模”仅适用于“生产商、批发商或进口商的商业性侵权”，对零售商的执法则处于较低的优先地位（如加拿大）；五是笼统规定“重大损失”“数额较大”或者重大侵权案件，而没有给这些概念提供具体内容（如韩国）；六是明确指出，商业规模是指“重复性地实施行为，具有以此作为一定时间内和达到一定程度的收入来源的意图”（如德国）。

从立法看，我国属于上述的第五种模式。但由于“立法定性兼定量，司法具体定量”是我国刑法的一大特色，在知识产权犯罪上，司法解释一直都提供了定罪量刑的标准，专家组的审理就把司法解释确立的门槛作为我国刑事程序义务的一部分，故从这种意义上，我国实质上应属于第三种模式。类似的，《俄罗斯联邦刑法典》第 146 条规定“侵犯著作权和邻接权”罪，条文中包含“数额巨大”和“数额特别巨大”的构成要件，并在立法中通过附注形式对明确“数额”标准分别为“超过 5 万卢布”和“超过 25 万卢布”[②]；《美国联邦版权法》第 506 节（a）（l）（B）中采用了数额标准，即“在任何 180 天的期间”“零售价值总额超过 1 000 美元”的构成犯罪，都属于第三种模式。当然，如果认为非得像美国那样，在“刑法”中对商业规模进行确定性规定，才符合 TRIPS 协定的有效遏止模式的话，则显非妥当。即使在“争端案”中，美国等国家也不是因为我国的定量数额不确定而发难的，而只是认为确定的数额门槛过高。

---

① 参见王世洲主编：《关于著作权刑法的世界报告》，中国人民公安大学出版社 2008 年版，第 30—31 页。

② 参见黄道秀：《俄罗斯联邦刑法典》，北京大学出版社 2008 年版，第 70 页。

2. 成员国内“商业规模”案件的“刑事程序”差异

有学者认为,“争端案”不仅仅是由两国经济利益和国家战略要求而引发的,法律制度差异和相似概念的实质性不同才是最直接原因。这也是协定之所以允许各成员自行规定或解释“商业规模”的深层次原因,即认识到各国刑事犯罪理念及运用刑法保护知识产权的理论均存在巨大差异。[①] 其实,TRIPS 协定第三章“知识产权执法”中“criminal procedure”这一术语,在协定的不同成员中具有不同所指,是导致产生争议的极为重要的根源。如前所述,我国采用的是“行政处罚 + 刑罚”二元制裁体系和立法,对个罪“定性 + 定量”的“行为类型 + 行为程度”规范模式,英美和欧陆国家则大都采用刑罚一元制裁体系和立法,对个罪仅定性的行为类型模式。如果把中国知识产权行政保护的相关规定与美国刑事追诉知识产权犯罪的相关规定进行比较,不难发现,中国行政处罚的力度与美国对轻罪的刑事处罚基本相当,二者都不存在处罚的量化标准,处罚手段都偏重适用财产惩罚的措施。相对于美国刑事处罚中轻罪的规定,中国知识产权行政程序的优点是执法快捷简便,缺点是无法适用自由刑的处罚手段。故可以粗略地说,英美等国采用的是“大刑事程序”,大致相当于我国的“行政程序 + 刑事程序”。这种差异启示我们:对于从外国所引入的刑事司法理论和制度,在国内运用时,切不可忽视这些理论“原产地国”异于中国的“法律国情”。对此,学者提出,移植这些理论时需给予其“大犯罪”环境,先适用这些理论甄别、确定行为类型,再根据罪量标准进行公权力分工,决定行政罚抑或刑罚处罚。[②] 可见,中美知识产权执法程序的差异,是两国刑事定罪标准不同的根本原因,这种立法技术多样性应受到尊重。从前瞻角度看,我国知识产权刑事司法定量机制应予维持,但具体定量操作尚可完善。

---

① 参见贺小勇:《WTO 框架下知识产权争端法律问题研究:以中美知识产权争端为视角》,法律出版社 2011 年版,第 151 页。

② 参见王强:《罪量因素:构成要素抑或处罚条件?》,载《法学家》2012 年第 5 期。

第二节 知识产权刑事司法“量”的设定

一、定量根据择取

（一）司法解释中定量根据的形成

侵犯知识产权罪共有七种个罪、五类情节，通过系列关于或涉及知识产权刑事案件的司法解释，被逐渐归纳为若干可操作性强的定量根据形态（也即情节的根据），从而实现了立法抽象定量的“具体化”，完成立法与司法在定量领域的有效沟通。司法解释确立的定量根据包括两类：一是数额根据。迄今为止，共有非法经营额、销售金额、违法所得额、货值金额、权利人损失额5种。二是数量根据。迄今已有商标标识数量、侵权复制品数量、网络作品点击数量、注册会员数量4种。这些数额或数量根据的规定，确立了我国知识产权刑事门槛标准体系。现总结如表4-11。

表4-11 侵犯知识产权罪规范的定罪情节与定量根据

《刑法》条文	定罪情节	非法经营额	销售金额	货值金额	违法所得	损失额	数量
213	情节严重	√	/	/	√	/	/
214	销售金额数额较大	/	√	√	/	/	/
215	情节严重	√	/	√	√	/	√（商标标识）
216	情节严重	√	/	/	√	√	/
217	违法所得数额较大或有其他严重情节	√	/	/	√	/	√（侵权复制品/网络作品点击/注册会员）
218	违法所得数额巨大	/	/	√	√	/	/
219	给商业秘密的权利人造成重大损失	/	/	/	√	√	/

（二）司法解释定量根据的正当性

理论上，就侵犯知识产权罪刑法规范的保护目的到底是权利本位还是秩序本位，尚存争议。权利本位强调保护作为私人财产权的知识财产，秩序本位侧重于维护知识产权领域的正常社会经济秩序。[①] 在市场经济成熟、知识产权制度根深蒂固的发达国家，权利本位的规范目的比较普遍。如美国采权利本位说，认为侵犯知识产权违法行为首先是给权利人造成严重经济损失，其次才是对社会公共利益和社会经济秩序的损害。定罪标准关键看知识产品本身“零售价值”即违法行为对知识产权人造成的经济损失，刑罚上多以财产刑处罚，自由刑适用较少。中国刑法及司法实践则采取秩序本位进路，具有自身的国别特色。理由是：

（1）立法上，该类规范置于刑法分则第三章“破坏社会主义市场经济秩序罪”中。该章的同类客体即是“经济秩序”，相比于商品质量管理秩序、海关监管秩序、公司企业管理秩序、金融管理秩序、税收征管秩序、市场行为秩序而言，第七节虽名为“侵犯知识产权罪”，实为破坏“知识产权管理秩序”犯罪。中国知识产权法研究会会长刘春田教授在2013年的一次会议上曾提出，我国刑法一定程度上弱化了知识产权“无体财产权”的性质，主张要将该第七节迁移到分则第五章“侵犯财产罪”，其不妥之处正是，以他国的权利本位观来套评中国的秩序本位刑事立法，势必得出该不当结论。

（2）司法解释上，通过解构《刑法》第213—219条的定罪情节及其要素得到秩序维度的定量根据。从表4-11可知，第213—217条都采用“非法经营额”根据（但第214条采与之相当的“销售金额”根据），除第214条外都采用“违法所得”根据，第215条、第217条还采取了“数量”根据，这些根据都不涉及权利人的损失维度的考虑，并非是权利本位。相反，主要是反映犯罪行为的规模和总量，从而征表出对经济秩序的危害程度，体现秩序本位的规范保护目的。侵犯知识产权犯罪不仅针对权利人，而且针对整个国家和社会，权利人损失额不再是首要考虑标准了，凡是能体现违法犯罪规模的构成要素，如非法

---

① 参见杨帆：《论我国知识产权刑事定罪标准——以中美知识产权争端为视角》，载《知识产权》2009年第4期。

经营额、违法所得额、侵权物品数量等，就更需关注和重视。换言之，刑事视野下要关注的是侵犯知识产权行为的整体社会危害性，而不仅仅是某个知识产权权利受损程度。当然，由于立法上就《刑法》第219条设置的是“权利人损失”这一定量根据，司法解释就《刑法》第216条也规定了“专利权人损失”这一选择性根据，说明立法和司法上也兼顾了知识产权权利的保护。

（3）从国别比较看，中国与美国等外国刑事保护目的上的分野，是导致中外对知识产权刑事定罪标准不同的根源之一。有学者指出：“知识产权犯罪罪量设置的科学性和合理性问题，关键在于对知识产权犯罪危害本质的把握。”[①]只有当知识产权犯罪的本质是或主要是侵犯财产权法益时，以财产犯罪的定罪量刑标准观照知识产权犯罪罪量因素的立法设置及其司法适用，才能谓之科学，反之则不然。我国刑法立法和司法解释选择的是，立足于正当竞争秩序的维护（同时也兼顾知识产权人财产权益的保护），故建立的定量根据体系，主要着眼于知识产权秩序危害程度的考量。

（三）司法解释定量根据的增补发展及其完善方向

1. 司法解释定量根据的增补完善

2004年《知识产权刑事案件解释（一）》对1997年刑法“侵犯知识产权罪”规范作出“集大成”的定量根据规定，之后出现了两次主要的“定量根据”增补完善。

（1）“销售型”侵犯知识产权犯罪增加“货值金额”根据。它肇始于销售侵权复制品的惩治，即2008年《公安刑事追诉标准（一）》第27条规定：“违法所得数额虽未达到上述数额标准，但尚未销售的侵权复制品货值金额达到三十万元以上的”，实质上是将销售侵权复制品这种数额犯的未遂犯在严重情形（货值金额提升为违法所得数额的3倍）时纳入刑事追诉范围。这种追究未遂的侵犯知识产权犯罪思路，在2010年《公安刑事追诉标准（二）》被进一步扩大到销售假冒注册商

① 田宏杰：《知识产权案件刑事司法疑难问题研究》，载《人民检察》2009年第12期。

标的商品罪。2011 年《知识产权刑事案件意见》的第 8 条、第 9 条在定罪标准意义上正式增补了“销售型”未遂犯的定量标准：除第 8 条关于销售假冒注册商标的商品罪（未遂）“三倍数额”的“货值金额”规定外，第 9 条又创造性地进行了关于销售非法制造的注册商标标识罪（未遂）“三倍数额”的“标识数量”规定。

（2）著作权犯罪增加侵权复制品数量标准、网络型侵犯著作权增加“点击数量”“注册会员数量”根据。这属于创新型规范设置。实践中常常遇到非法经营额或者违法所得额无法计算或者很小（比如侵权行为人销毁账目、虚设账目、不设账目，侵权产品尚未销售、正在销售过程中等），但是查获了大量侵权产品的情形，如果对此不予以打击，显然是放纵犯罪。故《知识产权刑事案件解释（一）》第 5 条第 1 款第 2 项、第 2 款第 2 项，首次设立侵权复制品“数量标准”。之后，该“数量标准”经过不断完善，即：2005 年《关于办理侵犯著作权刑事案件中涉及录音录像制品有关问题的批复》，将其适用于侵权的录音录像制品情形；2007 年《知识产权刑事案件解释（二）》降低了数量标准；2011 年《知识产权刑事案件意见》第 13 条增补“信息网络传播型”侵犯著作权罪“其他严重情节”标准，规定“……（三）传播他人作品的实际被点击数达到五万次以上的；（四）以会员制方式传播他人作品，注册会员达到一千人以上的；（五）数额或者数量虽未达到第（一）项至第（四）项规定标准，但分别达到其中两项以上标准一半以上的……”值得说明的是，实际点击数不同于下载数。由于电子信息有的需要在线传播，有的需要下载传播，实际点击不一定导致下载。事实上，同一行为人可能多次下载或点击，实际点击数标准与下载数标准数值差距非常之大。实践中，下载数量一般是按照“侵权复制品数量”标准来操作的。

2. 司法解释定量根据的完善方向

（1）“权利保护”应当在定量根据上有所体现。“秩序本位下兼顾权利保护”，不可“不顾”权利保护。在知识产权成为国家战略、我国知识产权创造和运用取得长足进步的背景下，重视“私权利”意义上的知识产权保护，成为刑法不可回避的现实任务。因此，对于立法上设置了“情节严重”或“其他严重情节”这一定罪情节的，可考虑通过司法解释修改，增加“权利人损失”根据。由于知识产权刑事责任领域的犯罪数额计算与民事领域的侵权赔偿数额计算有一定相关性，对权利人损失额、侵权人获利额应当进行共同关注，当“权利人损失”难以计算时，可参照侵权人“违法所得”来认定。如前述表4-11所示，目前至少《刑法》在第213条、第215条、第217条的定罪根据中可增补“权利人损失”根据。“违法所得”也已基本成为共同根据（第214条“销售金额”具有近似性而除外）。

（2）司法解释就侵犯知识产权罪定量根据宜尽快应对信息时代挑战，完成“体系化”构建的使命。对网络传播侵权作品行为应建立新标准，包括传播时间长度标准，文件大小、下载数量标准，信息技术强制行为标准等。[①] 从违法犯罪行为链条的过程视角进行展开，不仅应当探索独立的单一标准，而且要用“∩型”“×型”标准的思维对于新发展出的“∪型”标准进行各种组合，还要综合考虑各种单一定罪标准与其他情节组合成为新型定罪标准的可能性。[②] 这种回应型完善尚待进一步展开。唯有体系化思维，方可解决网络环境下知识产权刑事定量根据过于单一、容易滞后的弊端。

二、侵犯商业秘密罪“重大损失”根据

为什么侵犯商业秘密罪关注“权利人损失额”，而且要求达到50万元？系统考量侵犯知识产权罪的对象体系可发现，商业秘密作为一种知识产权，实际上仍与商标权、专利权、著作权存在重大差异，因法益种类不同而决定其定罪根据迥异。

---

① 参见于志强：《信息时代侵权作品传播行为的定罪处罚标准》，载《政法论坛》2014年第1期。

② 参见于志刚：《信息时代犯罪定量标准的体系化构建》，载《法律科学》2014年第3期。

（一）属性差异：商业秘密是一种尚未上升为“权利”的“法益”形态

“商业秘密权”概念是否成立，迄今在知识产权法上仍存在争论。刑法作为“二次法”，现阶段宜直接以“商业秘密法益”作为刑事保护客体，这是择取该罪定量根据的逻辑起点。

1. 商业秘密不应具有知识产权“权利”的属性

（1）商业秘密中的技术信息跟专利具有相似性，但不应获得类似的绝对排他效力。理由如下：一是在内容上，它所保护的利益对象仅要求非公知性（秘密性）而未必都有创造性，即使有创造性，也可能在程度上达不到设权规则的要求。二是在形式上，其持有人采取保密措施（保密性），没有完成绝对权产生所必需的公示（注册登记）程序，故其权利边界并不明晰，使多数人无法尽到避让义务；其秘而不宣带给公众的益处不如专利。已有的刑事判决几乎都存在控辩双方对是否构成商业秘密的分歧，印证了商业秘密的边界具有不确定性。相反，专利权则按照一定程序经过审批依法授予，公示性强，其以申请人公开某技术方案为对价而获得专有权。

（2）以商业秘密“可以作为投资，因而是企业的财产”[①]为由主张商业秘密是财产权的观点，并不妥当。作为对世权的财产所有权，至少应满足内容公示、能对世主张、能排他所有三个要求，而商业秘密不能满足该等要求而不足以产生财产所有权。[②] 企业设立中作为出资的并不一定就是财产权，也包括具有财产性内容的法益，合伙企业的出资甚至还可以是劳务。在这种意义上，“商业秘密属于反不正当竞争的范畴，没有所谓的‘商业秘密权’”。[③]

（3）以刑法第219条使用“商业秘密的权利人”称谓为由，主张能推断出商业秘密有“权利”属性的观点[④]，也不妥当。理由如下：一是

① 张玉瑞：《商业秘密法学》，中国法制出版社1999年版，第314页。

② 参见孙山：《反思中前进：商业秘密保护理论基础的剖解与展望》，载《知识产权》2011年第8期。

③ 李琛：《知识产权关键词》，法律出版社2005年版，第51页。

④ 参见杜国强等：《侵犯知识产权罪比较研究》，中国人民公安大学出版社2005年版，第321页。

“商业秘密的权利人”不等于“商业秘密权的主体”。商业秘密的“权利人”只是商业秘密的自力控制主体,性质上应是“权益人”或“利益人”,境外就商业秘密一般都不用“right holder”,不说其“有权”(shall have right)而只是说其“应有可能防止”(shall have the possibility of preventing)遭披露或被他人取得或使用。二是整个刑法典中有“权利人”称谓的仅此一个特殊条文,根源于对1993年《反不正当竞争法》第10条的简单移植,对此宜进行补正解释。三是“所有人”及其许可的“使用人”对商业秘密不具有法律上权利的独占性和排他性。持有人不小心自行披露或他人以合法正当的方式获取和使用(如自行构思、独立开发、反向工程、合法受让或被许可使用、第三人善意使用等),都不存在“权利”被侵犯的问题。

2. 商业秘密应具有“法益”属性

商业秘密法律保护的理论主张大致有合同法理论、侵权法理论、反不正当竞争法理论、财产权理论等。本书认为,商业秘密成为“法益”的正当性依据,应回归到其构成条件中去找。

商业秘密是不为公众所知悉、能为权利人带来经济利益、具有实用性并经权利人采取保密措施的技术信息和经营信息,通说概括为非公知性(秘密性)、价值性和保密性三个构成条件。由于合同法理论不能涵盖第三人侵犯商业秘密的情形,失之过窄;侵权法理论过于一般化,完全可被反不正当竞争法理论所取代;财产权理论符合人们把商业秘密当做一种无形资产的习惯看法,具有较大影响,但其本身对商业秘密赖以保护的构成条件存在着内在逻辑上的误读,即仅偏重受保护商业秘密的“价值性”而忽略了其“保密性”的重大法律意义。商业秘密是通过保密手段维持其秘密性,从而在事实上实现其垄断。保密“本质上可以视同一种自力救济手段”,“技术秘密在法律上并非与专利权相同的绝对权利,它只是法律在制裁违法获取他人技术秘密行为过程中所保护的一种利益”。[①] “保密性”体现的是经营者一种商业模

① 刘春田主编:《知识产权法》(第四版),中国人民大学出版社2011年版,第159页。

式选择和商业自由，侵犯商业秘密是对商业自由的不当干预。不具有“保密性”即未通过一定方式表明其保密意图，则其创新与劳动成果并不当然受法律保护。法律并没有将其作为绝对权对象，而是在价值目标中更兼顾对商业自由和诚信关系的维护。换言之，商业秘密保护的正当性不能单纯从保护财产或权利的角度来说明，还应从“尊重他人商业行为选择”角度来理解。在此意义上，反不正当竞争法理论应得到支持。作为刑法法益的商业秘密是反不正当竞争领域中一种未上升为权利的知识产权法益，其实质仅仅是围绕着商业秘密这种经营性资产而派生的反不正当竞争权益的保护而已。

（二）独特的“重大损失”根据

商业秘密的“法益”而“非权利”属性，决定其刑事保护与其他类型的知识产权存在重大差异。体现在定量根据上，它是以独特的“重大损失”要素限定构成行为范围的。这里针对学界的质疑观点进行分析。

1. 关于从立法论进路主张变革规范构造而设为情节犯观点的剖析

有学者提出把刑法第 219 条第 1 款定罪情节分别修改为“给商业秘密的权利人造成重大损失或者有其他严重情节”和“造成特别严重后果或者有其他特别严重情节”。[①] 从立法技术看，商标、专利、著作权这三种“权利型”知识产权的罪刑规范设计都设置有情节犯，具体是假冒注册商标罪，非法制造、销售非法制造的注册商标标识罪，假冒专利罪，侵犯著作权罪 4 个罪名，而另外两个“销售型”犯罪，则是纯粹的数额犯。“情节严重”是“整体的评价要素”，其适用情形是，“一般情况下，其违法性没有达到值得科处刑罚的程度，却又难以通过增加某个特定的要素使违法性达到值得科处刑罚的程度，或者难以预见具备哪些要素时，行为的违法性能够达到值得科处刑罚的程度，或者虽能预

---

① 刘科：《〈与贸易有关的知识产权协定〉刑事措施义务研究》，中国人民公安大学出版社 2011 年版，第 280 页。

见但不能做简短表述”。[①]“法益”型商业秘密的边界不如“权利”那样清晰,其刑事规制更需要保持谦抑。由于侵犯的是商业秘密持有人的市场利益,故以造成的损失这个单一要素来征表行为违法性是最为妥当的,并无适用“整体的评价要素”的必要。

2. 关于从司法论进路主张降低其定罪标准观点的剖析

有学者认为,我国刑法对侵犯商业秘密罪规定的定罪标准过高,不利于对商业秘密的刑法保护。“重大损失”的操作难题确实需要对司法认定实践进行规律性探索、总结并加以解决,但将商业秘密民事侵权与刑事犯罪的界线设定在“重大损失 50 万元”这一点,客观上容易滋生“过”或“不及”之弊,对“违约型”构成行为制裁过度,对“侵权型”行为(尤其是“间谍”行为)制裁不足。司法实践中对“间谍型”案件判决甚少,其原因可能并不是本来间谍型侵犯商业秘密的行为发生得少,相反,有理由怀疑与刑法构成结果要件的设置过严有关。因此,司法解释的完善方向应当是,科学分化侵犯商业秘密罪构成行为及结果,包括:对“间谍型”侵犯商业秘密的,应设定更低额的“损失”标准或考虑设置为情节犯,具有一定正当性;非“间谍型”构成行为应坚持构成结果严重性这一门槛关。

因此,前引观点显为混淆“法益”与“权利”属性,而忽略了商业秘密刑事保护应有的差别性。其实质是以商标、著作权、专利三类“权利型”知识产权犯罪的数额标准为参照的,因而不可取。

三、刑事门槛数值设定

(一)“从 1 000 到 500”现象:刑事门槛降低评析

刑事门槛高低成为外国质疑我国知识产权刑事保护力度的问题源泉之一。继 2004 年《知识产权刑事案件解释(一)》为侵犯著作权罪增加“侵权复制品数量 1000 张(份)以上”的新根据后,2007 年《知识产权刑事案件解释(二)》再次降低为“侵权复制品数量 500 张(份)以

① 张明楷:《刑法学》(第四版),法律出版社 2011 年版,第 127 页。

上”。此中，立法因其抽象定量而可休眠，司法却因面临 WTO“争端案”压力而躁动调整定量。“争端案”专家组报告明确指出：不可简单假定包括数量标准在内的门槛就与 TRIPS 协定第 61 条第 1 句中“相对性标准”（relative benchmark）不符；刑事门槛的数量标准与某一产品在某一成员的特定市场上是否构成“商业规模”没有必然联系。[①] 这表明，“从 1 000 到 500”抑或“从 1 000 到 100”，与是否履行了打击商业规模的商标假冒和版权盗版义务，不具有证明意义上的相关性。从保护效果看，跟“增加根据”的“拓渠道”式司法定量作业相类似，“降低门槛”的司法定量作业同样扩大了案件进入犯罪圈的比重；从行刑衔接角度看，势必趋向于对原来行政罚的空间形成挤压效应。在这一过程中，不乏有认为缺乏理性、不应降低的批判之声。本书认为，一概而论并不妥当，应进行具体分析：

1. 刑事门槛降低是司法具体定量的体现，从权力性质看具有其正当性

我国“立法抽象定量 + 司法具体定量”模式，决定了定罪标准设定权是在最高司法机关手里。在这种意义上，中国知识产权犯罪的立法方式及最高司法机关的司法解释权力，为司法适用环节适当加大或适时调整对知识产权犯罪的惩处力度，提供了必要且有效的操作空间。[②] 从权力来源与性质的正当性角度看，《知识产权刑事案件解释（二）》是“两高”在“宽严相济”刑事政策指引下，重视运用司法解释解决惩处知识产权犯罪实践中出现的问题、加大知识产权刑事保护的体现，无可厚非。

2. 知识产权犯罪司法定量行权的正当性令人质疑

知识产权刑事门槛定量的基础在于相应的司法实践，定量数值降低应有科学的司法实践数据提供依据，以“事实胜于雄辩”洗去了“拍

---

① See WT/DS362/R, paras. 7.600-7.632.

② 参见刘炯：《国际化背景下知识产权的刑事法保护——第三届当代刑法国际论坛会议综述》，载 2009 年 12 月 23 日《法制日报》。

脑袋决策”的嫌疑，而不应是头痛医头、脚痛医脚式的“对策法学家思维”。受到侵犯知识产权罪刑事处罚的罪犯中，低学历和低龄犯罪人的具体比例有多大？被告人对是否侵权犯罪存在哪些法律争议？……实践面的特征规律往往不得而知。刑法作用实现有赖于作为行为规范而被国民所“内化”。“1 000”的标准还尚未来得及成为人们的行为规范，“500”的标准已经强行成为司法界的裁判规范。数值设定的行权者自身，来不及分析真正问题症结所在，也未考量可能的成本收益或进行各个维度的综合权衡。在此意义上，“从 1 000 到 500”式的刑法介入，显得有些“急先锋”“排头兵”的味道，难免被研究者们诟病为脱离实践的数字变动。这种刑事司法定量缺少正当性根据，成为本领域一个值得吸取的教训。

3. 刑事门槛降低可能带来“刑事司法悖论”效应

如学者所言，本来我国知识产权刑事打击就被指责不力，在执法没有明显改善情况下，扩大“可以被追究刑事责任”人群数量，会使实际受处罚比例降低，执法上的疏漏和延误，会导致大量实质上的犯罪行为沦为犯罪黑数，会削弱刑罚威慑作用及诱使潜在行为人实施侵权，从而知识产权刑事司法质量和水平面临更严峻考验①。由此，“执法明显改善”应成为刑事门槛降低的基本配套建设。在此意义上，刑事门槛降低，成为我国加大刑事司法和行刑衔接力度的“倒逼”机制。

(二) 从“销售金额”到“货值金额”：未遂犯定量“三倍规则”评价

从未遂犯立法模式看，我国《刑法》总则和分则存在冲突：总则规定了一般化的未完成形态都要处理，分则却又大量规定必须达到数额、结果、情节等才成立犯罪，体现了立法者的一种矛盾和游移的态度。对侵犯知识产权罪未遂犯问题，立法规定上呈“阙如”现状，但知识产权刑事司法解释作出了重要的构建贡献，即设置了未遂犯定量数值“三倍规则”。未遂犯定量的做法肇始于 2001 年“两高”《关于办理

---

① 参见卢建平：《知识产权犯罪门槛的下降及其意义》，载《政治与法律》2008 年第 7 期。

生产、销售伪劣商品刑事案件具体应用法律若干问题的解释》(以下简称《伪劣商品刑事案件解释》)第2条第2款关于《刑法》第140条“销售金额在5万元以上”的规定,即“伪劣产品尚未销售,货值金额达到刑法第一百四十条规定的销售金额三倍以上的,以生产、销售伪劣产品罪(未遂)定罪处罚”。对此种未遂犯处理规范,有学者明确提出了反对意见,理由是[①]:“销售金额5万元”,既是为了明确处罚条件,也是为了限制处罚范围,它并不是对本罪结果的要求,而是对本罪行为程度的要求,没有达到规定数额时,其行为程度不符合本罪的构成要件,而不能认为没有达到规定数额时就是没有犯罪结果发生;本罪客观构成要件的描述并不包括单纯生产行为,只有销售了伪劣产品的生产者才可能成立本罪。[②] 推而广之,犯罪数额作为侵犯知识产权罪的罪量要素,其法律地位如何,理论界和实务界存在数额构成标准和数额既遂标准之争。尽管学界仍未停止质疑,司法解释已逐渐明确采取数额既遂标准说。

本书认为,数额既遂标准说更为可取。理由如下:

1. 数额构成标准说有失于片面

数额构成标准观点只分析了“未达到销售金额标准”而未同时分析司法解释中“货值金额三倍标准”,因而有失于片面。“货值金额三倍标准”系通过司法创设规则,构成侵犯知识产权罪“未遂犯”具体定量标准:其一,它的法律依据是《刑法》第23条“未遂犯”的规定。销售前的购买行为在刑法意义上当然构成实施“销售”实行行为的着手,如被抓获可认定为因其意志以外原因而未得逞,故符合未遂犯的条件。其二,“三倍规则”已充分考量刑法谦抑原则的要求。未遂追诉的数额标准提高到既遂数额标准的三倍,通过该数额的提高而实现了总体上的社会危害性程度达到应予刑罚的水平,但刑罚锋芒对准的只是犯罪

---

① 参见张明楷:《刑法学》(第三版),法律出版社2009年版,第551—552页。

② 参见张明楷:《刑法第140条“销售金额”的展开》,载《清华法律评论》(第2辑),清华大学出版社1999年版,第181页。

规模很大的部分未遂犯情形。同时，未遂犯依法可比照既遂犯从轻或减轻处罚，情节显著轻微的还可依照《刑法》第13条但书规定不以犯罪论处，这在“刑”或“罪”的层面上都有“谦抑”意义。

2. 数额既遂标准说更具有现实的功利意义

知识产权犯罪未完成形态立法模式应体现其刑事政策功能：一是决定犯罪圈的大小；二是表明国家特定时期的刑事政策倾向；三是征表行为所侵害的法益性质及行为对法益的侵害程度。[①] 知识产权侵犯行为具有流动性，除非人赃俱获尚能及时实现证据的收集和固定，否则侵权产品一旦销售出去，其数量、价格、去向等事实难以查清。现实中，多数知识产权侵犯行为正是在尚未销售或售罄时查办的，若采取数额构成要件说的观点而否定未遂之存在，则必然大大缩小知识产权犯罪的打击空间，且与加大打击侵犯知识产权犯罪的刑事政策相悖。不过应指出，“3倍规则”仅适用于对基本犯的未遂追究刑责，升格条件的未遂标准采用和既遂相同的标准，即应按未遂数值确定升格后的刑罚幅度并按未遂犯规定从轻判处。

（三）变革之惑：单位犯罪标准的定量适用

单位侵犯知识产权罪的门槛标准，经历了曲折的发展过程，即从最初多元分散标准，到统一“3倍制”标准，再到现在仍存理解分歧的“等同制”标准。由于不同解释主体之间、不同罪名之间、不同时期的标准存在较大差别及经反复修改，单位标准相对于个人标准有等同制、3倍制、4倍制、5倍制、混合制等多种。[②] 2004年“两高”《知识产权刑事案件解释（一）》第15条确立起“3倍制”标准，而2007年《知识

---

① 参见柳忠卫：《刑事政策视野中犯罪未完成形态立法模式的理性建构》，载《法学家》2012年第5期。

② 1993年最高人民检察院《关于假冒注册商标犯罪立案标准的规定》对假冒注册商标罪单位数额规定“等同”于个人数额；1995年最高人民法院对侵犯著作权罪单位数额规定“5倍”于个人数额；1998年《非法出版物案件解释》就侵犯著作权罪“违法所得”“非法经营额”分别规定单位犯罪“4倍”和“5倍”于个人数额。2001年《经济犯罪追诉标准》对单位数额“因罪而异”，有“5倍制”和“等同制”两种标准。参见卢勤忠：《关于“两高”知识产权犯罪解释的评析》，载王立民，黄武双主编：《知识产权法研究》（第3卷），北京大学出版社2006年版，第62—64页。

产权刑事案件解释(二)》出台后,单位刑事门槛罪的理解与司法适用出现分歧。一种做法是坚持"3倍制"。如青岛市中级人民法院终审的袁文某、袁增某、袁大某、青岛香君某某公司、青岛鹰王某某公司等假冒注册商标案,该案判决书在说理中写道:"原审被告单位香君公司、鹰王公司未经注册商标所有人许可,在同一种商品上假冒两种以上注册商标,非法经营数额分别达到45万元和9万元以上,其行为符合《最高人民法院、最高人民检察院关于办理侵犯知识产权刑事案件具体应用法律若干问题的解释》第一条、第十五条之规定,分别属于假冒注册商标情节特别严重和情节严重的情形,应以假冒注册商标罪处罚。"[①]另一种做法是改采"等同制"。如上海市第一中级人民法院审结的上海某妮保健美容品有限公司、翁某、管某假冒注册商标案判决书中,该院认定被告单位非法经营额达11.9万元。辩护人提出,该公司非法经营数额未达到构成单位犯罪的15万元。该判决书写道:《知识产权刑事案件解释(二)》颁布之后,单位实施《刑法》第213—219条规定的行为和相应个人犯罪的定罪量刑标准是完全统一的,这体现了我国在建设创新型国家过程中,加大对知识产权刑事司法保护力度的立法倾向。[②] 遂予以定罪判刑。两案事实和判决都发生在《知识产权刑事案件解释(二)》于2007年4月5日施行之后,前案如果适用"等同制",则由于假冒了两种以上注册商标,非法经营额"情节严重",应是在3万元以上而非"9万元以上","情节特别严重"应是在15万元以上而非"45万元以上";后案如果适用"3倍制",则不构成单位犯罪。

本书认为,上述定量标准的发展过程,反映了当时我国对单位侵犯知识产权犯罪这种新型犯罪研究和估计不够,司法实践差异根源于相关司法解释规定含糊不清又未及时澄清所致。

---

① 青岛市市南区法院(2010)南刑初字第122号刑事判决书,青岛市中级人民法院(2010)青刑二终字第96号刑事判决书。

② 参见上海市第一中级人民法院(2011)沪一中刑初字第153号刑事判决书。

1. 2007年《知识产权刑事案件解释（二）》第6条、第7条不能得出唯一"等同制"结论

该《解释》第6条规定："单位实施刑法第二百一十三条至第二百一十九条规定的行为，按照《最高人民法院、最高人民检察院关于办理侵犯知识产权刑事案件具体应用法律若干问题的解释》和本解释规定的相应个人犯罪的定罪量刑标准定罪处罚。"第7条规定："以前发布的司法解释与本解释不一致的，以本解释为准。"但这两条规定实有以其昏昏，使人昭昭之嫌。从文义上看，除理解为"等同制"外，还可理解为维持"3倍制"。第6条要求的"按照《最高人民法院、最高人民检察院关于办理侵犯知识产权刑事案件具体应用法律若干问题的解释》"，包括《知识产权刑事案件解释（一）》第15条的单位"三倍规则"，而其要求的按"本解释规定的相应个人犯罪的定罪量刑标准"，则强调了《知识产权刑事案件解释（二）》第1条的"五百张（份）规则"，是对"以前发布的司法解释"的修改。从2004年12月正式结束"多元标准"乱象确立单位"3倍制"，到2007年4月宣告按"相应个人犯罪的定罪量刑标准定罪处罚"，似乎过于突然，令人质疑。

2. 2008年《公安刑事追诉标准（一）》第100条和2010年《公安刑事追诉标准（二）》第90条也不能得出"等同制"结论

该两条都规定："本规定中的立案追诉标准，除法律、司法解释、本规定中另有规定的以外，适用于相应的单位犯罪"，似乎改采"等同制"，实质上却不具有此效果：因为一方面，它们都设置了"除外"规定，即司法解释另有规定的要除外；另一方面，立案追诉标准不能直接作为审判时的定罪标准。

3. "两高"有必要针对司法分歧现状尽快明确"等同制"

正如英国法学家威康斯所指出，法人的刑事责任是把功利主义理论应用于刑法的一个典型，是基于遏制犯罪的需要。[①] 单位侵犯知识产权罪数额标准之高低，应考虑刑法的价值追求，即：对数量日增的单

---

① 参见娄云生：《法人犯罪》，中国政法大学出版社1996年版，第14页。

位侵犯知识产权罪进行“遏制”，并通过对单位施加刑罚，以改造其为守法单位之“功利”需要，过高的单位数额标准，显然不利于实现该功利价值。但通过司法具体定量来划定单位犯罪圈，必须“以公正作为功利的制约”。“等同制”也应缩小打击面，只不过不是设立更高的数额标准，而是另找出路，即设立其他配套的出罪机制达到同样的目的。如此，选择单位数额与自然人数额“等同制”应更为明智。

4. 刑事司法解释修改方式存在缺陷

现有修改方式中，“专门式”修改以专门的司法解释作出修改决定；“模糊式”修改更为普遍，是在新的司法解释中对原有司法解释的有关规定作出不明示的修改。使用“模糊式”修改的原因在于：当前刑事司法解释非常零散，各解释之间重复之处和抵触之处难以明确判断，因而司法解释制定者将这一难题留给了处理具体案件的司法工作人员。[①] 其结果是，就同一问题出现众多解释文件，必将令人不知所从。因此，有必要视情况采取类似刑法修正案的方式，将修改内容直接补入原解释中。

第三节　知识产权刑事司法“量”的测定

一、定量计算是知识产权犯罪另种门槛

根据一般理解，知识产权刑事门槛应当是指侵犯知识产权行为进入犯罪圈的定罪根据多寡及其各自的数学绝对值高低，但实际上，改变某个定罪根据的数额计算方法，同样可以起到调节刑事门槛的功效。在此意义上，犯罪数额计算方法问题其实是知识产权犯罪的另一种刑事门槛。被媒体称为“天价罚金案”的李清假冒注册商标案，判决结果前后发生重大转变，原因是犯罪数额计算有差异。

该案是在 2010 年“打击侵犯知识产权和制售伪劣商品专项行动”

---

① 参见赵秉志：《刑法解释研究》，北京大学出版社 2007 年版，第 289—290 页。

中进入司法视野的一起案件，简况是：2010 年 8 月，李清在湖南郴州市富民市场租赁店铺经营羊毛衫，从浙江等地订购羊毛衫（包括假冒“鄂尔多斯”“恒源祥”品牌）在实体店及网上出售。当年 12 月被前来店铺的内蒙古鄂尔多斯市民警抓走。2011 年 11 月，鄂尔多斯市中级人民法院判决李清犯假冒注册商标罪，处 5 年有期徒刑，并处罚金 2 151 万元，随案移送的 26 187 件假冒羊毛衫依法予以没收。该案上诉后被发回重审，公诉方在重审中出示警方补侦材料，包括记录销售数据的电脑主机这一关键证据（原一审时没有出示）。2012 年 5 月，重审判决改为判处有期徒刑 4 年零 6 个月，并处罚金 1 991 859 元；2012 年 9 月，内蒙古高级人民法院裁定维持该判决。

该案罚金额引起广泛关注，其前后戏剧性变化取决于两个因素：选择何种根据作为罚金额计算基础，以及对所选择根据采用何种计算方法。公诉方提出采取的是“非法经营额”，被两级法院采纳；辩护方则提出“违法所得”根据（称销售光盘记载其销售假冒羊毛衫的价格多为 100 多元，4 个多月只卖出 400 多件，违法所得数额仅 1 万元左右），但未被采纳。原一审判决基于侵权商品实际销售金额无法查清而以“标价”来认定“非法经营额”（达到 4 300 余万元）；重审判决改采“实际售价”的计算方法（因为采信电脑主机作为证据，相关销售数据显示所卖假冒羊毛衫实际价格在 140 元至 180 元之间），认定的“非法经营额”不足 400 万。有学者认为，原一审判决“非但不会让普通公众通过这样一个案例体会到知识产权刑法保护的严肃性、公正性，反而是对法律的一种亵渎。而这类案例往往又会给知识产权制度建设带来不利影响”，被斥责为“执法过程中出现天价罚金案这样的没有法律依据的乱作为现象”。[①] 尽管论者语言偏激，且未注意到终审判决结果，但该案确已暴露出犯罪数额计算上标准不统一、不明确和司法量刑弹性过大等问题。“天价罚金案”虽在法律层面已尘埃落定，但带来的现实

---

① 郑友德等：《我国知识产权刑法保护现存问题及完善建议》，载《知识产权》2012 年第 1 期。

司法问题是:知识产权刑事司法中对犯罪数额或数量应如何进行“量”的测定?

知识产权犯罪数额规定,在刑法中明确规定的概念,只有“销售金额”“违法所得”“重大损失”三种,并无“非法经营额”等其他“量”的概念。“非法经营额”概念便是司法解释和相关文件在解释刑法中“情节严重”时使用的术语,并作为假冒注册商标罪,非法制造、销售非法制造的注册商标标识罪、假冒专利罪、侵犯著作权罪的标准之一。在销售假冒注册商标的商品罪中,“销售金额”的计算,其实大体上可包括在“非法经营额”的认定之中,而销售侵权复制品罪、侵犯商业秘密罪不涉及“非法经营额”的问题。最具争议的是“非法经营额”和“重大损失”的计算问题。

二、“非法经营额”的计算

(一) 现行计算方法解读

2004 年《知识产权刑事案件解释(一)》第 12 条依次规定了三种方法,“已销售的侵权产品的价值,按照实际销售的价格计算。制造、储存、运输和未销售的侵权产品的价值,按照标价或者已经查清的侵权产品的实际销售平均价格计算。侵权产品没有标价或者无法查清其实际销售价格的,按照被侵权产品的市场中间价格计算”。2011 年《知识产权刑事案件意见》对未完成产品的价值计算进行了补充规定。

1. “实际售价”标准计算“非法经营额”是第一顺序的标准

侵权产品已经有销售的,“非法经营额”应以“实际售价”计算,是第一顺序标准。代表性案例如喻杰假冒注册商标案。[①] 某区价格认证中心采用广州市场同类商品平均价格水平计算,认定涉案假冒 LG 键盘和鼠标总价值 519 365 元。公诉机关认为应采纳被告人供述的实际销售单价作为计算依据,总价值应用单价与数量相乘为 108 839. 5 元。法院采纳实际售价的计算方法。“实际售价”作为第一顺序标准是逐

① 参见广东省广州市天河区人民法院(2006)天法知刑初字第 5 号刑事判决书。

步演变而来的。1998 年《非法出版物案件解释》第 17 条第 1 款、第 3 款曾规定："经营数额"是指以非法出版物的定价数额乘以行为人经营的非法出版物数量所得的数额，"非法出版物没有定价或者以境外货币定价的，其单价数额应当按照行为人实际出售的价格认定"。可见，早前著作权犯罪"定价"优于"实际售价"而适用，2004 年《知识产权刑事案件解释(一)》第 12 条才对此作了重大修改。

国外有学者曾就我国的经营数额(business volume)"实际售价"标准的计算方法提出异议[①]，如美国就认为应按合法商品价格来计算。美国司法部在一份报告中提出，版权刑法应当反映投放前复制品(pre-release copy)的溢价(premium value)，特别是在量刑阶段予以考虑。[②]本书不赞同这种观点。侵权产品与正品之间价格差可能非常之大，如果侵权产品已经有销售，却还按正品销售价格计算非法经营数额，势必大大降低犯罪门槛，在实质上取消《刑法》所要求的构成犯罪需要具备一定"严重情节"的条件，也就否定了我国违法—犯罪二元主义的立法模式，并影响刑法的结构平衡和总体上的罪责刑相称。经典例子便是"劳力士手表"之例：如果"以正版价格"的计算方法，则卖一块假冒劳力士手表就足以定罪，因为正品劳力士手表一块就高达数万元。[③]但行为人实际售价可能仅仅 100 元左右，据此定罪显然有悖法理，也是不现实的。

2. "标价"标准计算"非法经营额"受到条件限制

"标价"就是常说的"吊牌价"，实际是"要约"性的销售价格、"预期售价"，成交价往往会低于标价。标价既然是"预期价格"，得出的非法经营额就是一个"估计值"，能否作为承担刑事责任的依据？国外有

---

① See Paul Torremans et. al., Intellectual Property and TRIPS Compliance in China: Chinese and European Perspectives, Edward Elgar Publishing Ltd., 2007, p. 114.

② See Department of Justice's Task Force on Intellectual Property, Progress Report of the Department of Justice's Task Force on Intellectual Property, available on www. justice. gov/criminal/cybercrime/press-releases/2006/2006IPTFProgressReport(6-19-06). pdf.

③ 参见黄太云：《网络与知识产权犯罪的立法问题》，载《中国刑事法杂志》2007 年第 3 期。

这方面的实践，如美国司法部《知识产权犯罪追诉手册》（Prosecuting IP Crimes Manual）就允许就价格和数量进行合理的估算。2005 年在《美国量刑指南》明确承认之前，第十巡回法院就在 Foote 案中，允许分析被告人的银行记录来帮助确定侵权数额。《美国量刑指南》第 2B5.3 节之应用注释第 2(E) 条规定：在法院不能确定侵权产品数量的情形下，法院只需运用一切相关信息包括金融记录来对侵权数额作出合理的估计。[①] 但我国《知识产权刑事案件解释(一)》第 12 条规定的并非单一"标价"标准，"按照标价或者已经查清的侵权产品的实际销售平均价格"本身，却是两个独立的计算方法，司法者在斟酌此"可以型"规范时，已进入司法裁量权的空间，用之不当可成"天价罚金"。在某种意义上，李清案引发全国哗然的内在根源也正在于此。本书认为，毕竟是"估计值"，对此应当建立必要的控制机制。典型的情况是，"标价"明显过高或过低，如果机械地适用"标价"标准，必然造成罪责刑不相适应的不公平局面

3. "正品价格"标准计算非法经营额具有次序上的最后性

根据体系协调的解释原则，前述第 12 条应理解成"没有标价并且无法查清其实际销售价格"情形下才适用"被侵权产品的市场中间价格"，即"正品价格"具有适用次序最后性。

非法经营数额"无法查清"情形是实际存在的，但其对行政执法和刑罚的影响截然不同：就商标行政执法而言，2013 年《商标法》第 60 条第 2 款对工商行政管理部门处理商标侵权行为进行了规定，如"违法经营额五万元以上的，可以处违法经营额五倍以下的罚款，没有违法经营额或者违法经营额不足五万元的，可以处二十五万元以下的罚款"。这里"没有违法经营额或者不足五万元"，应理解为能够查证的数额，无疑包括违法经营额无法计算的情形。该款规定实质上赋予工商机关在查处商标侵权中享有两项职权：一是认定权；二是自由裁量

---

① See Computer Crime and Intellectual Property Section, *Prosecuting IP Crimes Manual* (4th ed.), U.S. Department of Justice, 2013, pp. 316-321.

权。具体情形包括[①]:侵权产品的数量无法确定;侵权产品的价格难以确定;侵权人主观故意造成调查取证工作无法进行;举证倒置下侵权人不能对非法经营额可以计算情形进行举证。就著作权行政执法而言,2003 年 7 月 18 日,国家版权局《关于适用有关“非法经营额难计算”规定的意见》曾指出,对无法查明盗版图书销售者非法经营额情况的,可适用《中华人民共和国著作权法实施条例》(以下简称《著作权法实施条例》)第 36 条“非法经营额难以计算的,可以处 10 万元以下的罚款”的规定。2013 年修改的《著作权法实施条例》第 36 条提高了处罚力度:“有著作权法第四十八条所列侵权行为,同时损害社会公共利益,非法经营额 5 万元以上的,著作权行政管理部门可处非法经营额 1 倍以上 5 倍以下的罚款;没有非法经营额或者非法经营额 5 万元以下的,著作权行政管理部门根据情节轻重,可处 25 万元以下的罚款。”就刑事司法而言,非法经营额难以查清可能意味着不能追究刑责,“无法查清”时,合法正版商品价格可以用来作为计算方法,但只是作为最后的方法(as a last resort)而使用。在“中美 WTO 知识产权争端案”的专家组报告(WT/DS362/R)中,也并未认为此种计算方法与协定不符。

此外,《知识产权刑事案件意见》第 7 条规定,在计算制造、储存、运输和未销售的假冒注册商标侵权产品价值时,对于已经制作完成但尚未附着(含加贴)或者尚未全部附着(含加贴)假冒注册商标标识的产品,如果有确实、充分证据证明该产品将假冒他人注册商标,其价值计入非法经营数额。据此,这里计入非法经营额的“产品”,明显不应包括截获的半成品、包装、机械、零部件等,但并非一概不处理。该意见第 15 条规定,“明知他人实施侵犯知识产权犯罪,而为其提供生产、制造侵权产品的主要原材料、辅助材料、半成品、包装材料、机械设备、标签标识、生产技术、配方等帮助……以侵犯知识产权犯罪的共犯论处”,只是这些非成品的材料等并不用于计算非法经营额。

---

① 参见孙骁勇:《“非法经营额无法计算”的认定》,载《中华商标》2011 年第 3 期。

（二）存在的问题

1. 适用次序缺乏刚性约束

“三顺序”规则统一了计算方法，意义重大。但实践中，“标价”或“正品价格”标准因其简便而受到偏好，而容易导致“天价罚金”现象，有损法律权威。如司法实践中的价格鉴定往往采“正品价格”标准，以江凡假冒注册商标案[①]为例，一审法院查明：被告人生产假冒“耐克牌”运动鞋，当场查扣成品运动鞋 1 928 双，仓库查扣 6 980 双，经某区价格认证中心鉴定，上述扣押物品非法经营额计 4 044 229 元，故判处有期徒刑 4 年零 6 个月，并处罚金 205 万元。江凡上诉称“鉴定结论不客观、不真实，其非法所得为人民币 2 万元，可以此 1—5 倍酌定罚金”。二审法院认为：被假冒“耐克牌”的运动鞋既没有标价，也没有实际销售价，价格认证中心受公安机关委托依法对涉案侵权产品作出的价格鉴定，可作为定案依据，遂驳回上诉。与“李清案”比较可知，“李清案”中 26 187 件假冒“鄂尔多斯”等品牌羊毛衫，终审判决罚金 199 万余元，单从犯罪数量看，似乎江凡案中罚金刑更为严厉，原因正是后者采用“正品价格”标准。

2. “三顺序”规则过于单向、简单

司法实践中，“卖家以假卖假”而“买家知假买假”的现象是很常见的。如果假冒侵权产品与正品差异明显而无混淆性，适用“正品价格”来计算金额有失公允，“三顺序”规则未综合考虑影响价格的各种因素。如田明、王帅龙、王连伟假冒注册商标案[②]中，一审法院查明：被告人用自来水冒充药液灌入假冒商标的塑料包装袋生产植物生长调节剂，现场查获已生产的假冒江门市大光明天丰素牌芸苔素内脂植物生长调节剂 125 箱（共计 125 000 袋）。价格鉴定结论书证实，“江门市大光明农化有限公司生产的天丰素（植物生长调节剂）每袋 3 元”，法

① 参见莆田市中级人民法院（2011）莆刑终字第 220 号刑事裁定书。

② 参见河南省郑州市中原区人民法院（2011）中刑初字第 134 号刑事判决书；河南省郑州市中级人民法院（2011）郑刑二终字第 353 号刑事裁定书。

院认定非法经营额是37.5万元，属于“情节特别严重”。上诉意见主要认为，原判“估价过高，量刑过重”。二审法院针对上诉意见只表述道：“该鉴定结论系公安机关依照法定程序委托具有鉴定资格的鉴定机构所作出，其程序及鉴定结论具有客观性和真实性，符合法律规定，故其上诉理由不能成立，不予采纳”。本书认为，用自来水冒充药液生产植物生长调节剂、包装袋假冒商标，其假冒性应当很容易察知；用正品价格计算尚未销售的产品“非法经营额”（实际应为“货值金额”），似过于严厉，应论证其正当性。

3. 多种计算方法的选择，具有随意性而欠缺规范统一性

（1）同一案件中适用截然不同的计算方法。如在朱新在销售假冒注册商标的商品案[①]中，被告人销售明知是假冒“九阳”及“苏泊尔”注册商标的电器，已销售的价值为31 556元，尚有价值543 872元的假冒注册商标的商品未予销售。辩方提出，原审判决对未销售产品的价值认定错误，应以“实际售价”计价。二审法院认为，原审判决对朱新在销售的假冒注册商标的商品，已查清市场销售平均价格的，根据市场销售平均价格计算；未查清市场销售平均价格的，根据“市场中间价格”计算，并无不当。这里，对于“尚未销售的”电器，按“市场中间价格”（司法解释只规定了“被侵权产品的市场中间价格”而没有“侵权产品的市场中间价格”）计算，势必比它们实际销售后的价值远远要高，明显不妥。

（2）各地法院做法不统一，导致同案不同判现象。在所销售产品上安装侵权软件的案件中，对如何计算产品非法经营额存在不同做法。如厦门威尔富自动设备有限公司、李文星侵犯著作权案[②]中，就非法经营额计算依据，公诉机关认为，应以涉案的焊线整机销售所得来计算，而辩护人提出以控制软件的价值来计算，法院认为，应以评估报

---

① 参见西安市中级人民法院（2011）西刑二初字第13号刑事判决书；陕西省高级人民法院（2011）陕刑二终字第37号刑事裁定书。

② 参见福建省厦门市海沧区人民法院（2007）海刑初字第49号刑事判决书。

告书认定的被侵权的操控软件的市场中间价 41 700 元为单位进行认定，该案非法经营数额为 333.6 万元。在鞠文明、徐路路、华轶非法复制发行计算机软件侵犯著作权罪案[①]中，被告人擅自下载权利人 OP 系列人机监控软件 V3.0 等软件，利用并生产同类的文本显示器以牟利。生效判决认为，涉案文本显示器的价值主要在于实现其产品功能的软件程序，而非硬件部分，涉案软件著作权价值为其主要价值构成，故应以产品整体销售价格作为非法经营额认定依据。

（三）规则重构："正品价格"标准的限定适用

从国际经验看，《美国量刑指南》规定只在 8 种情形下运用"被侵权产品"零售价[②]：对于合理知情的买方来说，该侵权产品看起来与被侵权产品相同或实质性等同[③]；该侵权产品是数码或电子复制；假冒产品售价在正品售价 75% 以上；假冒产品零售价值难于或不能确定，或其确定过程将不正当地使量刑程序复杂化或延长；正品零售价比假冒产品价值能更接近所造成的损害，另外还有违法拦截卫星信号、作品首发前侵权等情形下也运用"被侵权产品"零售价。可见，即使美国这种对知识产权刑事保护不遗余力的国家，其以"正品价格"计算"侵权数额"也仅仅局限于有限情形。相比美国"适用情形特定化"的做法，我国关于"正品价格"和"标价"标准适用情形有笼统和过于泛滥之嫌，在规则层面可尝试予以重构。

1. 确立"无法查清实际售价"举证义务规则

"无法查清实际售价"这一条件应成为适用"正品价格"和"标价"标准的证明事项。按现有计算方法，即使侵权产品已经进行过销售，只要"无法查清实际售价"的，就仍按"正品价格"计算或按"标价"计

---

① 参见江苏省无锡市中级人民法院(2011)锡知刑终字第 1 号刑事裁定书。中华人民共和国最高人民法院：《中华人民共和国最高人民法院公报》2012 年第 1 期。

② See Computer Crime and Intellectual Property Section, Prosecuting IP Crimes Manual (4th ed.), U. S. Department of Justice, 2013, pp. 316-321.

③ See U. S. S. G. § 2B5. 3 cmt. (n. 2(A)(i)(I)). 原文是：(The infringing item) "is, or appears to a reasonably informed purchaser to be, identical or substantially equivalent to the infringed item".

算(如前述“朱新在案”即是这样)。实践中由于诸多原因,“实际售价”查证起来往往比较困难。如果控诉机关为证明方便,直接按标价而不就“实际售价”进行取证、举证,或者假设某个司法工作人员故意隐瞒“实际售价”的证据,导致“无法查清实际售价”,转而适用“标价”或“正品价格”。司法解释中要求的序次适用,在实践中则容易演绎成选择性适用,产生严重背离社会认知的巨额经营数额,进而难以避免“天价罚金案”现象重演。这种未设定约束的现状,显然不利于统一执法和保障人权。本书认为,应通过修改司法解释规则或颁布指导案例等途径明确。

(1)控诉机关应当对“无法查清其实际售价”进行适当证明(达到“优势证据标准”),包括在合理期限内、以合理方式所进行查明工作的努力情形等。指控既遂的,应当按实际价格计算;指控未遂的,法院应重点审查实际售价或标价(查证有关证言、书证、供述等),对被告人供述的证据线索应附线索查证记录,否则应视为“关键事实不清楚”。[①]

(2)应允许辩护方举证证明“实际售价”(甚至包括未销售而有标价的产品,如习惯的售价显著低于标价等情形)。只有确实“无法查清实际售价”或标价的,才可按市场中间价,但可根据未遂规定大幅度减轻刑罚。

2. 确立“无混淆性”抗辩规则

如果侵权产品与被侵权产品存在明显差异,常见的如嫌疑人“以假卖假”、消费者“知假买假”,就应认为二者之间“无混淆性”。既然侵权产品能区别于被侵权产品,理应拒绝排除“正品价格”标准的适用。2010 年美国联邦第五巡回上诉法院在 United States v. Park 一案中指出:“如果对于合理知情的买方来说,(侵权产品)外表和质量的差异可被查实,则这种差异大有关系;换言之,那种只能蒙混不知情买方

---

① 参见唐震:《侵犯商标权刑事犯罪罪量认定思路之把握——基于湖南农民售假被处天价罚金事件所展开的分析》,载《法律适用》2013 年第 3 期。

的侵权产品,应按假冒产品零售价来计算价值。"①这里"假冒产品零售价"大抵相当于"侵权产品市场中间价格",远远低于"被侵权产品市场中间价格"。《美国量刑指南》中进行了类似阐述。我国司法实践中对"以假卖假"型案件的价格鉴定往往过于偏重采"正品价格"标准,难免有失公平。因此,应当引入"混淆性"概念,使侵权产品与被侵权产品"无混淆性",至少应可成为被告人否定适用"正品价格"的抗辩事由。司法者必须综合考虑影响价格的各种因素,尤其是应重视审查"混淆程度"对非法经营额计算方法采用的价值意义。② 杨昌君销售假冒注册商标的商品罪案,就属于"以假卖假"型:被告人销售的包都是假冒国际知名品牌 LOUIS VUITTON、GUCCI、CHANEL,其正品只有在大型商场或专卖店才会有销售。本案的销售场所和销售方式决定了从其处购买包的人必然知道这些包是假冒名牌的,支付的价格相当低廉。如果按正品价格计算,则一个包就上千、上万元。价格鉴定机构实事求是地根据这种假冒名牌包的市场价格计算,8 425 个包作价 76 万余元,均价不足百元。北京市朝阳区法院、北京市第二中级法院均以此作为定案依据,评价杨昌君犯罪行为的社会危害性,应当说是符合实际的。③ 但由于相关司法解释出台时,"以假卖假"现象还不够类型化,因此,未对犯罪金额计算进行区分。随着其类型化日渐突出,有必要明确其计算方法规则,排除"正品价格"标准,采用已查清侵权产品实际销售均价或"侵权产品市场中间价格"。《知识产权刑事案件解释(一)》第 12 条以"实际售价"标准作为第一顺序,体现了实事求是、不枉不纵的旨意,与"无混淆性"抗辩是相容的。

---

① 373 Fed. Appx. 463, 464 (5th Cir 2010). 原文是:"Differences in appearance and quality therefore matter if they could be ascertained by a reasonably informed purchaser. Id. An infringing item that could fool only an uninformed purchaser would be valued at the counterfeit retail value."

② 参见王洁荦:《几种特殊情形下非法经营额司法认定》,载《中国知识产权》2012 年第 2 期。

③ 参见最高人民法院刑事审判一至五庭主办:《刑事审判参考》(总第 78 集),法律出版社 2011 年版,第 111—117 页。

3. 确立"异常标价"排除适用规则

对于"标价"标准适用应建立必要的控制机制，在"标价"明显过高或过低时，不能机械地适用"标价"标准。这样，一方面避免对过低标价情形不能追究刑事责任和判处罚金，另一方面也可避免过高标价时造成"天价罚金"和罪责刑不相适应的不公平局面。

因此，本书建议将《知识产权刑事案件解释(一)》第12条修改为："侵权产品已经进行过销售的，其价值按照实际销售的价格或者已经查清的侵权产品的实际销售平均价格计算，但以合理方式、在合理期限无法查清其实际销售价格的除外。侵权产品没有进行过销售的，其价值按照标价计算，但标价明显过高或过低的除外。不能以前述的实际销售的价格、实际销售平均价格和标价方法计算，或者没有进行过销售的侵权产品又没有标价的，按照被侵权产品的市场中间价格计算，但是侵权产品与被侵权产品不存在混淆性的，按照侵权产品的市场中间价格计算。依照前述规定的方法均难以确定的，按照公安部、国家计委、'两高'《扣押、追缴、没收物品估价管理办法》的规定，委托估价机构进行确定。"

三、"重大损失"计算

(一) 现状与问题

1. 计算依据和方法随意而欠统一

有论者分析了26份判决书，将司法实务部门认定"重大损失"的进路归纳为三类基本模式十种方法[①]：(1) 被告人获利模式，包括以被告人所获利润、被告人销售收入减去权利人的成本、被告人(第三人)销售收入乘以同行业的平均利润率、被告人侵权产品销售量乘以权利人被侵权前的平均销售利润、被告人获得的研发费用视作所获利润等计算方法。(2) 商业秘密价值模式，包括商业秘密的自身价值、形成

① 参见刘蔚文：《侵犯商业秘密罪中的"重大损失"司法认定的实证研究》，载《法商研究》2009年第1期。

成本、许可使用费等方法。(3) 其他模式,包括商业秘密的市场价格、被告人产品价值等方法。计算方法不统一有各种原因,如案件事实差异、证据限制、法官偏好等。

少数判决对"重大损失"未进行数额上的精确定量,只是作出造成"权利人重大损失"的定性描述或幅度性模糊定量。例如,在浙江省绍兴市越城区人民法院审理的侯广举侵犯商业秘密案①中,涉案工艺文件价值 1 796 万余元,侯广举违反约定留存了复印件并给受聘单位总工程师、副总经理"阅看,并摘抄该文件中的印刷设置、干燥设置、烧成曲线等章节给员工张海涛在生产中使用"。判决书指出,"商业秘密不像物权一样具有追及权,即使权利人追回了记载商业秘密的复印件,也不可能把他人已经知悉的商业秘密真正追回,被告人的行为使京东方公司丧失了竞争优势,给权利人造成了无可挽回的损失",但未明确损失到底是多少。

2. 损失计算普遍借用民事司法规则

2001 年,最高人民法院《关于审理专利纠纷案件适用法律问题的若干规定》第 20 条第 2 款有"权利人销售量减少的总数难以确定的,侵权产品在市场上销售的总数乘以每件专利产品的合理利润所得之积可以视为权利人因被侵权所受到的损失"的规定;第 3 款对"获利"计算规定,"侵权人因侵权所获得的利益可以根据该侵权产品在市场上销售的总数乘以每件侵权产品的合理利润所得之积计算。侵权人因侵权所获得的利益一般按照侵权人的营业利润计算,对于完全以侵权为业的侵权人,可以按照销售利润计算"。现行刑事司法对此借用颇多,具有很大的相对性并缺乏相应的规范性控制。

(1) 刑事判决中频繁使用这种民事领域的"视为损失"算法。如周德隆等侵犯商业秘密案②中,《审计报告》提出两种算法:一是以侵权人侵权产品的销售吨数乘以权利人因被侵权而被迫降价前的平均

---

① 参见浙江省绍兴市越城区人民法院(2002)越刑初字第 80 号刑事判决书。

② 参见上海市高级人民法院(2004)沪高刑终字第 50 号刑事裁定书。

销售利润；二是以权利人被侵权后销售量的减少吨数乘以权利人因被侵权而被迫降价前的平均销售利润；一审法院采纳第一种算法。二审法院认为：两种算法得出的直接经济损失分别为114万元和108万元，均超过100万元；原判算法"既反映侵权非法获利的客观事实，又反映了权利人被侵权后造成的直接经济损失，并无不当"。本书认为，第一种算法（即原判算法）是"侵权人侵权数量"与"权利人的合理利润"相乘，不是被告人获利标准（后者乘以的是"侵权产品的合理利润"），故不能"反映侵权非法获利的客观事实"；也不是"权利人被侵权后造成的直接经济损失"，而仅仅是"视为损失"的"不得已"的计算方法和民事司法策略而已；二审判决说理有失准确。

（2）以"获利"代替"损失"较为普遍，获利标准适用出现泛化倾向。如方顺龙等侵犯商业秘密案①是体现"替代法"的典型案例。该案一审无罪而二审改判有罪，关键问题是：在被害人无权以某种方式使用商业秘密时，"替代法"评估方式应否支持？一审持否定观点，理由是：权利人树燊厂属于来料加工企业，只能以收取加工费方式获得营利，所受经济损失也只能是加工费的损失，而被告人的利润是经营利润，二者性质不同；来料加工受海关监管，数量、价格有据可查，其加工费损失不存在难以计算的问题。二审持肯定观点，认为：其一，经营范围限制并未剥夺树燊厂其他民事权利如基于知识产权获得收入，如本可将其爪链技术转让或许可他人使用获取可观收入，正是合法利益损失。其二，树燊厂来料加工以外的其他业务领域的侵权损失，不能用来料加工费计算，正属于损失"难以计算"情形。其三，侵权损失应当是基于被侵害的权利范围而言，而不是限于权利人的经营范围。如果法律只在权利人经营范围内保护知识产权，深圳众多的来料加工企业的知识产权将无法保护。"替代法"仅仅是将侵权人的"获利"拟制

① 参见深圳市中级人民法院（2004）深中法刑二终字第74号刑事判决书；深圳市宝安区人民法院（2003）深宝法刑初字第1545号刑事判决书和（2003）深宝法刑初字第1545—1号刑事附带民事裁定书。

为权利人的“损失”而已，前者完全可能因为营销因素而高于后者，也可能因为破坏性销售使获利减少而低于后者，故应限于“不得已”情形。实践中很多判决书根本不论证“难以计算”这一适用“替代法”的前提条件。由于刑事司法证明标准远高于民事证明标准，故借用民事规则作为常态刑事司法规则尚存疑问。

（二）“重大损失”计算方法建议

1.“获利标准”在刑事领域不可“泛化”适用

知识产权刑事责任领域的权利人损失额计算与民事领域的侵权赔偿数额计算有一定相关性。由于“重大损失”计算规则的缺失，民、刑场域计算方法的通用性更应受到重视。民事领域将“获利标准”列为第二顺序，在刑事领域就更应限制“获利标准”的泛化适用。

在民事场域，“权利人损失”的数额认定跟“赔偿损失”责任形式的适用有直接关联性，这是与侵权人违法所得、非法经营额等概念的区别之一。“赔偿损失”的基本功能是填补功能，宗旨是实现全面赔偿，故首要考虑的是“被侵权人在被侵权期间因被侵权所受到的损失”。与此相对照，“侵权人在侵权期间因侵权所获得的利益”，在著作权、专利、商标、商业秘密领域都只是属于第二顺序的“可以型”计算标准，这在相关知识产权单行法中有明确规定：2010 年《著作权法》第 49 条规定：“侵犯著作权或者与著作权有关的权利的，侵权人应当按照权利人的实际损失给予赔偿；实际损失难以计算的，可以按照侵权人的违法所得给予赔偿。”2008 年《专利法》第 65 条[①]规定：“侵犯专利权的赔偿数额按照权利人因被侵权所受到的实际损失确定；实际损失难以确定的，可以按照侵权人因侵权所获得的利益确定。权利人的损失或者侵权人获得的利益难以确定的，参照该专利许可使用费的倍数合理

---

① 值得注意的是，2000 年《专利法》第 60 条规定的是“侵犯专利权的赔偿数额，按照权利人因被侵权所受到的损失或者侵权人因侵权所得的利益确定；被侵权人的损失或者侵权人获得的利益难以确定的，参照该专利许可使用费的倍数合理确定”。可见“获利标准”在该法中并无适用上的第二顺序性。

确定。”2013 年《商标法》第 63 条[①]规定：“侵犯商标专用权的赔偿数额，按照权利人因被侵权所受到的实际损失确定；实际损失难以确定的，可以按照侵权人因侵权所获得的利益确定；权利人的损失或者侵权人获得的利益难以确定的，参照该商标许可使用费的倍数合理确定。”此外，1993 年《中华人民共和国反不正当竞争法》（以下简称《反不正当竞争法》）第 20 条规定：“经营者违反本法规定，给被侵害的经营者造成损害的，应当承担损害赔偿责任，被侵害的经营者的损失难以计算的，赔偿额为侵权人在侵权期间因侵权所获得的利润；并应当承担被侵害的经营者因调查该经营者侵害其合法权益的不正当竞争行为所支付的合理费用。”该条直接适用（而不仅仅是参照适用）于侵犯商业秘密的情形。由此可见，在知识产权侵权赔偿领域，只有在前顺序的标准“难以确定”的情形下，才“可以”适用在后顺序的标准。如果在先顺序（专利、商标领域还规定了许可使用费倍数标准）的赔偿标准都难以确定，则适用“法定赔偿数额”。

在刑事场域，已建构起从“参照不正当竞争损害赔偿”到“参照专利侵权损害赔偿”的“重大损失”计算操作体系。其一，公安部《关于在办理侵犯商业秘密犯罪案件中如何确定“给商业秘密权利人造成重大损失”计算方法的答复》较早指出，对难以计算侵犯商业秘密给权利人所造成的损失的，可参照《反不正当竞争法》规定的民事赔偿额计算方法。其二，2007 年最高人民法院《关于审理不正当竞争民事案件应用法律若干问题的解释》第 17 条第 1 款进一步规定：“确定反不正当竞争法第十条规定的侵犯商业秘密行为的损害赔偿额，可以参照确定侵犯专利权的损害赔偿额的方法进行。”因此，2008 年《中华人民共和国专利法》（以下简称《专利法》）第 65 条已将“获利标准”置于第二顺序，刑事司法更应对此予以贯彻，避免失之过宽。

---

① 值得注意的是，2001 年《商标法》第 56 条规定的是“侵犯商标专用权的赔偿数额，为侵权人在侵权期间因侵权所获得的利益，或者被侵权人在被侵权期间因被侵权所受到的损失，包括被侵权人为制止侵权行为所支付的合理开支”，“获利标准”在该法中并无适用上的第二顺序性。

2. 按行为样态差异构建“重大损失”的计算根据体系

侵犯商业秘密行为造成的损失大小,受众多因素影响,包括商业秘密种类、使用状况、利用周期、市场竞争程度、市场前景预测、经济利用价值大小、新颖程度、侵权时间长短、侵权行为方式等,其中能归责于行为人的应是侵权行为。不同方式的侵权行为造成权利人损失会有差异,其原因在于:不同侵权行为对商业秘密“致损”的机制有所不同。商业秘密作为一种具有财产价值的信息,其运作必然遵循“信息运行”规律,依次经过三个环节:信息的产生(这是商业秘密的权源所在,与侵犯商业秘密无关),信息的传播(包括输入意义上的“获取”和输出意义上的“披露”),信息的利用(包括自己“使用”和“允许他人使用”)。不同环节上的致损结果也有其差异性,损失的计算依据应当根据侵犯商业秘密的损害结果样态的不同而有所区别。有学者认识到这一点,提出损失数额应当与损害结果样态一致:一是披露技术秘密导致公众知悉但未发现使用的,宜以商业秘密的商业价值或研发费用作为标准,代替商业秘密自身价值;二是非法使用或允许他人非法使用技术秘密的,一般参照专利权以行为人获利额作为标准,同时披露的则累计计算损失;三是获取经营秘密后披露或者使用导致被害人相应业务流失的,一般以被害人的预期利润作为标准。[①] 本书认为,这种“区别计算”思路是可取的,有必要以行为类型为依据作出明确的“重大损失”计算规定,避免出现迄今仍不明确和缺乏可操作性的困局。

(1) 仅单纯非法获取的,依现行法律规定尚不应认定具有“重大损失”。因为它尚仅具有预备行为性质,属于信息的输入阶段而未及传播和利用阶段,很难说已造成刑法意义上的“重大损失”。当然,不应忽视“间谍型”侵犯商业秘密行为的刑事惩处,但从立法论角度宜设定更低额“损失”标准或考虑设置为情节犯。

---

① 参见罗鹏飞:《侵犯商业秘密罪的损失数额如何认定》,载最高人民法院刑事审判一至五庭主办:《刑事审判参考》(总第 78 集),法律出版社 2011 年版,第 213—221 页。

（2）对仅非法披露使公众知悉但未使用的，应根据商业秘密鉴定的价值认定损失数额。2007 年最高人民法院《关于审理不正当竞争民事案件应用法律若干问题的解释》第 17 条第 2 款规定："因侵权行为导致商业秘密已为公众所知悉的，应当根据该项商业秘密的商业价值确定损害赔偿额。商业秘密的商业价值，根据其研究开发成本、实施该项商业秘密的收益、可得利益、可保持竞争优势的时间等因素确定。"如在沈大军侵犯商业秘密案①中，被告人因对单位存在不满情绪而将有关商业秘密在网上披露，致使该商业秘密被公众所知悉，法院遂根据其研发费用认定损失数额。

（3）非法使用或者非法允许他人使用的，一般参照侵犯专利权的损害赔偿数额的计算方法认定损失数额。在这种行为类型下，应当按损失额、获利额、许可费等标准的先后顺序来予以适用；适用后一顺序标准的，应当论证前一顺序标准不适用的理由。

但问题是：其一，如果在非法使用过程中，导致商业秘密被披露而被公众所知悉，如何计算损失数额？本书同意两者应累计计算的观点，这样才能体现出与单纯非法使用情形在社会危害性程度上的差异。如在翟洪达等侵犯商业秘密案②中采取的就是合并计算的做法。该案一审认定：根据被告人的累计销售额和权利人的平均利润率计算出"造成的间接经济损失约为 132 万余元"，涉案两套商业秘密的研发成本经审计为 580 余万元，因被违法公开导致的直接经济损失 278 万余元。抗诉机关提出研发成本应全额计入非法公开的损失额中，二审法院认为，权利人被侵权前已使用过该商业秘密且仍在使用，权利人损失应根据该商业秘密的开发成本、现行市价及利用周期等因素综合加以确定。考虑到该商业秘密的利用周期等诸多因素，从而未将研发成本全部认定为损失额并无不当。其二，虽已使用但尚未生产出产品或者已经生产出产品但尚未销售，应如何计算？由于尚未在市场领域

① 参见北京市门头沟区人民法院（2008）门刑初字第 25 号刑事判决书。
② 参见杭州市中级人民法院（2007）杭刑终字第 135 号刑事裁定书。

造成权利人损失，也没有侵权人获利可作为计算依据，故退而求其次，如果能够确定许可使用费的，可参照侵犯专利权的损害赔偿数额来计算。如李明光等侵犯商业秘密案①即采用“许可费”标准。该案中，被告人盗用权利人的“彩神”数友喷绘机“彩神”源代码的生产专有技术生产出了产品，但现有证据难以计算实际损失，法院以该商业秘密的许可使用费300万元认定为重大损失。

综上，本书认为，宜构建一个灵活多样的“重大损失”计算方案，以达到公平合理、操作性强、普适周延的要求。这里初步整理了四种行为样态下计算根据的可采情况，见表4-12。

表4-12　侵犯商业秘密罪“重大损失”计算方案

根据 行为	价值	成本	许可费	价格	失去利润	获利
获取	/	/	/	/	/	/
披露	√	√	√	√	/	/
使用	/	/	√	√	√	√
允许他人使用	/	/	√	√	√	√

该方案对“获取”行为不认定“重大损失”，将其他三种构成行为按信息的“源”与“流”两个环节进行分野：“披露”处于“源”环节，主要择取与商业秘密自身价值有关的“静态”计算根据，包括（鉴定）价值和成本，同时辅以许可费、价格这两个进入交易的“流”环节的相近标准；由于尚未进入“流”环节，故不适用“失去利润”和“获利”标准。“使用”与“允许他人使用”处于“流”环节，主要选取“动态”的“失去利润”和“获利”两个可能标准，在都不能适用时则退而求其次，辅以许可费、价格两个标准。如果在该方案下无法计算出“重大损失”额，则应认定为无罪，而“不应以证据因素决定计算方法，否则就是将司法机

① 参见深圳市中级人民法院（2004）深中法刑二终字第258号刑事裁定书。

关的义务履行不能的责任转嫁到权利人或侵权人身上了”。[①] 上述方案是一种因行为而取算法的“分思维”，近年来还出现一种“相对合理的多元标准计算法”的“合思维”，论者对“重大损失”认定提出精确化的两阶段数学模型：$Z = 1/2(A_i + B_j) + C(1 - k)$。其中，$Z$ 表示损失，A 表示权利人的损失，i 表示侵犯商业秘密行为与权利人的损失之间的数量比例，B 表示侵权人的利润，j 表示侵犯商业秘密行为对侵权人利润的贡献率，C 表示商业秘密经济价值量，k 表示侵犯商业秘密发生后权利人的市场占有率。[②] 应当说，该计算方法综合考虑损失、获利与价值三个标准并赋予不同权重，以避免单一标准的局限性，并由此提供了一个更为规范、更具有包容力的标准。但不足的是，其适用范围势必很窄，如果某一标准难以计算，就整体无法适用；将法定的“三个顺序”标准的序次适用改为平行适用，欠缺法律依据。

四、定量计算其他问题

（一）其他定量根据计算

1. 违法所得计算

违法所得是法定的定量根据，也是行政处罚中的罚款和刑罚中的罚金数额的计算依据之一，还是《刑法》第 64 条追缴、责令退赔和没收的适用依据。违法所得数额（amount of illegal gains）在 1995 年最高人民法院《关于适用〈全国人民代表大会常务委员会关于惩治侵犯著作权的犯罪的决定〉若干问题的解释》中明确为“获利数额”，1998 年《非法出版物案件解释》第 17 条第 2 款又重申了这一规定。这明显是一个小于非法经营额的概念。实践中，如何计算则争议较大，违法所得与利润是什么关系，是销售利润，营业利润，还是净利润？这涉及非法经营额要否扣除成本（及税金）的问题。有学者主张，在违法所得的界

---

① 刘秀：《侵犯商业秘密罪中“重大损失”的认定》，载《中国刑事法杂志》2010 年第 2 期。

② 参见庄绪龙：《侵犯商业秘密罪危害结果认定标准新论——基于一种数学模型的考察》，载《政治与法律》2010 年第 6 期。

定标准上,应根据案件类型分别适用毛利法与纯利法,即:对于取得利益型(以非法占有为目的)犯罪,其所取得的非法财产本身即是违法所得,犯罪数额和违法所得具有一致性,故无须扣除所谓的成本开支;对于经营利益型犯罪,则理应采取纯利原则,即扣除相应的经营成本为宜。[①] 本书认为,知识产权犯罪的违法所得宜适用纯利法更为合理,具体可参照 2001 年最高人民法院《关于审理专利纠纷案件适用法律问题的若干规定》第 20 条第 3 款的规定,以销售利润计算违法所得额[②],以体现严厉惩治侵犯知识产权犯罪的精神。同时,具体的扣除数额应由辩方举证。

2. 货值金额计算

2001 年“两高”《伪劣商品刑事案件解释》第 2 条第 3 款规定:“货值金额以违法生产、销售的伪劣产品的标价计算;没有标价的,按照同类合格产品的市场中间价格计算。货值金额难以确定的,按照国家计划委员会、“两高”公安部 1997 年 4 月 22 日联合发布的《扣押、追缴、没收物品估价管理办法》的规定,委托指定的估价机构确定。”但是,实践中,司法机关之间常就其认定发生分歧。如在河南省郑州市二七区人民法院审理的罗家武、罗崇兴、李如青销售假冒注册商标的商品案[③]中,检察院就以“认定犯罪数额错误、适用法律不当”提出抗诉。法院查明:该案三被告人销售假冒海飞丝、潘婷、飘柔等品牌的洗化用品,销售金额 86 562. 5 元,违法所得 4 000 元;从仓库中提取到该类洗化用品 836 件(销售价格为 74 985 元)。重审判决认为,“三被告人销售假冒注册商标的商品,货值共计 86 562. 5 元,已属数额较大”;同时,“还

---

① 参见郑勇,李长坤:《刑事涉案财物处理问题之探讨》,载最高人民法院刑事审判一至五庭主办:《刑事审判参考》(总第 79 集),法律出版社 2011 年版,第 195 页。

② 参见最高人民法院研究室、民三庭、刑二庭:《知识产权刑法保护有关问题的调研报告》,载最高人民法院民三庭编:《知识产权审判指导与参考》(第 7 卷),法律出版社 2004 年版,第 94—144 页。

③ 参见河南省郑州市二七区人民法院(2011)二七刑初字第 496 号刑事判决书,河南省郑州市中级人民法院(2011)郑邢二终字第 318 号刑事裁定书,河南省郑州市二七区人民法院(2012)二七刑初字第 89 号刑事判决书。

有74 985元尚未销售,可以酌定从重处罚”。本书认为,重审判决对抗诉提出“认定犯罪数额错误”并未有针对性的说理,显示出认定数额的操作技术尚不成熟;重审判决在事实认定部分表述该“86 562.5 元”是“从2009年5月份至2010年12月份销售金额”,但是,在判决说理部分又表述为“货值共计86 562.5元,已属数额较大”。这表明,我国司法实践中对“销售金额”与“货值金额”概念使用较为混乱。

3. 数量计算

(1) 作品数量计算。信息时代,传播侵权作品行为呈现出传统传播与网络传播并存、网络传播不断变异和挑战现有定罪量刑实践的局面。在网络传播下,定罪处罚既要革新传统传播技术下的定罪量刑标准,又要适用新标准、实现多样化与体系化。如有观点认为,传播作品数量标准中的“件、部、个”的作品数量单位应限缩解释或修改为“件(部、个)次”,即“500件(部)”的表述,指的并不是作品的种类要达到500件(部)以上。① 因网络传播真正实现了作品的即时共享性,其侵权也呈动态性,单纯数量标准升级为“量次”标准实有必要,但数值应相对独立于传统传播下的数值标准。

(2) 商标标识数量计算。在《经济犯罪追诉标准》中,商标犯罪所涉的商标标识以“套”来计算,《知识产权刑事案件解释(一)》中使用“件”计算,降低了门槛标准。② 在深圳市宝安区公明龙旺制品厂、被告人林文明非法制造注册商标标识案③中,公诉机关指控被告单位及其总经理林文明让员工加工(他人已在别处印制好并运到该厂的)带有“飘柔”注册商标的不干胶贴632 800(其中前标贴666 700张、后标贴632 800张)套;法院认为指控数量不当,理由是:法律所规定的“件”,是指标有完整商标图样的一份标识,所查获的1 299 500份商标

① 参见于志强:《信息时代侵权作品传播行为的定罪处罚标准》,载《政法论坛》2014年第1期。

② 参见徐飞:《侵犯商标权犯罪若干问题研究——解读〈最高人民法院、最高人民检察关于办理侵犯知识产权刑事案件具体应用法律若干问题的解释〉相关规定》,载《浦东审判》2005年第1期。

③ 参见深圳市宝安区人民法院(2008)深宝法刑初字第633号刑事判决书。

标识，每份均标有完整商标图样，属于刑法意义上的1 299 500件。“片面认为使用在一件商品上的数个商标属于一套，作为刑法意义上的一件，与语义及法律规定均不相符，若将正反面标识理解为一‘件’，实际中将出现被告单位不管制造多少数量，只要单纯制造一面标识，永远就不会完成一‘件’这样的逻辑矛盾，况且，单就制造行为而言，制造正面或反面在刑法意义上并无本质上的丝毫差别。”本书认为，保护核定商品上的核定商标的专用权是规范的保护目的，以此衡量，对有证据证明数个商标将使用在一件商品上的情形以“商品件数”（大体相当于“商标套数”）来计量更为合理；为防止漏洞，对虽不成“套”但具有完整商标图样的，则以计“件”为充要条件。

（二）“复合型”定量计算方法适用

1. 数额累计计算

有论者指出，我国刑法存在对“大错不犯，小错不断”的人无法制裁的缺陷，可称为“罪量分割”问题。该法律漏洞的原因是罪量的评判制度问题。累计计算制度区分了罪量评判与行为类型，标示了两种对行为考察的不同维度，并以行为人为核心，作为行为人整体罪量的考察维度，无疑给罪量评判指明了一个科学方向。[①]《知识产权刑事案件解释（一）》第12条确立了“累计规则”，即“多次实施侵犯知识产权行为，未经行政处理或者刑事处罚的，非法经营数额、违法所得数额或者销售金额累计计算”。《知识产权刑事案件意见》第14条就“多次实施侵犯知识产权行为累计计算数额”问题，又增加了“二年规则”的限制，即：“二年内多次实施侵犯知识产权违法行为，未经行政处理，累计数额构成犯罪的，应当依法定罪处罚。实施侵犯知识产权犯罪行为的追诉期限，适用刑法的有关规定，不受前述二年的限制。”对此合适的解释是，这里“二年内”的限制应当主要是为了与民事诉讼时效、行政处罚时效一般都为两年的规定相衔接。司法解释有权确定累计计算方法，包括确定应累计计算的单笔数额的适格性条件，超过2年或已行

① 参见王飞跃：《刑法中的累计处罚制度》，法律出版社2010年版，第115页。

政处理的,在累计计算意义上已“自动清零”。至于累计计算数额后的犯罪追诉期限,取决于应累计额所对应的刑罚幅度的追诉期限(5 年或 10 年)。因为这部分未经处理的知识产权违法,是作为侵犯知识产权罪的罪量组成部分,追诉期限具有相对于行政处罚的独立性。

2. 多个定量根据竞合计算

在量刑意义上,多个标准竞合可从一重或酌重处罚。如《知识产权刑事案件意见》第 8 条第 3 款规定:“销售金额和未销售货值金额分别达到不同的法定刑幅度或者均达到同一法定刑幅度的,在处罚较重的法定刑或者同一法定刑幅度内酌情从重处罚。”在入罪意义上,有观点提出,行为存在多种数额(数量)且均接近定罪标准的情形,宜规定为定罪标准之一[1],根据传统理解,“接近”指需达到定罪标准的 80%。《知识产权刑事案件意见》第 13 条第 11 款第 5 项却走得更远,它规定网络传播侵权作品或制品的侵犯著作权行为,未达到定罪数额或数量标准,但分别达到其中两项以上标准的一半以上的,视为“其他严重情节”。这样就首次确立了“两项以上半数标准”的定量规则,即分开评价两项标准都未达到定罪门槛,但综合起来评价,行为危害性并不亚于仅符合单一标准之行为,从而扩大了刑法的“打击半径”并使定量标准之法网日趋严密。

---

① 参见刘科:《〈与贸易有关的知识产权协定〉刑事措施义务研究》,中国人民公安大学出版社 2011 年版,第 342 页。

第五章 知识产权案件“行刑衔接”机制

第一节 “行刑衔接”机制基础

一、双轨保护:行刑衔接制度基础

(一)知识产权双轨保护制度

知识产权双轨保护是指运用司法和行政执法两类程序来对知识产权提供法律保护。它是我国知识产权刑事司法机制赖以存在和运行的制度土壤。我国知识产权行政机关普遍享有行政执法权,包括依申请的“被动型”行政救济和依职权的“主动型”行政执法。与此对应,我国法律确立的双轨保护可分为两层含义:

1. 就受害知识产权人之权利救济而言的“或行政调处或民事司法”的双轨保护,是民事“侵权”领域的双轨

各知识产权行政管理机关对侵权民事纠纷有行政裁决权和行政调解权:前者指应权利人请求认定知识产权侵权行为成立的,可以责令停止侵权行为;后者指根据当事人请求可以就赔偿数额进行调解。由此,权利人就侵犯知识产权行为可以向商标权或著作权或专利权行政执法部门投诉,也可直接向人民法院起诉。2013 年《商标法》第 60

条第1款对侵犯注册商标专用权行为的救济规定："商标注册人或者利害关系人可以向人民法院起诉，也可以请求工商行政管理部门处理。"

2. 就国家处理侵害人而言的"或行政处罚或刑罚处罚"的双轨保护，是"违法"和"犯罪"二元处理领域的双轨

各知识产权行政管理机关普遍享有行政处罚权，具体包括没收违法所得、没收与销毁侵权商品和侵权工具、罚款等行政处罚措施，此时任何人都可以提供执法线索。我国就商标或著作权进行的任何规模的侵权（infringement on any scale）都可以对侵权人进行法律惩处，但公安机关关注刑事门槛以上的侵权（即犯罪），而著作权和工商行政管理机关针对刑事门槛以下的侵权（即违法），换言之，刑事门槛以下进行行政处罚（不服的可提起行政诉讼），刑事门槛以上的，由刑事司法机关依法判处刑罚。《商标法》第61条规定："对侵犯注册商标专用权的行为，工商行政管理部门有权依法查处；涉嫌犯罪的，应当及时移送司法机关依法处理。"行政处罚与刑罚有交叉。《著作权法》第48条规定了8种侵权情形要承担民事责任，"同时损害公共利益的"，可由著作权行政管理部门进行行政处罚；构成犯罪的，追究刑事责任。这是将三种责任合并规定的例子。

从实践看，在我国知识产权行政机关处理的案件中，依照职权主动查处的占很大比例。由于知识产权民事司法不告不理，不属于政府主动打击的范畴，故就厘清政府打击侵犯知识产权与知识产权双轨保护的关系来说，政府打击靠的就只有行政执法和刑事司法之"双轨"了。行刑衔接机制仅涉及后一意义上的双轨保护。知识产权行政处罚与刑事处罚双轨保护使我国并不比其他实行单一司法保护的国家逊色，二者结合完全可达到相同的制度功效。国外所说"加强打击侵犯知识产权犯罪"，在我国应表述成"加强打击侵犯知识产权违法犯罪"，打击知识产权违法和犯罪应当并重。

（二）知识产权双轨保护特色

一般认为，知识产权双轨保护是中国特色的制度。其中，各国保护知识产权的"司法之轨"大同小异，只是在"行政之轨"上存在有无

及强弱之殊。双轨保护特色是由知识产权行政执法因素所决定的。但学界存在质疑观点，认为知识产权行政保护是具有中国特色的制度，却并非中国独有，美国非知识产权行政主管部门（如国际贸易委员会即ITC等）行政保护的权力和力度比我国还大。① 该观点混淆了“知识产权行政机关的执法”和“与知识产权有关的行政机关的执法”两个概念。

WIPO前总干事Kamil Idris提出“知识产权实施四方式论”（见表5-1），包括行政手段、刑事手段、民事手段和技术手段。在他看来，行政手段限于海关。② 纵观外国知识产权行政执法的共同之处，主要体现在海关的边境措施和国际贸易领域的行政权力运用上。美国拥有与知识产权执法有关的准司法权的如ITC，并非知识产权行政机关。中国众多的知识产权行政管理机关普遍拥有广泛的执法权力，执法对象与法院司法处理对象几乎相同，这在其他国家是罕见的。我国最高人民法院曾指出：“知识产权的行政执法是我国特有的做法，其他国家一般对违法行为仅有民事制裁和刑事制裁措施，并无行政责任的概念，有关在我国法上应当承担行政责任的行为一般做犯罪处理。”③《中国加入世界贸易组织工作组报告书》明确提到，中国打击知识产权违法犯罪是通过行政执法和刑事司法这两条并行运作的途径，并表述道，“中国大多数知识产权执法是通过行政行为”实施的。WIPO在公开文件中称，行政执法（administrative enforcement）成为中国实施知识产权的显著特色。④ 外国学者也认为，行政执法程序（administrative enforcement procedures）在中国特别重要。⑤ 因此，可以说，行政保护确

---

① 参见邓建志：《WTO框架下中国知识产权行政保护》，知识产权出版社2008年版，第148页。

② Kamil Idris(2003), Intellectual Property: A Power Tool for Economic Growth, WIPO, p.314.

③ 最高人民法院研究室、民三庭、刑二庭：《知识产权刑法保护有关问题的调研报告》，载最高人民法院民三庭：《知识产权审判指导与参考》（第7卷），法律出版社2004年版，第94—144页。

④ See WIPO Documents, WIPO/ACE/2/8, p.3.

⑤ See Carlos Correa, Trade Related Aspects of Intellectual Property Rights: A Commentary on the TRIPS Agreement, Oxford Univ. Press, 2007, p.432.

实不是中国特有，但是，与司法并行的行政执法保护，或者说行政执法与司法审判“两条途径、并行运作”的双轨保护，应当是中国特色的制度。近年来，中国政府连续实施有关知识产权保护专项工作，逐渐证明这一特色制度取得了良好的社会效果。

表 5-1 世界各国知识产权实施方式比较

实施方式	启动方	相关权利	优点	缺点	趋势
行政手段	海关当局	商标权、版权	相对快速	只适用于明显的案件	边境控制的区域合作
刑事手段	警察	商标权、版权	有效、相对快速	限于严重的案件	提高罚金，加强打击（以达教育效果）
民事手段	权利人	所有知识产权	合理救济	耗时且昂贵	知识产权法院，ADR
技术手段	知识财产制造者	版权、商标权、专利权	操作性强、速度快	易受黑客攻击	水印标准化

资料来源：Kamil Idris（2003），Intellectual Property：A Power Tool for Economic Growth，WIPO，p. 314.

二、知识产权行政执法理论基础

（一）知识产权行政执法是政府提供的制度性公共品

在 TRIPS 协定明确规定“知识产权是私权利”、《国家知识产权战略纲要》定位了“司法保护知识产权的主导作用”的背景下，行政机关动用公共资源对侵犯知识产权进行主动执法，或为知识产权人提供快捷的行政救济，甚至政府还主动发动了多次“保知”专项行动，这势必遭遇正当性的拷问。有经济学者提出，打击假冒伪劣（“打假”）是一种准公共产品的观点[①]；该观点启发我们，由于市场在配置资源中起着决定性作用，政府打击侵犯知识产权正是为信息社会和知识经济下市场机制的有效运行提供的一种制度性公共品。

① 参见徐武强、刘跃峰：《假冒伪劣现象的财政学分析》，载《财政研究》2005 年第 12 期。

1. 知识产权制度性公共品理论依据

政府对打击假冒、盗版的介入和干预,可以从假冒、盗版现象中存在信息不对称和打击假冒、盗版具有外部性等市场失灵特征中获得其理论依据。

(1) 因假冒、盗版而受害的个人或者企业往往在权利受害的知情上“滞后”甚至无从知情,而作为假冒、盗版产品的最终消费者或主要接触者的公众,却由于缺乏相关利益驱动而缺乏参与积极性,故存在严重的信息不对称。

(2) 打击假冒、盗版也具有明显的正外部性特征。一方面,打击假冒、盗版成果为众多权利人和消费者所共有,带来巨大的社会和经济效益;另一方面,打击假冒、盗版成本却由维权的私人(单个权利人或消费者)来承担,其并未因自己维权行为所带来的正外部性而得到相对称的补偿。这种收益的外部性造成了私人打击假冒、盗版的积极性不高。在经济学理论看来,由于知识外部性的存在,往往会出现创新供给不足的矛盾,而知识产权也许就是使这个矛盾“内在化”的一个有力工具。[①] 授予知识产权人排他性权利,使其可以对抗“搭便车”行为,能刺激其创造的积极性,从而极大地促进社会文明的发展。

(3) “专项行动”旨在营造“清洁与平衡”的全国统一的执法环境。有学者研究“法律遵从”问题时发现,不同公司(样本涉及 34 个国家 3 524 家公司)之间违法行为差异,更多源于所在国家的国别性制度品质,国别因素的重要程度随着发展程度提高而下降(在最贫困国家中体现更为明显)。[②] 因此可以说,知识产权制度是一种在知识产品领域的市场有效配置资源的制度方式。政府打击侵犯知识产权违法犯罪就有为市场机制保驾护航的制度公共品性质。建设中国市场的良好“生态环境”(包括知识产权环境),是提高市场主体行为合法水准

① 参见贾丽虹:《外部性理论研究:中国环境规制与知识产权保护制度的分析》,人民出版社 2008 年版,第 251 页。

② See Alberto Chong, Is the World Flat? Country- and Firm-level Determinants of Law Compliance, *J. L. E. O.* , Vol. 27(2), p. 272.

的“公共基础设施”。

2. 知识产权制度性公共品供给机制

“打击侵犯知识产权”作为公共产品，其供给量取决于市场中消费者和企业对这一公共产品的需求与边际打击侵犯知识产权成本的比较。政府打击侵犯知识产权耗用的是财政资源，而收益中，对假冒、盗版者的罚款并不是主要的，主要收益在于其巨大的社会效益和由于市场净化、市场秩序规范等所带来的巨大经济效益。虽然如学者所言，完全的知识产权保护会导致查处的边际成本远高于边际收益，盗版现象不可能被完全杜绝而只能被控制在一定的范围和程度内。[①] 就目前假冒侵权仍较突出的现状而言，政府打击侵犯知识产权的费用投入并未达到最佳规模，知识产权行政保护不应当弱化而只能加强。当然，国家应当在何种程度上使用公共资源去帮助实施当事人的私权利，这个“度”很难确定。[②] 政府打击侵犯知识产权违法犯罪也应有所区别，以实现“帕累托改进”：一类是关系国计民生、量大面广、影响人民群众生命健康和财产安全的产品，打击这类假冒、盗版通常具有纯公共产品的性质，主要由政府出资。体现在法律规范上，往往从侵犯权能类型、行为模式、法定事实以及“同时侵犯公共利益”、情节严重等方面，对行政执法予以必要的“度”的限制，如《著作权法》第 48 条前置的“同时侵犯公共利益”条件。专项行动的强烈政策性，可以方便地体现政府打击的重点，如《2013 年国家知识产权战略实施推进计划》表述为：“重点打击危害企业创新发展、危害扩大内需和职工就业、危害人民群众生命健康、危害生产生活安全、危害粮食安全和农民利益等五类犯罪。”另一类主要侵犯的是企业的知识产权，其对普通消费者的危害不是特别明显，打击侵犯知识产权违法犯罪具有明确的受益对象（即维权企业），因此，应由政府和维权企业共同出资。

---

① 参见张先锋、刘厚俊：《我国知识产权保护中的企业与政府行为分析》，载《财经研究》2007 年第 5 期。

② See Kamil Idris, Intellectual Property: A Power Tool for Economic Growth, WIPO, p. 314.

（二）最优执法理论与实践

1. 最优执法理论：行政处罚与刑事司法并存

20 世纪 60 年代，学者 Kadish 就提出要用刑事措施强化经济规制[①]；90 年代，学者 Shavell 和 Nuno Garoupa 等又进一步提出“最优执法理论”（optimal law enforcement theory），核心论点就是“行政处罚与刑事司法并存”可实现更优的执法效果。该理论认为：一方面，行政处罚一般来说比刑罚效率更高。因为它更“廉价”，处罚的可能性更高；举证责任较轻，不考虑主观或其他条件；可以事前制裁，事前督促监管者更有效率地执法；事后可通过司法救济矫正错误。另一方面，在有些情况下，两者同时使用效果最好。因为在某些案件中违法者很富有，监禁刑至为必要。由于行政执法中的委托代理、法律错误及监管者与被监管者之间的共谋等原因，在一定条件下，行政处罚加上刑罚威慑的“执法二分法”（legal dichotomy）是合理的。[②] 这正好与我国双轨保护制度相互辉映。

我国知识产权行政执法与刑事司法双轨运行有利于实现最优执法。它是由目前的整体法律框架所决定的。国内存在一种“补充论”观点，认为鉴于我国的司法体制中的刑事救济力量还比较单薄，以长期以来颇有经验的行政执法作为知识产权司法保护的补充，是历史的必然选择。[③] 囿于招录和遴选机制，我国现阶段公、检、法机关司法资源缺乏问题难以短期内解决，废除行政执法、取消执法权，对执法人员的工作安置将是一个庞大的社会工程，法律缺乏行政法规等配套措施，也难以切实执行，故宜充分利用现有的行政执法人员从事知识产

---

① See S. A. Kadish, Some Observations on the Use of Criminal Sactions in Enforcing Economic Regulation, 30 University of Chicago Law Review, 1963, pp. 423-49.

② See S. Shavell, the Optimal Structure of Law Enforcement, 36 *Journal of Law and Economics*, 1993, pp. 255-87; Nuno Garoupa and F. Gomez, Punish Once or Punish Twice: A Theory of the Use of Criminal Sactions in Addition to Rugulatory Penalties, UPF School of Law (mimeograph), 2002.

③ 参见管育鹰：《中国知识产权执法体系相关问题探讨》，载中国社会科学院知识产权研究中心编：《中国知识产权保护体系改革研究》，知识产权出版社 2008 年版，第 81—84 页。

权行政保护。[①] 以著作权行政执法为例,仅靠司法救济不足以有效实施著作权法。大量在市场存在的侵权盗版行为,如果都通过司法途径解决,几乎很难实现。[②] 就权利人和救济制度各自的成本效益来看,对情况简单、易于判断的侵权案件，适用行政救济程序效率更高;对于情况复杂，难于判断的侵权案件，适用司法救济程序效率更高。[③]

2. 我国行政处罚与刑事司法并存实践

从实践角度来看,我国知识产权行政执法与刑事司法相结合事实上已取得“更优”实施效果。

(1) 知识产权行政执法通常采取日常执法和专项执法相结合的模式,其中专项行动是颇具中国特色的做法,涵括行政执法和刑事司法,被认为“更有利于集中分散的执法力量,提高执法效能”。[④] 专项行动还被写入国家战略中,即“针对反复侵权、群体性侵权以及大规模假冒、盗版等行为,有计划、有重点地开展知识产权保护专项行动”,呈现常态化、制度化倾向。

(2) 从侦查看,与专门知识产权行政执法部门相比,侦查部门在证据信息收集方法和渠道方面存在不足,在相关的信息和资源储备方面也有较大缺陷,因此侦查部门有必要建立和加强与知识产权行政执法部门的信息共享和资源协调机制。通过建立、健全侦查部门专门的知识产权违法犯罪信息数据库,分享“违法”类信息,为知识产权犯罪侦查提供充分、有效、便捷的信息源,有效平衡侦查部门与行政执法部门之间的资源。

(3) 从审判看,司法的作用固然不可替代,但也并不是万能的。

---

① 参见罗正红:《商标权刑事保护的正当性及适度性探析》,载《知识产权》2008年第1期。

② 参见阎晓宏:《改革开放30年伟大进程中的版权事业》,载《知识产权与改革开放30年》编委会:《知识产权与改革开放30年》,知识产权出版社2008年版,第65页。

③ 参见刘峰:《我国知识产权侵权救济“双轨制”的正当性——一种经济分析法学的诠释》,载《知识产权》2008年第2期。

④ 李颖怡等:《我国知识产权行政执法体制的检讨与完善》,载中国社会科学院知识产权研究中心、中国知识产权培训中心:《完善知识产权执法体制问题研究》,知识产权出版社2008版,第206页。

知识产权保护不是简单的法律问题。法院加强与知识产权行政执法部门的联系与沟通,积极拓展知识产权司法保护空间的做法值得肯定,这可促进知识产权行政执法与司法保护的良性互动与有效衔接,形成保护合力。①

(4) 从执行看,监禁成本较高,平均一个服刑人员的费用足以养活一个大学生,“少建一所监狱就是多建一所大学,至少在经济上来说这个命题是能够成立的”。② 这说明,刑事司法成本昂贵,需要从成本收益角度有效发挥双轨保护作用。

三、“双轨”定位:司法主导 + 行刑衔接

(一) 知识产权保护中司法主导作用

《国家知识产权战略纲要》规定,要“加强司法保护体系和行政执法体系建设,发挥司法保护知识产权的主导作用”。对此,有学者评论道,知识产权双轨保护中的“双轨”并非“平行的双轨”,而是“并行的双轨”,有主次之分。在法律保护体系中,司法保护的主要作用在于这种保护方式应是主要的、基本的和最终的,其法律基础是一国司法的权威性和社会公信力。③ 根据前述双轨保护的两层含义,“司法主导”应可细化为两方面:一是在“或行政调处或民事司法”的双轨意义上,应是“民事司法主导”,这是由知识产权私权属性所决定的。二是在“或行政处罚或刑罚处罚”的双轨意义上,则是“行政司法主导 + 刑事司法主导”。这里的“行政司法主导”,是针对行政处罚案件而言的,即行政处罚应当受到司法程序的审查制约;“刑事司法主导”是针对涉嫌知识产权犯罪案件而言的,此时应当由刑事司法机关行使职能管辖,如果行政机关已在进行行政执法,则应当将案件移送刑事司法机关。

---

① 参见吕芳:《知识产权司法保护之地方经验——以江苏省部分中级法院为例》,载《法律适用》2006 年第 7 期。

② 陈兴良:《宽严相济:构建和谐社会的刑事法律回应》,载《检察日报》,2007 年 4 月 25 日。

③ 参见吴汉东、锁福涛:《中国知识产权司法保护的理念与政策》,载《当代法学》2013 年第 6 期。

涉嫌知识产权犯罪情形下的“刑事司法主导”，由刑法“保障法”地位使然，刑罚威慑论为此提供了重要理论基础。

（1）“保障法”地位表明，它在打击假冒、盗版等行为过程中，发挥着行政和民事制裁手段无可替代的作用。它有对行政执法和民事司法的补充性，即在行政制裁和民事制裁功能存在失常时，就有必要出场发挥作用。比如，当侵犯知识产权的被告在民事诉讼中申请宣告破产以逃避责任，或者因难以证明损害赔偿而无威慑效果的情况下，刑事救济特别重要。① 又如，刑事制裁常可确保惩罚与遏制（punish and deter）最严重的违法，如多次犯罪、大规模犯罪、有组织犯罪、威胁公众健康与安全的犯罪等；此类犯罪可能不涉及有体物损失，不需要与权利人有联系，权利人可能直到侦查、起诉阶段才知道自己已受害。②

（2）威慑论表明，良好的刑事司法机制可提高惩罚概率，从而提高违法犯罪成本以有效保护知识产权。TRIPS 协定第 61 条第 2 句体现的是“在公平约束下的威慑”的刑罚理论，刑罚的适用，突出其威慑作用以预防犯罪，即以有效遏制严重侵犯知识产权罪行为的增长和蔓延为目标。学者指出，就法理意义而言，侵犯知识产权罪是一种法定犯罪，刑事政策所追求的目标应该是有效遏制，而不是单纯的报复和惩罚。③ 实际上，刑法在知识产权犯罪问题上的价值抉择，就是刑罚资源如何配置，而使犯罪的直接成本和间接成本及刑事审判制度的运行成本最小化，必然存在一个“威慑的最优效应点”。④ 由于第 61 条对全体 WTO 成员都具有义务约束作用，故知识产权刑罚威慑论被得以“全球性”输出，对各国法律制度产生深刻影响。美国联邦司法部称，取得

① See European Communities, *TRIPS Agreement*: Enforcement of Intellectual Property Rights, Luxembourg: Office for Official Publication of the European Communities, 2000, p. 28.

② See U. S. Department of Justice, Prosecuting Intellectual Property Crimes (4th ed.), 2011), available on http://www. usdoj. gov /criminal/cybercrime/ipmanual/ipma2011. -pdf. , pp. 5-7.

③ 参见曲三强：《从“窃书不算偷”到“窃书就是偷”——顾盼中国著作权刑法保护的发展历程》，载《中国版权》2008 年第 6 期。

④ 参见〔美〕罗伯特·考特、托马斯·尤伦：《法和经济学》，上海三联书店 1990 年版，第 739、755 页。

“威慑效果”是进行知识产权侵权追诉的一个正当理由，侦查和追诉越多，就会有更多的人受到威慑而不从事知识产权犯罪。

涉嫌知识产权犯罪情形下的“刑事司法主导”仅仅是程序意义上的，并不等于实体上的“刑罚主导”。它仍应受制于罪刑法定等刑法和刑事诉讼原则，尤其是要保持刑法必要的谦抑性。知识产权刑罚是最昂贵的保护手段，是“必要之恶”，国家作为刑罚资源的垄断者，存在“资源稀缺性”的约束，需进行成本效益分析。实务中存在某些知识产权案件的“以刑逼民”现象，与在知识产权领域适用刑法的条件是相悖的，其实质是，民事诉讼成本和获得赔偿面临的困难，促使权利人将实施知识产权的成本转嫁给国家刑事诉讼系统，并最终转移到纳税人头上。① 知识产权执法领域对犯罪化的日趋关注，为我们提出了重要的“公共政策问题”②，因此，应当防止知识产权刑罚的滥用和“过度犯罪化”。

（二）知识产权案件行刑衔接制度需求

双轨保护可谓利弊兼有：利的是相对单一司法保护可发挥知识产权行政机关的专业优势和组织优势，有利于知识产权司法分流（在民事案件的行政处理情形下）或完成前期基础工作（在刑事案件移送情形下），也能确保司法最终解决原则（在民事案件的行政处理后进入民事司法或行政诉讼情形下）。弊的是既可能出现“适得其所”的理想保护状态，又可能出现“罚不当行”的“错轨”，后者需要一种程序上的“转轨”机制予以避免。“错轨”发生的原因，既有行政机关和刑事司法机关消极对待而生，导致案件本应移送却没有移送或无法移送，本应受刑事处罚的犯罪行为被当做一般行政违法行为予以处理，构成行

① See Geraldine Szott Moohr, “The Politics of Crime Defining Overcriminalization Through Cost-Benefit Analysis: The Example of Criminal Copyright Laws”, 54 Am. U. L. Rev. 783 (February), 2005.

② See Frederick M. Abbott et. al., International Intellectual Property in an Integrated World Economy, Aspen Publishers, 2007, p. 608.

政与司法的“隐形冲突”[①]；也有“行政之轨”被滥用以达到某些不法目的所导致，即行政机关对涉嫌犯罪案件不移送司法机关而“以罚代刑”，导致“刑案行处”（个别情形下也可能对本未涉嫌犯罪案件“拔高”移送以期“行案刑处”）。我国实践中，“以罚代刑”成为一个在国家层面长期被关注的重大问题，也是双轨保护可能弊端之主要所在。对此，党的十八届三中全会《关于全面深化改革若干重大问题的决定》第31段提出了“完善行政执法与刑事司法衔接机制”，党的十八届四中全会《关于全面推进依法治国若干重大问题的决定》提出：“健全行政执法和刑事司法衔接机制，完善案件移送标准和程序，建立行政执法机关、公安机关、检察机关、审判机关信息共享、案情通报、案件移送制度，坚决克服有案不移、有案难移、以罚代刑现象，实现行政处罚和刑事处罚无缝对接。”国务院《关于进一步做好打击侵犯知识产权和制售假冒伪劣商品工作的意见》（国发〔2011〕37号）所确立的长效机制主要内容之一是“推进行政执法与刑事司法衔接”。[②] 因此，杜绝“以罚代刑”现象的解决办法是监督“行政之轨”，强化“司法之轨”，建立和运行“行政执法—刑事司法”两轨之间制度化的行刑衔接机制。

知识产权案件行刑衔接是指在知识产权行政执法与刑事司法过程中，通过体制和机制建设，实现行政保护和司法保护的有效勾连，达致统一刑事追诉标准、统一证据转化规则和统一案件移送程序的法治构造和运作程式，是在“双轨”之间对特定案件所采取的动态移送流程和案情反馈机理。行刑衔接机制是知识产权双轨保护所必需的一环，是一个中国语境中的话题。《中国加入世界贸易组织工作组报告书》中指出，有些成员认为中国行政处罚偏轻，同时，提起刑事诉讼门槛较高而使中国的知识产权执行变得很困难，对此，我国代表曾承诺，“适当的案件，包括那些涉及屡犯和故意盗版和假冒的案件，将被移交有

① 参见姜芳蕊：《知识产权行政保护与司法保护的冲突与协调》，载《知识产权》2014年第2期。

② 参见国务院新闻办公室：《中国政府建立打击侵权假冒常态化工作机制》，载中国网 http://www.china.com.cn/zhibo/zhuanti/ch-xinwen/2011-12/13/content_24140675.htm，2014年5月30日访问。

关主管机关按照刑法的规定起诉”。这里所承诺的“移交”起诉义务，正是知识产权行政执法与刑事司法的衔接机制，也是知识产权行政执法与刑事司法衔接机制应运而生的原因之一。要实现“司法保护主导”，需要切实加强知识产权案件行刑衔接，因为这样一来，原来可能不当地被行政执法所处理的案件会重新进入刑事司法体系之中，使“发挥刑罚惩治和预防知识产权犯罪的功能”有了实现的机会。而刑事门槛的合理降低，行政保护由强到弱、逐渐淡出等，也有类似效果，该机制有利于加强知识产权刑事司法保护。当然，国家内部战略和外部国际形势的变化，应该说为该衔接机制提供了更多新的现实合理性。

第二节　“行刑衔接”机制实证考察

一、衔接机制的文本考察

（一）衔接机制的文本演变

知识产权领域的行刑衔接问题，既要适用一般的衔接机制规范，也要针对知识产权案件行刑衔接的专门文件规范。1996 年《中华人民共和国行政处罚法》（以下简称《行政处罚法》）第 7 条第 2 款涉及了行刑衔接问题，规定“违法行为构成犯罪，应当依法追究刑事责任，不得以行政处罚代替刑事处罚”。国务院 2001 年 7 月《行政执法机关移送涉嫌犯罪案件的规定》（以下简称《行政移送规定》）规定：“行政执法机关在依法查处违法行为过程中，发现违法事实涉及的金额、违法事实的情节、违法事实造成的后果等……涉嫌构成犯罪，依法需要追究刑事责任的，必须依照该规定向公安机关移送。”该规定迄今仍是行刑衔接机制的法律基础和规范支柱。专门的知识产权案件衔接规范多停留于规章或规范性文件层面。早在 2000 年，公安部与国家工商行政管理总局、国家知识产权局等相关部门，就共同下发了《关于在查处侵犯知识产权违法犯罪案件工作中加强协作配合的通知》，建立了联席会议等协作配合制度。多年来，知识产权案件行刑衔接机制经过不断演进与完善，其规范性文件如表 5-2 所示。

表 5-2　知识产权案件行刑衔接机制规范性文件

日期	主体	名称	内容
2000 年 10 月	公安部、国家工商行政管理总局、国家知识产权局	关于在查处侵犯知识产权违法犯罪案件工作中加强协作配合的通知	就查处侵犯知识产权犯罪涉及的协作配合问题作出规定
2001 年 7 月	国务院	行政执法机关移送涉嫌犯罪案件的规定	行政执法机关发现违法事实的金额、情节、后果等涉嫌构成犯罪、需要追究刑责的，须移送公安
2001 年 9 月	最高人民检察院	人民检察院办理行政执法机关移送涉嫌犯罪案件的规定	办理行政执法机关移送涉嫌犯罪案件中，检察机关应遵守的要求规定
2004 年 3 月	最高人民检察院、整规办*、公安部	关于加强行政执法机关与公安机关、人民检察院工作联系的意见	初步建立行刑衔接工作机制，形成打击侵犯知识产权违法犯罪活动合力，保证案件及时进入刑事司法程序
2006 年 1 月	公安部、国家工商行政管理总局	关于在打击侵犯商标专用权违法犯罪工作中加强衔接配合的暂行规定	具体落实商标违法犯罪中的行政执法与刑事司法衔接机制
2006 年 1 月	最高人民检察院、整规办、公安部、监察部	关于在行政执法中及时移送涉嫌犯罪案件的意见	进一步规范建立行刑衔接机制，应制作《涉嫌犯罪案件移送书》，移送同级公安并抄送同级检察院
2006 年 3 月	公安部、国家海关总署	关于加强知识产权执法协作的暂行规定	加强知识产权执法协作
2006 年 3 月	公安部、国家版权局	关于在打击侵犯著作权违法犯罪工作中加强衔接配合的暂行规定	具体落实著作权违法犯罪中的行政执法与刑事司法衔接机制

（续表）

日期	主体	名称	内容
2008 年 6 月	公安部、国家知识产权局	关于建立协作配合机制共同加强知识产权保护工作的通知	推动行政执法、刑事司法的衔接配合，加强案件线索移交和信息通报等
2011 年 1 月	“两高”、公安部	关于办理侵犯知识产权刑事案件适用法律若干问题的意见	办理侵犯知识产权刑事案件中行政执法部门收集、调取证据的效力
2012 年 2 月	全国人民代表大会	刑事诉讼法	第 52 条第 2 款规定各类行政执法证据在刑事诉讼中的效力性质
2012 年 4 月	中央办公厅、国务院办公厅	关于加强行政执法与刑事司法衔接工作的意见	严格履行法定职责，完善衔接工作机制，加强衔接工作监督和组织领导
2012 年 5 月	国家工商行政管理总局、国家海关总署	加强保护商标专用权执法合作的暂行规定	工商与海关系统就保护商标专用权开展执法合作
2012 年 9 月	国务院办公厅	关于做好打击侵犯知识产权和制售假冒伪劣商品工作中行政执法与刑事司法衔接的意见	在打击侵犯知识产权和制售假冒伪劣商品工作中行刑衔接工作的要求
2012 年 12 月	最高人民检察院、公安部、国家工商行政管理总局	关于加强工商行政执法与刑事司法衔接配合工作若干问题的意见	工商行政执法与刑事司法衔接工作要求
2014 年	全国打击侵权假冒工作领导小组	关于依法公开制售假冒伪劣商品和侵犯知识产权行政处罚案件信息的意见（试行）	总体要求、公开的内容、公开的权限、公开的程序和方式、规范和管理、监督和保障

* 全国整顿和规范市场经济秩序领导小组办公室。

从上表可见，知识产权行刑衔接机制经历了从点到面的范围演进和从一般到战略地位演进过程。

（1）范围从点到面、点面结合。如商标权、著作权、专利权案件的行刑衔接及其在海关环节的处理机制，都有“重点”式安排，整体知识产权衔接也有“面”上的部署；面上的衔接机制具体落实在众多的点上，如行政处罚案件信息的公开、行政执法证据的转化、案件线索通报移送、专业咨询协助等，逐一予以了明确。

（2）地位从一般提升到战略层面。近年来，行刑衔接成为知识产权保护战略的重要环节和抓手，尤其是2008年《国家知识产权战略纲要》第(47)提出了“加大行政执法机关向刑事司法机关移送知识产权刑事案件和刑事司法机关受理知识产权刑事案件的力度”。

（二）衔接机制的文本分析

上表中知识产权案件行刑衔接机制文件包括1件法律、1件行政法规和14个其他文件。

1. 制定主体具有联合性，公安部几乎参与了所有文件的制定颁行

（1）两个以上主体制定颁行的占11个，这无疑与衔接机制本身就具有“跨机关”/“跨部门”性（涉及行政执法机关和刑事司法机关）直接相关。单独主体制定的有4个，既有“一府两院”层面的国务院、最高人民检察院，也有本身就具有组织协调职能的“全国打击侵犯知识产权和制售假冒伪劣商品工作领导小组”和国务院办公厅。

（2）由于知识产权犯罪案件应当由公安机关立案侦查，公安机关是受理涉嫌知识产权犯罪案件移送的机关，故公安部在知识产权行刑衔接机制的所有文件中都是不可或缺的制定主体，而中央办公厅/国务院办公厅、国家工商总局/海关总署两个文件要除外，则是因为它们主要是涉衔接问题的工作安排或行政执法合作议题而非衔接机制本身。作为联合制定主体的他方，则是知识产权行政执法机关，主要包括国家知识产权局、国家版权局、国家工商行政管理总局、海关总署等机关。行刑衔接是跨公安机关和知识产权执法机关之间的事，需要发挥两个“积极性”，前者单一，后者多元，故“捷径”应是抓好公安机关

这个衔接机制的运行“要害”。比如,公安部为查处侵犯知识产权违法犯罪案件工作中加强协作配合,专门与国家工商行政管理总局、国家知识产权局等共同颁行过多个规定(通知),确实带来了行政移送涉嫌知识产权犯罪案件的持续增加。

(3)在激励约束层面,尚需引入对衔接活动的第三方监督机制,即检察机关等对行刑衔接的法律监督。在联合制定的13个文件中,最高人民检察院只参与了其中的4个,这表明:作为专门法律监督机关,对行刑衔接机制在知识产权具体领域的运行缺乏“深度参与”,在具体机制的建立中即已屡屡“缺席”。无论是建议行政执法机关向公安机关移送,还是监督公安机关立案侦查涉嫌犯罪案件,甚或推动建设“网上衔接、信息共享”机制,检察机关的行刑衔接监督“席位”是不可或缺的,在衔接机制规范上应具有相应的规则制定权。

2. 文件形式的非正式性特点比较明显

文件采取“规定”形式的有两个(国务院、最高人民检察院单独制定的),采“暂行规定”的有4个,采“意见”的7个,采“通知”的两个。总体来说,文件形式为“规定”的,相对来说应比较正式,但在清单中数量最少;“暂行规定”明显具有试点性、过渡性,但十年即将过去,并无“转正”迹象。相反,大量文件都是“意见”,这种政策性很强的形式或工作部署色彩很浓的“通知”形式。由此带来的后果是,效力层次较低致无法起到刚性约束作用;原则性规定居多而实务性规定少,使衔接机制规范缺乏应有的操作性。行刑衔接机制的良性运行离不开规范基础的权威性和正当性,在衔接成为较突出问题的“经济基础”面前,作为“上层建筑”的衔接规范应当及时作出回应。具体说,就是应当对已有的规范形式进行全面梳理,并通过立法程序上升为法律规范或行政法规规范。

3. 规范在内容上以程序问题为主,很少涉及实体问题

文件取名为“衔接/衔接配合/衔接工作”的有5个,取名为“移送”的有3个,取名为“执法合作/执法协作”的有两个,取名为“协作配合”的两个,“工作联系”的1个。它们都无一例外地强调了行刑衔接、

案件移送甚至更广意义上的“跨部门”“跨机关”协作、配合或合作；此外，还有两个涉及的是衔接机制的下位子机制：一个是行政执法证据在刑事诉讼中的转化。2011 年《知识产权刑事案件意见》在司法解释层面首次予以规范，2012 年《刑事诉讼法》第 52 条第 2 款在法律层面一般性地作了规定。另一个是知识产权行政处罚信息公开。上述文件对移送案件的条件、基本程序及工作时限、违规责任等考虑较周全和有明确规定，但未就移送的实体问题进行明确详细的规定，对执行的主体缺乏明确的要求，致难发挥应有的作用。由于司法机关和行政机关分属两个不同系统，目前衔接机制的建立和运行仍多停留在如何规范操作的“流程”层面上，在会议、文件和联合执法的层面上。至于具体衔接活动，仍需要以“议决”方式进行；但这并不是真正依靠“机制”本身而实现衔接的。

4. 规范之间存在冲突和“衔接”协调不够

实践中存在“行、刑”数额标准不衔接、违法行为与犯罪行为出现重合的现象。2004 年《知识产权刑事案件解释》、2007 年《知识产权刑事案件解释(二)》大幅降低了侵犯著作权罪的刑事门槛，2006 年 3 月 26 日，公安部、国家版权局还颁布了《关于在打击侵犯著作权违法犯罪工作中加强衔接配合的暂行规定》。然而，2009 年 5 月 7 日，国家版权局才修改《著作权行政处罚实施办法》，之前第 31 条对“情节严重”案件的规定是：“(一) 个人违法所得数额(即获利数额)五千元以上，单位违法所得数额在三万元以上的；(二) 个人非法经营数额在三万以上，单位非法经营数额在十万元以上的；(三) 个人经营侵权复制品两千册(张或盒)以上，单位经营侵权复制品五千册(张或盒)以上的……”这里“行政处罚与刑事处罚的标准相去甚远”①，行政处罚公然逾越刑事处罚领地。修改后的第 31 条改为：“(一) 违法所得数额

① 张智辉、王锐：《行政处罚与刑事处罚的衔接——以知识产权侵权行为处罚标准为视角》，载《人民检察》2010 年第 9 期。如果考虑单位犯罪标准的“等同制”，问题就更大了。

（即获利数额）二千五百元以上的；（二）非法经营数额在一万五千元以上的；（三）经营侵权制品在二百五十册（张或份）以上的……”仍存在行政处罚上限不明、“行、刑”界分不清的缺陷。有的地方行政执法机关颁行的具体处罚标准也是这样规定的。[①] 连对应的行政机关都未领会、吃透，又怎能指望“倒霉”的侵权者奉为“行为规范”呢？行刑衔接标准的差异，根本原因在于“司法主导”作用不力。司法解释制定的衔接标准应当通过合适的方式、渠道，广而告之、深入人心，而不应当仅仅停留在文件上、判决书中。只有明确规定行政处罚的上限，使其与刑事处罚的下限相衔接，才能从规范上根本消除不衔接的弊端。

二、衔接机制的实践考察

（一）行政移送涉嫌知识产权犯罪案件的历年数据

1. 著作权案件行政移送数据

从行刑衔接角度看，2004 年 12 月设立“侵权复制品数量”标准和 2007 年 4 月降低该数量标准，势必使原来大量的违法行为被“转移”进刑事司法体系当做犯罪处理，带来移送数量的急剧增加。2013 年《著作权法实施条例》提高了侵犯著作权行政处罚的范围与幅度，在某种意义上扩大了可能涉嫌犯罪被移送案件的来源范围。涉嫌著作权犯罪案件行政移送情况如表 5-3、图 5-1。

表 5-3　全国著作权行政机关行政处罚与案件移送情况 *

年份	行政处罚数量（件）	案件移送（件）	移送比（%）
2001	3 650	69	1.89
2002	5 250	136	2.59
2003	21 032	224	1.07

① 如截至 2012 年 7 月，湖南省新闻出版局、长沙市文广新局“行政处罚裁量权基准”的规范性文件中，关于著作权行政处罚仍未与 2004 年《知识产权刑事案件解释》、2007 年《知识产权刑事案件解释（二）》确立的定罪量刑标准相衔接，此时《知识产权刑事案件解释》都已颁行近 8 年了（之后即启动了修订程序）。

(续表)

年份	行政处罚数量(件)	案件移送(件)	移送比(%)
2004	7 986	101	1.26
2005	7 840	366	4.67
2006	8 524	235	2.76
2007	9 816	268	2.73
2008	9 032	238	2.64
2009	/	/	/
2010	10 590	538	5.08

* 资料来源:根据国家版权局"版权统计"数据整理。

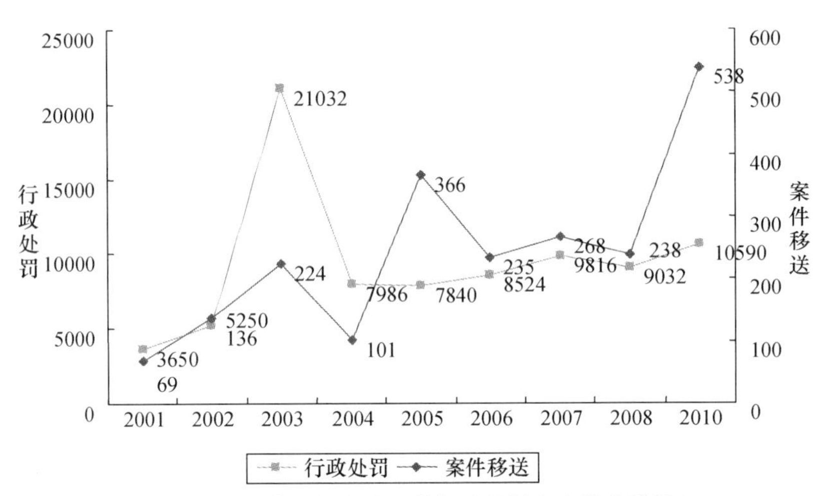

图 5-1 全国著作权行政机关行政处罚和案件移送情况

从图表可知:

(1) 2005 年确实有这种"突升"效应(移送案数和移送比从 2004 年的 101 件,占 1.26%,突升到 2005 年的 366 件,占 4.67%);说明门槛下降和新增定量根据,确为著作权刑事司法增加了"案件来源"。之后虽有下降,但都高于 2004 年及以前年度的数据值。

(2) 2007 年数量标准再次下调,移送数量由 2006 年的 235 件波动到 268 件,2008 年又下降到 238 件,"门槛效应"全然不见了,而同期的行政处罚数量仍总体上扬并居高位。

（3）2010 年再次呈“井喷”式增加，达 538 件、移送比为 5.08%；虽与“专项行动”有直接关系，但“刑事门槛”无疑提供了制度根据。

行政移送的案件不乏影响甚大的要案，如 2009 年由江苏省苏州市虎丘区人民法院判决的成都共软网络科技有限公司与孙显忠、洪磊等侵犯著作权案（即“番茄花园案”），由版权行政管理部门立案查处并移送司法机关依法审判，成为我国第一起通过刑事司法途径打击大规模网络软件盗版行为的成功刑事案例。

2. 专利案件行政移送数据

《专利法》已经过 3 次修正，每次修正都对专利侵权、违法、犯罪行为的规定进行了立法调整或变化（见表 5-4）。其基本演进脉络是：1984 年《专利法》在第 60 条和第 63 条分别规定了专利侵权和假冒他人专利之处理；1992 年《专利法》在第 63 条增加了第 2 款，即冒充专利条款；2000 年《专利法》将 3 种行为分列为 3 个条文（第 57—59 条）；2008 年 12 月第 3 次修正专利法时，在第 61 条维持了侵犯专利权的规定，并将原第 58 条、第 59 条合并为新的第 63 条，规定了“假冒专利”行为。可见，尽管 1997 年《刑法》第 216 条只规定“假冒他人专利，情节严重的”予以刑事惩罚，但专利犯罪的前置法已经和正在发生频繁、剧烈的变动，其行政移送相应也发生了变化。

表 5-4　专利法历次修改中专利侵权、违法、犯罪行为规定演进情况

<table>
<tr><th>行为类型</th><th>侵犯专利权</th><th>假冒他人专利</th><th>冒充专利</th></tr>
<tr><td>1984 年</td><td rowspan="4">只有民事责任</td><td rowspan="3">可能有民事、行政与刑事责任</td><td>无规定</td></tr>
<tr><td>1992 年</td><td rowspan="2">仅有行政责任，没有民事、刑事责任</td></tr>
<tr><td>2000 年</td></tr>
<tr><td>2008 年</td><td colspan="2">合并为“假冒专利”：可能有民事、行政与刑事责任</td></tr>
</table>

专利行政执法颇受重视，2011 年修改了《关于加强专利行政执法工作的决定》，目前第四次修改专利法草案的主要内容也是行政执法权力的强化配置。专利行政处罚的只有假冒专利行为而不涉及侵犯专利权行为。涉嫌假冒专利犯罪案件行政移送情况，见表 5-5。移送案件虽然绝对数很低，但移送比（与“假冒他人专利结案数”之比）却

非常高，尤其是2007年，竟然悉数移送给司法机关。法院审结的专利刑事案件却远低于移送数量。

表5-5 各级知识产权局专利行政处罚和案件移送情况*

（单位：件）

年份	冒充专利结案	假冒他人专利结案	移送	移送比（%）	法院审结假冒专利罪
2002	1 042	111	/	/	2
2003	1 193	219	/	/	1
2004	1 425	92	/	/	1
2005	2 808	362	15	4.14	/
2006	933	33	12	36.36	/
2007	681	32	32	100.00	/
2008	601	59	21	35.59	/
2009	548	30	9	30.00	/
2010	（统称假冒专利）728		/	/	2
2011	1 704		7	/	1
2012			/	/	63

*资料来源：根据《中国知识产权年鉴》数据整理。

3. 商标案件行政移送数据

在商标行政执法方面，我国工商机关每年查处的绝大多数是商标假冒案件，主要违法形式是"未经注册商标所有人的许可，在相同商品上使用与其注册商标相同的商标的"和"销售明知是假冒注册商标的商品的"行为。涉嫌商标犯罪案件行政移送情况，见表5-6。

表5-6 各级工商行政管理机关查处侵权假冒商标案件情况*

（单位：件、人、万元）

年份	案件数	移送案数	移送人数	收缴标识	收缴工具	罚款
2001	22 813	86	88	138 795 152	14 004	13 190
2002	23 539	59	78	78 979 514	14 882	13 561
2003	26 488	45	52	58 395 994	15 597	19 639
2004	40 171	96	82	36 144 891	280 781	22 088

（续表）

年份	案件数	移送案数	移送人数	收缴标识	收缴工具	罚款
2005	39 107	236	215	46 508 620	18 414	28 870
2006	41 214	252	263	28 019 264	2 905	34 787
2007	42 314	229	228	27 400 110	4 201	36 443
2008	47 045	137	145	18 506 514	16 773	40 580
2009	43 596	92	109	13 148 785	3 409	35 839
2010	48 548	175	163	12 752 200	/	/
2012	120 400	1 576				85 100

* 资料来源：根据各年《中国知识产权保护状况白皮书》《中国商标战略年度发展报告》整理。

就商标侵权假冒案件行政执法数量而言，从 2004 年开始就基本维持在四万件以上了，而 2012 年突然飙升至 120 400 件。商标刑事案件移送数量则波动较大，2005 年突然告别以往 100 件以下的历史，突升至 236 件；年度移送 200 件以上的成绩维持至 2007 年，即开始回落，2009 年还跌至 92 件。但是，2012 年全国工商系统依法向司法机关移送涉嫌犯罪案件 1 576 件，是打击侵权假冒专项行动期间移送案件的 2.08 倍，涉案金额 20.24 亿元。分析可知，我国实行的是五级商标执法体制（与政府层级划分为五级相对应），最末端的工商所，全国有 2.4 万个，整个工商队伍人员就有 45 万人。从可执法的人员队伍看，几乎接近全国整个法官队伍的两倍。以 2012 年为例，全国工商系统当年共出动执法人员 152.73 万人次，检查批发零售市场、集贸市场等各类市场 39.45 万个，立案查处侵权、假冒案件 12.04 万件、罚没金额 8.51 亿元。由于快捷、及时，工商行政保护被权利人更多地采用。①由此，我国工商行政执法队伍打击商标假冒违法犯罪具有巨大潜力，是行刑衔接的重要平台。

双轨保护下我国知识产权行政执法处罚与刑事司法年度数据总体对比，见表 5-7。

---

① 参见付双建：《改革开放 30 年中国商标事业的发展》，载《知识产权与改革开放 30 年》编委会：《知识产权与改革开放 30 年》，知识产权出版社 2008 年版，第 46 页。

表 5-7 商标、专利、著作权案件行政处罚数量

年份	著作权行政处罚（件）	假冒他人专利行政处罚（件）	商标行政处罚	商标、专利、著作权行政处罚案数	一审审结涉及知识产权刑案数
2001	3 650	/	22 813	/	/
2002	5 250	111	23 539	28 900	/
2003	21 032	219	26 488	47 739	/
2004	7 986	92	40 171	48 249	2 751
2005	7 840	362	39 107	47 309	3 529
2006	8 524	33	41 214	49 771	2 277
2007	9 816	32	42 314	52 162	2 684
2008	9 032	59	47 045	56 136	3 326
2009	/	30	43 596	/	3 660
2010	10 590	/	48 548	/	3 942

（二）行刑衔接的公安机关受理和检察监督数据情况

从表 5-2 可看出，公安部积极推进与工商、版权、专利、海关等部门的衔接配合机制建设，2000 年以来与上述部门先后签署了相关合作文件。据不完全统计，2002 年，公安部经侦局受理侵犯知识产权犯罪案件 1 424 起，其中行政移送 316 起；2003 年，受理 1 318 起，其中行政移送 261 起；2004 年 1—10 月受理 1 256 起，其中行政机关移送 271 起。① 2008—2010 年 3 年中，各行政执法部门共向公安机关移送涉嫌侵犯知识产权犯罪案件 1 840 起，每年占公安机关受理知识产权刑事案件总数 20% 以上，其中，2010 年行政机关移送 754 起（同比上升 52.9%）。② 公安机关受理数据应可从另一角度揭示行政机关移送案件的数量规模。除了地方差异外，行政机关移送的刑事案件比例总体

① 转引自田文英：《涉嫌知识产权犯罪移送的法律问题研究》，载中国社会科学院知识产权研究中心、中国知识产权培训中心：《完善知识产权执法体制问题研究》，知识产权出版社 2008 版，第 63 页。

② 参见国家知识产权战略实施工作部际联席会议办公室：《公安部：矢志攻坚 锐意创新 以强有力的刑事执法助推我国科学发展》（2011-4-22），载国家知识产权局网站 http://www.nipso.cn/onews.asp? id = 11329，2014 年 5 月 30 日访问。

仍偏低也是不争的事实。从这些数据可看出，知识产权案件行刑衔接机制运作起到了效果，尤其2010年以来，其优势更是日渐彰显。公安部称，已建立公安机关“主动侦查”+行政部门“阵地控制”的工作模式和“信息共享、事先介入、联合行动、优势互补”的新工作机制。

在知识产权刑事司法保护中，检察机关的职责可概括为三个方面：一是批捕和提起公诉，直接打击侵犯知识产权犯罪活动；二是诉讼监督，以保障知识产权案件办理质量和力度；三是查处侵犯知识产权背后的职务犯罪。检察机关对行政执法机关向司法机关移送涉嫌犯罪案件的监督职能，是国务院2001年《行政移送规定》这一行政法规所规定的。其第14条规定：“行政执法机关向司法机关移送涉嫌犯罪案件，应当接受人民检察院和监察机关依法实施的监督。”“任何单位和个人对行政执法机关违反本规定，应当向公安机关移送涉嫌犯罪案件而不移送的，有权向人民检察院、监察机关或者上级行政执法机关举报。”

这里的检察监督，其对象是行刑衔接，故分为“行”（行政执法机关）和“刑”（公安机关）两个方面：一是移送监督，即监督行政执法机关移送涉嫌侵犯知识产权犯罪案件；二是立案监督，即监督公安机关立案活动。围绕“保护知识产权”这一主题，全国检察机关已开展两次“行政执法机关移送涉嫌犯罪案件专项监督行动”。

第一次是2004年3月—2005年12月。系根据中央统一部署在全国开展，进一步加强对行政执法机关移送涉嫌犯罪案件的监督，推进各地案件移送、“两法衔接工作的规范化”，纠正侵犯知识产权犯罪打击不力现象。具体内容为：加强对行政执法机关抄送的侵犯知识产权案件《行政处罚决定书》副本的审查工作；对涉嫌侵犯知识产权犯罪的，及时提出移送公安机关的建议；发现和掌握侵犯知识产权违法犯罪背后的国家工作人员职务犯罪线索并依法查办等。期间，移送监督245件和289人，立案监督462件、564人。

第二次则是2010年—2011年。最高人民检察院推动行刑衔接和行政移送的监督，特别是推动有条件的地方建立行政执法与刑事司法“网上衔接，信息共享”机制，为检察机关及时监督行政执法机关移送涉嫌侵犯知识产权犯罪案件提供便利条件，成效明显。2010 年至 2012 立案监督知识产权案数 31 件、32 件（受理立案监督线索 41 条）和 205 件（受理立案监督线索 213 条）。对比可知，本次专项监督活动期间，监督公安机关立案件数和人数都大大降低，在某种意义上，这说明公安机关打击侵犯知识产权犯罪方面的力度已经非常大。

（三）实践情况的问题发现

从近年统计看，知识产权行政机关向司法机关移送案件的情况有所波动，行政移送总量少，但增长潜力大，反映出行刑衔接尚非“机制性”运作而呈“政策性”执行。我国中央和地方的文件中往往提出要实现“行刑”案件之间“无缝衔接”，然而，目前知识产权行刑衔接中的“缝”有多大规模，如何测量？这恐怕也无人能准确计算。我国知识产权保护情况曾被概括为“三多三少”，即：查封的侵权物品和窝点多，移送司法机关的少；查处的案件多，结案的少；行政处罚的多，追究刑事责任的少。作为受害人的知识产权人深有体会，“南孚现象”足以说明这点：南孚公司面对假冒驰名商标的侵权问题，多年间成立几十人专职“打假”队伍，却未能遏制住假冒商标的势头，反呈蔓延扩大趋势。[①] 学界曾有一项“知识产权犯罪”问卷调查，问及行政机关在处理侵犯知识产权犯罪案件中“以罚代刑”现象，结果显示：受访者认为“没有以罚代刑”的占 5.5%，“很少以罚代刑”的占 23.7%，“以罚代刑很常见”的占 24.9%，“不清楚”的占 45.9%[②]，由此算出有明确认识的受访者群体（占总数 54.1%）中，认为“以罚代刑很常见”的占（24.9% ÷ 54.1% =）46%。这表明，从公众认识层面来看，行政机关处理侵犯知识产权犯罪案件中“以罚代刑”有一定的普遍性。

但是，行刑衔接绝不是权宜之计，而是知识产权执法与司法的重大问题。为什么知识产权案件多行政处罚而少刑罚？有论者将主要

---

① 参见王志广：《中国知识产权刑事保护研究》（理论卷），中国人民公安大学出版社 2007 年版，第 340 页。

② 参见赵秉志：《侵犯著作权犯罪研究》，中国人民大学出版社 2008 年版，第 183 页。

问题归纳为:衔接法律依据缺乏整合,证据转化规则缺失,追诉标准适用存有漏洞,执法衔接程序存有缺陷。[1] 本书认为,学者所言的问题已不同程度得到一定解决,行刑衔接的瓶颈主要还在于机制自身,可从简化(衔接)主体、畅通渠道、强化监督的思路来对该机制进行优化。

第三节　“行刑衔接”机制优化

一、知识产权行政执法优化

(一) 简化行政移送主体

1. 从部门执法到联合执法

(1) 现有知识产权行政机构的设置采取的是“因权设部”模式,实行部门执法。除著作权、专利、商标这三块传统领地各设一个行政管理机关外,地理标志(原产地名称)、植物新品种、网络域名、边境进出口中的知识产权等分别由检验检疫局、农林业部门、信息产业部门、海关等负责(见表5-8)。单一部门执法资源和力量有限,面对较严重、复杂的违法侵权行为往往力不从心,而这种“多个龙王治水”“多头执法”的协调成本较高。

表5-8　我国知识产权行政管理机关情况

行政机构	管理的知识产权事项
国家知识产权局	专利、集成电路布图设计
国家工商行政管理总局	商标、不正当竞争
国家版权局	著作权
国家质量监督检验检疫总局	地理标志(原产地名称)
农业部门	农业植物新品种权
林业部门	林业植物新品种权
海关部门	边境进出口中的知识产权

[1] 参见梅术文:《知识产权的执法衔接规则》,载《国家检察官学院学报》2008年第2期。

（续表）

行政机构	管理的知识产权事项
商务部门	国际贸易中的知识产权
科技部门	科技领域的知识产权
工业信息部门	网络域名
文化部门	文化领域的知识产权

（2）联合执法具有力量集中、查处迅速、打击严厉的优势，可克服单一部门执法的短板，也存在部门推诿扯皮、浪费执法资源、执法信息不能共享等问题。这从目前已初步建立的包括跨部门协调机制、跨地区协调机制在内的知识产权执法协调机制中，可窥一斑。对此，有学者建议，在借鉴美、日、韩等国知识产权联合执法做法的基础上，建立高级别、权威性知识产权联合执法协调机构，建立专业高效的知识产权部门联合执法队伍，建立畅通快捷的知识产权执法信息共享机制。①

由于行政执法主体多元、分散，对行政执法和行刑衔接都具有直接影响。就衔接而言，容易造成移送质量参差不齐、移送效率低等问题。

2. 综合集中执法

知识产权行政执法是行刑衔接的起点。从完善行刑衔接机制的要求出发，应当实现移送“出口”统一、集中；这就“倒逼”知识产权行政执法主体制度的改革。早先已有观点认为，完善我国知识产权行政执法机制：一是应将现有的专利、商标、版权等主要知识产权行政管理机构整合；二是应将行政执法和行政管理分离，设立行政专业执法队伍。② 党的十八届三中全会《关于全面深化改革若干重大问题的决定》就深化行政执法体制改革提出：“整合执法主体，相对集中执法权，推进综合执法，着力解决权责交叉、多头执法问题，建立权责统一、权

① 参见武善学：《美日韩知识产权部门联合执法概况及其借鉴》，载《知识产权》2012年第1期。

② 参见中国社会科学院知识产权中心编：《中国知识产权保护体系改革研究》，知识产权出版社2008年版，第145—155页。

威高效的行政执法体制。”党的十八届四中全会《关于全面推进依法治国若干重大问题的决定》提出：“推进综合执法”，“有条件的领域可以推行跨部门综合执法。”本书认为，知识产权“综合执法”应是今后发展的方向。它既有利于解决不同类型知识产权之间管理的协调、沟通，又符合行政机关精简、高效的改革方向。将知识产权管理与执法分离，有利于优化配置执法资源和加强行政执法。

比较可行的方案是：以我国相对集中的行政执法权改革为基础，可考虑设立统一的知识产权行政执法局，统一从事行政执法。具体来说，就是在知识产权局框架下，设置统一、权威、专业的知识产权行政执法职能，撤销和整合现有的其他知识产权行政执法队伍（可以有适当例外，如边境执法仍由海关负责）。如此，衔接环节将大为简化、畅通，以“行政之轨”为出口，即统一的知识产权行政执法机关；以“司法之轨”为入口，即公安机关。

（二）行政处罚功能理性回归

不依法移送而以罚代刑、降格处理是知识产权行刑衔接中的一大痼疾，可谓是“行政罚的功能异化”。以罚代刑实质是放纵知识产权违法犯罪和降低其违法犯罪成本，使执法力度和效果大打折扣，从而导致假冒、盗版现象屡禁不绝。行政罚的功能异化问题，应当靠重新定位行政罚的功能本身、使其回归理性来解决，不能依靠扩张刑罚作为解决办法，不能“让法律吃药”。

1. 知识产权行政处罚的理性功能，是通过保护知识产权来维护知识产权秩序

行政执法动用公共资源，只应当做维护公共秩序、公共利益的事，应守住自己的正当阵地，不应当用公共资源去维护知识产权人的私权利（如恶性、反复性侵权已经不再是涉及私权的行为，而是直接涉及了公共利益、扰乱公共秩序①）。行政执法处理的知识产权“侵权”和“违法”案件，远多于民事司法处理的知识产权“侵权”或刑事司法处理的

① 参见张维：《知识产权行政执法被指力度偏软?》，载《法制日报》，2014年6月23日。

知识产权"犯罪"案件,根源正在于法律在民事保护和刑事保护之间设置了宽阔的隔离区间——行政保护。知识产权行政执法战线宜合理收缩,并控制"两头":上游是知识产权民事案件,纯粹民事侵权案件不应动用行政执法资源;下游是知识产权刑事案件,涉嫌犯罪案件不应以罚代刑,刑事门槛以下刑事司法就不应处理。如国务院《关于进一步做好打击侵犯知识产权和制售假冒伪劣商品工作的意见》(国发〔2011〕37 号)部署行政执法检查时,"重点是春耕备耕农资专项打假;重点口岸进出口假冒食品药品专项整治;打击假烟专项行动;建材、汽配、化妆品专项执法打假;药品进货渠道、药品生产企业委托加工专项检查"①,鲜明地体现出民生保护的公益色彩。

当前,有两种倾向应予关注:

(1)行政执法"圈地运动"。知识产权行政执法权力的扩张强化趋势,在 2013 年《商标法》中及目前尚在进行的《专利法》《著作权法》的新一轮修订草案中,都得到不同程度的体现。从成本角度看,知识产权行政执法扮演的角色是国外对轻罪的司法功能和部分对民事侵权的司法功能,在国外由权利人承担司法程序的成本,在我国则"转嫁"到了行政执法机关。在"小政府,大市场"背景下,行政执法应抑制内在的扩张冲动,"有所为,有所不为"。

(2)行政执法"专项运动"。正如有论者所指出,打造知识产权"升级版"需要更加强化法治,弱化或改善运动式专项整治等政策性治理。其理由是:专项行动等活动毕竟具有浓厚的政策治理色彩,会淡化和削弱常规机制的作用,减少人们对于常规机制的信赖,也可能助长侵权行为人的侵权投机心理,不利于彰显法治和维护法治形象,因此,应高度重视司法的法治导向作用。②"上帝的归上帝,恺撒的归恺

---

① 国务院新闻办公室:《中国政府建立打击侵权假冒常态化工作机制》,载中国网 http://www.china.com.cn/zhibo/zhuanti/ch-xinwen/2011-12/13/content_24140675.htm,2014 年 5 月 30 日访问。

② 参见孔祥俊:《积极打造我国知识产权司法保护的"升级版"——经济全球化、新科技革命和创新驱动发展战略下的新思考》,载《知识产权》2014 年第 2 期。

撤”,行政执法只有“有所不为”才会在“有所为”上做得质量更高,才可能为案件行刑衔接移送打下基础。

2. 知识产权行政处罚在我国还有为刑事司法“过滤”和“分流”的制度功能

在当前中国,到底是强化和规范知识产权行政执法并同时加强行刑衔接工作,还是弱化行政执法而仅单一地强化刑事司法,哪一个更能有效地发挥刑罚惩罚和预防知识产权犯罪的功能呢?考虑到国情的实际,尤其是知识产权行政执法队伍在数量上和专业程度上远远超过刑事司法队伍,就应当选择前一答案。它实际上是借用“行政执法之轨”这个“壳”资源,“嫁接”上“行刑衔接”这根程序“管道”,从“行”“刑”两个阵地上并肩作战,合力处理知识产权违法(国外所说的轻罪)和犯罪行为。通过加强行政执法和加大行刑衔接力度,可以为知识产权刑事司法提供更好的平台和条件。即使就“刑案”而言,知识产权执法人员作为专业人士,可以在行政执法办案中发挥某种排头兵和把关作用,避免单纯刑事司法的“不经济性”。

国外学者认为,我国的知识产权行政处罚没有威慑作用。[①] 美国“特别301报告”称,中国长期过分依赖“没有牙齿”的行政措施,行政处罚太低,刑罚利用太少。[②] 但国际上这种“偏低论”,并未通过实证方法得到证实,结合行政处罚规范和个案与刑罚比较,可以发现,关于知识产权行政处罚的规范并非没有威慑力。知识产权行政处罚力度的加大,已在2013年《商标法》、2013年《著作权法实施条例》的修改中得到明显体现。本书认为,从立法论上看,适当提高行政处罚力度,从而平衡“罚”与“刑”的衔接性,使较重的“罚”与较轻的“刑”在惩罚性上的距离更加接近,避免悬殊和突然过渡是必要的,但是,从施法论看,绝不能以“行政处罚太低”为出发点,进行案件衔接移送工作。

---

① See Paul Torremans et. al., Intellectual Property and TRIPS Compliance in China: Chinese and European Perspectives, Edward Elgar Publishing Ltd., 2007, p. 110.

② 参见杨国华:《中美知识产权问题概观》,知识产权出版社2008年版,第40—50页。

二、衔接过程规则的优化

（一）知识产权案件“涉嫌犯罪”判断

1. “涉嫌犯罪”判断需要解决定量问题

刑事诉讼法在涉及“刑事案件”含义时更突出程序性特征，不要求具有“经过审判最终确认构成犯罪”这一特征。而实体法意义上的“刑事案件”，应该是实质的犯罪案件即实质构罪，主要指“经过审判最终确认构成犯罪”的案件，也包括行为实质构罪但不予追究刑事责任（如《刑事诉讼法》第15条中“犯罪嫌疑人、被告人死亡”等情形）的案件。[①] 对于权利人有证据证明的轻微的侵犯知识产权的犯罪案件（3年徒刑以下），行政执法机关可以建议权利人直接向人民法院提起刑事自诉，而不必移送公安机关。[②] 这实际上控制了公诉案件数量，减少了非重大案件对侦控资源的占用。行政部门决定移送的案件本身是要其基于案件“涉嫌犯罪”的性质，而“涉嫌犯罪”的判断无疑就要以刑法为依据，行政机关难以判断应否移送而存在困惑。该判断过程所面临的问题是与司法机关的判断内容相似或一致，但法律性质不同。

案件行刑衔接必然需要定量这一裁量过程，这是最突出的问题。知识产权刑事门槛以下的，一概不具有可刑罚性，禁止“行（民）案刑处”的必要性除了罪刑法定原则下对被告人权益的保护外，同时也更符合受害人利益及刑法的谦抑原则。我国知识产权犯罪“立法抽象定量”的模式，意味着在处理知识产权违法和犯罪两类案件上，立法将个案处理权限分别授予了行政执法机关和刑事司法机关，犯罪的司法具体定量机制又将违法与犯罪的定量“界分权”集中在最高司法机关。

2. 移送标准适当低于立案标准，行、刑定量计算方法宜统一

在定量标准的数值设定上，移送标准应适当低于立案追诉标准。

---

① 参见张利兆：《“刑事案件”概念的实体法意义》，载《法学》2010年第9期。

② 参见国家保护知识产权工作组：《行政执法和司法人员知识产权读本》，人民出版社2008年版，第44页。

最高人民法院《知识产权刑法保护有关问题的调研报告(2002)》曾建议:“只要有证据表明行政执法机关查处的侵犯知识产权案件中侵权人的行为有可能达到相应定罪标准的,或者涉案金额超过有关定罪金额标准的80%的,就应当移交刑事司法机关查处。”其实质是,希冀通过扩大可移送案件的源头范围,减少因“临界效应”带来的“以罚代刑”现象。这在后续多个关于追诉标准的司法解释中均得到了体现。

定量中的计算标准不一致问题,有时会出现“逆转”现象而给行刑有效衔接带来难题。行政执法机关因执法手段有限,难以查清侵权产品的标价和实际销售价格,只能以被侵权产品(真品)的市场中间价计算案值,即“以真论价”。如果遇到行为人在标价上故意混淆视听,或被侵权产品未形成市场或系外国产品且未在境内销售过,就会无从执法。相反,现行司法解释对“非法经营数额”等计算更为严格,司法机关必须以查清标价和实际销售价格为前提,即“以假论价”,在穷尽侦查手段的情况下方以真品价格计算案值。因计算标准分歧而可能导致案值发生很大变化,从而影响案件能否有效立案、立案后的审判甚至裁判的最后生效。① 知识产权案件中违法所得、重大损失等计算方法也存在类似差异。这主要是由于行、刑两种程序中执法主体的职权(公权力内容)与职责(证明标准)不同所致。本书认为,可以考虑对行政处罚与刑事处罚上明确规定同样的计算方法,同时赋予知识产权行政机关更有力的调查权力;还应建立法定情形下公安机关的提前介入制度,从而防止“逆转”现象产生。

3. 已被行政处理案件的再理问题

我国知识产权刑事司法解释规定了累计计算制度,如《知识产权刑事案件意见》规定,“多次实施侵犯知识产权行为,未经行政处理或者刑事处罚的,非法经营数额、违法所得数额或者销售金额累计计算”,“二年内多次实施侵犯知识产权违法行为,未经行政处理,累计数

---

① 参见叶家平:《知识产权行政执法与刑事司法衔接中若干问题研究》,载《科教文汇》2007年第4期。

额构成犯罪的,应当依法定罪处罚。实施侵犯知识产权犯罪行为的追诉期限,适用刑法的有关规定,不受前述二年的限制”。但其中“行政处理”的法律意义不甚合理。“未经行政处理”这一限制条件,意味着“经行政处理”的就不再累计计算。但这种表面上的“一事不再理”,却让“行政执法可能成为追究侵权人刑事责任的障碍,也可能使某些侵权人利用个别行政机关的插手而逃避刑事责任”,从而产生量刑不均的问题。① 比如,甲假冒注册商标,上半年非法经营额 4 万元,被行政处罚,下半年又假冒该商标同样非法经营额 4 万元,不能刑罚;乙同年假冒同一注册商标非法经营额 5 万元,却应予刑罚。可是,乙的累计数额(侵权规模)、所受法律威慑都不及甲,但最终却只有乙成为刑事司法机制所要处理的对象,及时实施的行政处罚反而有助于“反侦查”式的逃避“累计计算”法网。对此,浦东新区法院的法官开出“绝对累计,折抵罚金”的处方,即只要“未经刑事处罚”的,不管是否经行政处理,都一律累计计算(绝对化),以此作为入罪或法定刑升格的情节,但经行政处理的,刑事罚金时可予折抵。应当说,这一观点具有合理性。

（二）程序启动:“刑事优先”v“行政优先”

1. 一般性“行政优先” + 特定化“刑事优先”

在惩处侵犯知识产权行为的程序适用上,存在“刑事优先论”与“行政优先论”两种观点。“刑事优先论”认为,刑事处理与行政处理之间是一种位阶关系,刑事处理要重于行政处理,故应优先适用。“行政优先论”认为,以“行政优先”为原则、以“刑事先理”为例外,应当成为我国惩处侵犯知识产权行为的程序适用原则。该种观点的理由是:刑事司法程序启动的必要性来自行政秩序的恢复与保障;刑事司法程序适用以行政违法本质的认定为前提;刑事证据规则的审查以行政专

① 参见陈惠珍、倪红霞、徐飞:《知识产权民事、行政、刑事程序衔接中若干问题探讨》,载丁寿兴主编:《浦东法院知识产权审判文选(2005—2008)》,知识产权出版社 2009 年版,第 134—135 页。

业知识的运用为保障。[①] 本书认为,“刑事优先论”的程序路径选择一直以来都是共识和传统,但是在司法实务中所暴露出的缺陷日益清晰,理论困惑不断滋生,而“行政优先论”则契合了我国加强知识产权行政执法、同时又加大了行刑衔接力度的政策选择,因而其合理性日增,值得重视。

(1) 从规范层面看,侵犯知识产权罪属于典型的法定犯或行政犯,具有行政和刑事的双重违法性,其行政违法性是刑事违法性的基础与前提。知识产权法律法规制度成为知识产权刑法的前置法,前置法及其变动决定着知识产权犯罪边界如何被厘定及调控,也就是学界所言的定罪上“前置法定性+刑法定量”机制。知识产权的前置法呈规范众多、内容庞杂、专业技术性强的特点,由作为专业人士的行政执法人员,“先理”案件以确定其行政违法性,无疑具有得天独厚的专业优势。

(2) 从事实层面看,知识产权案件证据涉及较高的专业准入门槛,且大量存在于多个行政执法环节和行政执法部门的行政管理活动之中,其收集与审查收集即便由经验丰富的行政执法人员进行,也需要巨大投入,更遑论总数远不及在知识产权行政执法队伍的刑事司法人员。行政执法的传统打击方法是发现窝点予以端掉,好比救火队灭火,是必须的;但是何人放的火,却由于手段欠缺而难以查明。公安司法机关运用法律赋予的权力,找出并制裁放火者是有效的,唯有二者结合才能增强打击力度。[②]

因此,在知识产权违法犯罪案件办理中,一般性地采用“行政优先”的程序适用原则,而只对特定的或重大的或明显的犯罪案件适用“刑事优先”原则,更符合司法公正和效率的要求。在该种程序模式下,行刑衔接更显必要和更具价值。换言之,良好的行刑衔接为“行政

---

① 参见田宏杰:《侵犯知识产权犯罪的几个疑难问题探究》,载《法商研究》2010年第2期。

② 参见姜伟:《知识产权刑事保护研究》,法律出版社2004年版,第390—391页。

优先”模式提供了制度空间。当然,由于在程序上行政执法不及刑事司法严格,“行政优先”仅仅能解决行政犯的“行政违法性”问题和为“刑事违法性”做前期准备,故“刑事后继”应当及时、有效跟进。

2. 理顺“两罚”适用关系

从处理结果看,行政处罚与刑罚这“两罚”的适用关系,尚需要明确以下问题:

(1)行政机关移送前能否行政处罚及已作出的行政处罚决定应否撤销。2001年《行政移送规定》第11条规定:移送前已经作出的警告,责令停产停业,暂扣或者吊销许可证、暂扣或者吊销执照的行政处罚决定“不停止执行”;已经依法给予当事人罚款的,“依法折抵”,这也包括多出的部分应当退回。[①]

(2)移送后行政机关能否再作出行政处罚。一种情况是移送后不被立案,对此《行政移送规定》第10条规定:“行政执法机关对公安机关决定不予立案的案件,应当依法作出处理;其中,依照有关法律、法规或者规章的规定应当给予行政处罚的,应当依法实施行政处罚。”2012年《关于加强行政执法与刑事司法衔接工作的意见》(中办发〔2011〕8号)确立了“行、刑”并存制度,即行政执法机关在移送案件时已经作出行政处罚决定的,应当将行政处罚决定书一并抄送公安机关、人民检察院;未作出行政处罚决定的,原则上应当在公安机关决定不予立案或者撤销案件、人民检察院作出不起诉决定、人民法院作出无罪判决或者免予刑事处罚后,再决定是否给予行政处罚;公安机关作出不立案决定或者撤销案件的,应当将案卷材料退回行政执法机关,行政执法机关应当对案件作出处理。另一种情况是,移送后被立案,行政机关也应当可以作出与刑罚不同种类的行政处罚。

(3)法院对“行刑”案件的移送。最高人民法院《关于全面加强知

---

① 参见陈惠珍、倪红霞、徐飞:《知识产权民事、行政、刑事程序衔接中若干问题探讨》,载丁寿兴主编:《浦东法院知识产权审判文选(2005—2008)》,知识产权出版社2009年版,第136—138页。

识产权审判工作　为建设创新型国家提供司法保障的意见》(法发〔2007〕1号)第7条规定:“在行政案件审理过程中发现涉嫌刑事犯罪应当给予刑事制裁而仅受到行政处罚或者行政处理的,应在向行政机关提出司法建议的同时,及时将犯罪线索移送公安机关侦查处理”,这实际是另一种行刑衔接,由法院进行的移送,同样表明刑事处罚位阶更高。

(三)行刑衔接证据转化

1. 衔接证据转化规则

行政执法部门收集、调取的证据在知识产权刑事程序中的效力问题,是困扰行刑衔接的一个重要问题,相应的证据规则引起了学界的重视。① 早期有的地方性文件把进入刑事司法阶段之前行政执法形成的各种笔录认定为刑事诉讼证据,并在实践中试行,如1999年12月31日,江苏省公、检、法、司《关于刑事诉讼证据方面若干问题的会议纪要》,即肯定了此类材料在刑事诉讼中的证明价值,畅通了行刑衔接的渠道。2011年《知识产权刑事案件意见》在司法解释层面首次予以规范,并在第2条规定,在办理侵犯知识产权刑事案件中,“行政执法部门依法收集、调取、制作的物证、书证、视听资料、检验报告、鉴定结论、勘验笔录、现场笔录,经公安机关、人民检察院审查,人民法院庭审质证确认,可以作为刑事证据使用”,“行政执法部门制作的证人证言、当事人陈述等调查笔录,公安机关认为有必要作为刑事证据使用的,应当依法重新收集、制作”。确立起了对不同种类行政执法证据分别采用“审查质证”式和“重新收集”式的双轨进路。2012年《刑事诉讼法》在法律层面,一般性地规定了各类行政执法证据在刑事诉讼中的效力性质,第52条第2款规定:“行政机关在行政执法和查办案件过程中收集的物证、书证、视听资料、电子数据等证据材料,在刑事诉讼中可以作为证据使用。”对此,“两高”在后续司法解释中予以了进一步解释。

---

① 参见王敏远等:《行政执法与刑事司法衔接问题实证研究》,载《国家检察官学院学报》2009年第1期。

比较可知，《刑事诉讼法》第52条第2款似乎少了检验报告、鉴定结论（鉴定意见）、勘验笔录、现场笔录等可采的证据项目，但实质上并无差异：(1) 该款采“等”字的不穷尽列举，具有相当的包容性。(2) 由于《刑事诉讼法》第48条第2款规定了八类刑事证据，即“（一）物证；（二）书证；（三）证人证言；（四）被害人陈述；（五）犯罪嫌疑人、被告人供述和辩解；（六）鉴定意见；（七）勘验、检查、辨认、侦查实验等笔录；（八）视听资料、电子数据”，导致在证据类型的表述上出现措辞差异。(3) 二者具有根本的一致性，即为区分实物证据和言辞证据而分别确立不同的“证据转化”规则，是对实物证据，主要通过审查并补充手续完成证据转化；而对言词证据，否认其刑事证据资格，公安司法机关需要重新依法取证。赋予行政执法证据以刑事证据资格，并不意味着免除侦查机关的取证义务，只不过取证对象变成了行政机关。

行政执法证据转化实行区别对待具有正当性。实物证据是一种客观存在，有较强的稳定性和较高的证明力，受人的主观影响较小，且被行政执法机关保存后无法再次取证。言词证据受主客观环境影响较大，故刑事诉讼法从取证主体、取证场所、取证时间以及具体程序等方面，规定了严格的言词证据收集程序，以确保言词证据的真实性并防止其受到不正当的干涉，但行政执法中获取言词证据并无类似的严格取证规则。

2. 转化规则适用

该转化机制在实际效果上利弊兼有：其“利”在于，“证据转化”规则基本上解决了行政证据的“非法”问题，使大量的行政证据进入刑事诉讼中，大大简化了公安司法机关的调查取证程序，节省了司法资源，且可消除公安司法机关重新取证存在的隐患。① 其“弊”在于，实践中可能存在滥用“证据转化”机制的风险。有观点认为，公安机关尚未进行刑事立案而寻求行政机关协助，以行政执法程序之“形”，变相地行

---

① 参见高通：《行政执法与刑事司法衔接中的证据转化——对新〈刑事诉讼法〉(2012年)第52条第2款的分析》，载《证据科学》2012年第6期。

刑事司法程序之"实",因规避刑事司法程序而可能侵犯当事人权利。[1] 换言之,侦查机关可能将大量侦查行为变相"转移至"法治化要求相对较低的行政执法程序中去。因此,证据转化规则适用应注意:

(1)从收集和审查证据角度看,以"行政优先"为原则、"刑事优先"为例外的侵犯知识产权办案程序机制,具有其合理性,故应当允许通过行政执法和查办案件先行收集相关证据材料,再通过行刑衔接程序待需要时或案件进入到刑事司法程序后,通过转化规则将其中某些证据材料转化为刑事证据。

(2)从证据的采信看,必须"经公安机关、人民检察院审查,人民法院庭审质证确认",既要确认收集证据的行政执法的正当性,又要确认转化证据过程的正当性。因此,上述全盘否定的观点未关注到案件领域和性质的差异,在知识产权案件领域,行政执法程序远不及刑事执法程序那样对当事人有"侵犯性",严格行政执法与行刑衔接、行政证据转化,三者叠加更有利于真正落实加大知识产权刑事司法力度。

侵犯知识产权行为呈现出典型的"行刑交叉"性质,刑事司法实践除了"行政证据转化"外,还发展出了另一种行刑衔接即刑事侦查机关提前介入行政执法过程的做法。2012 年国务院《关于做好打击侵犯知识产权和制售假冒伪劣商品工作中行政执法与刑事司法衔接的意见》提出,"对于情节严重、性质恶劣或疑难复杂的涉嫌犯罪案件,行政执法机关或公安机关可以联合执法打击,深挖首要违法犯罪分子,彻底摧毁产供销犯罪链条",此时不是"行刑""先分立再衔接",而是直接的"行刑联合"了。实践中做法各异。但立案前侦查机关应邀介入联合调查,依照刑事诉讼规定制作的调查笔录,应可作为证据使用。

三、衔接监督与责任约束

(一)衔接监督信息化

检察机关对知识产权行政执法案件移送进行监督即"移送监督",

---

① 参见冯俊伟:《行政执法证据进入刑事诉讼的类型分析——基于比较法的视角》,载《比较法研究》2014 年第 2 期。

是法律监督权介入行政权的表现，在移送公安机关后，检察机关还依法有"立案监督"权。在某种意义上，"移送监督"其实也是"立案监督"的前奏和组成部分。行刑衔接的检察监督，从所涉范围大小看，大致包括：(1) 个案的"点"上的监督。2012 年，国务院《关于做好打击侵犯知识产权和制售假冒伪劣商品工作中行政执法与刑事司法衔接的意见》，区分了案件移送和犯罪线索移送两种不同的立案监督情形。(2) 对特定行政执法系统的"线"上的监督。有针对性地选择部分重要的知识产权执法机关，将提前介入案件的人员固定化、制度常态化。(3) 平台的"面"上的监督。平台监督是一种信息化带动下创新的监督形式。

行刑衔接信息共享机制是监督的基础平台和有力工具，可克服监督主体在场率不够的局限。它发端于上海、受到最高人民检察院的推动、在全国逐渐推广。2005 年，上海市浦东新区检察院在市整规办和市检察院的支持下，依托政务局域网，与工商、税务、药监、质检、文化、海关等 14 个行政执法机关及监察、公安机关建立"行政执法与刑事司法信息共享平台"，设置了案件移送、案件查询、监督管理、执法动态等十余个模块，将行政机关查处的案件纳入监督视野，检察机关可做到对是否涉嫌犯罪进行同步监控。① 这一做法在上海各区全面推广。最高人民检察院及时将上海等地这种机制的核心经验总结为"网上衔接，信息共享"。2007 年 7 月 4 日，最高人民检察院发出《关于转发全国整规办〈关于印发贾春旺检察长致吴仪副总理信件〉的通知》，在全国自上而下推动各地衔接机制的建立。② 至 2012 年，上海、江苏、云南、宁夏等即已在全省(自治区、直辖市)范围内基本建立了三级信息共享平台，其他省(自治区、直辖市)也部分建立或者试点建立了信息

① 参见黄海波：《承与合：立案监督视野中的知识产权行政保护》，载《深圳检察》2008 年第 2 期。

② 转引自元明：《中国检察机关保护知识产权工作回顾》，载《知识产权与改革开放 30 年》编委会：《知识产权与改革开放 30 年》，知识产权出版社 2008 年版，第 101—103 页。

共享平台。《2014年国家知识产权战略实施推进计划》进一步提出：“健全行政执法与刑事司法衔接机制，完善中央级信息共享平台，加快建立省级以下信息共享平台，推进平台间对接互联，实现案件的有效移送和反馈。”①

本书认为，行刑衔接机制的价值在于其他有极强的应用性，其“牛鼻子”在于，必须在信息技术基础上，建立案件甄别、传送、反馈的基础性信息操作平台和操作指引，使案件得以规范性地进行移送和衔接。由于“信息共享”涉及“跨机关”等众多问题，值得进一步摸索和完善。应当说，相比规范执法合作或衔接配合的文件规范，建立衔接信息平台和流程指引并强力推动投入有效运行，更具有基础和长远意义。检察机关通过运用平台中获取的信息来加大督促移送力度，有助于合理地解决检察机关对行政执法机关的“无力监督”②问题，不过，从监督权源看，尚有必要提升行权的法律依据层次。

（二）行刑衔接执法责任

行刑衔接的运作不畅，部分是由于存在地方与部门利益捕获、利益驱动形成的执法不严③问题。曾有少数地方政府和官员基于经济利益上的地方保护主义，对知识产权侵权和犯罪行为持纵容、包庇的态度，相关行政执法受非法律因素的影响较大，如农民工问题、城市工人下岗问题、维护社会秩序安定等，执法力度难以加大。④ 少数行政机关遵循利益执法的思路，关注本部门实施行政处罚胜过依法移送，只是把衔接移送视为处理疑难案件不得已的出口，即只在行政处罚难以实

---

① 《2014年国家知识产权战略实施推进计划》，载国家知识产权战略网，http://www.nipso.cn/onews.asp? id=21074，2014年5月30日访问。

② 参见练育强：《人们检察院在“两法”衔接中职责之反思》，载《政法论坛》2014年第6期。

③ 参见王文利：《浅议我国加入世界贸易组织所面临的商标权刑法保护问题》，载赵秉志主编：《新千年刑法热点问题研究与适用》，中国检察出版社2001年版，第549页。

④ 参见冯军：《版权保护法制的完善与发展：基于欧盟经验与中国实践的视角》，社科文献出版社2008年版，第228页。

施或难以执行时才会移送。[1] 在地方保护主义比较严重的地区，个别行政机关人为增加了许多新的程序。上述问题出现的原因不在于衔接机制本身，而是衔接机制中的"人"的问题，是地方保护主义、利益之争等因素阻碍了法律的执行。

解决这一问题，应当从制度和机制上寻找解决方案。最重要的是，应建立和实施执法责任制度。通过行政责任和法律责任来遏制地方保护主义，切断行政执法背后的利益链条，改变和调整地方保护主义在制度上的"利益基因"，明确各行政执法机构的职责、关系，提高衔接执行积极性。具体来说：(1) 国家已将"打击侵权和假冒伪劣工作纳入政府绩效考核体系"，应严格政府绩效考核。(2) 各级监察部门进行查处。通过行政处分来追究相应的行政责任。(3) 检察机关意图通过《刑法》第402条徇私舞弊不移送刑事案件罪，实现严重情形下的刑事责任追究。从全国法院审结徇私舞弊不移送刑事案件罪数量变化看，明显呈逐年递增趋势；这与整个衔接机制的建立与运作不无关系。通过对不依法移送者应追究责任，包括对徇私舞弊不移送刑事案件者追究刑事责任，可以最大限度地杜绝出现因主观原因而导致的不移送现象，从而提高侵犯知识产权行为的刑罚必定性。(4) 以公开促执法责任的落实，依法向社会公开侵权假冒伪劣案件主体信息、案由、处罚情况等。2014年全国打击侵权假冒领导小组颁行《关于依法公开制售假冒伪劣商品和侵犯知识产权行政处罚案件信息的意见(试行)》就是重要尝试。

---

① 参见郭华：《行政执法与刑事司法衔接机制的立法问题研究——以公安机关的经济犯罪侦查为中心》，载《犯罪研究》2009年第1期。

第六章　知识产权刑事侦控机制

第一节　知识产权刑事侦查机制

在侵犯知识产权罪侦查活动中，鉴定和陷阱取证是两个颇具特色的重要侦查措施。从法典结构看，《刑事诉讼法》第二编第二章“侦查”下，包括第七节“鉴定”和第八节“技术侦查措施”。如果把目光投向侦查系统之外，会发现知识产权人等社会主体及国际合作是知识产权侦查的重要外部力量。某种意义上，这三者都体现出知识产权刑事侦查具有的某种“借力”特点，即合理借助专家之力、技术之力和合作者之力。

一、知识产权刑事鉴定机制

司法鉴定，是指在诉讼活动中鉴定人运用科学技术或者专门知识对诉讼涉及的专门性问题进行鉴别和判断并提供鉴定意见的活动。公、检、法机关办理案件时都可能有需要鉴定的事项，但鉴定意见作为一种法定证据种类，主要形成于侦查阶段。鉴定是法定的重要侦查措施之一。鉴定应当主体适格、程序正当，鉴定意见效力应接受质证和审查，但目前知识产权刑事司法鉴定尚不够规范，常有鉴定人资质、鉴定程序、鉴定意见等方面的问题。

（一）知识产权鉴定人主体资质问题

1. 鉴定主体的合法性问题

2005年，全国人大常委会《关于司法鉴定管理问题的决定》确立了登记管理、分类管理和出庭作证等制度。根据第2条规定，实行鉴定人和鉴定机构登记管理制度的司法鉴定业务包括：法医类鉴定，物证类鉴定，声像资料类鉴定，以及根据诉讼需要由司法部商“两高”确定的其他鉴定事项。第7条规定：“侦查机关根据侦查工作的需要设立的鉴定机构，不得面向社会接受委托从事司法鉴定业务。”“人民法院和司法行政部门不得设立鉴定机构。”由此，鉴定机构分为面向社会服务的鉴定机构和侦查机关的鉴定机构。司法部出台《司法鉴定机构登记管理办法》《司法鉴定人登记管理办法》等规章，面向社会服务的司法鉴定机构都依法进行登记和公告。我国对鉴定机构实行强制登记管理是按照鉴定业务划分的，目前所涉鉴定业务领域较窄，包括“三类”鉴定和“兜底”领域。该决定颁行后主体资质方面遇到以下问题：

（1）知识产权鉴定是否属于“登记管理”领域？这里的关键是“三类”以外的鉴定业务哪些属于“兜底”领域的问题。2011年《知识产权刑事案件意见》第3条第2款规定：“公安机关、人民检察院、人民法院在办理侵犯知识产权刑事案件时，对于需要鉴定的事项，应当委托国家认可的有鉴定资质的鉴定机构进行鉴定。”这表明，侦查机关未设立知识产权类鉴定机构。由此，如何理解“国家认可的有鉴定资质的鉴定机构”与前述“兜底”领域成为问题，我们在杭州市中院审结的翟洪达等侵犯商业秘密案①中得到阐释。该案判决指出：知识产权鉴定是否实行登记管理制度，《关于司法鉴定管理问题的决定》没有明确列入，而科技部知识产权事务中心是被最高人民法院认可的有鉴定资格的单位，该中心聘请的鉴定专家均系化工专家，故鉴定单位及鉴定人资质不存在瑕疵。该案表明，我国法院系统采取的知识产权鉴定属于“非登记管理”领域的做法，迄今未见司法部与“两高”确定对知识产

① 参见杭州市中级人民法院(2007)杭刑终字第135号刑事裁定书。

权鉴定的鉴定人和鉴定机构如何管理。在理论上,根据公权力行使“法无规定即禁止”理念,也可推定属于“非登记管理”领域。

(2)“非登记管理”领域的鉴定机构如何确定其资质?如徐州市中院审结的陈社会、陈士田侵犯商业秘密、虚报注册资本案[①]就遇到这一问题。徐州市公安局依法委托会计师事务所(未列在最高人民法院的名册中)对涉案财务数额作出审计报告,辩方提出,“会计鉴定的事务所没有司法鉴定资格”。法院认为,国家对从事刑事案件的会计类司法鉴定人员现并未纳入统一管理范围,对现有暂未纳入统一管理范围的各类鉴定机构,可以继续开展相关司法鉴定服务。人民法院对会计师事务所的名册仅对人民法院委托鉴定具有强制拘束力,对公安机关在侦查阶段的委托鉴定没有约束。这一说理,同样适用于知识产权刑事鉴定领域,即公、检、法系统各自关于鉴定资质的要求可能并不相互约束。

2. 法律性质澄清:“被害人鉴定”和执法机构“鉴定”

国家工商行政管理总局商标局《关于鉴定使用注册商标的商品真伪问题的批复》(商标案字[1997]458号)、《关于假冒注册商标商品及标识鉴定有关问题的批复》(商标案字[2005]172号)以及国家质量技术监督局在《关于实施〈中华人民共和国产品质量法〉若干问题的意见》第10条第1款,均承认商标权人鉴定意见在事实认定方面的证明效力。法院在审理涉及假冒商标、制售伪劣商品刑事案件中一般都采纳商标权人鉴定意见作为认定案件事实的证据。这种商标及商品真伪鉴定是由被害单位作出的,因其与案件有直接利害关系,故该书证的客观性和实际效力往往受到质疑,尤其是在被告人与被害人对产品真伪、型号等各执一词的情况下,证据采信更会陷于两难境地。就其法律性质而言,正如学者所指出的,商标权利人出具的商品真伪鉴定

---

① 参见徐州市中级人民法院(2006)徐刑二终字第70号刑事裁定书。

意见，应作为“被害人陈述”来审查采信。[①] 由于被害人“鉴定”并不符合证据法上“鉴定意见”的构成要求，故不属于鉴定意见。当其系商标权人自己作出时，应属于被害人陈述；当其系商标权人授权的第三人作出时，则应属于证人证言。虽然被害人“鉴定”可能存在“道德风险”（如出于打击“串货”而出具虚假鉴定），但总体上却发挥着不可替代的作用。“假冒”商品未必“伪劣”，而“伪劣”商品可能是正牌商品，二者本质上是独立存在的两种形态。[②] 在商品被采用专门防伪技术或可采特殊方法鉴别的特定情况下，鉴定机构对商品“假冒”（真伪）判断往往与是否“伪劣”混同，导致鉴定结果失真。相反，商标权利人可利用其商业秘密准确区分自己的正牌商品和假冒商品。

在行政证据转化中，比较特殊的是行政执法机构就侵权性所作“鉴定意见”问题。如在一则真实案例中，上海市烟草质量监督检测站的《烟草品质检验报告》和上海市烟草专卖局财务管理处出具的《烟草估价意见书》在审判中遭到质疑。由于体制原因，上海市质量技术监督局未对此类鉴定主体发文授权，故理论上无法定授权而缺乏相应鉴定资质，事实上却得到普遍认可。但由烟草专卖局的相关机构进行鉴定，其中立性是有疑问的，即使申请重新鉴定，其上级机构同样存在中立性遭质疑的问题。[③] 在知识产权办案实践中，出现由知识产权行政执法机关作出认定假冒侵权产品的鉴定意见情形。知识产权行政执法机关具有查处侵权的职责，一般与受害人有着天然的亲合关系，故其鉴定意见缺乏中立性而难以符合法定程序和条件。这种现象的存在具有权宜性，此类鉴定意见在转化为刑事证据时，其正当性令人怀疑。有论者认为，侵权、盗版等案件需要进行证据调查，但有时政府资

---

① 参见唐震：《商标权利人出具的商品真伪鉴定意见的证据属性及其审查》，载《企业与法》2013 年第 2 期。

② 参见袁博：《商标权人鉴定结论的定性及采信规则》，载《中国知识产权报》2013 年 5 月 23 日。

③ 参见陈辐宽主编：《知识产权犯罪疑难问题解析》，中国检察出版社 2010 年版，第 124—138 页。

源又不够,此时可考虑通过制度化的途径允许一些中介机构参与。①总体上,行政执法机构应逐步退出鉴定领域,将下属的鉴定业务机构独立出来成为市场中介主体,理顺体制、完善资质管理,将鉴定业务交还给市场。

(二)知识产权鉴定意见采信:控、辩、审三方“合力”

鉴定意见是鉴定人对案件专业问题的事实判断,被赋予证明案件事实的证据功能,离不开制度控制和程序检测,故应建立具有保障鉴定意见可信性功能的鉴定制度和具有检测鉴定意见可靠性功能的诉讼程序,以使司法鉴定制度能够满足诉讼证明的高标准要求。② 从两大法系的鉴定意见采信程序上考察,英美法系国家具有复杂的科学证据采信结构,是通过加强法官对科学证据证明力的实质性审查,抵消当事人聘请的专家证人所具有的“当事人性”及对陪审团的误导,既可以合理反映其特有的二元审判结构及对抗制模式特点,又可以带来在事实认知上“认知错位”与“认知过度”的问题。大陆法系国家科学证据采信结构较简单,科学证据作为一种中立的证据方法,由法官依职权调查和自由心证完成,虽有利于让科学证据以本来面目出现,但与自由心证奉行的理性原则有一定冲突,在事实认知上表现为“认知不足”。③ 就我国鉴定采信程序改革而言,有人主张构建“三位一体”的格局,即公安司法机关指定鉴定人的做法基本保持现状不变,而同时犯罪嫌疑人、被告人享有聘请专家辅助人的权利,法庭享有指定专家顾问帮助解决案件有争议问题的权力。④

本书认为,司法鉴定是借助专业人士之力的措施,但鉴定意见的采信尚需“以专制专”的制度创新。针对知识产权案件技术性、专业性

---

① 参见蒋志培:《中国知识产权司法保护机制的特点》,载《新青年》2007 年第 7 期。

② 参见郭华:《司法鉴定制度改革的基本思路》,载《法学研究》2011 年第 1 期。

③ 参见张斌:《两大法系科学证据采信结构评析——从事实认知的角度》,载《环球法律评论》2011 年第 2 期。

④ 参见季美君:《专家证据的价值与我国司法鉴定制度的修改》,载《法学研究》2013 年第 2 期。

强的特点,将司法鉴定、专家证人、专家咨询(陪审)形成合力是可能的创新路径。只有控、辩、审三方都有专业人士做“外脑”,才可能保障控、辩双方在专业问题上的平等话语权和审判主体科学决策的权力。

1. 此种“合力”路径具有现实的必要性

在侵犯知识产权犯罪案件中,鉴定主要是为了解决有关专业技术事实的审查认定问题。知识产权案件尤其是商业秘密案件,涉及的专业领域广泛、复杂,公安司法部门只能依靠最后的鉴定意见,而对鉴定中所用的检索和分析方法无从判断,最终将鉴定意见直接作为合议庭认定案件事实的唯一依据,个别专家观点意见的失误会导致司法裁判的失误。当前,普遍存在着许多错误认识和现象,如将鉴定意见视为“证据之王”。[①] 因此,公、检、法建立和完善知识产权司法鉴定、专家证人、技术调查等相关诉讼机制并形成合力,可在解决专业技术难题方面发挥重要作用。

2. 现行法律也提供了“合力”路径的可能空间

一是已建立的鉴定人出庭制度,为三方“合力”提供了制度舞台。《刑事诉讼法》第 187 条第 3 款规定:“公诉人、当事人或者辩护人、诉讼代理人对鉴定意见有异议,人民法院认为鉴定人有必要出庭的,鉴定人应当出庭作证。经人民法院通知,鉴定人拒不出庭作证的,鉴定意见不得作为定案的根据。”其正当性在于,鉴定意见是对诉讼活动中涉及的专门性问题进行鉴别和判断形成的意见,对于案件的定性具有直接影响,因此有必要对其质证。鉴定人出庭作证是对鉴定意见进行质证,保证鉴定意见真实性、证明力的重要形式。鉴定人拒不出庭的后果是,该鉴定意见失去证据作用,因为鉴定意见不具有唯一性,可另外进行鉴定予以补救。二是已建立专家证人(专家辅助人)制度。《刑事诉讼法》第 192 条第 2 款规定:“公诉人、当事人和辩护人、诉讼代理人可以申请法庭通知有专门知识的人出庭,就鉴定人作出的鉴定意见

---

① 参见王志广:《中国知识产权刑事保护研究》(理论卷),中国人民公安大学出版社 2007 年版,第 359 页。

提出意见。”其正当性在于，仅凭诉讼参与人自身知识难以发现鉴定中存在的专业性较强的问题，很难对鉴定意见进行质证。“刑事诉讼中一旦涉及专门性问题，就容易出现多头鉴定、重复鉴定等现象。司法鉴定成为导致冤案、错案频繁发生的主要因素之一。”[①]同时，法官仅听一面之词往往难以作出正确判断，法院的判决如果总是被鉴定意见左右最终也会损害司法权威。[②] 专家证人制度在客观上会进一步加强鉴定人的责任意识，从而对其鉴定意见产生正面引导效应，提升鉴定意见科学性，这在一定程度上也会减少重复鉴定的发生和增进司法效率。

二、知识产权刑事侦查陷阱取证

（一）陷阱取证在知识产权刑事侦查中的适用理由

1. 陷阱取证概述

陷阱取证又称侦查陷阱、警察陷阱、警察圈套（police entrapment），是指在对特殊刑事案件侦查中，侦查人员为获取犯罪证据或线索，特意创造某种机会或条件，诱使被侦查对象实施犯罪行为，或者为其实施犯罪活动提供某种便利，从而取得证据和缉捕犯罪嫌疑人的侦查方法。按被设计人所处的犯罪阶段，陷阱取证一般可分为四类[③]：一是犯意诱发型，即被设计人尚无实施犯罪的意图；二是行为启动型，被设计人有了犯罪意图但未着手实施犯罪；三是机会提供型，被设计的犯罪嫌疑人已着手实施犯罪；四是缉捕措施型，犯罪嫌疑人已完成犯罪并潜逃。

在刑事诉讼中，适用陷阱取证对犯罪类型和陷阱类型都有严格限

---

① 汪建成：《中国刑事司法鉴定制度实证调研报告》，载《中外法学》2010 年第 2 期。

② 参见全国人大常委会法制工作委员会刑法室编：《关于修改〈中华人民共和国刑事诉讼法〉的决定：条文说明、立法理由及相关规定》，北京大学出版社 2012 年版，第 228—229 页。

③ 参见赵国玲：《知识产权犯罪调查与研究》，中国检察出版社 2002 年版，第 376—377 页。

制。只在有限的特定刑事案件，如贩毒、伪造货币等有很强隐蔽性和组织性的案件侦查中才可运用可并作为证据使用。一般认为，犯意诱发型因逾越政府道德界限、涉嫌国家制造犯罪而不应允许存在；缉捕措施型则由于犯罪嫌疑人的犯罪意图、行为及后果都与侦查行为无关，完全在法律与道德允许范围之内；至于行为启动型与机会提供型，许多国家出于有效执行法律的现实政策所需，不得不作出“价值和政策选择”，对这两种类型的陷阱取证采取默许甚至放任态度。但正如学者所言，对已有犯意但未着手犯罪者，一般只有在其可能实施的行为具有极大社会危害性、不及时制止将带来不可挽回的损失时，才可适用行为启动型陷阱取证；只有在必须采取陷阱手段才能获取犯罪证据、证实其正在进行犯罪时，才可以使用机会提供型陷阱取证。[①] 从比较角度看，美国等一些国家执法机关，几乎完全采用警察陷阱方式进行调查取证。

2. 知识产权刑事侦查中适用陷阱取证的合理性

知识产权犯罪行为越来越猖獗、隐蔽，并日趋呈现出有组织性、跨国性，某种意义上属于“无被害人”犯罪，完全依靠通常方法来获取证据实属不易，我国打击侵犯知识产权犯罪应允许合理的陷阱取证，理由是：

(1) 有其必要性。一方面，知识产权侦查困境在于，案件侦办成本高、时间长、取证难、补偿低，而执法力量薄弱、执法经费不足等问题非常突出，无法适应实际工作的需要。比如，成功侦破一起重大侵犯知识产权犯罪案件，需要动用警力近百人及大量的、长期的物力和技术力量；办理一起普通案件至少需要几个月的时间，跨国犯罪案件需数月甚至一年多。警察陷阱有助于从方法上解此侦查困境。另一方面，陷阱取证是应对当前侵犯知识产权犯罪现实规律特点、适应中国

① 参见黄士元：《诱惑侦查的实体分析》，载游伟主编：《华东刑事司法评论》(第6卷)，法律出版社2004年版，第150—151页。

法律的体制特点、提高公安机关打击效能的迫切需要。[1] 除了取证本身外，它还有利于案件经营和深入挖掘有组织犯罪。我国知识产权刑事侦查中“另案处理”或“在逃”者为数不少，对他们的处理情况成为一个黑数，这需要在取证上创新机制，而陷阱取证是可尝试的选择。

（2）有其可行性。在民事上，我国法律实质上允许知识产权人通过设计“陷阱”方式来获取证据。2002 年最高人民法院《关于审理著作权民事纠纷案件适用法律若干问题的解释》第 8 条规定：“当事人自行或者委托他人以定购、现场交易等方式购买侵权复制品而取得的实物、发票等，可以作为证据。公证人员在未向涉嫌侵权的一方当事人表明身份的情况下，如实对另一方当事人按照前款规定的方式取得的证据和取证过程出具的公证书，应当作为证据使用，但有相反证据的除外。”这意味着，只要权利人从行为人处获取证据没有对被告人合法权益造成损害，即可认定证据来源合法。在刑事上，如前所述，陷阱取证的取证方式在某些类型的犯罪案件中已经得到认可。2012 年《刑事诉讼法》第 151 条规定：“为了查明案情，在必要的时候，经公安机关负责人决定，可以由有关人员隐匿其身份实施侦查。但是，不得诱使他人犯罪，不得采用可能危害公共安全或者发生重大人身危险的方法。”“对涉及给付毒品等违禁品或者财物的犯罪活动，公安机关根据侦查犯罪的需要，可以依照规定实施控制下交付。”该条规定了隐匿身份实施侦查和控制下交付两种特殊侦查措施，为知识产权刑事案件陷阱取证提供了法律空间。

（二）陷阱取证在知识产权刑事司法中的适用规制

1. 司法实务对知识产权刑事侦查中陷阱取证的态度

司法实践中早有尝试，常见的“假买”现象是一种“控制下购买”的陷阱取证，即侦查人员向犯罪嫌疑人购买假冒、侵权的盗版商品，为其提供机会和条件使其实施和完成犯罪的侦查取证手段。试举两例

---

① 参见王志广：《中国知识产权刑事保护研究》（理论卷），中国人民公安大学出版社 2007 年版，第 337 页。

如下:(1) 侵犯商业秘密的“邦捷案”。[1] 该案中,公安机关要求被害单位从销售渠道购得侵权产品,该公司便委托律师,律师又指派助理办理(在公安人员监控下进行),购得原装原封的涂料产品。控辩双方对取证是否违法存有争议,法院判决认为取证是第三人在公安人员的监控下完成的,遂予以采信。(2)“傅甲等侵犯著作权案”。[2] 该案中,香港某公司拥有图书《无界——顶级酒店建筑》版权,授权湖南美术出版社、广州唐艺文化传播有限公司出版发行。广州唐艺文化传播有限公司从书商处得知犯罪嫌疑人傅甲正在复制该书欲批发出手,遂行多次警告仍无果。为防止盗版图书流入市场,该公司法定代表人遂“乔扮”与傅甲签约收购该复制品(但未授权复制发行该图书);傅甲在交易地被警方抓获。这表面上是“权利人圈套”,但实际上在公安机关监控之下,仍属于陷阱取证,法院作出有罪判决。

在有的案件审理中,控、辩、审各方对陷阱取证会出现争议。如 Z 某侵犯商业秘密案[3]中,Z 多次利用移动存储介质窃取三一重工股份有限公司名下研发的多项商业秘密,后伙同张鸣(另处)将其中的 SD180 水平定向钻等技术图纸拷贝件以 70 万元出售给他人(实为三一公司的工作人员)。辩方提出,“三一公司的工作人员促成被告人交易,且交易时警方已接到三一公司的报案,故本案系诱惑交易,是警方控制下的交易,因此,被告人 Z 某虽有犯意,并采取不正当的手段获取了资料,但只是违法行为,不构成犯罪”;警方将涉案的 70 万元发还给了该三一公司的工作人员,“这 70 万元只是破案的工具”;被告人受该些人员的诱惑,是三一公司设的圈套。对于该诱惑犯罪问题,法院认为:被告人对非法获取商业秘密并伙同他人销售的犯意并未否认,对中间人出面商谈的销售价格予以了同意,又实施相应的侵犯商业秘密

---

① 参见上海市浦东新区人民法院(2003)浦刑初字第 137 号刑事判决书,上海市第一中级人民法院(2003)沪一中刑终字第 343 号刑事判决书。

② 参见上海市普陀区人民法院(2011)普刑初字第 346 号刑事判决书,上海市第二中级人民法院(2011)沪二中刑终字第 454 号刑事裁定书。

③ 参见上海市闵行区人民法院(2012)闵刑(知)初字第 16 号刑事判决书。

行为,故被告人行为已符合侵害商业秘密罪的主客观要件,不采信辩护人意见。相反,另一起真实司法案例否认陷阱证据。该案如下:某知识产权调查公司受托对某品牌手机生产商的商标遭侵权进行调查取证,在获知手机个体销售商马某某有销售假冒该品牌手机行为后,上门订购数十部手机并要求送货上门,同时报告了公安机关并设伏,马某某交货时被抓获。该次交易数额按订购价刚好超过构成销售假冒注册商标的商品罪定罪标准。司法机关未予定罪追究。

由上可见,对"陷阱取证"证据应持理性态度,不应直接作为知识产权刑事诉讼中认定被告人有罪或罪重的证据。理由是[①]:(1)知识产权是私权,知识产权犯罪不属于严重危害公共安全和公共秩序行为,公权力应"介入有度"。(2)知识产权犯罪在我国是结果犯(尤其是涉案案值),"陷阱取证"的取证人对购买侵权产品的数量、价格有主要控制权,只要提高订购数即可诱惑"数额巨大"或"情节严重"的犯罪,有陷人入罪之嫌。(3)陷阱取证获取侵权证据后,可通过公证等手段进行固定以追究民事责任,不必动用刑事手段。

2. 知识产权刑事侦查中适用陷阱取证的限制性

在知识产权刑事司法中允许陷阱取证,必须对适用条件与程度予以合理划定。因为实施陷阱取证时对犯罪嫌疑人的意志、行为和后果产生了直接或间接的影响,特别是超越合理范围或适用不当都会引起不良后果,陷阱证据在知识产权刑事诉讼中的弊端显而易见,应当予以严格限制。

(1)适用时必须严格区分陷阱取证是否具有"犯意引诱"功能。2012年《刑事诉讼法》第151条第1款允许隐匿身份实施侦查,却用"但书"明确规定"不得诱使他人犯罪,不得采用可能危害公共安全或者发生重大人身危险的方法"。其具体判断可通过分析所设"陷阱"获得的证据是属于被告人日常行为"之一",还是日常行为之外陷阱诱惑之下的"特例"来进行。如上例中日常只做柜台零售的马某某,明显是

---

① 参见陈惠珍:《知识产权诉讼中"陷阱取证"的效力认定》,载《浦东审判》2013年第3期。

在陷阱诱惑下才产生大单“送货上门”的犯意与行为的，这种陷阱证据不能直接作为有罪或罪重的证据。

(2) 严格区分陷阱取证是手段还是目的。如果是作为获取行为人其他真实存在的侵权犯罪证据的手段，其借此获取的证据应是适格的，如侦查人员装成买假者发现假货窝点，借此侦破案件获取的这些假货，当然可以作为适格证据，但“陷阱取证”本身作为取证目的时，则不能成为适格证据，如“陷阱取证”买假的数量不能单独、直接作为定罪或罪重的证据。

三、知识产权刑事侦查合作机制

(一) 知识产权刑事侦查社会合作

知识产权刑事侦查体系欲有效发挥作用，需要侦查系统外其他主体的协助配合(如案件线索来源、证据提供等)，这根源于“信息不完全”问题。在侦查机关代表国家与犯罪人的博弈过程中，需要完成对知识产权犯罪事实从“信息不完全”到“信息完全”的查获过程。整个刑事司法过程中，最重要的私人协助应当是来源于两类主体，即作为被害人的权利人和接触假冒、盗版产品的公众。这是因为：权利人往往因利益相关性及市场相关性，比国家更有积极性和条件掌握与犯罪有关的“信息”。假冒、盗版行为是以“非法市场”为导向的，最终消费者或主要接触者是公众，所以对犯罪事实“信息完全”了解的主体是相关公众。相反，刑事执法部门虽然拥有调查手段和权力，却难免存在缺资源、信息和主动性不足的问题。有的国家在公共当局和私人利益(尤其是代表知识产权人的产业机构)之间建立起一种持续而强化互动(continuing and strengthened interaction between public authorities and private interests)的知识产权刑事侦查模式①；知识产权人、产业协会、

---

① See Gregor Urbas, “Criminal Enforcement of Intellectual Property Rights: Interaction Between Public Authorities and Private Interests”, in Christopher Heath & Anselm Kamperman Sanders (eds), New Frontiers of Intellectual Property Law (volume 25), Hart Publishing, 2005, p. 321.

相关公众等,在刑事侦查中发挥着重要作用。

1. 知识产权人在侦查中的作用

在刑事侦查中,知识产权人处于“私人协助”地位,这种定位有两层含义:(1) 其可以提供协助。如美国法典关于知识产权犯罪的第18编第2319(e)条特别规定了“受害人影响陈述”制度,即在刑事诉讼程序中,允许受害人向缓刑官提交确认其身份、因犯罪而所受损害和损失包括经济影响的程度与范围。有的国家还允许权利人参与联合调查组,体现了对知识产权被害人在刑事程序中独特作用的重视。(2) 其仅为“协助”。即知识产权人参与应起帮助作用而不应影响国家调查的中立性,故从程序制度上就可能弊端作出一定的防范措施规定。这种知识产权人协助侦查的程序设计,有利于调动权利人的积极性和平衡加、被害人权益,更好地发挥运用刑事措施打击知识产权犯罪的作用。

2. 产业协会在侦查中的作用

由于单个权利人实施成本高昂而令人却步(prohibitive costs of enforcement for individual owner),许多产业机构在知识产权公共执法活动中会提供情报和操作支持。美国民间机构在加强知识产权执法保护方面所起积极作用最为典型。如美国商会启动“全球反假冒和盗版战略”(Global Anti-Counterfeiting and Piracy Initiatives),发起成立“反假冒和盗版联盟”(Coalition Against Counterfeiting and Piracy),组织企业积极采取措施保护知识产权;国际知识产权联盟(IIPA)每年公布《美国经济中的版权产业》报告、若干重点国家版权盗版率及给美国造成的损失等。① 这些行业协会的报告与数据被广泛引用,会产生很大影响。假冒、盗版对企业利益造成了损害,而保护知识产权首先需要知识产权人广泛合作形成合力。现阶段需要发挥这些知识产权行业协

① 参见《美国民间机构在加强知识产权保护方面的作用》,载中国保护知识产权网 http://www. ipr. gov. cn/guojiiprarticle/guojiipr/guobiehj/gbhjjigou/200702/513211_1. html,2014 年 5 月 30 日访问。

会的服务功能。以著作权领域为例：我国已有中国音乐著作权协会(1992 年成立)、中国音像著作权集体管理协会(2008 年成立)、中国文字著作权协会(2008 年成立)、中国摄影著作权协会(2008 年成立)、中国电影著作权协会(2010 年成立)等著作权集体管理组织。但由于起步较晚，急需提升其参与知识产权刑事司法的相应条件和能力。

3. 相关公众在侦查中的作用

建立社会参与的侦查机制，是侦查案源的“源头活水”。如何获得这种私人协助呢？我国设计的举报奖励制度便是一种相应的激励手段。公安部曾发布《关于对举报经济犯罪线索进行奖励的公告》，对提供经济犯罪线索并查证属实的举报人，根据不同情况给予 500 元至 5 万元奖励；对在捣毁特大犯罪窝点、打掉特大犯罪团伙、侦破特大犯罪窝案中发挥重要作用的，予以重奖。据不完全统计[①]，仅 2009—2012 年上半年，全国公安机关经侦部门共收到有价值的经济犯罪举报线索 6 500 余条，据此破案 4 800 余起，共奖励举报群众 830 余人次，颁发奖金合计 490 余万元，其中当然包括大量知识产权犯罪线索。

(二) 知识产权刑事侦查国际合作

知识产权犯罪国际化趋势越来越明显，对加强国际刑事司法协助提出了更高的要求。同时，有组织犯罪对知识产权领域的介入也引起了国际社会的关注。在国际组织层面，世界海关等组织发起“全球打击假冒和盗版大会”成为治理知识产权犯罪国际协调平台，通过探索知识产权犯罪的惩治与预防对策，形成大量机制创新研究成果。我国早在 2002 年《知识产权刑事保护论坛三亚宣言》中，就把“国际执法合作机制”表述为理论界与实务界的共识之一(总共 6 项内容中第 5 项)规定，要站在国家主权、经济安全高度认识知识产权问题，积极开展双边和多边国际执法合作，学习借鉴国(境)外刑事执法机构成功的做法和经验，努力建立一种平等、互惠、信任、积极、准确、高效的国际执法

① 李恩树：《公安部发布公告奖励举报经济犯罪线索》，载法制网 http://www.legaldaily.com.cn/index_article/content/2012-06/13/content_3639331.htm? node = 5955

合作机制。《刑事诉讼法》第17条规定："根据中华人民共和国缔结或者参加的国际条约，或者按照互惠原则，我国司法机关和外国司法机关可以相互请求刑事司法协助。"提供刑事侦查国际合作的法律依据和实践空间，在知识产权刑事侦查合作领域用好、用足现有国际公约的有效机制，是值得今后深入关注的重要课题。

这种刑事侦查的国际合作已得到有效开展。在外国国家合作层面，2004年，公安部经侦局、上海市公安局会同美国国土安全部等执法机构，开展代号"春天"的联合执法行动，侦破以美国人顾然地等为首的跨国销售侵权复制品案件，成为我国公安机关首次与境外机构就知识产权犯罪展开联合执法的成功案例。之后，中美等又连续开展了"越洋""海浪""夏至""木星"等系列知识产权联合刑事执法，建立中美刑事执法联合联络小组（JLG）。在国际组织合作层面，2007年，公安部会同国际刑警组织成功开展"木星行动"；2009年公安部会同国际刑警组织、世界卫生组织以及东盟等六国执法机构，联合开展"东南亚地区打击假冒药品国际联合执法行动"（代号"风暴行动"），均受到国际刑警组织总部高度称赞。① 在国际合作过程中，我国侦查机关逐渐从"被动型合作"走向"主动型合作"。如2012年1月，广州市公安局侦查发现钱某等人生产假冒"路易威登""蓍驰"等品牌箱包，并向美国等出口，公安部即通过双边警务合作渠道向美国移民海关执法局通报案件线索，商请美方开展联合调查。这次中美联合执法抓获犯罪嫌疑人73名，涉案总价值5亿元人民币，铲除了一个向多国贩卖假冒名牌箱包的生产源头。又如江苏顾昀丹、无锡林德太阳能科技有限公司、蔡红祥、周紫春假冒注册商标罪案②中，被告人在外包加工的960件太阳能电池组件上粘贴其非法购入的"SUNTECH"铭牌（尚德公司的注册商标），并出口至德国，在德国汉堡港时被德国海关查获，货值

---

① 参见《2009年中国知识产权保护状况白皮书》，载国家知识产权战略网 http://www.nipso.cn/bai.asp，2014年5月30日访问。

② 参见《2012年江苏法院知识产权司法保护状况》，载江苏法院网 http://www.js-fy.gov.cn/pdf/lps2013.pdf，2014年5月30日访问。

金额人民币255万余元。中国海关总署通过《中欧海关知识产权合作的行动计划》规定的程序从德国取得侵权产品样本,将案件移交给无锡市公安机关,最终被依法定罪判刑。这是我国与欧盟签订《中欧海关知识产权合作的行动计划》以来首个合作成功的案例,为跨国调取、固定、移交知识产权刑事证据取得了有益的经验。

第二节　知识产权刑事控诉机制

知识产权刑事案件的控诉方式主要是公诉,根据有关法律及司法解释规定,权利人可以提起自诉,在以公诉或自诉方式提起刑事控诉时,还可能涉及附带民事诉讼。

一、知识产权刑事公诉机制

（一）公诉案件范围:严重危害社会秩序和国家利益

2012年最高人民法院《关于适用〈中华人民共和国刑事诉讼法〉的解释》(以下简称《刑事诉讼法解释》)第1条规定了"人民法院直接受理的自诉案件"的范围,其第2项规定了"人民检察院没有提起公诉,被害人有证据证明的轻微刑事案件"包括8种案件,第7种即"侵犯知识产权案(刑法分则第三章第七节规定的,但严重危害社会秩序和国家利益的除外)";这一规定确立了"知识产权刑事自诉机制"。2007年《知识产权刑事案件解释(二)》第5条对此表述为:"被害人有证据证明的侵犯知识产权刑事案件,直接向人民法院起诉的,人民法院应当依法受理;严重危害社会秩序和国家利益的侵犯知识产权刑事案件,由人民检察院依法提起公诉。"由此,在司法解释层面,我国目前对于侵犯知识产权罪似乎是采"自诉为主、公诉为辅"的追诉模式,"严重危害社会秩序和国家利益"成为侵犯知识产权罪"公诉案件"的内置条件。然而,在司法实践上,我国却明显采"公诉为主"的控诉模式。从表1-9、表1-10看,即使可能是由于自诉案件存在而导致公诉案数(人数)低于审结案数(人数),其比例也远低于公诉案件;前述1 617

份假定为“随机获得的”判决书中，竟无一份是自诉案件的判决。

“严重危害社会秩序和国家利益”与否，是公诉和自诉两种追诉方式的界限，实质上即是“公共利益”标准，这需要进行具体判断和作出说理。

（1）从我国法学界对公共利益概念的研究看，其进路大致包括实质主义和程序主义两种：实质主义通过对公共利益实体内容的探究，确立关于其含义的明确法律规则或标准，从而在实践中发挥制约公权力的功能；程序主义则通过构建体现民主正当性的立法程序与决策程序、通过具体情形中的商谈，确定公共利益的内容，从而为公共利益的证成寻求一种合理的制度安排。[①] 在知识产权刑事控诉意义上，一方面，应当以程序主义进路为核心，即着眼于依何种程序规则来作出侵犯公共利益与否的判断，包括初步事实基础、判断主体（及其内设机构）、程序、纠错等规则；另一方面，程序主义的判断离不开必要的实质内容方面的标准。

（2）从法律方法角度考察，公共利益概念完整的论证过程需要经过价值填充与类型化、个案中的权衡模式两个阶段，其结果是产生以个案事实为前提条件的关于公共利益含义的明确法律规则。[②] 其一，在规则层面，最高人民法院 2012 年《刑事诉讼法解释》第 1 条虽对《刑事诉讼法》第 204 条（1996 年旧法第 170 条）进行了细化解释，但涉及知识产权刑事案件时，对“严重危害社会秩序和国家利益”，仍未进行类型化和具体化。相反，公共利益标准在公权力领域还有松动的迹象，如国家版权局 2012 年 12 月 24 日印发的《著作权法（修订草案送审稿）》（国版字（2012）10 号）第 77 条取消了著作权行政处罚的“同时损害公共利益”条件。因此，宜基于常识在有关司法解释中，就侵犯知识产权行为明确列举若干种“严重危害社会秩序和国家利益”的具体类型或情形及其判断标准，作为公安机关依法处理的“阀门”，以实现

---

① 参见胡鸿高：《论公共利益的法律界定》，载《中国法学》2008 年第 4 期。

② 参见余军：《“公共利益”的论证方法探析》，载《当代法学》2012 年第 4 期。

对公共利益这一高度抽象化的不确定法律概念的价值填充，只是此种“列举”方法并非逻辑意义上严格的非此即彼的分类。其二，在个案层面，“严重危害社会秩序和国家利益”的确定，尚需在具体案件中进行衡量，对案件所涉及的个人、社会、国家等各种利益进行审查和决定。从比较视角看，德国“比例原则”备受理论和实务界推崇，被认为是极具客观性和操作性的论证框架。① 司法程序中常常要对“严重危害社会秩序和国家利益”进行的具体判断，仅仅具有针对个案的意义。

《刑事诉讼法解释》第1条另就“自诉转公诉”规定了“对被告人可能判处三年有期徒刑以上刑罚的”应通过公诉的途径控诉。确立“可能判处三年以上有期徒刑”这一过滤标准，将大大提高公安机关解决“优先事项”的能力。从刑罚看，达到可能判处“三年徒刑”标准的案件被纳入公诉案件范围，容易被公众层面所接受，但该标准目前远远未被重视和遵守。表1-37的数据显示，实刑判决中被告人最高刑低于36个月的案件累计达83.9%。这说明，侵犯知识产权案件很多情况下未达到现行的“公诉案件”条件标准，即被作为公诉案件进入了刑事司法的范围。当然，如果是知识产权刑事司法政策变动所致，则需要及时在司法解释层面作出跟进调整，使二者不致存在冲突矛盾。

不少国家和地区不允许知识产权自诉。金砖国家之一的巴西在启动方式上颇具特色，即按知识产权领域不同而设置不同的启动方式，在海关采取措施后，知识产权人可随之提交请求以启动刑事诉讼，但版权犯罪不适用。理由是，商标和专利犯罪具有针对私人性质，只有权利人可启动程序，而版权犯罪具有公共性，其刑事指控只能由刑事公诉人来启动。②

---

① 参见蔡振荣：《行政法理论与基本人权之保障》，台北五南图书出版公司1999年版，第134页。

② See Michael Blakeney et. al. (Edit), Border Control of Intellectual Property Rights, Thomson Sweet & Maxwell, R. 15: June 2008, p. BRA-2.

（二）起诉和不起诉：考量因素

1. 美国知识产权检控考量因素

比较法的考察往往具有“它山之石，可以攻玉”之作用。美国知识产权犯罪检控考量因素颇有启示意义。

（1）美国司法部《知识产权犯罪追诉手册》列举了决定是否指控某一涉嫌知识产权犯罪案件时考量的要素，主要包括[①]：知识产权犯罪所涉及的联邦利益，联邦执法优先事项，犯罪性质与严重性，指控的遏制效果，与犯罪相关联的个人罪责性，个人犯罪经历，个人在调查或指控他人时的自愿合作程度，定罪后可能的判决及其他后果，行为人是否在其他司法辖区可能被起诉，替代性的非刑事措施是否足够，决定是否指控公诉犯罪时的其他考虑。

（2）就“侦查和起诉优先事项”而言，美国司法部不时进行调整确定，旨在将联邦执法活动集中在联邦职责范围内最值得联邦关注而又最有可能在联邦层面有效处理的事项上。[②] 美国司法部持续将知识产权刑事执法作为高级优先事项，并确定了四类特别关注的知识产权侦查与起诉案件[③]：一是影响健康与安全的案件；二是与有组织犯罪有关的案件；三是大规模商业性假冒和盗版案件，尤其是网络案件；四是窃取商业秘密或经济间谍案件。

（3）美国司法部颁行的《联邦检察官手册》（USAM）中，“已有充分的替代性非刑事救济”（the adequacy of alternative non-criminal remedies）是联邦检察官决定不起诉的考量因素。[④] 一方面，要看有无充分的非刑事救济。根据美国法典，几乎每个知识产权罪名都有民事法上的对应行为，后者为受害人提供广泛救济措施，如禁令、恢复原状、赔偿损失及惩罚性赔偿、诉讼费、律师费，甚至依申请而扣押侵权产品，

---

① See Computer Crime and Intellectual Property Section, Prosecuting IP Crimes Manual (4th ed.), U. S. Department of Justice, 2013, p. 377.

② See USAM 9-27.230(B)(1) (comment).

③ See U. S. Department of Justice, PROIP Act Annual Report FY2011, 2011, p. 16.

④ See Computer Crime and Intellectual Property Section, Prosecuting IP Crimes Manual (4th ed. 2013), U. S. Department of Justice, 2013, p. 384.

而美国海关和边境保护署可对进出口侵权商品进行没收和罚款。此类救济的可获得性和充分性,在评估知识产权案件时会被仔细予以考虑。另一方面,要看对具体行为人的效应,即存在的民事救济是否已经或可能对特定侵权人构成“遏制”,这也是检察官应予以考虑的。对不受民事诉讼和救济所遏制的人,刑事起诉更为合适。若被告违背了民事命令(禁令),与其指控知识产权犯罪,不如适用“藐视法庭”的民事或刑事惩罚。概言之,刑法谦抑原则和特殊预防论在美国检控考量过程中得到了重视。

2. 我国知识产权审查起诉考量因素

(1) 应重视刑事政策因素的考量。刑事政策具有变化性,如我国早期对假冒注册商标、侵犯著作权犯罪,都有“二次行政处罚”后再犯即入罪的做法。2004 年《知识产权刑事案件解释(一)》取消该种做法。现阶段知识产权刑事司法政策目标,正调整到集中优势侦控资源打击重点犯罪案件与人员。

(2) 还应考虑按法定标准最佳地履行举证责任问题。《刑事诉讼法》第 49 条就举证责任承担主体规定,“公诉案件中被告人有罪的举证责任由人民检察院承担,自诉案件中被告人有罪的举证责任由自诉人承担”;第 53 条第 2 款就证明标准规定:“证据确实、充分,应当符合以下条件:(一) 定罪量刑的事实都有证据证明;(二) 据以定案的证据均经法定程序查证属实;(三) 综合全案证据,对所认定事实已排除合理怀疑。”这些规定无疑应适用于知识产权刑事案件。在知识产权刑事案件中,控诉举证还有以下方面值得注意:

其一,对于欲走公诉通道的知识产权案件,公安机关往往要求当事人在立案时就承担较重的举证责任,甚至接近于证明犯罪成立的标准,要求“犯罪事实已经查清,证据确实、充分,依法应当追究刑事责任”,这几乎已经达到检察机关审核提起公诉的标准,即成为事实上的“先破案后立案”。[①] 这一情况在四类侵犯知识产权罪中均存在。以

① 参见何国强、马婷婷:《知识产权刑事案件立案、定罪、量刑问题考察》,载《湖北警官学院学报》2013 年第 5 期。

侵犯商业秘密罪为例:有人将其立案比喻成“先有鸡还是先有蛋”的问题,立案需要达到立案条件即有一定证据条件(现行标准是损失数额在50万元以上,或违法所得数额在50万元以上,或致使商业秘密权利人破产);该证据条件往往又需公安机关调查才能达到,达不到就不予立案。这样一来,实际上是将符合犯罪构成当成立案条件,变相提高公诉的程序门槛。虽然减少了办理错案的概率,却拒绝了对需要侦查取证才能证明符合犯罪构成的案件进行司法保护。

其二,应重视收集和运用证明知识产权法律关系所特有的关于权属、侵权比对等方面的证据。对此,目前比较可行的对策是,以较为成熟的民事诉讼举证顺序为基础,整理出一套适用于知识产权刑事和行政诉讼的举证顺序,然后再通过以法院为核心的执法机关联系机制加以推广。①

其三,对知识产权的权利范围往往有许多限制,被告人可以援引这些限制来作为司法程序中的合法抗辩(legitimate defense)。对此,被告人应承担有限的提供证据义务(反证义务),在某种意义上,这是一种部分证明责任的倒置,检控人员不应忽视抗辩事由审查。

二、知识产权刑事自诉机制

(一) 自诉是知识产权刑事保护国际义务的重要履行方式

对于英文“enforcement”,应当区分两种不同的“实施”:一种是有关权利人通过国家法院“行使”权利的行为。这种“实施”从一开始就被排除在知识产权国际公约的规制范围之外。另一种是成员国之间的“执法”事项。其最初也未被规制,后来有些公约开始规定这一问题。② 从我国承担国际义务的TRIPS协定看,根据其第61条,国家承

---

① 参见林广海:《“三审合一”—知识产权案件司法保护新机制述评》,载《河北法学》2007年第2期。

② See Peter-Tobias Stoll, Jan Busche and Katrin Arend (ed.), Trade-related Aspects of Intellectual Property Rights, Max Plank Institute for Competetive Public Law and International Law, Martinus Nijhoff Publishers(Leiden Boston), 2009, p.4.

担的只是确保刑事救济对于权利人的“可获得性”。这种刑事救济既包括单纯的法院刑事审判的救济（自诉），也包括侦控机关与法院的“合力”救济（公诉）。“可获得性”当然包括依当事人申请（到法院自诉）和依职权进行的刑事诉讼。可见，知识产权刑事自诉具有其自身的优点，尤其在TRIPS协定第61条意义上，可以说是协定的一个“弹性条款”之所在。

遗憾的是，在履行知识产权刑事保护国家义务的意义上，我国在“中美WTO知识产权争端”的较量中及每年的知识产权保护状况信息公开中，都忽略了自诉方式的重要意义。年度司法数据显示，我国对知识产权刑事自诉机制的利用率极低，而且利用效果不理想。如果把自诉当做履行知识产权刑事救济的基础性控诉方式，则可以理解为依职权的公诉方式救济，应当满足“公诉门槛”，这完全可以在（商业规模的）“权利受侵犯”之外，另设“社会秩序”“国家利益”等方面的可操作性标准。这也启发我们，“立案追诉标准”只是动用国家侦控资源提起公诉的门槛标准，“定罪标准”则适用于包括自诉在内的所有控诉的刑事门槛。

（二）自诉案件范围及转换机制

根据2012年《刑事诉讼法解释》第1条第2项规定：“侵犯知识产权案（刑法分则第三章第七节规定的，但严重危害社会秩序和国家利益的除外）”属于“人民法院直接受理的自诉案件”范围。从实体上看，自诉案件不是“严重危害社会秩序和国家利益的”，否则属于公诉的范畴了，换言之，后者的危害性在位阶上高于前者。从程序上看，自诉案件需“人民检察院没有提起公诉，被害人有证据证明的轻微刑事案件”。这里的“被害人有证据证明”是法院受理的积极条件。“人民检察院没有提起公诉”是“自诉案件”表面的要素条件，只是与公诉案件的界分因素而已，实际上无需证明。不过，鉴于知识产权犯罪案件的专业性导致被害人要证实犯罪较为困难，知识产权刑事自诉渠道并不畅通。自诉程序中，作为权利人的自诉人在法律上应当而在事实上往往难以承担相应的举证责任。自诉人举证不力，会导致在受理阶段被法院裁定驳回立案申请(立案难成为知识产权刑事自诉的最初障碍),或者在审判阶段判定自诉人败诉。

以王燕卿侵犯著作权案①为例。被告人王燕卿为公司办班需要,先后剽窃、抄袭自诉人兼附带民事诉讼原告人卢世明享有著作权的书和论文,编成《生料酿酒技术》教材作为资料转让给学员。一审认为:被告人剽窃、抄袭的侵犯著作权违法行为不是侵犯著作权罪中的复制、发行行为,因其没有提供证据证实遭受的经济损失,故驳回"赔偿经济损失 21 万元"的附带民事诉讼请求,但支持立即停止侵害并公开赔礼道歉的诉讼请求。二审认为:应认定被告人行为属"复制、发行",但由于未能证明违法所得达到起点标准(个人 5 万元),故自诉罪名不成立;上诉人变更诉讼请求,以王燕卿违法所得 166.0384 万元为经济损失赔偿数额,由于这并非王燕卿的犯罪行为造成的直接经济损失,且王燕卿承担了相应的民事责任(停止侵害并公开赔礼道歉),故不予支持。从生效判决看,正是由于举证不力而"未能证明违法所得达到 5 万元"这一起点标准,导致自诉失败。可见,由于法律条文比较原则,没有区分公诉和自诉的具体标准,且自诉人存在较大败诉风险,致使法律规定的侵犯知识产权罪自诉模式形同虚设,法律赋予刑事被害人的追诉权基本流于形式。②

不满足"被害人有证据证明"这一程序条件的"自诉"该如何处理?

(1) 关于处理的方式,是应当直接裁定还是需要移送公安机关立案侦查,需要进一步明确。2012 年《刑事诉讼法解释》第 1 条第 2 项设立了"自诉转公诉"的转换机制,即"本项规定的案件,被害人直接向人民法院起诉的,人民法院应当依法受理。对其中证据不足、可以由公安机关受理的,或者认为对被告人可能判处三年有期徒刑以上刑罚

① 参见玉林市中级人民法院(1999)玉中刑终字第 26 号刑事判决书。

② 参见董倚铭:《侵犯知识产权犯罪惩治的困境与出路——以宽严相济刑事政策为视角》,载钱锋主编:《中国知识产权审判研究》(第 2 辑),人民法院出版社 2010 年版,第 82 页。

的，应当告知被害人向公安机关报案，或者移送公安机关立案侦查”。其前身即1998年最高人民法院《关于执行〈中华人民共和国刑事诉讼法〉若干问题的解释》第1条在“自转公”的案件类型上与此是一致的，但转换渠道上限定为“应当移送公安机关立案侦查”。应当说，2012年《刑事诉讼法解释》确立“或告知报案或移送”，赋予法院在原单一“移送”渠道之外的更大选择空间，移送不再是“规定动作”。移送公安机关以进入公诉渠道，受到适度的严格要求，“告知”被害人向公安机关报案，使被害人在一定程度上有了是否启动刑事程序的再次选择权利。

（2）关于处理的诉讼阶段节点。有研究认为，法院对于受理的知识产权自诉案件，发现证据不足的，应当直接裁定结案，理由是自诉人未完成举证责任。还有学者认为，被害人因证据不足被法院驳回起诉的案件，公安机关依法受理调查并立案侦查的，应由检察机关提起公诉。[①] 本书认为，直接裁定结案的做法与司法解释规定相悖而并不妥当，驳回后再行公诉的做法实为违背“一事不再理”原则而不当，故“或告知报案或移送”应当限定在受理自诉后、审结前，并同时受到法院对“可以由公安机关受理”条件的实质判断，以保留必要的裁量空间。

（三）知识产权刑事自诉机制优化

公诉取决于控诉机关的自由裁量和事项轻重缓急，知识产权人并无自主决定权，相反，自诉案件不进入侦查视野，意味着对公诉具有分流作用，侦控权力退出从而缩小了“重大犯罪”圈，有利于集中侦控力量，有效地优先打击“重大犯罪”。未达到公诉“阀门”条件的，除非权利人提起刑事自诉，否则不就犯罪进行审理。当然，本书认为，即使不自诉的，由于行政执法具有主动性，仍可由行政执法机关依法处理。有国外学者认为，自诉的进行几乎不太可能（unfeasible），因为证据难

---

① 参见龚培华主编：《侵犯知识产权犯罪构成与证明》，法律出版社2004年版，第190—192页。

以收集，故很少有自诉成功的知识产权犯罪案件的报道。[①] 由于自诉人方面存在提供证据难、获得赔偿难及追索欲望低等因素，法院方面存在证据调取难、法律适用难及按期审结难等因素，因此，知识产权自诉机制优化的出路在于完善自诉配套机制，实现自诉机制的有效利用。

1. 需要重点解决自诉证据收集的救济问题

证据收集应当多元化，包括借用刑事侦查资源、调用行政执法证据及运用民事取证手段。[②] 2011 年《知识产权刑事案件意见》第 4 条规定："人民法院依法受理侵犯知识产权刑事自诉案件，对于当事人因客观原因不能取得的证据，在提起自诉时能够提供有关线索，申请人民法院调取的，人民法院应当依法调取。"一方面，该规定从侧面反映了在自诉程序中证据问题的严重性，有助于解决自诉案件证据的困境；另一方面，该条未就何为"客观原因不能取得的证据"作出规定，"申请人民法院调取"是否现实可行有待考察。如果证据不足又不能提供证据线索，或者虽有证据线索但没有申请法院调取的，除依法应"自转公"外，宜直接裁定结案。此外，鼓励和提倡律师事务所、调查中心等社会力量的介入[③]，也有助于解决取证问题。

2. 可建立自诉主体协力机制

对于知识产权被害人而言，最符合其利益的是，权利人聚集起来形成产业组织，由该组织代表他们开展调查追责活动和向控诉机关告发，并在控诉机关不起诉时，该产业组织即可提起自诉。[④] 因此，应当强化诉讼代理制度。自诉权可在国家控诉机关不作为、消极处理、过

---

① See Paul Torremans, et. al., Intellectual Property and TRIPS Compliance in China: Chinese and European Perspectives, Edward Elgar Publishing Ltd., 2007, p. 114.

② 参见唐震：《从现实向理想的迈进：知识产权刑事自诉的可行性建构》，载钱锋主编：《中国知识产权审判研究》（第 3 辑），人民法院出版社 2011 年版，第 286—295 页。

③ 参见曲三强：《从"窃书不算偷"到"窃书就是偷"——顾盼中国著作权刑法保护的发展历程》，载《中国版权》2008 年第 6 期。

④ See Bankole Sodipo, Piracy and Counterfeiting: GATT, TRIPS and Developing Countries, Kluwer Law International, 1997, p. 239.

失行为等情形下赋予被害人以保障作用，但是，它也可能被滥用，对此可以通过收取自诉人担保金和追究恶意诉讼之法律责任等方式进行制约。

三、知识产权刑事附带民事诉讼机制

（一）知识产权刑事附带民事诉讼的存在空间

知识产权刑事附带民事诉讼，由于与对犯罪的控告直接相关，故置于“控诉机制”下来分析。关于知识产权刑事案件是否可提起附带民事诉讼以及以何种方式来衔接这两种诉讼，实务界有两种不同的做法：

1. 否定论

2000年12月13日最高人民法院《关于刑事附带民事诉讼范围问题的规定》第1条规定：“因人身权利受到犯罪侵犯而遭受物质损失或者财物被犯罪分子毁坏而遭受物质损失的，可以提起附带民事诉讼。”有观点认为，由于侵犯知识产权既不是侵犯人身权利，也不是毁坏财物，因此不能提起附带民事诉讼。同时，该解释允许另行提起民事诉讼，即根据第5条的规定：“犯罪分子非法占有、处置被害人财产而使其遭受物质损失的，人民法院应当依法予以追缴或者责令退赔。被追缴、退赔的情况，人民法院可以作为量刑情节予以考虑。经过追缴或者退赔仍不能弥补损失，被害人向人民法院民事审判庭另行提起民事诉讼的，人民法院可以受理。”如在方顺龙等侵犯商业秘密案[①]中，法院判决认为，被害单位的民事诉讼请求不属于附带民事诉讼受案范围，该院另行依法裁定处理。又如沈大军侵犯商业秘密案[②]的判决书写道：“对于因侵犯商业秘密行为导致的包括间接损失在内的损失不能通过刑事判决予以追缴或者退赔的，根据最高人民法院关于刑事附带

---

① 参见深圳市中级人民法院（2004）深中法刑二终字第74号刑事判决书；深圳市宝安区人民法院（2003）深宝法刑初字第1545号刑事判决书和（2003）深宝法刑初字第1545—1号刑事附带民事裁定书。

② 参见北京市门头沟区人民法院（2008）门刑初字第25号刑事判决书。

民事诉讼范围的规定，虽然不能直接提起刑事附带民事诉讼，但可以单独提起民事诉讼加以解决。”当然，如果另行提起民事赔偿诉讼，其管辖权应依照《民事诉讼法》予以重新确定。

2. 肯定论

该观点认为，《刑事诉讼法》规定的是“被害人由于被告人的犯罪行为而遭受物质损失的，在刑事诉讼过程中，有权提起附带民事诉讼”，侵犯知识产权罪的一些定罪量刑情节也是以权利人的损失为标准，故应允许提起附带民事诉讼。2006 年《中华人民共和国最高人民法院公报》刊登了西安市中级法院审结的裴国良侵犯商业秘密案[①]刑事附带民事判决书，对被害单位提起的附带民事诉讼一并作出处理，判令“停止侵权行为，连带赔偿重研所经济损失 1 728 万元”。又如在杭州市中院终审的王安涛侵犯著作权案[②]中，判决“赔偿附带民事诉讼原告人天利公司人民币 28.69 万元”。

可见，由于“因被告人犯罪行为而遭受物质损失”这一措辞语意过于宽泛，造成实务意见不一，令人莫衷一是。2000 年司法解释将附带民事诉讼范围限定在因人身权利及财物被毁坏而不包括财产类权利被侵犯的案件，似乎采取了“否定论”，但司法实践中仍可见到认可提起附带民事诉讼的判例。本书赞同肯定论。其程序法律依据是《刑事诉讼法》第 99 条规定的“被害人由于被告人的犯罪行为而遭受物质损失的，在刑事诉讼过程中，有权提起附带民事诉讼”；其实体法律依据是刑法第 36 条规定的“由于犯罪行为而使被害人遭受经济损失的，对犯罪分子除依法给予刑事处罚外，并应根据情况判处赔偿经济损失”。该条规定的“判处赔偿经济损失”，是刑事附带民事诉讼的结果，它以给予刑罚为前提，而只实现民事责任的方式。[③] 从前文表 2-10 看，

---

① 参见中华人民共和国最高人民法院：《中华人民共和国最高人民法院公报》2006 年第 12 期（总第 122 期），第 28—36 页；中华人民共和国最高人民检察院：《中华人民共和国最高人民检察院公报》2007 年第 1 号（总第 96 号），第 29—30 页。

② 参见中华人民共和国最高人民法院：《中华人民共和国最高人民法院公报》1999 年第 5 期。

③ 参见张明楷：《刑法学》（第 4 版），法律出版社 2011 年版，第 562 页。

1 617 个司法判决中提起附带民事诉讼的只有 4 个，占比 0.2%；且提起附带民事诉讼的主要是侵犯商业秘密案（在 27 个该类案件中占比 11.1%）及假冒专利案，前者的法定构成要件中有“权利人损失”的构成要素，后者的定罪根据有“损失数额”。但其他假冒商标、侵犯著作权行为也是“侵权型”犯罪，一样有损失，也可提起附带民事诉讼。只不过，本书样本受到“标准文书”筛选条件的限制，有的案件未纳入分析范围。但总体上，提起附带民事诉讼的比例非常低，不同法院处理不一致的现象较严重。2013 年《商标法》第 67 条就《刑法》第 213—215 条所列 3 种侵犯注册商标行为规定，“构成犯罪的，除赔偿被侵权人的损失外，依法追究刑事责任”。“赔偿被侵权人的损失”与依法追究刑事责任并列规定，至少强调了刑事程序中应当对被害人权利的保护问题。

（二）知识产权刑事附带民诉的运作问题

1. 现行法律规定存在的问题

根据 2012 年《刑事诉讼法》第 102 条规定：“附带民事诉讼应当同刑事案件一并审判，只有为了防止刑事案件审判的过分迟延，才可以在刑事案件审判后，由同一审判组织继续审理附带民事诉讼。”允许知识产权刑事“附带”民事诉讼会产生出以下问题：

（1）附带诉讼在实质上相当于是一种“诉的合并”，民事管辖权可能发生流变。即在法院有刑事管辖权而无民事管辖权的；应否以此为理由，不受理附带民事诉讼，而要求另行向有管辖权的法院起诉。为此，有学者建议：现阶段可采用将涉及知识产权的刑事案件统一归属中级法院管辖①，确保刑事案件审理法院对相应民事案件也有管辖权，为附带民事诉讼提供前提条件。不过，该“提级管辖论”未关注到知识产权管辖的多元性，采取“刑随民走”，即知识产权刑事案件直接由具有知识产权民事管辖权的法院管辖应更为可行。

---

① 参见姚建军：《知识产权立体保护资源配置问题探究——对知识产权三审合一模式的审视》，载《知识产权审判指导》2010 年第 2 期。

（2）由“同一审判组织”负责审理附带民事诉讼，无法体现知识产权案件审理分工的必要性。可能的解决办法应是纳入知识产权庭元素而“重组刑庭”或“合于一庭”（知识产权庭），本书第七章将有相应论述。

2. 知识产权刑事附带民事诉讼赔偿范围的确定依据，与刑事责任的确定依据有何关联？

对此，湖北省高院终审的熊四传假冒注册商标罪刑事附带民事诉讼案[①]提供了极佳的研究素材。该案中，熊四传伙同其子熊雅梦在黏合剂产品上实施假冒“璜时得”注册商标行为。宜昌市中院一审认定非法经营额为289 572元，酌情决定熊氏父子连带赔偿被害单位璜时得公司经济损失30万元。湖北省高院二审只认定非法经营额为114 588元，就刑期和罚金作相应纠正，但维持赔偿数额。理由是：二审认定的非法经营数额只是确定熊四传刑事责任的依据，但因其不是侵权人的全部获利或被侵权人的全部损失，故不能成为民事赔偿的标准。熊氏父子向多省销售过侵权产品的事实客观存在，但其销售数量、金额、全部获利以及被害单位因被侵权受到的全部损失均无法确定。综合考虑熊四传、熊雅梦生产侵权产品的规模和时间、销售侵权产品的范围与价格、侵权行为的性质及后果等因素，一审酌情确定的经济损失30万元，符合法律规定，应予维持。可见，在知识产权刑事附带民事诉讼案件的审理中，刑事责任的确定和民事责任的确定有明显的区别[②]：刑事责任确定要依照刑法做到罪责刑相适应，如该案中须严格依据法院认定的非法经营数额来确定，民事责任确定要依照知识产权法来实现损失填补功能。法律规定的赔偿标准有权利人损失、侵权人获利等标准，在都不能确定时，适用“法定赔偿”标准，即由法院依法酌定赔偿数额。在刑事审判与民事审判适用不同的证明标准这一点上，该案颇有美国大案“辛普森案”的色彩。

---

① 参见湖北省高级人民法院（2011）鄂知刑终字第1号刑事附带民事判决书。

② 参见钟莉、童海超：《知识产权刑事附带民事诉讼案件的法律责任之确定——湖北高院判决熊四传假冒注册商标罪刑事附带民事诉讼案》，载《人民法院报》2012年9月6日，第6版。

3. 知识产权刑事附带民事诉讼中如何使用禁令？

有学者指出，我国香港特别行政区政府在打击盗版中就成功运用了封闭令的快速执法策略，一旦法庭在盗版案中裁定被告罪名成立，政府便可“自动”向所涉商铺迅速发出短期封闭令。由于侵权者流动性高，再次成功检控机会极微，故快速至为重要，假如封闭令的申请程序冗长繁复，封闭令就不会收效。[①] 在内地，知识产权临时性禁止措施可适用于民事程序（如临时禁令）或行政执法活动（责令停止行为）。在刑事司法中，拘留、逮捕等“强制措施”，都是针对自然人适用的保证刑事诉讼进行的强制手段，对单位犯罪及有组织知识产权犯罪，并无适用禁令措施的法律依据。因此，在过去临时禁令等措施在单纯的刑事诉讼或者刑事附带民事诉讼中无法适用；2012 年《刑事诉讼法》在第 100 条增加了附带民事诉讼原告人或者人民检察院可以申请人民法院采取保全措施的规定，这一改动有利于制止侵权行为的继续和证据保全，发现和固定侵权犯罪证据。

第三节　知识产权刑事侦控机制优化

一、知识产权刑事侦控现状与不足

（一）一般刑事案件的“侦查决定型”特色

从认识论角度，刑事诉讼从立案到侦查、起诉、审判是一个认识逐渐深入的过程，立案数、侦查破案数、移送审查起诉数、审判数的递减符合刑事诉讼认识规律的表现。有学者研究了我国刑事诉讼运行整体数据后，得出结论：一是“85% 的案件在侦查终结时被侦查机关作出不移送审查起诉的决定而终止”；二是“我国侦查机关移送审查起诉的决定与案件有罪判决之间具有极高的等同性（大约 95% 的等同性）”，

---

① 参见汤显明：《香港打击侵犯版权罪行概论》，载《河北法学》2008 年第 4 期。

从而认为“我国的侦查机关实际上扮演着类似决定机关的角色”。①

对第一点结论，学界提出了商榷的观点，认为：这“85%的案件”并非都是作出不移送审查起诉决定；至于其去向，一是案件具备了侦查终结的条件，且符合《刑事诉讼法》第15条情形之一，即不符合移送审查起诉的条件，侦查机关应当撤销案件（这一部分应当加大检察监督的力度，但这一部分的比例无从知晓）；二是有些案件虽然破案了，但不能达到侦查终结的条件，即在侦查阶段形成了所谓的疑难案件（超期羁押的案件大部分即属于此类），并非公安机关不移送审查起诉，而是不符合侦查终结的条件，不能移送审查起诉。②

本书认为，从刑事诉讼格局说，刑事侦查具有决定意义，得出“侦查决定型”特色并无多大问题。

（1）移送审查起诉案件只占立案数的15%，这是数据所揭示的事实性结论。至于未移送的85%的案件，可假设：去向一，不应追究刑责的案件比例为A，去向二，疑难案件比例为B（=85% - A），对A比例的案件既需要加强检察监督，防止侦查机关滥用撤销案件权，也要加强防范实践中常见的检察机关对建议撤销案件权的滥用。当然，行使“撤销权”与否的决定权掌握在侦查机关手里。而B比例的案件实际上涉及侦查能力问题，也说明侦查阶段扮演了整个案件的决定作用。

（2）从移送审查起诉到提起公诉再到判决有罪，三个节点上“过滤”甚少。移送审查起诉的有罪率在95%以上，一直保持着极低的不起诉率和无罪判决率。正如有学者指出的：“就司法实践而言，起诉和审判都在很大程度上依赖于侦查的结果，99%以上的有罪判决率，事实上是靠强有力的侦查来维系的。如果单从国家追诉犯罪的效果这个角度观察中国的刑事程序，侦查毫无疑问是整个程序的中心，在一定意义上也可以说，真正决定中国犯罪嫌疑人和被告人命运的程序不

① 徐美君：《我国刑事诉讼运行状况实证分析》，载《法学研究》2010年第2期。

② 参见刘方权：《刑事诉讼实证研究中的数据解读——与徐美君女士商榷》，载《中国刑事法杂志》2010年第12期。

是审判，而是侦查。”①换言之，侦查才是提高刑事司法机制效果的“牛鼻子”。

（二）知识产权刑事侦控之不足及原因

从案件侦控效果看，表1-4、表1-5揭示了我国知识产权刑事起诉率与移送审查起诉、提起公诉数据之间“量升率降”的“悖反现象”和与一般刑事案件起诉率（从未低于96%）的“差距现象”。这表明“侦查决定型”结论明显不适用于知识产权刑事司法领域。图1-7显示，知识产权刑事被告人有罪判决率基本在99.90%以上，远高于英国和美国的有罪率，表明知识产权侦查存在的问题远大于控诉和审判存在的问题。侦控比偏大，成为迫切需要解决的问题，侦查实效偏低的原因如下：

1. 侦查实效偏低应当与能力相关

知识产权案件属于新兴领域且技术性较高，现阶段侦查质量和侦查能力相对存在欠缺。在任何司法辖区，知识产权刑事司法都极大地依赖于警察、公诉人和（刑事）法院的实际能力，因此，各国普遍重视加强知识产权刑事司法的组织建设。我国公安部曾系统整理编写《打击侵犯知识产权犯罪技战法汇编》，对提升全国各级公安机关打击侵犯知识产权犯罪的专业素质和侦查能力起了很大作用。2009年公安部编印了《经济犯罪案例选编（三）——侵犯知识产权犯罪》一书，面向一线指挥员、侦查员，突出办理侵犯知识产权犯罪案件的侦查流程和证据要求，为各地执法实务和规范化建设提供有力指导和帮助；举办“全国公安机关知识产权刑事执法培训班”，全国省级和有关地市级公安机关经侦、治安、网安部门分管总队长、支队长和业务骨干等人参加培训，包括对现行法律进行系统理解与适用、假冒商标识别与认定、侵犯知识产权犯罪案件侦查指挥等方面的知识。②《国家知识产权战略纲要》提出采取知识产权案件“三合一”模式，设置专门知识产权法庭

① 孙长永：《侦查程序与人权——比较法考察》，中国方正出版社2000年版，序言。

② 参见《2009年中国知识产权保护状况》，载国家知识产权战略网 http://www.nipso.cn/bai.asp，2014年5月30日访问。

和建立知识产权上诉法院及建立完善司法鉴定、专家证人、技术调查等知识产权诉讼制度，这将促进刑事司法的能力建设。

2. 侦查实效偏低可能与态度相关

知识产权刑事案件因其专业性、复杂性、隐秘性以及社会牵涉面广、办案周期长等原因，属于公安机关办案积极性相对不高的案件类型。主要原因有两方面：

（1）诉讼外的原因，包括侵犯知识产权犯罪被民众公认为是主观恶性和危害性较小的案件；侵犯知识产权的产业往往牵涉地方经济和就业乃至社会稳定；知识产权犯罪案件在众多刑事案件中仅占很小一部分，相对于人身、财产等刑事司法案件，显得不那么重要且紧迫，并非公安机关打击的主要对象；公安机关会有破案率等诸方面的考虑；知识产权行政、刑事执法双轨保护造成行政执法机关怠于移送刑事案件等。国外学者也曾指出，公共当局常不顾明确的法律规定而不愿进行知识产权刑事司法，原因可能是对此类案件缺乏经验，或者是基于政策评价，即认为不属于值得警察投入精力的紧迫事项。

（2）诉讼内的原因，虽然从有罪判决率看，法、检两家整体上分歧不大，但检控成功后定罪的案件量刑普遍显得“太轻”，以缓刑并处罚金的形式居多；在刑罚执行上，我国的缓刑制度实施效果不佳，造成实际处罚力度不大，刑罚的惩戒作用没有发挥，最终导致检察机关与公安机关一样，办案积极性不大。[①] 许多知识产权刑事案件主犯行事方式隐秘，侵权流程流水化作业，各环节互不联系，结果有时出现“主犯在逃，从犯落网”局面，“在逃犯”指标值偏高。而这些从犯主观恶性小，社会危害亦小，审判中，审判人员大多倾向于主动地利用各种方式“规避”法律的运用，减轻对从犯等被告人的处罚，造成“司法弱化立法”的局面。这在一定程度上造成了公、检、法三家的“紧张”关系，反过来影响侦控态度。不过，随着国家知识产权战略的实施和知识资源的丰富，司法机关在知识产权领域刑事司法的积极性也在上升。

① 参见何国强、马婷婷：《知识产权刑事案件立案、定罪、量刑问题考察》，载《湖北警官学院学报》2013 年第 5 期。

由于侦控机制对知识产权刑事司法活动的整个链条都有“路径塑造”的关键作用，因此宜在借鉴国外有益经验基础上，亟须对侦查和起诉阶段进行“资源和组织优化”，重心应前置到侦查阶段，着力解决侦查质量和侦查能力这一“短板”问题。

二、国外经验借鉴——以美国为例

美国关于知识产权刑事司法组织的某些制度和优化措施，值得我国加以关注和借鉴。

1. 美国司法部承担知识产权犯罪侦控职能，采取“三层次”执法追诉对策

（1）司法部“计算机犯罪和知识产权部”（Criminal Division's Computer Crime and Intellectual Property Section，简称 CCIPS）调查和追诉知识产权犯罪，由知识产权公诉专家组成并帮助制定和执行司法部执法战略和培训联邦助理检察官。

（2）94 个联邦检察官署设立“计算机黑客与知识产权协调员”（Computer Hacking and Intellectual Property（CHIP） Coordinators），这些协调员是特别被培训来进行知识产权公诉的联邦助理检察官。

（3）在知识产权犯罪频发地区还战略性安排“计算机黑客与知识产权组”（CHIP units），每个组由数量集中的、经过特别培训的联邦检察官组成。他们主要是追诉高科技和知识产权犯罪，同时兼培训地方检察官和联邦工作人员，这些 CHIP units 中有 80 个此类检察官（其余 150 个在其他司法辖区和司法部各部门）。此外，美国司法部还专门编写了《知识产权犯罪追诉手册》，目前已推出 2013 年第四版，并于 2010 年 2 月成立了知识产权特别行动组（IP Task Force），由副部长任组长，突出打击重点。

2. 2008 年美国《优化知识产权资源和组织法》开启了知识产权刑事司法组织资源大幅度优化的序幕

该法第 4 章涉及如何强化打击知识产权犯罪的司法组织体系，主

要内容是在司法部重组知识产权执法，增加调查和起诉犯罪的资源。①

（1）该法堪称是“专项拨款法”。如授权在2009—2013年5个财政年度中，每年拨款2 500万美元给州和地方执法机构打击知识产权犯罪；每年拨款1 000万美元以设置额外的FBI机构和联邦助理检察官，以及调查、追诉从事或支持与侵犯知识产权有关的国际有组织犯罪；额外向FBI局长和联邦总检察长（为司法部刑事犯罪局）各拨款1 000万美元。从授权拨款数看，每年就达5 500万美元，5年下来就达2.75亿美元，并且全部是用于对侵犯知识产权犯罪的调查与追诉。

（2）该法又堪称“专项人力资源法”。如该第402条“改善与知识产权犯罪有关执法的侦查与法庭资源”。（A）款规定，联邦总检察长会商联邦调查局（FBI）局长后，可就知识产权犯罪（a）确保设置至少10个额外的FBI操作机构来支持司法部“计算机犯罪和知识产权部”对知识产权犯罪的调查与协作；（b）确保至少再各安排1个额外的FBI机构来支持司法部所有的“计算机黑客与知识产权组”，为对知识产权犯罪的调查与协作目的而对这些CHIP units予以支持；（c）确保所有位于任何一个联邦检察官署的“计算机黑客与知识产权组”被安排至少2个以上、负责调查和追诉计算机黑客和知识产权犯罪的联邦助理检察官；（d）确保实施定期、全面的培训项目。美国司法部每年都提交“PROIP法”报告。由此，美国知识产权刑事司法组织体系的“优化”必将大大超前于其他国家，也会对美国的国际知识产权保护战略产生较大的影响。

美国的做法启示我们：重视审判固然重要，但更应当重视侵犯知识产权犯罪案件的刑事启动。这与知识产权民事审判不同，后者无疑以强化“审判”为“主阵地”。刑罚必定性的关键环节不在审判，而在于国家对侦查力量、检察起诉力量的投入。专业的从事知识产权犯罪侦查、起诉人员，对保持刑事司法的有效运作是组织基础，相反，“不良

① 参见谭江：《美国知识产权立法的最新动向——解读美国〈优化知识产权资源与组织法案〉》，载《知识产权》2009年第1期。

的执法将导致犯罪黑数的增多”。这也正是美国 PROIP 法“优化知识产权资源和组织”时主要针对其司法部“计算机犯罪和知识产权部”及“计算机黑客与知识产权单位”等机构而非联邦法院进行授权拨款的原因所在。

除美国外，还有不少其他国家也很重视加大司法上对侵犯知识产权犯罪的打击力度。如英国重视执法保障，从 2007 年 4 月以来，就通过拨款增添更多人员执行稽查任务。当然，根据 TRIPS 协定第 41 条第 5 款规定，各成员并不需要“建立一个不同于实施一般法律的司法系统”，“不影响成员施行一般法律的权力”，不产生“有关知识产权的施行和一般法律施行之间的资源分配的义务”，但是，加强知识产权刑事司法保护，无疑需要破除侦控资源这一瓶颈。因此，有必要借鉴国外相关经验，将优化我国知识产权刑事侦控组织作为更优先的关键环节。

三、知识产权刑事侦控机制优化

（一）侦控主体的机构设置：专门化机构

党的十八届三中全会《关于全面深化改革若干重大问题的决定》提出要“确保依法独立公正行使审判权检察权”，“改革司法管理体制，推动省以下地方法院、检察院人财物统一管理，探索建立与行政区划适当分离的司法管辖制度，保证国家法律统一正确实施。”这里“人财物”统管，为侦控组织优化提供了政策上的机遇。国务院办公厅转发的《深入实施国家知识产权战略行动计划（2014—2020 年）》提出“加强知识产权刑事执法和司法保护”，“刑事执法”更受重视。本书认为，我国知识产权刑事司法应在公安、检察机关内部设立专门机构，选调和培养具有专门知识的侦查、检察人员负责知识产权侦查、起诉工作，并重视从机制、制度上保障侦控人员的培训和能力强化。

1. 公安机关执法主体机制演变经历了从经侦、治安分工负责到“侵知”协调领导小组的发展过程

1998 年，公安部加大打击侵犯知识产权犯罪力度，在经侦局成立

"扰乱市场秩序和侵犯知识产权犯罪侦查处",负责全国的打击侵犯商标、专利和商业秘密案件,并在治安局设立负责全国打击侵犯著作权犯罪的机构。地方各级公安机关自上而下地设立专业侦查队伍,具体负责相应的案件受案、立案和侦查工作。这样,在公安机关内部便形成了经侦、治安共同分工负责的二元"保知"工作格局。2006 年 1 月,公安部组建了"知识产权处",同时下发《关于进一步加强打击侵犯知识产权犯罪工作的通知》,在地级以上公安机关成立打击侵犯知识产权犯罪工作协调领导小组,办公室设在经侦部门,对外代表公安机关整体与各相关部门进行协调、联络、宣传工作,对内统筹协调经侦、治安、网监等部门,形成统一领导下的各警种通力合作的"保知"新格局。

但是,经侦、治安二元"保知"格局存在其局限性。如在李洪宝、黄朗明侵犯著作权案[1]中,被告人擅自利用原用人单位高科公司的商业秘密,即 MG6000 系列媒体接入网关产品技术信息,在中联公司生产出同类功能的 CyberVoice1000 系列产品,销售金额达 810 090 元;所售产品中的 CyberVoice 设备程序复制了高科公司享有著作权的 MG6000 设备程序。公安机关拘留、逮捕和检察机关提起公诉的罪名都是侵犯商业秘密罪,经侦部门以侵犯商业秘密罪展开侦查,治安部门并未参与该案的侦查工作。法院判决却认为,由于未能证实造成损失 50 万元以上(销售总金额不能等同于损失),故不成立侵犯商业秘密罪;但被告人同时有侵犯商业秘密和软件著作权行为,后者已成立侵犯著作权罪。由上述案例可见,经侦、治安分立机制在此类案件中,未能发挥机制的优势而造成一定的成本浪费。涉及"知识产权重叠保护"的刑事案件是二元化的公安执法主体机制所不能胜任的;议事性的"侵知"协调领导小组机制试图解决经侦、治安分立机制的固有缺陷,但无疑增加了刑事执法成本且效果难以得到保障。

鉴于优化知识产权刑事司法组织是提高知识产权刑事司法实效的关键一环,本书建议,可以考虑统一公安机关办理知识产权案件的

---

① 参见广州市天河区人民法院(2006)天法知刑初字第 3 号刑事判决书。

内部主管机构，取消治安部门对侵犯著作权犯罪的侦查职能，将著作权、商标权和其他知识产权刑事案件由治安、经侦等不同部门的分而治之，统一归口到经侦部门，经侦部门设立专门知识产权犯罪处室、支（大）队。这样也可使行刑衔接机制中公安机关受理涉嫌犯罪的移送案件更为便捷有效。

2. 不少地方检察院进行了知识产权专业化检控的经验探索

2007 年深圳市福田区检察院公诉部门为凸显知识产权案件的专业性和打造检控品牌，设立侵犯知识产权犯罪检控组，该院针对重、特大侵犯知识产权案件成立专案组，集中优势力量办理案件，由主管公诉工作的副检察长直接领导专案组并亲自出庭支持公诉。[①] 这种专业化检控与专案组并举模式，取得了令人满意的效果。类似的，珠海等地设立了专门的知识产权检察室，上海市检察院二分院设立了知识产权检察小组，北京市海淀区、江苏省南京市雨花台区、江苏省宜兴市等也设立了相应的部门。为确保专项行动进展顺利，2010 年最高人民检察院侦查监督厅设立知识产权处，加强对检察机关保护知识产权工作的领导和业务指导。此前，最高人民检察院侦监厅也曾举办多次全国检察机关知识产权培训班。最高人民检察院知识产权处正在通过设立知识产权人才库，进一步强化专业化人才培养机制。

（二）侦控职能管辖的地域“连接”：案件准入确定机制

由何地的司法机关对案件行使侦查与控诉权力，既关乎案件地域管辖问题，又关乎侦控主体的具体确定问题。

1. 地域管辖的连接点从固定单一到灵活多元

传统的案件准入地域标准是“犯罪地”及必要时“被告人居住地”，较为固定单一。由于知识产权作为无体财产具有非物质性，决定了对其进行侵犯的行为本身，在地域上也应是灵活多元的。换言之，

---

① 参见李丽华、黄莉：《走向规范的知识产权刑事司法保护——深圳市福田区侵犯知识产权犯罪检控调查》，http://61.144.240.26:23080/learningshow.asp?id=335&newstype=1，2014 年 5 月 30 日访问。

确定是否“犯罪地”的“连接点”呈多元性，如产品、网络、各类行为者（网站建立者、管理者、侵权作品上传者）。“犯罪地”概念在知识产权刑事领域的解释经历了从分散到统一、从限缩到扩大的发展过程。如2011年《知识产权刑事案件意见》第1条将“侵犯知识产权犯罪案件的犯罪地”规定为：“包括侵权产品制造地、储存地、运输地、销售地，传播侵权作品、销售侵权产品的网站服务器所在地、网络接入地、网站建立者或者管理者所在地，侵权作品上传者所在地，权利人受到实际侵害的犯罪结果发生地。”在汉江中级人民法院终审的幸某侵犯商业秘密案①中，还因“犯罪行为地”理解分歧引发管辖争议。幸某离开地处潜江市的原单位时，将轴承图纸等秘密技术资料带走，到新任职的被告单位使用了部分秘密技术资料。辩方提出：涉嫌侵犯被害单位商业秘密的行为发生在天津市津南区，原审法院对本案没有管辖权。但二审法院认为：幸某违约带走秘密技术资料的行为是实施侵犯商业秘密犯罪的预备行为，其实施上述侵犯商业秘密犯罪预备行为的犯罪地在潜江市，故潜江市人民法院对此案有管辖权。

这里有两个问题值得探讨：

（1）“多元”连接点势必带来管辖权冲突竞合。《知识产权刑事案件意见》规定了此时由“最初受理的公安机关或者主要犯罪地公安机关”（首受管辖）、“共同的上级公安机关指定”来管辖，“对于不同犯罪嫌疑人、犯罪团伙跨地区实施的涉及同一批侵权产品的制造、储存、运输、销售等侵犯知识产权犯罪行为，符合并案处理要求的，有关公安机关可以一并立案侦查，需要提请批准逮捕、移送审查起诉、提起公诉的，由该公安机关所在地的同级人民检察院、人民法院受理”。但是，在我国“多元”条件下指定管辖适用规范性需加强。以沈久春侵犯著作权案②为例，上海世纪出版集团作为《他改变了中国：江泽民传》一书的权利人向上海市公安局报案，上海市公安局侦查终结，移送上海

① 参见湖北省汉江中级人民法院（2008）汉刑终字第9号刑事裁定书。

② 参见北京市石景山区人民法院（2006）石刑初字第00567号刑事判决书。

市检察院二分院审查起诉。该案的盗印行为发生在北京、河北，装订在河北，销售在北京、河南。最高人民检察院指定北京某检察院管辖，最后在北京审理。该案中，检察院之间请示、协调、批复，犯罪嫌疑人移押，案件卷宗移送，两地检察院重复审查，造成一定的资源浪费，被告人权益也得不到及时保障。[①] 该案的典型代表意义是，揭示出我国刑事指定管辖案件缺乏统一衔接机制，公、检、法三机关对何为"情况特殊"并无共识，也不明确。不过，出于地方、部门利益考虑变通执行的做法必须禁止，以贯彻法定原则、公正原则、便利原则和经济原则。

(2)"犯罪结果地"地域的解释规定过于简约模糊，"法益受侵害地"地位不明成为问题。由于《刑事诉讼法》中无此管辖规定，于是"南孚"电池打假、"李清"案等都遭遇类似的管辖问题的困扰。"多对一"式的知识产权侵权现象明显，从而知识产权刑事司法呈"集中串案"趋势，基于同一个受害人连续侦办多案、作出多起判决。《知识产权刑事案件意见》增加了"权利人受到实际侵害的犯罪结果发生地"，某种意义上是变相扩大了"权利人所在地"的管辖范围。

2. 网络侵犯知识产权罪案件管辖问题

传统知识产权犯罪能够直接指向确定的现实物理空间，相反，网络知识产权犯罪则需通过一定的数据媒介实现从虚拟空间到现实空间的转化和连接。由于计算机网络侵入、获取、传播信息具有阶段性的特点，网络知识产权犯罪行为也相应呈现出阶段性、分离性特点，因此，在一定阶段内具有相对的时空确定性，从而与特定的现实空间建立起联系，确定IP地址所在服务器的地理位置。对此，有观点认为，应以上载或入侵的计算机终端所在地为第一顺序，以传播的网络服务器所在地为第二顺序。[②] 这体现在2011年《知识产权刑事案件意见》中，表述为"传播侵权作品、销售侵权产品的网站服务器所在地、网络

---

① 参见陈辐宽主编：《知识产权犯罪疑难问题解析》，中国检察出版社2010年版，第154—165页。

② 参见范晓东等：《试论网络知识产权犯罪中的审判管辖制度》，载《知识产权》2012年第1期。

接入地、网站建立者或者管理者所在地，侵权作品上传者所在地”，而2012年《刑事诉讼法解释》第2条第2款则规定为：“针对或者利用计算机网络实施的犯罪，犯罪地包括犯罪行为发生地的网站服务器所在地，网络接入地，网站建立者、管理者所在地，被侵害的计算机信息系统及其管理者所在地，被告人、被害人使用的计算机信息系统所在地，以及被害人财产遭受损失地。”同样，网络知识产权犯罪的多元“连接点”模式更有侦控机制上的灵活性和有效性，至于多元管辖竞合则应按首受管辖、指定管辖等规则来解决。

（三）侦查与检控组织之间的工作机制优化

知识产权案件具有很强的专业性，要求办案人员具有一定的专业知识和取证技巧。与检察机关审查逮捕、审查起诉部门均设有专业检控组承办该类案件不同，公安机关基本采取了大而全的模式，对此类案件不设立专人办理，侦查人员素质参差不齐。不少案件的侦查取证方向不明，使侦查和审查起诉工作陷于被动。以张某某假冒注册商标案为例，犯罪嫌疑人归案后辩解商品实际销售价格远低于真品市场价，但不能提供销售单予以佐证；公安机关在侦查初期，未对犯罪嫌疑人的电脑数据作任何提取和分析的情况下，即以与案件无关为由将电脑发还；一审法院以被侵权商品市场中间价格认定涉案金额。二审阶段被告人称公安机关发还电脑中存有产品报价单可证明其销售价格，但公诉机关已无法对报价单真伪进行核实。法院重审后依存疑有利于被告原则采信报价单的价格，将原审认定的犯罪金额由224万元减为9万元。[①]“天价罚金案”即李清案也存在类似取证瑕疵。可见，关键证据取证不到位，直接影响检控效果。取证活动需要法律依据为指引。相比侦查人员，检察官要跨越“国家法律职业资格”门槛，其法律素养明显要高。在知识产权警检关系中，重心应在检察官，宜重视发

---

① 参见游春亮：《知识产权案件司法处理面临困境》，载法制网(2011-04-18)，http://www.legaldaily.com.cn/index/content/2011-04/18/content_2601619.htm? node = 20908，2014年5月30日访问。

挥检察引导（在某种意义上甚至是指挥）侦查的积极作用。2011年《郑州市知识产权刑事案件提级管辖的若干规定》就颇有创新性地规定了警检合作机制，即对于重大、疑难、在全省或更大范围内有较大影响的知识产权犯罪案件，检察机关应侦查机关要求，可以及时派员提前介入，参加案件讨论和勘验、检查等工作，引导侦查取证。这种将检察机关的法律制约作用“前置”嵌入侦查过程中（而不仅是侦查终结后）的做法，是更有效率的司法资源配置。此外，为提高刑事侦控效果，有必要建立刑事司法绩效评价机制，通过建立绩效评价指标体系，定期进行知识产权刑事侦查、起诉、审判、执行活动的绩效评价。同时，还可对特定个案实施绩效评价。

第七章　知识产权刑事审判机制

第一节　刑事审判管辖机制

从案件审理角度,一个知识产权刑事案件依次要经历三个步骤:一是确定审理法院,即哪级、何地法院有管辖权;二是确定审理庭室,即管辖权法院确定后,由该院哪个审判庭进行审理;三是确定审理程序,即由该审判庭依何种诉讼程序审理案件(尤其是刑民"交叉"案件)、如何判决。

一、管辖法院:"刑随民走"v"刑低民高"

刑事审判管辖包括级别管辖和地域管辖两个维度。在地域管辖方面,知识产权刑事审判完全遵循一般的地域管辖原则,侦查、起诉的地域管辖一般都以审判的地域管辖为参照,但具有相对的独立性。在级别管辖方面,由于法律和司法解释对知识产权民事审判管辖有特殊要求,从而对其刑事审判管辖产生重大"勾连"影响。

(一) 现有级别管辖:"刑低民高"

知识产权案件级别管辖的重点是中级法院一审管辖范围:

1. 民事审判管辖

《民事诉讼法》第19条规定"最高人民法院确定由中级人民法院

管辖的案件”属于中级法院一审管辖。据此，知识产权民事案件采取“由最高人民法院确定管辖”的集中布局进路，即最高人民法院《关于适用〈中华人民共和国民事诉讼法〉若干问题的意见》及一系列司法解释，将专利、著作权、商标纠纷案件都确定由中级法院管辖，当然也指定了若干基层法院管辖。2010 年和 2013 年，最高人民法院又先后发文对管辖作了详细部署及调整。截至 2014 年底，全国 400 多个中级法院中具有专利、植物新品种、集成电路布图设计和驰名商标案件管辖权的分别为 87 个、46 个、46 个和 45 个；具有一般知识产权案件管辖权的基层法院为 164 个，具有实用新型和外观设计专利纠纷案件管辖权的基层人民法院为 6 个。

2. 行政审判管辖

《行政诉讼法》第 14 条规定了，“确认发明专利权的案件、海关处理的案件”，及“对国务院各部门或者省、自治区、直辖市人民政府所作的具体行政行为提起诉讼的案件”，由中级法院管辖。因此，一般的知识产权行政诉讼由知识产权行政机关所在地的基层法院管辖。

3. 刑事审判管辖

《刑事诉讼法》第 20 条规定了“危害国家安全、恐怖活动案件”和“可能判处无期徒刑、死刑的案件”由中级人民法院管辖。由于知识产权犯罪最高刑为 7 年，故属于基层法院管辖。概言之，现行级别管辖呈现出“民刑”分立、级别“多元”且刑低民高的主要特点。

从比较看，级别管辖“民刑”分立存在弊端，案件勾连而管辖人为分割。鉴于知识产权民事案件的专业性和复杂性，在“由最高人民法院确定管辖”体制下，由中级法院管辖为主。知识产权刑事案件同样具有专门性极强的特点，却由基层法院审理，其可靠性值得怀疑。“刑事领域的知识产权犯罪无疑是民事领域知识产权侵权的高级形式，从某种意义上可以说，只因为对知识产权更加严重的侵害行为，被认为具有了对全社会的危害性，民事领域的知识产权侵权才走入刑法保护的领域，转化成了知识产权犯罪，可以说刑法保护是知识产权保护的高级模态。”[①]因此，对知识产权民事案件尚且如此重视，“举轻以明重”，刑事审判较之民事审判理应要求更高，处理应更为慎重。

（二）“三合一”级别管辖：“刑随民走”

1. “三合一”级别管辖模式

当前我国推行知识产权审判“三合一”（又称“三审合一”）改革试点。从理论上看，“三合一”含义可以有不同理解：从审理法院看，“合一”是民、刑、行案级别管辖上的合一或勾连，即管辖法院“就民”；从审理组织看，是合于一个审判庭即“三案合庭”，仅仅是审理主体的归口问题，指由一个审判庭统一审理知识产权民事、刑事、行政案件，而非当下的由知识产权庭、刑庭和行政庭分别审理的模式；从审理程序看，是“三案”合于一个程序或曰程序合并问题，可发挥集中审理优势，给权利人全方位救济，但势必超脱现有诉讼法律的刑诉、民诉、行诉“三分”的程序制度设计。从改革实践看，目前主要是第二种含义，但同时也势必将第一种含义作为其基础。由于知识产权民事案件实行“由最高人民法院确定管辖”，在此前提下，“三合一”必然产生“勾连效果”，即刑、行案件也“被同化”为集中管辖，即由拥有民案管辖权的法院才可能成为“合一”法院。由此，试点的“合一”法院在级别确定上分化为基层型和中级型两大基本级别管辖模式。

（1）“基层型”管辖模式

主要适用于中级法院辖区内案件数量较多的情形。它又有两类：

第一类是“单一基层合一法院”，即在一个中院辖区内指定一个拥有一般知识产权案件管辖权的基层法院集中审理。“武汉模式”就属于“指定/集中管辖型”。2008 年武汉市对知识产权刑事一审管辖由市公、检、法三家会签指定管辖，规定全市各区侵犯知识产权罪一审集中到江岸区检察院起诉和江岸区法院审理，以集中专业司法人员办理

---

① 孙海龙等：《知识产权审判中的民刑冲突及其解决——以西安市中级人民法院知识产权审判改革为样板》，载中国社会科学院知识产权研究中心、中国知识产权培训中心编：《完善知识产权执法体制问题研究》，知识产权出版社 2008 年版，第 49—51 页。

侵犯知识产权罪案件，确保案件起诉和审判质量。[①] 武汉模式被概括为具有案件集中的彻底性、级别管辖的合法性、方案实施长久性和审判资源利用的合理性。[②]

第二类是“多个基层合一法院”，即一个中院辖区内有两个以上基层法院拥有一般知识产权案件管辖权。该中院按照“跨区划片”方式指定该等基层法院集中管辖相应知识产权案件，如2008年12月，上海市高级人民法院颁行《关于基层人民法院知识产权审判庭统一审理知识产权民事、行政和刑事案件若干问题的规定（试行）》，浦东新区等多家基层法院实现“三合一”审理。

（2）“中级型”管辖模式

该模式实质是刑案的提级管辖、专业审理，主要适用于基层法院知识产权刑案总量不大的情形。早期代表是西安模式。2006年，西安市中级人民法院就发文规定，“知识产权犯罪案件统一由西安市中级人民法院受理、审理”。[③] 后续者如郑州模式，2011年12月《郑州市知识产权刑事案件提级管辖的若干规定》正式试行，包括13个县（市）区的知识产权刑事案件，全部由郑州市公安局向郑州市人民检察院移送审查起诉，由郑州市中级人民法院集中审判，各基层法院均不再受理知识产权刑事案件。内蒙古自治区法、检、公三机关就“三合一”试点联合颁发的意见则采取“因案分管”的做法，规定[④]对于分则第三章第七节规定的侵犯知识产权刑事案件，呼和浩特市和包头市两个中级法院划定管辖该自治区内的一审专利刑事案件，各盟市中级法院按照地域管辖其他一审知识产权刑事案件。

---

① 参见皮勇主编：《侵犯知识产权罪案疑难问题研究》，武汉大学出版社2011年版，“前言”第1页。

② 参见武汉市中级人民法院知识产权庭：《知识产权“三审合一”工作座谈会综述》，载钱峰主编：《中国知识产权审判研究》，人民法院出版社2009年版，第66—67页。

③ 参见《西安市中级人民法院关于全面加强知识产权审判工作 为建设创新型社会提供司法保障的意见》（西中发[2007]5号）。

④ 参见内蒙古自治区高级人民法院、内蒙古自治区人民检察院、内蒙古自治区公安厅《关于知识产权审判“三审合一”试点工作中刑事司法保护若干问题意见》（内高法[2009]122号）。

2．“三合一”级别管辖法律依据

《刑事诉讼法》作为基本大法，并未就侵犯知识产权罪规定由中级人民法院管辖，而是法定的“基层人民法院管辖”案件类型，中级人民法院管辖案件也不像民事诉讼法那样有“由最高人民法院确定管辖”的授权规定，甚至也无“辖区内重大、疑难案件”之类的兜底规定。在现行法律框架内，善用该法第 23 条和第 26 条规定的“指定管辖”制度，似乎是可能的解决办法。第 23 条规定，“上级人民法院在必要的时候，可以审判下级人民法院管辖的第一审刑事案件；下级人民法院认为案情重大、复杂，需要由上级人民法院审判的第一审刑事案件，可以请求移送上一级人民法院审判”；第 26 条规定：“上级人民法院可以指定下级人民法院审判管辖不明的案件，也可以指定下级人民法院将案件移送其他人民法院审判。”这两个条文使“必要的时候”进行“往上”指定管辖或“对下”指定管辖，在法律上成为可能。2012 年《刑事诉讼法解释》第 14 条及第 15 条第 2 款对该制度予以细化，即上级人民法院提级管辖应“下达改变管辖决定书，并书面通知同级人民检察院”；基层法院请求移送中级法院的案件包括重大复杂案件、新类型疑难案件和在法律适用上具有普遍指导意义的案件。

由此，本书认为，知识产权刑事案件管辖上的“刑随民走”，如果涉及级别管辖提级的或者改变基层法院地域管辖（由无知识产权民事管辖权的法院移转到有管辖权的法院）的，上述指定管辖之规范可予灵活、充分运用。实行中级人民法院审理侵犯知识产权罪的司法“指定管辖”，其正当根据是：(1) 审理案件需要，这在前文已有论述。(2) 处于法定权限内，因为立法管辖是原则性规定，预留了司法裁量的权宜空间。当然，如果由有权机关发布规范性文件，实现“三合一”管辖上的统一部署，则更为可取。

自党的十八届三中全会作出“探索建立知识产权法院”的部署后，2014 年 8 月，全国人大常委会颁布《关于在北京、上海、广州设立知识产权法院的决定》，知识产权法院从构想走向现实，这有利于整合司法资源和统一裁判标准。不过，该决定对知识产权案件实行“二合一”而不是“三合一”审理，即不包括刑事案件，知识产权法院属于中级法院而不包括上诉法院。因此，目前的知识产权法院制度并不影响刑事管辖问题。随着知识产权法院运行经验的积累与改革深化，刑事案件管辖“合一”于专门的知识产权法院也存在可能。如我国台湾地区2007年通过“智慧财产法院组织法”和“智慧财产案件审理法”，2008年7月1日起施行新的智慧财产诉讼制度，实行的正是“三合一”模式。

二、审理组织：“合一法庭”v“三庭分立”

（一）知识产权审理“三合一”的正当性

1. 审理主体：“集中专业化”审理

“三审分立”是现行主流的合法做法，成为被改革的对象和起点。“三审”（“三庭”）分立大致有以下阶段：

（1）通常案件处理模式阶段。根据《中华人民共和国人民法院组织法》，法院系统以审理程序为其划分标准，设立刑事、民事、行政审判等业务庭，分别管辖刑事、民事、行政案件；另有军事法院、海事法院、铁路运输法院、林业法庭等因案件性质而设立的“特别系列”法院。在该框架内，知识产权案件依法律责任性质分别属于民事、行政、刑事审判等业务庭审理。

（2）“大民事”下的知识产权专业化处理模式阶段。我国知识产权审判专业化肇始于1993年8月北京市中、高两级法院在全国率先成立的知识产权审判庭。很快，上海、广东、天津、福建、江苏等省市高级法院，广州、深圳等地中级法院，北京市海淀区、上海市浦东新区等基层法院，也都成立了知识产权审判庭。虽然一定程度上，知识产权审判具有不同于其他案件的某种特殊性，但实际上知识产权庭一直隶属于民事审判庭系列（如称民三庭等），名称出现过反复。

（3）“三合一”试点下的知识产权集中综合审理模式与“分立”模式并存阶段。“三合一”概念的提出，就涉及要在“审理程序”标准之外划出一块“飞地”，引入第二个划分标准——“案件性质”，只要属于该种“案件性质”（知识产权案件），则不问其“审理程序”，一概由该业务庭审理。

在本质上,“三合一”是审判权力的重构、调整。既然如此,“合一”与“分立”并存就不难理解了。根据浙江省高院授权义乌市法院开展“三合一”改革的文件规定①,义乌市法院增设专门的知识产权审判庭实行“三合一”审理,上诉案件则分别移送金华市中院刑事、民事、行政等相对应的审判业务庭“三分立”审理,相应的申诉复查和审判监督程序,仍按照现行规定分类办理,即“三合一”仅局限于义乌市法院这一基层法院,二审法院等仍是“三分立”。该意见对审判权调整的局部性、阶段性跃然纸上,由此“三合一”和“三分立”并存就不难理解了。“三合一”的根本目的是对法院内部审判运行机制的一种优化,对塑造中国特色知识产权司法制度的微观基础具有重要意义。有学者指出,法院如何恰当配置内部各主体、各层级的职权,合理确定各主体、各层级在审判活动中的地位和作用,建立符合审判客观规律和现实条件的审判运行机制,是我国人民法院改革与发展中的重大现实任务。② “三合一”的法院改革创新,实现专业化集中审理,其意义主要体现在:知识产权专业法官在知识产权是否存在或构成的判断上,在知识产权归属的判断上,在侵权行为及行为特征的把握和定性上,在知识产权案件庭审重点的掌控上,在保证同类案件适用法律的一致性上,都相比非专业的刑事法官,更能发挥其自身审判优势。可以说,专门化审判是人民法院提高某类案件审判质量与效率的有效途径。

2. 案件特质:为什么“三合一”?

探寻知识产权审判“三合一”的深层次原因,面临如何论证其具有进入“特别系列”合理性的理论问题。换言之,相比于其他民商事权利的违法、犯罪,知识产权“三合一”机制/制度的特殊性何在?学界对知识产权案件(尤其是刑事案件)特殊性的认识还远远不够。知识产权

① 参见浙江省高院《关于在义乌市人民法院开展知识产权案件“三审合一”审判方式改革试点工作的实施意见(试行)》(浙高法〔2007〕149 号)。

② 参见顾培东:《人民法院内部审判运行机制的构建》,载《法学研究》2011 年第 4 期。

审判体制改革的动因是目前知识产权审判水平与日益增长的保护需求不相适应的矛盾。[①] 在刑事审判领域，这种矛盾集中体现在知识产权刑事司法存在的重大问题上，即同案不同判（包括在地域、时间两个维度上的定罪不统一或量刑不统一），存在超出法定自由裁量所能容忍程度的差异性。这种矛盾的深层根源，在于知识产权案件本身的特点。

（1）三类案件可以合于一庭而审。最高人民法院曾指出，侵犯知识产权犯罪与一般知识产权行政违法行为和侵权行为往往出现一种竞合。[②] 有法官认为，知识产权犯罪基本上为情节犯或结果犯，与民事侵权只是在情节或结果上有所区别。[③] 比较知识产权三类案件特点，须厘清侵权、违法、犯罪这三个概念。未经权利人许可而侵犯知识产权的行为，是（民事）侵权；侵权情节达到一定程度应受到行政处罚，是（行政）违法；侵权或违法达到严重程度的，才构成（刑事）犯罪。三个概念之间有质的规定性上的差异，又有量的渐进性的同质性，可借鉴学界近年针对刑民交叉案件情形而提出的"刑事侵权"概念展开分析。刑事侵权是指行为人所实施的行为，既符合犯罪的构成要件，又符合侵权的构成要件，需一同承担刑事责任与民事责任的情形。相较于普通的刑事责任，它须兼顾被害人合法民事权益的实现；相较于普通的民事责任，它又以刑事责任为背景和保障，须兼顾"报应与预防"的目的。刑事侵权可二分为"因侵权而犯罪"和"因犯罪而侵权"：前者原初是不具备犯罪特征和不确定结果指向的侵权行为，只有出现刑法规定的结果或具备刑法规定的情节（即达到侵犯刑法法益的界点），才由侵权升格为犯罪，故它不过是侵权行为的结果加重情形，它与"侵权而不犯罪"构成刑民责任关系不同的两个分支。后者以犯罪为起点和初

---

① 参见孙海龙：《知识产权审判体制改革的理论思考与路径选择》，载钱锋主编：《中国知识产权审判研究》，人民法院出版社 2009 年版，第 61 页。

② 参见最高人民法院研究室、民三庭、刑二庭：《知识产权刑法保护有关问题的调研报告》，载最高人民法院民三庭编：《知识产权审判指导与参考》（第 7 卷），法律出版社 2004 年版，第 94—144 页。

③ 参见陈惠珍、徐俊：《知识产权保护的"浦东模式"》，载丁寿兴主编：《浦东法院知识产权审判文选（1994—2004）》，上海三联书店 2004 年版，第 246 页。

始特征，行为一旦着手（或预备），便侵犯刑法法益构成犯罪，若犯罪还同时生成实害结果的，便产生侵权责任。它与“犯罪而不侵权”构成刑民责任关系不同的两个分支。[①] 在“刑事侵权二分论”的理论框架中，侵犯知识产权罪较单纯的侵犯私权性财产利益，符合“因侵权而犯罪”的条件。由此，侵犯知识产权罪不仅具备“犯罪”与“侵权”两个基本特征，接受刑事法和民事法的共同调整，而且以侵权为起点，侵权责任贯穿过程的始终。侵犯知识产权罪具有“因侵权而犯罪”的本质属性，决定了侵权是第一性的。侵权责任是基础，先有侵权，后才有犯罪构成，侵权责任为犯罪构成要件的核心要素，侵权责任的有无与大小，决定着刑事责任的有无、类别以及轻重。知识产权刑事案件由知识产权庭审理，正是该类案件的特殊性质所要求的。

（2）三类案件需要合于一庭而审。知识产权刑事案件本质上是民事侵权的“升级版”，因此，刑事法官对此进行审理就面临很多难度。由于知识产权民事、刑事管辖的脱节，在实践中，我国基层法院的刑事法官没有机会接触最典型的知识产权案件，他们面对的知识产权刑事案件仅占所审理案件总量中的很少部分，由基层法院刑事法官审理知识产权刑事案件及其附带民事案件，可能产生专业理论知识缺乏和审判实践经验不足的问题。即使中级法院刑事法官审理知识产权刑事附带民事案件，也存在同样问题。[②] 知识产权犯罪案件在犯罪事实和犯罪行为性质认定上的复杂性，已使一些执法机关望而却步，怕万一认定错误带来不必要的麻烦。三大诉讼法分立的审判格局，客观上割裂了各类知识产权案件所具有的内在联系，且忽视案件审理的专业化特点。三审分立机制已经造就了知识产权刑事保护较为薄弱的现实境地。相反，知识产权民事司法保护相对成熟，相关法律制度较为健

① 参见李兰英等：《论“因侵权而犯罪”和“因犯罪而侵权”》，载《现代法学》2012年第5期。

② 参见胡明华：《知识产权刑事附带民事诉讼问题探析——兼论知识产权刑事自诉的完善》，载钱锋主编：《中国知识产权审判研究》（第三辑），人民法院出版社2011年版，第299—300页。

全，各级法院知识产权民事审判工作积累了丰富经验。[1] 知识产权民事、刑事审判的难点都集中在对专业事实的认定和专门性法律规定的适用方面，故将知识产权刑事案件划归知识产权庭审理有利于发挥审判优势。“合”最直接的作用是协调不同审判程序，突出知识产权案件的同质性，形成一个统一、立体的综合保护机制。[2] 应当说，知识产权案件性质的作用比审理程序的作用更重要。

3. 价值追求：“三合一”符合知识产权司法公平与效率

罗尔斯提出，正义是社会制度的首要价值。[3] 彼得·斯坦和约翰·香德指出，秩序、公平和个人自由是西方法律制度的三大基本价值。[4] “三合一”下由同一法庭对知识产权民事诉讼、刑事诉讼和行政诉讼一并审理，有利于实现知识产权司法的公正、效率和秩序价值。一是有利于司法公正，其现实功能包括避免不同审判组织就同一法律关系和相同的案件事实作出冲突性认定和处理，确保准确适用法律。二是有利于司法效率，即可发挥知识产权法官在专业性、技术性较强的知识产权案件中判定“侵权”等专业问题之优势，使民事诉讼与刑事程序畅通衔接，节约诉讼成本。三是有利于社会秩序价值。集中专业化审理可通过有效处理案件和追究责任，促进和保障知识产权竞争的公平与安全秩序。

从法律层面看，实现执法统一是其目标。一方面，类似的知识产权民事案件之间，审判结果差距甚大，故唯有专业化集中审理才有利于缩小乃至消除差距；另一方面，同一案件的刑、民或刑、行审理的判决容易存在冲突，并成为知识产权刑事审判管辖的最大弊端。在先的

---

① 参见陈惠珍、倪红霞：《知识产权刑事审判的情况及问题分析》，载丁寿兴主编：《浦东法院知识产权审判文选（1996—2004）》，上海三联书店2004年版，第248—250页。

② 参见重庆市第五中级人民法院知识产权庭课题组：《知识产权刑事审判专业化中的问题与对策——从司法现状看“三审合一”改革的必要性理论研究》，载钱锋主编：《用创新的方法保护创新》，法律出版社2012年版，第249页。

③ See John Rawls, The Theory of Justice, Havard University Press, 1971, p. 3.

④ See Peter Stein, John Shand, Legal Values in Western Society, Edinburg University Press, 1984, p. 1.

刑案在“侵权”定性上的可能失误将造成两难境地；在后的民事判决要么与之一致而成两起错案，要么否定侵权而与之矛盾。2002 年，最高人民法院《知识产权刑法保护有关问题的调研报告》[①]曾指出过此问题。从法院年度统计数据看，侵犯商业秘密犯罪的无罪判决率值得引起重视，因为发生了若干起商业秘密刑、民判决冲突甚至导致国家赔偿的案件。[②] 一系列案件判决也印证了这一点。[③] 因此，在知识产权民事审判已较成熟的今天，更需关注知识产权刑事和行政审判。从事行政、刑事审判的法官，由于工作职责和知识领域的原因，对知识产权的特有规则未免生疏，在缺乏有效沟通的情况下，依不同程序对同一事实所作的认定，往往会发生矛盾、偏差。民庭囿于审判分工，与行政执法机关、检察机关鲜有业务交流机会，难以建立起有效的知识产权联动保护机制。正如有学者所指出，“三审分立”不利于统一侵犯知识产权行为执法标准和维护司法权威，不符合知识产权审判专业化的要求，不利于审判资源的整合和专业审判人员的培养，不利于不同审判庭之间的有效沟通协调，不利于人民法院与行政执法机关、司法机关建立长效沟通机制，共同提高刑事司法和行政执法水平。建立知识产权类刑民行案件统一由知识产权业务庭审理的机制，以及审判机关与

---

① 参见最高人民法院研究室、民三庭、刑二庭：《知识产权刑法保护有关问题的调研报告》，载最高人民法院民三庭：《知识产权审判指导与参考》(第 7 卷)，法律出版社 2004 年版，第 94—144 页。

② 参见李明德：《我国知识产权司法体制的改革思路》，载中国社会科学院知识产权中心编：《中国知识产权保护体系改革研究》，知识产权出版社 2008 年版，第 217 页。

③ 比如，2000 年山东阳谷县法院判决、聊城市中院审结的一起涉及实用新型专利案件，就将专利侵权错误地认定为假冒他人专利罪并判处有期徒刑和罚金。又如，佛山市中院(2000)佛中法知初字第 36 号判决(顺德华通公司诉亚美公司等侵犯商业秘密案)，在先的刑事判决认定全部构罪，在后的民事判决认定部分侵权；(2001)佛中法知初字第 64 号民事判决认定是普通专利侵权纠纷，却被公安机关定性为假冒专利的犯罪行为，并对犯罪嫌疑人采取了强制措施，以致引发国家赔偿；(1999)佛中法知初字第 176 号判决，在民庭已经作为专利侵权民事案件受理情况下，公安机关通过技术鉴定认定被控侵权物落入专利保护范围，并对“犯罪”嫌疑人采取强制措施，之后涉案外观设计专利被宣告无效。参见林广海：《积极探索知识产权三审合一，努力完善知识产权司法保护机制》，载中国社会科学院知识产权研究中心、中国知识产权培训中心编：《完善知识产权执法体制问题研究》，知识产权出版社 2008 年版，第 189—190 页。

行政执法机关便捷的沟通与交流机制势在必行。① 可见，"三合一"改革的原动力是知识产权司法审判需求。有关试点文件对"三合一"改革原因和价值目标作出了代表性规定。如内蒙古的试点方案将"目标和任务"表述为："确保知识产权案件执法尺度的统一，以构建统一、全面、立体型的知识产权审判机制，有效防止和避免不同的业务庭就同一法律关系或相同的法律事实作出不同的认定，确保知识产权案件审判质量，全面提高知识产权司法保护效率和水平。"②正是基于其日益暴露的缺陷，迫切需要从机制上寻求解决之道。

从法律以外的角度看，"三合一"改革的助推力是国家知识产权战略纲要实施的需求。最高人民法院发文授权同意江苏等地高级法院开展"三合一"试点，由知识产权审判庭统一受理知识产权民事、行政和刑事案件的批复中③，提及的授权根据包括《国家知识产权战略纲要》第45条、最高人民法院《关于实施国家知识产权战略纲要任务分工》第1条和人民法院的"五年改革"纲要等有关规定。地方司法机关尤其是省级高院不断行使"三合一"试点权，其机制创新蕴含着地方竞争的内在冲动。有资深法官曾透露，某世界五百强企业到苏州投资，提出要看当地法院的判决书，以确定知识产权司法保护水平。④ 因此，在这种意义上，实行"三合一"已成为知识产权司法保护环境优越的符号，是知识产权司法制度所释放的红利。

---

① 参见林广海：《"三审合一"——知识产权案件保护新机制述评》，载《河北法学》2007年第2期。

② 参见《内蒙古自治区高级人民法院关于在全区法院开展由知识产权审判庭统一受理知识产权民事、行政、刑事案件试点工作实施方案》（内高法（2009）153号）。

③ 如2009年3月18日最高人民法院《关于同意江苏省高级人民法院开展由知识产权审判庭统一受理知识产权民事、行政和刑事案件试点工作的批复》（法[2009]119号），2009年5月22日最高人民法院《关于同意内蒙古自治区高、中级人民法院开展由知识产权审判庭统一受理知识产权民事、行政和刑事案件试点工作的批复》（法函[2009]49号），2009年11月11日最高人民法院《关于同意河南省高级人民法院及郑州市、洛阳市中级人民法院开展由知识产权审判庭统一受理知识产权民事、行政和刑事案件试点工作的批复》（法函〔2009〕120号〕。

④ 这是2014年4月19日最高人民法院知识产权庭副庭长金克胜法官在第11届"知识产权南湖论坛"国际研讨会上发言中所提到的观点。

(二) 改革实践的历程与模式

1. 改革历程概况

“三合一”改革缘起于1995年浦东新区法院审理“飞鹰案”的司法实践。该案中,吉列公司“飞鹰”商标因屡遭侵权、假冒,导致多起假冒注册商标刑事案件、商标侵权行政处罚案件和不正当竞争案件,该院知识产权庭、刑庭、行政庭携手办案及时审结。1996年1月起,上海浦东新区人民法院正式试点集中审理知识产权刑事、民事、行政案件,并逐渐形成“立体审判”的“浦东模式”。随后,多地多家法院开展类似改革尝试。2008年,《国家知识产权战略纲要》正式提出由知识产权审判庭统一受理知识产权民事、行政和刑事案件“三审合一”的试点要求,最高人民法院积极稳妥推进该项试点工作,增强其系统性、整体性和协同性。如2012年广东省高级法院以及19个中级法院和30个基层法院都实行了知识产权审判“三合一”,近90%涉知识产权刑事案件被纳入试点工作。迄今为止,参与试点的法院经历了从最初的自发到后来的自觉(由最高人民法院授权后再行改革)的改革过程;级别已经涉及了基层、中级、高级三级法院;试点工作涉及的范围则呈点、线、面的发展格局,即从某级法院“点”上的改革,到某地法院系统“线”上的改革,到公、检、法之间“面”上的改革。开展试点工作的法院数量情况见表7-1。过去由刑、民(知识产权)、行三个不同审判部门进行分散审理,造成执法标准上难以统一,甚至出现司法裁判上的矛盾现象,现在“三合一”则最大限度地发挥了知识产权审判人员专业特长及减少分庭审理的重复劳动,带来了诉讼效率和审判质量的较大提升,已显现出更加优越的影响和效果。

表7-1 知识产权民事、行政和刑事案件“三合一”试点法院数量变化情况

	2009年	2010年	2011年	2012年	2013年	2014年
基层法院	29	42	52	69	71	105
中级法院	44	49	50	59	79	94
高级法院	5	5	5	5	7	5

2. “合一”法庭的组织模式

知识产权“合一法庭”是“三合一”下的审判主体，需要有专业的法官队伍和良性的合议制度。

（1）既有知识产权审判资源配置得到不断优化，为“合一”法庭所需的法官队伍提供了现实可行性。截至2012年底，中级以上人民法院都普遍设立了知识产权审判庭，具有一般知识产权民事案件管辖权的基层人民法院全部设立了知识产权审判庭（截至目前，全国地方普通法院共有31个高级人民法院、409个中级人民法院和3 119个基层人民法院）。各级人民法院从精通法律、学历层次高、审判经验丰富的人员中选拔知识产权法官，增加审判力量，优化知识产权法官队伍结构。截至2012年12月底，从事知识产权审判的法官共计2 759人，其中，本科及以上学历的占97.5%，研究生及以上学历的占41.1%。

（2）司法实践中推行“承办人”或“承办法官”制度，形式上3名法官或陪审员共同审理某一刑事案件，实际上真正负责案件审理并最终对案件裁判负责的，只是“承办人”，故“三合一”改革需要合议制度的理性回归。“合议制度”很大程度上受到规避的原因可能有：一是合议制度总体上与现行的司法制度不相容。其所包含的平等讨论、理性辩论、集体决策的理念，跟司法制度中倾向于上下一体、垂直领导的行政化管理方式几乎格格不入。二是合议制本身设计会带来诉讼成本提高，严格实施这一制度造成法院不堪重负。在法院办案压力趋大背景下，“一个承办人负责一个案件”的裁判模式，既提高诉讼效率，又节省法院司法行政管理成本。因此，“合议制的普遍流于形式，迫使我们在提出一种司法理念和程序设计的时候，一定要注意不能挑战刑事司法制度的承受限度”。[①] 现行“三合一”改革，虽然法院在调配合议庭组成人员时，安排有知识产权庭的法官作为合议庭组成人员，与刑庭法官共同参与刑事案件的审理，但不能忽视多年来“路径依赖”下的“合议制名存实亡”这一现实问题，必须妥善解决。

---

① 陈瑞华：《刑事诉讼的中国模式》，法律出版社2008年版，第308—310页。

从改革试点看,基本都是采取知识产权庭"扩权"进路,实质是知识产权"专业导向"审理,是民事审理勾连行、刑审理,使行、刑审理"改变庭室"。这一改以往的民、刑、行"三案""程序导向"的审理主体分工,通过"三案"审判主体的专业化"合一",防止由于知识产权案件的专业技术复杂可能导致的判决冲突、审理拖延(如源于知识产权鉴定、技术调查、专家证人等)。概言之,在审理主体配置上,对知识产权案件同质性的考虑要重于程序性的选择。刑事案件合并到知识产权庭审理后,知识产权庭如何配备有刑事专长的法官来完成本院的案件审理和对下级法院的业务指导?换言之,如何组织"合一法庭"的审判人员?对此,各个地方法院文件进行了不同设计,大致有两种模式:

(1) 参审制,即由刑事法官和知识产权审判法官共同组成合议庭审理。西安市中级法院的做法和经验是:知识产权刑事或行政案件审判另行吸收两名民事法官参加,组成5人专业化合议庭审理,这样便于知识产权的民事法官和刑事法官或行政法官之间,在审判知识积累和价值取向方面互相弥补。南京市中级法院的做法有所不同[①]:"知识产权审判庭在审理知识产权刑事和行政案件时,由刑二庭或行政庭的1名法官参加合议庭。一般应由该法官担任主审,由知识产权审判庭法官担任审判长";"刑二庭和行政庭分别指定1至2名审判经验丰富、业务能力强的法官相对固定地从事知识产权审判工作",该指定的法官"在审理知识产权刑事、行政案件期间受知识产权审判庭的业务指导和监督";知识产权审判庭会同刑二庭、行政庭对各基层人民法院的知识产权刑事、行政案件审判业务进行监督指导。可见,参审制有刑主民辅或民主刑辅、临时参审或固定参审等具体做法。

(2) 综合庭制,即为知识产权庭直接配备具有刑事审判经历的法官,以弥补民事法官的不足。广东省高级法院开展"三合一"试点方案就采此种模式。它要求试点法院改革原知识产权民事审判庭,成立专

① 参见《江苏省南京市中级人民法院关于知识产权民事、刑事、行政审判"三审合一"试点工作的实施意见》(宁中法[2007]369号)。

门的知识产权审判庭，与其他业务庭属于平行并列的机构；知识产权审判庭应当至少配备一个合议庭；可以按照各自的专业背景、审判经历等，分别负责承办知识产权刑事、民事和行政案件。[①] 这里虽然合议庭有综合性，但仍明确规定采"承办人"制度。

上述两种模式在松散型和紧密型、议事性和常设性、兼职性和专职性等维度上存在显著区别，但两者并不矛盾，往往会根据审判需求变化而由参审制向综合庭制发展过渡。如"浦东模式"，其审判组织初期是松散的参审制，后来是较固定的参审制，现行的是综合合议庭，即从刑庭挑选法官到知识产权庭，与知识产权法官组成固定的综合合议庭，既发挥不同审判人员各自的优势，又避免临时组合的不确定性和排期、工作量考核等方面的难题。[②] 又如，内蒙古高级法院在开展"三合一"试点方案中，设计了"转化"规定[③]：各盟市中级法院试点工作期间建立"三庭"（知识产权审判庭与行政、刑事审判庭）沟通和协调机制。试点初期，安排行政庭或刑庭法官与知识产权审判庭法官共同组成合议庭审理试点刑事案件，主审法官可以是民事、行政或刑事法官，审理一定数量试点刑事案件后，合议庭成员可以全部由知识产权审判庭法官组成。就知识产权庭的组织，分别提出更名、移案、新设等措施要求，即各盟市中级法院变更原"民三庭"或"民四庭"名称为知识产权审判庭（民三庭），在民一庭、民二庭审理知识产权民事案件的中级法院，将案件调整到新的知识产权审判庭（民三庭），未设民三庭的中级法院（乌海市、阿拉善盟）尽快设立知识产权审判庭（民三庭）。本书认为，这种做法有些"遍地开花"之嫌。"合一法庭"要不要采取固定的综合庭制，应遵循"按需设置"原则。知识产权案件在地区之间具

---

① 参见《广东省高级人民法院关于在我省部分基层人民法院开展知识产权刑事、民事、行政"三审合一"审判方式改革试点的实施方案（试行）》（粤高法发[2006]13号）。

② 参见丁寿兴、陈惠珍：《知识产权司法保护"三审合一"的实证分析——以浦东新区法院14年立体审判实践为视角》，载《浦东审判》2010年第1期。

③ 参见《内蒙古自治区高级人民法院关于在全区法院开展由知识产权审判庭统一受理知识产权民事、行政、刑事案件试点工作实施方案》[内高法（2009）153号]。

有非均衡性，决定了知识产权案件审理的解决办法具有地方局部性而“合”的路径不一。“三合一”模式难以成为一个具有全国普适性的模式，应当量力而行，按需设庭，尤其是业务量少的地方，其知识产权庭的“兼民三庭”角色不可淡化，甚至可能成为主要角色。

三、审理程序：知识产权刑民交叉案件审理

（一）“三案”与“三审”

在“合于一庭”而“分审三案”的语境下，有必要对刑事、民事与行政诉讼案件三类知识产权司法案件即“三案”（依司法最终解决原则，行政执法处理的案件可能演变派生为行政诉讼案件）予以深入审视。“三案”数据对比关系可揭示“三合一”的知识产权庭在案件上的投入分配情况。全国知识产权“三案”年度审理数量，见表7-2。

由表7-2可知，年度审结各类知识产权案件在数量上大体是“民事案数 > 刑事案数 > 行诉案数”，刑案数占比在1/7到1/10左右，超过一般的预期。“三案”代表三种“出口”、三种处理机制，其总体格局反过来又影响未来案件的总量，甚或影响相应执法力量的配置。从知识产权行政处罚案数与司法审结数据的比较（见表5-7）看，司法投入的增加量更大，“主导”效应有所体现。从比较角度考察，我国台湾地区“智慧财产法院”自2008年7月1日起开始运作，至2014年1月31日已累计受理各类智慧财产案件总数为8 454件，分布情况如下：民事一审案件2 994件，占比35.42%；民事二审案件1 375件，占比16.26%；行政诉讼案件2 178件，占比25.76%；刑事诉讼案件（二审）1 907件，占比22.56%。[①] 虽然大陆知识产权刑案比例不及台湾地区，但如果考虑到刑事案件司法成本和对当事人权益的影响，则远远大于民事案件，这一比例足以表明我国知识产权刑事司法机制作用范围

---

① 这是台湾智慧财产法院统计室2014年2月的数据。转引自：蔡惠如：《台湾智慧财产法院之现在与未来》，载《2014年知识产权南湖论坛“知识产权与创新型国家建设”国际研讨会论文集》，第500页。

表 7-2 知识产权三类案件审结数量年度变化*

年份	一审知识产权民事案件数	一审涉及知识产权刑事案件数	一审知识产权行政诉讼案件数	一审各类知识产权案件数	民事占比（%）	刑事占比（%）	行案占比（%）
2006	13 393	2 277	576	16 246	82.44	14.02	3.55
2007	14 056	2 684	1 436	18 176	77.33	14.77	7.90
2008	17 395	3 326	947	21 668	80.28	15.35	4.37
2009	23 518	3 660	1 032	28 210	83.37	12.97	3.66
2010	30 509	3 942	1 971	36 422	83.77	10.82	5.41
2011	58 201	5 504	2 470	66 175	87.95	8.32	3.73
2012	83 850	12 794	2 899	99 543	84.23	12.85	2.91
2013	88 286	9 212	2 901	100 399	87.94	9.18	2.89

* 数据来源:2006—2011 年数据根据《中国知识产权保护白皮书》、2012—2013 年数据根据《中国法院知识产权司法保护状况》整理所得。

大,因而对其审判机制进行深入研究甚为必要。

“三合一”解决了审理主体(“合一法庭”)问题,以实现“集中专业化审理”。但是,一个侵犯知识产权的司法案件,可能涉及刑事、民事与行政责任,到底是作为一个实质上的案件,在某个单一程序、一份判决中附带处理其他责任,还是按程序分立“人为”地作为3个案件处理、作出3份判决?换言之,刑事、民事、行政三大责任应当如何实现?

本书对此的看法是:(1)现行的“三合一”试点存在和运行于三大诉讼程序分立体制之中,仍要分别立案(“三案”)、分程序审理(“三审”),并非一个知识产权案件(争端)“合一”地作一份判决。以各地法院“三合一”试点文件关于“案号”的规定为例,基本都表述为:“年份+法院简称+民/行/刑+知初字+第X号”或“年份+法院简称+知+民/刑/行初字第X号”,即按案件分别确立案号,分别按照相应诉讼程序审理。有的还明确规定“知识产权民事、行政和刑事案件分别由知识产权审判庭按照民事、行政、刑事诉讼法的规定进行审理”。(2)由“合一法庭”审理的“三案”之一,即知识产权刑事案件有其范围上的限定,不符合条件门槛的刑案不能进入“三合一”审理。广东省高院开展“三合一”试点方案确定“知识产权刑事案件”为“假冒注册商标罪,销售假冒注册商标的商品罪,非法制造、销售非法制造的注册商标标识罪,假冒专利罪,侵犯著作权罪,销售侵权复制品罪,侵犯商业秘密罪,与侵犯知识产权有关的非法经营罪及其他侵犯知识产权的犯罪”①;内蒙古的试点方案提出“试点刑事案件”概念,其范围严格局限于刑法分则第三章第七节规定的7种侵犯知识产权刑事案件。② 可见,知识产权刑案范围依试点地区不同而有差异。一般来说,就侦查、起诉而言,采广义的知识产权刑事案件概念更为合适,只有审判阶段才有条件适用狭义概念,为与侦诉对接,也可同时采广义概念。

---

① 广东省高级人民法院《关于在我省部分基层人民法院开展知识产权刑事、民事、行政“三审合一”审判方式改革试点的实施方案(试行)》(粤高法发[2006]13号)。

② 参见内蒙古自治区高级人民法院《关于在全区法院开展由知识产权审判庭统一受理知识产权民事、行政、刑事案件试点工作实施方案》[内高法(2009)153号]。

（二）交叉案件程序衔接机制：刑民为中心

1. 知识产权刑民交叉案件程序衔接的主要模式

广义上应当有刑民交叉、行刑交叉、行民交叉三种交叉案件的衔接；由于与行刑交叉相关联的主要是行刑衔接问题，前文已述，故行民交叉不是本节主题，此处仅考察刑民交叉问题。大致有以下四种做法：

（1）“刑后继民”，即刑事案件判决后，权利人又提起民事诉讼。如广州市天河区法院基于宝丰制衣厂假冒注册商标同一案件事实，分别进行了刑事案件和民事案件的审理和判决。案情如下：宝丰制衣厂制造假名牌 PUMA、NIKE、Adidas 等运动服装，天河区工商分局现场执法检查后，移送公安机关进入刑事司法程序，被判决有罪并适用缓刑。之后，被害单位 PUMA（波马）公司基于同一事实提起民事诉讼，该法院判决赔偿损失 10 万元。① 又如，在“番茄花园”案②中，被告人洪磊等 4 人获刑后，被害单位微软公司另行提起民事诉讼获赔数百万元。侵犯知识产权罪被害人，在接受退赔、返还的财产后仍有经济损失的，另行提起民事诉讼请求赔偿的比较常见。

（2）“民后继刑”，即民事案件判决后，又进行刑事诉讼。如陈寿福侵犯著作权案中，就同一案件先在北京有民事判决，后在深圳进行刑事诉讼。2006 年 12 月，海淀区法院作出民事判决，判令陈寿福停止使用腾讯 QQ 软件的侵犯著作权行为，向腾讯公司公开致歉并赔偿损失 10 万元③；2007 年 4 月，腾讯公司向深圳市公安局举报陈寿福侵犯著作权犯罪，陈寿福被立案侦查，2008 年 3 月，一审法院认定陈寿福成立侵犯著作权罪，2008 年 6 月，二审法院维持原判。④ 在先民事判决成

---

① 参见广州市天河区人民法院（2006）天法知刑初字第 9 号刑事判决书和（2007）天法知民初字第 5 号民事判决书。该案被收入唐善新、林广海主编：《最新知识产权典型疑难案件判解》，法律出版社 2008 年版。

② 参见江苏省苏州市虎丘区人民法院（2009）虎知刑初字第 0001 号刑事判决书。

③ 参见北京市海淀区人民法院（2006）海民初字第 25301 号民事判决书。

④ 参见深圳市南山区人民法院（2008）深南法知刑初字第 1 号刑事判决书；深圳市中级人民法院（2008）深中法刑二终字第 415 号刑事裁定书。

为在后刑事诉讼的证据，证明腾讯公司对陈寿福的侵权行为不存在允许或引导的主观意图及客观行为。

（3）“刑民并行”。2007 年，最高人民法院《关于全面加强知识产权审判工作为建设创新型国家提供司法保障的意见》（法发〔2007〕1 号）第 7 条规定：“……民事案件审理中发现犯罪嫌疑线索，符合刑事自诉条件的，应当告知权利人可以同时提起刑事自诉；依法应当提起公诉的，应及时将涉嫌犯罪内容移送公安机关侦查处理，移送后不影响民事案件审理的，民事案件可以继续审理。”这里确立的基本是“刑民并行”原则，但关于“不影响民事案件审理”这一条件的判断，却具有极大的司法裁量性，值得进一步关注和探讨。“刑民并行”意味着“分开诉讼，同步进行”。刑、民分案审理有利于理顺复杂的民事权利义务关系和当事人的诉讼地位，刑、民诉讼同步进行则在审理进度上可保持一致，以利于在查明事实、承担责任上两者兼顾。

（4）“刑事附带民诉”。传统上它是刑主民辅、先刑后民。学界提出一种“先民后刑”的改革主张，认为知识产权刑事定罪的前提是对权属、侵权等民事问题的判断，传统做法不符合知识产权刑事案件的特点和审判规律。[①] 如 2006 年，西安市中级人民法院在知识产权审制改革中确定，民刑交叉案件的审判应当根据“确权——一般侵权—犯罪（严重侵权）”的知识产权司法认知模式，实行“先民后刑”原则。[②] 更彻底的改革主张还提出采取“民事附带刑事诉讼”的“先民后刑”的审判方式[③]，将侵犯知识产权的犯罪案件首先交由审理知识产权民事案件的审判庭就是否构成民事侵权进行审理，待民事案件审理完结以后，认为有构成犯罪嫌疑的，再交由刑庭审理，或者由部分原民事合议庭成员与刑事法官组成的混合合议庭作出刑事裁决。

---

① 参见江伟、范跃如：《刑民交叉案件处理机制研究》，载《法商研究》2005 年第 4 期。

② 参见孙海龙、董倚铭：《知识产权审判中的民刑冲突及其解决——以构建协调的诉讼程序和专业审判组织为目标》，载《法律适用》2008 年第 3 期。

③ 参见胡良荣：《侵犯商业秘密刑民交叉案件处理的困惑与出路》，载《知识产权》2011 年第 6 期。

2. 主要模式的评析

就上述四种处理模式,本书的看法是:

(1) 前述三种做法都只涉及刑民两个判决之间的衔接,在一个"合一法庭"之下,"分审"应不成为问题。

(2) 刑事附带民诉是审理过程中刑、民两类不同程序之间的衔接,于是就有审理先后的择取及后续处理的差异问题。在知识产权领域,实行"先民后刑"有其正当性,即非知识产权犯罪案件中,其刑法法益一般不依赖于鉴定等专业性极强的先行程序,而知识产权案件则在其刑法法益确定上,可能就需要一种"程序性机制",这正是与"先民"契合点之所在,对这类案件同质性的考虑要重于程序性的选择。但是,绝对实行"先民后刑",又对知识产权刑、民两类案件的关系有失偏颇:刑、民诉讼证明标准有差异,权属、侵权等问题的民事判断不必然成为定罪的依据;刑、民诉讼的取证能力存在巨大差异。[①] 正是基于此,台湾地区专门颁布"智慧财产案件审理法",专门为知识产权犯罪案件事实认定提供特别程序保障[②];建立了包括技术审查官、专家咨询、鉴定等技术判断之辅助机制[③],可为借鉴。

(3) 应当否定"民事附带刑事诉讼"的提法。刑事责任是高位阶的责任形式,不应处于"参与诉讼"的附属地位,所述情形应当归入为前述第三种即"刑民并行"做法之中。此外,司法实践中出现过未提起附带民事诉讼,法院在刑事判决中主动进行民事责任处理的做法,但这并不是"三案分审"意义上的刑民交叉问题,而是属于量刑中的被害人赔偿范畴了。

---

① 参见朱文彬:《知识产权刑事、民事、行政"三审合一"审判方式改革中的若干疑难问题》,载张卫平、齐树洁主编:《司法改革论评》(第七辑),厦门大学出版社 2008 年版,第 231—232 页。

② 参见丁娟:《知识产权犯罪案件事实认定的特别程序保障——以台湾〈智慧财产案件审理法〉为借鉴》,载《北方经济》2012 年第 1 期。

③ 参见蔡惠如:《台湾智慧财产法院之现在与未来》,载《2014 年知识产权南湖论坛"知识产权与创新型国家建设"国际研讨会论文集》,第 500 页。

四、延伸改革:刑事司法链条“三阶合力”

(一)“三合一”改革需要刑事司法机制调整

“三合一”本来是人民法院探索建立将知识产权民事、行政、刑事案件统一由知识产权审判庭审理的审判工作机制。但是,知识产权刑事司法在审判阶段之前还要经过侦查、起诉阶段,由此,需要对公安机关、检察机关在知识产权刑事司法机制的配套调整。试举一个简单的例子:某市甲区公安机关立案,依法指定到乙区检察院起诉,乙区法院(该市“三合一”改革基层法院)认为不是侵犯知识产权罪,则可否继续处理?或者乙区检察院在审查起诉时认为不是侵犯知识产权罪,是退回甲区公安机关还是应继续处理?这涉及管辖移交程序和司法成本等多方面问题,是“三合一”改革必须处理好的问题,否则,上游办案机关可能被不畅通或难以承受的司法成本所负累,进而可能利用工作制度和法律规定灵活度避免办理侵犯知识产权罪案件,使“三合一”改革缺少或者弱化相关刑事案件部分,最后不能实现改革目标。[①] 可以说,在知识产权司法“三案”中,关键应当在刑事案件,因为它不仅涉及法院级别管辖问题,更重要的是还延伸到了公安机关的立案侦查、提请批准逮捕、移送审查起诉和检察机关向法院提起公诉等系列问题。

在地方试点层面上,“三合一”改革涉及级别或地域审判管辖时,就不可避免地延伸到侦查、起诉阶段的管辖调整,也要求作为刑事案件审前程序的上游侦查、起诉部门的人员、组织机构及工作机制有相应的调整,从而形成知识产权刑事司法“全程”保护机制。公、检、法三机关的配合程度,既取决于当地法院对该改革的认知和主动性,更取决于当地党委、人大、政协对国家知识产权战略的落实程度。在国家司法层面上,“三合一”改革不是审判机关一家或一个省就能做好的事,需要在审判机关或某些省市试点经验基础上自上而下改革。最高

---

① 参见皮勇主编:《侵犯知识产权罪案疑难问题研究》,武汉大学出版社2011年版,“前言”第4页。

公、检、法三家应协调该工作机制，完成人员、机构、工作机制等的综合调整与配套。在国家权力架构层面上，系统、彻底的“三合一”改革，并非司法层面的技术调整所能完成，而是必须更多依靠立法、行政机关的参与，不从系统思维出发思考问题，机制创新就不可能完成。比如，诉讼程序、法律适用、证据制度等问题①，都需要司法以外的调整与改革。

（二）“三合一”下公、检、法刑事司法机制的调整

各地“三合一”改革实践已经取得了多元经验，为研究知识产权司法机制创新提供了丰富的素材。配套调整刑事司法机制，旨在为“三合一”改革提供“助力”和整体形成“三阶合力”，同时，实现从案件侦查一开始即着手提升办案质量，实现审判改革对侦控环节的“溢出效应”，最终大幅度提升刑事司法整体水平。具体来说：

1. 应当对“三合一”过程中的侦、诉、审活动的管辖予以规范

内蒙古自治区公、检、法三机关联合就“试点刑事案件”确立了试点管辖要求②，提供了很好的研究素材。该要求大致可归纳为三个方面：(1) 侦查照旧，即公安机关仍依照刑事诉讼法等规定行使试点刑事案件的侦查权及向同级检察院提请批准逮捕和移送审查起诉；上级公安机关认为有必要时，对本应由下级公安机关管辖的知识产权刑事案件行使管辖。(2) 诉审提级，即县级公安机关向同级检察院移送审查起诉的案件，受理检察院经审查后认为属于试点刑事案件范围的，应报请盟市级检察院提起公诉（不属于试点刑事案件范围的则被退回）；盟市级公安机关向同级检察院移送审查起诉的试点刑事案件，由受理检察院提起公诉。各中级法院对试点刑事案件的一审实行集中提级管辖。(3) 法庭合一，即各中级法院受理的知识产权刑事一审案件统一由知识产权审判庭审理。还要求盟市法院与检察、公安机关联

---

① 参见朱文彬：《知识产权刑事、民事、行政“三审合一”审判方式改革中的若干疑难问题》，载张卫平、齐树洁主编：《司法改革论评》（第七辑），厦门大学出版社 2008 年版，第 228—237 页。

② 参见内蒙古自治区高级人民法院、内蒙古自治区人民检察院、内蒙古自治区公安厅《关于知识产权审判“三审合一”试点工作中刑事司法保护若干问题的意见》（内高法[2009]122 号）。

合下文，协调旗县检察、公安机关提级知识产权刑事案件移送起诉管辖。

类似的，2011 年《郑州市知识产权刑事案件提级管辖的若干规定》也很有特色，它将 13 个县（市）区的知识产权刑事案件全部交由郑州市公安局向郑州市人民检察院移送审查起诉，由郑州市中级人民法院集中审判，完成了侦控审的全程“提级司法”。

2. 应当对“三合一”过程中的办案程序机制予以统一

除应理顺知识产权刑事诉讼程序的衔接外，刑事司法机关对入罪标准认定、证据收集、鉴定、罪名适用等往往存在一些理解分歧，“三合一”改革下的集中审理，使有关法律问题的暴露更为集中，需要刑事诉讼链条上的三机关共同商讨、统一司法标准。试点的江苏、浙江、内蒙古等地高院加强与检察院、公安厅的协调，就“三合一”试点工作中刑事保护问题先后出台了指导性意见。[①] 江苏省高级法院 2009 年联合省公安厅、省检察院，制定《关于办理知识产权刑事案件若干程序问题的意见》。该意见从权利审查、证据收集固定以及技术秘密鉴定等方面全面规范知识产权刑事案件办理工作，在商业秘密犯罪案件中引入公知技术抗辩制度，有效统一知识产权刑事案件执法尺度，提高刑事司法保护水平。同时，该院还牵头完成了三机关《关于知识产权刑事法律适用问题纪要（征求意见稿）》。

3. 应当部署实施对知识产权侦控人员“专业化”优化工作

公安、检察人员知识结构多偏重刑事方面，关于知识产权权属确认、相应工作程序方面的知识经验较少。然而，此类特殊专业案件的办理却从刑事立案开始，就需要面对确权问题，专业问题较多且容易误判。这可能使一些地方公安人员遇到知识产权犯罪案件时“绕着走”，适用竞合的其他法律规定，如非法经营罪等口袋罪稳妥处理，尽量避免辛辛苦苦办案、最后办错案的风险。对此，有学者建议，在地市

---

① 参见《2011 年中国知识产权保护状况白皮书》，载国家知识产权战略网 http://www.nipso.cn/bai.asp。

级以上检察机关内部设立专门机构,选调具有专门知识的检察官负责对知识产权犯罪案件的侦查、起诉工作。[①] 前述内蒙古公、检、法三家就开展“三合一”试点中刑事司法问题的联合文件要求,各盟市公、检、法机关选派业务骨干相对固定地从事试点刑事案件的侦查、批捕、公诉和审判工作,确保试点刑事案件的执法水平。当然,这不是“三合一”特有的要求,而只是知识产权刑事侦控机制本身的需要与“三合一”有关而已。

第二节 知识产权案件罪名适用机制

侵犯知识产权犯罪领域的犯罪竞合问题,很早就受到了学界关注。著作权犯罪可能涉及非法经营,其内部侵犯著作权罪与销售侵权复制品罪之间存在混淆适用的可能;商标犯罪可能涉及制售假冒伪劣商品。图 1-4 表明,侵犯知识产权罪适用占比经过爬坡式发展过程,终于呈现出“侵知”型居高、“伪劣”型居中、“非营”型居低的“涉知”罪名适用新格局。

一、非竞合论:非法经营罪适用限缩

前文图 1-4 显示,就“涉及知识产权犯罪”审结案件的分类占比而言,非法经营罪在 2005 年以前一直超过其他类型,居首位,2006—2010 年之间则围绕占比 50% 为轴上下波动,2011 年跌至 31.52% ,2012 年骤降至 19.81% ,2013 年降为 18.58% 。为什么“涉及知识产权犯罪”各类犯罪中非法经营罪会发生罪名适用格局的大逆转?本书认为,主要原因是我国最高司法机关在著作权犯罪领域的罪质解释路径发生转变,即从著作权犯罪与非法经营罪存在法条竞合关系的竞合论改为非竞合论。

---

① 参见刘佑生等:《中国知识产权刑事司法保护对策研究》,载《理论前沿》2006 年第 19 期。

竞合论认为,非法经营罪与著作权犯罪是普通法与特殊法的竞合关系。1998 年《非法出版物解释》第 11 条和第 15 条关于非法出版行为"以非法经营罪定罪处罚"的规定,乃是竞合论的规范缘起。自其颁行以来,司法实践中大量的侵犯著作权犯罪被适用非法经营罪加以处理。据统计,后者曾是前者数量的 5—6 倍。[①] 在竞合论的观点下,具体罪名适用又可分为从一重处和特别法优先两种做法:

(1) 从一重处的竞合论原则,为实践中大量案例以非法经营罪处理著作权犯罪提供了依据。即使在《公安刑事追诉标准(二)》出台后,非法经营罪的追诉标准(个人非法经营数额 5 万元或违法所得 2 万元等)还是低于侵犯著作权罪(个人非法经营数额 5 万元或违法所得 3 万元等),故适用非法经营罪仍具有操作性强的吸引力。

(2) 特别法优先原则是在克服从一重罪处罚原则的不足中受到重视的。如葛遵营、葛惠芳侵犯著作权、贩卖淫秽物品牟利案中,被告人销售非法光碟、录音带,一审法院认定构成非法经营犯罪。二审法院则认为,被告人"低价购进明知是侵权的音像复制品,然后再高价销售给他人,属于侵犯著作权犯罪中的发行行为……同时扰乱了市场秩序,构成非法经营犯罪。鉴于非法经营罪与侵犯著作权罪是普通法与特殊法的关系,根据特别法优于普通法的适用原则,对二被告人应以侵犯著作权罪定罪处罚"。[②] 遂将一审认定的非法经营罪改判为侵犯著作权罪。

非竞合论认为,非法经营罪与著作权犯罪不存在法条竞合关系。学界对此多有呼吁,司法机关为了克服竞合论的实践之不足而逐渐改采该种观点。2011 年 1 月颁行《知识产权刑事案件意见》第 12 条,重新解释了"发行"的含义,规定"非法出版、复制、发行他人作品,侵犯著作权构成犯罪的,按照侵犯著作权罪定罪处罚,不认定为非法经营罪

---

① 参见高晓莹:《论非法经营罪在著作权刑事保护领域的误用与退出》,载《当代法学》2011 年第 2 期。

② 山东省青岛市中级人民法院(2007)青刑二终字第 53 号刑事判决书。

等其他犯罪”。该条对以往涉及“非法出版物”定“非法经营罪”的惯常做法，明确“说不”，指引了“侵犯著作权罪”的强化适用。该意见第16条的规定，也只涉及“侵犯知识产权犯罪”与“生产、销售伪劣商品犯罪”两类犯罪“竞合”，即“行为人实施侵犯知识产权犯罪，同时构成生产、销售伪劣商品犯罪的，依照侵犯知识产权犯罪与生产、销售伪劣商品犯罪中处罚较重的规定定罪处罚”。这意味着，过去将“侵犯著作权犯罪”与“非法经营罪”按“竞合论”处理的做法，已被最高司法机关摒弃。如在胡××侵犯著作权案①中，被告人经营门店销售盗版光碟，当场查获涉嫌非法发行的光碟共计2 786张、淫秽光碟36张（均是用于出租）。一审法院认定其犯非法经营罪，判处有期徒刑5年，并处罚金3 000元。二审法院认为，胡××未经著作权人许可，非法发行他人音像制品的行为符合相关司法解释的规定，应当以侵犯著作权罪定罪处罚，不认定为非法经营罪等其他犯罪，给予了从轻处罚并适用缓刑。

从竞合论到非竞合论司法解释的转变，生动地诠释了司法解释主体在著作权刑法解释偏差上的自我纠正机制和能力。期间，著作权刑法仅仅是解释的对象，变化的只是司法解释。竞合论使著作权刑法罪名成为“沉没的罪名”（sunk offences），其相关规定也相应被合理“规避”，如本来应当适用的没收规定、权利人赔偿救济、举报人奖励等都无从启动，生效判决对其他可能侵犯著作权的人所具有的一般威慑功能也大打折扣甚至消弭。非竞合论克服了竞合论的许多弊端，为著作权刑法规范提供了正当的适用空间。随着著作权犯罪领域中非法经营罪的竞合适用痼疾走向终结，原来依竞合论逻辑可能被认定为非法经营罪的部分案件，重新回到著作权犯罪集合之中，导致在侵犯知识产权罪名群内部，出现了著作权犯罪上升而商标犯罪比重下降的基本变动趋势。比如，2010—2013年，著作权犯罪占比分别为7.18%、21.03%、39.63%、30.54%；商标犯罪占比分别为88.68%、77.28%、58.99%、68.43%。

---

① 参见重庆市第一中级人民法院（2011）渝一中法刑终字第00460号刑事判决书。

二、择一说:销售侵权复制品罪适用式微

(一) 销售侵权复制品罪立法缺陷与司法进路

《刑法》第218条销售侵权复制品罪存在立法上的“先天缺陷”。“销售”对商标假冒和著作权犯罪都起到了助纣为虐的作用,立法者便一视同仁地采取“帮助行为实行化”治理思路。但实际上,著作权与商标权存在权能范围的根本差异:注册商标权不包括对注册商标的商品的销售权,追究销售行为刑事责任,要么按共同犯罪处理,要么单独设立犯罪,《刑法》第214条便采取单独设立销售假冒注册商标的商品罪的进路。相反,著作权包括发行权,销售行为本身构成对著作权中发行权的直接侵犯。著作权存在于作品之上,作品则是以原件或复制品为载体所承载的独创性表达形式。不管复制品是行为人自己复制的,还是他人复制的,销售侵权复制品行为本身就是侵犯著作权罪的实行犯。依《刑法》第214条的思维定势增加第218条显然是画蛇添足而弄巧成拙。

司法解释对《刑法》第217条“复制发行”含义持续采取扩大解释的进路,助推了适用侵犯著作权罪处理销售侵权复制品行为这一司法模式的建立。具体表现是:

(1)“复制发行”采取择一说。自1998年开始,有数个司法解释对此明确界定为“包括复制、发行或者既复制又发行”,由此,单独复制、单独发行均属于构成行为。择一说其实扩大了构成要件的范围,比如单独复制在复合说下就不能入罪。

(2)在择一说下,“发行”含义被扩大化。2007年,将“发行”扩展到“侵权产品的持有人通过广告、征订等方式推销侵权产品的”,但有学者认为,该类行为更接近“许诺销售”性质[1];2011年将“发行”界定为“包括总发行、批发、零售、通过信息网络传播以及出租、展销等活

---

[1] 参见崔立红:《著作权犯罪与谦抑原则的适用——以〈关于办理侵犯知识产权刑事案件具体应用法律若干问题的解释(二)〉为视角》,载《知识产权》2007年第5期。

动”。司法实践中业已在践行“择一说”和广义“发行”说，如2006年南京市玄武区人民法院“夏长生”案被视为全国第一起以侵犯著作权罪判刑的贩卖盗版音像制品案。[①] 在“张顺等人侵犯著作权案”中，生效判决认为，现行司法解释等规范性指导文件延续了《著作权法》对“发行”的界定。[②] 由此，便难逃司法解释越权之嫌。

面对这一立法缺陷和司法解释所采的扩大解释进路，学界有观点提出了质疑甚或呼吁改采复合说。有学者认为，“复制发行”应解释为同时具备“复制”和“发行”，并认为择一说虽可暂时解决无法给单纯“复制”定罪的问题，却也导致单纯“发行”可根据《刑法》第217条或第218条定罪，从而引起该两条的冲突。[③] 有论者认为，择一说导致难入轻罪反入重罪的“倒挂”现象（竞合论下认定非法经营罪因为相同理由而受质疑），而且与一般社会常识和情感有所冲突。量刑反映了刑法对人身危险性和社会危害性的评价，通常认为重刑和轻刑的界限是3年有期徒刑。在侵犯著作权罪中，只要盗版物达到2 500份（张），即属情节特别严重，应在3年以上量刑。仅就量刑而言，意味着贩卖盗版图书的行为人，其人身危险性和社会危害性已处于和抢劫、强奸相当的评价水平上。现实生活中这些行为人多处于社会底层，零散经营，购进一些盗版图书再行卖出，获利不多，按照一般社会认识，他们是“卖盗版”的而不是“做盗版”的，其社会危害性和“复制发行”者不能相比，与抢劫、强奸等更不能同日而语。“卖盗版”的社会危害性和“做盗版”的“复制发行”者不能相比。[④] 在复合说进路下，《刑法》第

---

① 参见南京市玄武区人民法院对夏长生、何涛侵犯著作权、贩卖淫秽物品牟利案的刑事判决书，载中华人民共和国最高人民检察院：《中华人民共和国最高人民检察院公报》2006年第4期。

② 参见臧德胜、陈轶：《张顺等人侵犯著作权案——销售他人享有专有出版权的图书是否构成侵犯著作权罪》，载最高人民法院刑事审判一至五庭主办：《刑事审判参考》（总第78集），人民法院出版社2011年版，第135页。

③ 参见王迁：《〈刑法〉第217条中的“复制发行”需要规范》，载《出版发行研究》2007年第11期。

④ 参见孟强：《“销售”图书不等同于“发行”》，载《检察日报》2011年9月5日，第3版。

218 条“销售”仅指销售他人复制的侵权复制品且事前未通谋。单独发行属于“销售”,单纯复制不构成犯罪。

（二）择一说或复合说的应然抉择

前述择一说的扩大解释进路,在法律适用后果上兼有利弊。

（1）其“弊”在于,“复制发行”中的“发行”与《刑法》第 218 条的“销售”根本不能区分,导致侵犯著作权罪和销售侵权复制品罪形成“解释性竞合”的困惑。定罪上呈现出两可状态,使同案异罚、不入轻罪反入重罪的现象在所难免。例如,A 实施销售侵权图书的行为,违法所得达到 10 万元,若认定销售侵权复制品罪,最高可判 3 年有期徒刑;B 实施销售侵权音像制品行为,违法所得尚未达到 10 万元而侵权复制品数量超过 2 500 份,若认定属于“发行”行为,则系“有其他特别严重情节”的侵犯著作权罪,最高可判 7 年有期徒刑,这种结果显然欠缺公平。该两罪之间关系,立法上本应不矛盾,但司法解释已使之成为交叉而呈“法规竞合”表象。有研究指出,法益同一是判断法条竞合的实质标准,“特别法条惟轻”造成法条竞合特别关系的中国式争议。即便立法有误,适用重法优先原则,也无异于让行为人为立法错误“埋单”。只有交叉、双包容关系下的法条竞合,方有“重法优于轻法”之适用。[①] 在侵犯著作权罪和销售侵权复制品罪的“解释性”法条竞合关系中,虽立法上“特别法条惟轻”却在司法效果上适用了“从一重”定罪。

（2）其“利”在于,通过扩大适用《刑法》第 217 条,在实际效果上解决了《刑法》第 218 条难以适用的问题。[②] 正如学者所指出,传统的犯罪决定刑罚的罪刑正向关系转向量刑制约定罪的罪刑逆向关系[③],这种倾向在贩卖盗版行为的定罪处理上得到了体现,即从如何能实现

---

① 参见王强:《法条竞合特别关系及其处理》,载《法学研究》2012 年第 1 期。

② 参见苗有水:《浅论我国著作权刑法保护的不足与完善》,载《中国知识产权报》2011 年 12 月 19 日。

③ 参见梁根林为“许霆案”专题所写的“编者按”,载《比较法研究》2009 年第 1 期。

对违法者量刑(刑罚必定性)上考虑如何定罪。由于销售侵权复制品罪单一的数额模式、“违法所得”要件要求,以规范操作性差而成为刑法中“惰性条款”。为此,2008年《公安刑事追诉标准(一)》第27条增加了销售侵权复制品罪“货值金额”标准,规定“尚未销售的侵权复制品货值金额”达到违法所得标准3倍的情形,应当立案、批捕和追诉,目的就是欲解决此难题。但是,处罚未遂犯仍不能解决定罪问题及刑罚不均衡之弊。侵犯著作权罪是数额或数量择一模式,定罪标准更低,客观上会造成销售侵权复制品罪司法适用范围的缩小:销售侵权复制品的违法所得不能查清的,尚可依据侵权复制品数量入罪;依现行“违法所得”数额标准,数额较大(3—10万元)的,可适用基本刑幅度(此时不构成销售侵权复制品罪);在10—15万元的,同时构成两罪且量刑幅度相同;数额巨大在15万元以上的,同时构成两罪,侵犯著作权罪可适用加重刑幅度。[①] “解释性竞合”转至适用《刑法》第217条而规避了《刑法》第218条操作性不强的难题。

“复制发行”扩大解释的进路,又一次生动诠释了司法解释主体克服著作权刑事立法缺陷的智慧与技巧。选择该解释进路的根本原因在于,我国著作权刑法长期滞后于著作权法的发展,著作权法与著作权刑法衔接不畅。著作权法上“复制”“发行”经历了表述由合至分、含义由宽至窄的演变:1990年《著作权法》使用了“复制发行”的表述(1997年《刑法》采相同措辞);2001年、2010年《著作权法》则改为“复制、发行”,而且对权能的行为样态列举进行了限缩,即“复制”权已取消“临摹”的行为样态,“发行”权已取消“出租”的行为样态。迄今《刑法》第217条并未相应地对“复制发行”进行后续修改,无疑呈现出滞后性。司法解释在构成要件的解释上,却依现行著作权法的规定采取“复制、发行”择一说,“发行”包括零售的扩大化界定方法,实现了与著作权法的衔接,却失却了刑法上的有效依据。法谚云,“使法律之间

---

① 参见田宏杰:《知识产权案件刑事司法疑难问题研究》,载《人民检察》2009年第12期。

相互协调是最好的解释方法”(Concordare leges legibus est optimus interpretandi modus)。本书亦认为,根本解决之策应当是,著作权刑法宜尽快实现与著作权法这一前置法的衔接,将“销售”纳入“发行”,在立法上明确采取择一说,并通过修法废除《刑法》第218条。[①]

三、竞合限制:“以假卖假”行为罪名适用

本书第四章提出,“以假卖假”在计算“非法经营额”时,应允许提出“无混淆性”抗辩排除适用“正品价格”的标准,除定量计算意义外,它在犯罪竞合时的罪名适用也值得研究。

(一)“以假卖假”案件罪名适用观点分歧

《知识产权刑事案件意见》第16条规定:“行为人实施侵犯知识产权犯罪,同时构成生产、销售伪劣商品犯罪的,依照侵犯知识产权犯罪与生产、销售伪劣商品犯罪中处罚较重的规定定罪处罚。”这一规定表明,侵犯知识产权罪(主要是商标犯罪,但不排除少数情况下也可能是专利、商业秘密、著作权犯罪)与制售伪劣商品犯罪存在交叉的竞合关系。学界有观点认为,既然是冒用他人的商标,相应的产品自然是假冒伪劣产品,也就符合一个行为触犯数个罪名的犯罪形态,构成想象竞合犯。[②] 本书认为,从实践来看,商标犯罪确实常常涉及制售伪劣商品,因为假冒商标的商品往往会是伪劣的,否则因与其成本不相称而压缩利润空间;伪劣产品也往往会假冒商标,否则可能打不开市场或只能针对狭窄的低端市场。但“假冒”与“伪劣”具有截然不同的刑法意义:前者侵犯商标管理制度和注册商标专用权,后者侵犯商品质量管理制度和消费者合法权益;“假冒”的不一定是“伪劣”的,“伪劣”的也不一定是“假冒”的。故二罪的竞合纯粹是事实的竞合,应为想象竞合。还有观点认为,非法制造、销售非法制造的注册商标标识罪与假

---

① 参见贺志军:《我国著作权刑法保护问题研究》,中国人民公安大学出版社2011年版,第124—129页、第326—328页。

② 参见郭大磊:《侵犯注册商标权犯罪罪数形态问题研究》,载《太原师范学院学报》(社科版)2011年第2期。

冒注册商标罪危害性均等，也设置了相同的法定刑（最高为7年有期徒刑）。但由于后者有被认定为生产、销售伪劣产品罪（最高是无期徒刑）的可能，实质上违背罪刑均衡原则，进而提出将非法制造、销售非法制造的注册商标标识行为认定为假冒注册商标罪的实行犯（共同实行），最终在立法上废除该罪。[①] 本书认为，该论者注意到了商品假冒和商标假冒两种行为对制售假冒商品的同等重要意义，难能可贵，但认为假冒注册商标罪能认定为生产、销售伪劣产品罪，并主张废除非法制造、销售非法制造的注册商标标识罪或纳入为假冒注册商标罪的共犯行为，这是对罪名竞合关系的严重误读。因为假冒注册商标罪并非都有被认定为生产、销售伪劣产品罪的可能，当下尤为突出的是，"以假卖假"应当严格控制适用生产、销售伪劣产品罪。

就"以假卖假"型案件处理，在司法实践中出现了两种相反的做法：有的以销售假冒注册商标的商品罪定罪，有的以销售伪劣产品罪定罪。理论上也有两种主张：一种观点是，"以假卖假"型犯罪都不应认定为销售伪劣产品罪。[②] 另一种观点则认为，"以假卖假"要根据产品伪劣程度来区分对待，即"以假卖假，伪且劣"的（这里"劣"指不具有产品说明所示的使用性能，属于劣质产品），同时构成销售假冒注册商标的商品罪和销售伪劣产品罪，依处罚较重的规定定罪处罚；"以假卖假，伪而不劣"的，只构成销售假冒注册商标的商品罪。[③] "以假卖假"属于售假的表现之一，从犯罪嫌疑人角度而言是"知假卖假"；如果从消费者角度看，便是"知假买假"。比如，售假者明确向购买者说明其所销售的是假冒注册商标的商品，或购买者已经发现其将购买的商品的商标存在瑕疵，应当是假冒商品，或者因为售价低廉至一般消费

---

① 参见王强军：《非法制造、销售非法制造的注册商标标识罪的法理缺陷与应对》，载《知识产权》2013年第10期。

② 参见黄祥青：《罪质分析法与转换定罪规则的适用》，载《刑事审判参考》（总第75集），法律出版社2010年版，第175页。

③ 参见刘晓虎：《试论"以假充真"和"以假卖假"行为在定罪和销售金额认定上的区分》，载最高人民法院刑事审判一至五庭主办：《刑事审判参考》（总第78集），法律出版社2011年版，第204—212页。

者都能够意识到所售商品是假货。其典型特征是,侵权产品与被侵权产品存在较为明显的差异而无“混淆性”,售假者也不隐瞒其假冒性质,此时,认定属于假冒注册商标的商品并无障碍,但能否认定为销售“伪劣产品”呢?

国外和我国台湾地区学者对此有过研究讨论。传统的主流观点认为,在以发生假冒混淆意图为犯罪构成要件的犯罪中,如果行为人在产品上表明“冒牌”以警告消费者的免责声明(disclaimers),行为人就无刑事责任。[1] 司法实践中也有不少这种判例,比如,在 R. v. Price[2] 一案中,被告人使用了此类免责声明,无意欺骗消费者发生混淆,即不承担此类刑事责任。美国司法界普遍认为,如果对于合理知情的买方来说,(侵权产品)外表和质量的差异可被查实,则这种差异大有关系。《美国量刑指南》重视考察“混淆性”,规定“对于合理知情的买方来说,该侵权产品看起来与被侵权产品相同或实质性等同”[3],才可能以“正品价格”计算相应知识产权犯罪的价值。在 United States v. Park 一案中,第五巡回上诉法院直接指出,“那种只能蒙混不知情买方的侵权产品,应按假冒产品零售价计算价值”。[4]

但是,这种“无混淆性”免责的观点和做法,也引起了学界的争论,主要理由是[5]:(1) 尽管在初次销售时有此类“冒牌”警告而无混淆性,但在再次销售时,该声明极易被去除而使其他消费者发生混淆;(2) 除非法律规范的保护目的是保护消费者而非产业利益,否则消费者是否混淆在法律上并无“关联性”。分析可知,质疑者的理由实质上是把“混淆性”判断从着眼于单次交易扩展到整个交易链条,将规范的保护目的从消费者保护转移到产业保护,具有一定的合理性。有的立

---

① See Bankole Sodipo, Piracy and Counterfeiting: GATT, TRIPS and Developing Countries, Kluwer Law International, 1997, p243.

② See (1993) 9 EIPR D-224.

③ U.S.S.G. § 2B5.3 cmt. (n.2(A)(i)(I)).

④ 373 Fed. Appx. 463, 464 (5th Cir 2010).

⑤ See Rawlinson, P., “The UK Trade Marks Act 1994: It's Criminal”, (1995) 1 E.I.P.R. 54.

法干脆取消“混淆性”判断的规定。如英国 1994 年《商标法》在刑事责任规定上根本未涉及是否意图使消费者发生混淆的问题，瑕疵披露之类的免责声明不再具有商标犯罪领域的刑法意义。我国台湾地区商标刑事保护“立法”也经历了类似演变，即原来在伪造、仿造商标、商号罪的构成要件中，要求行为人在主观上具备“意图欺骗他人”的目的，无此目的的不构成伪造、仿造商标、商号罪，有此目的，又构成诈骗罪，从而出现立法漏洞。[①] 2003 年，台湾地区“商标法”修改，取消了“意图欺骗他人”要件。需要指出的是，上述国外和我国台湾地区的观点和做法，多是基于知识产权犯罪而分析的，在制售伪劣商品犯罪领域可能并不相同。

（二）“以假卖假”案件原则上不构成销售伪劣产品罪

在我国刑法中，侵权产品有无“混淆性”，并不影响知识产权犯罪的定罪，因为知识产权刑法规范的保护目的是权利人的利益及更宏观层面的知识产权正当竞争秩序，而不是消费者的权益。因此，无混淆性的“以假卖假”行为，完全可以构成侵犯知识产权罪。但是，在制售伪劣商品领域，这种无混淆性的“以假卖假”案件应原则上不构成销售伪劣产品罪。本书归纳其理由如下：

（1）制售伪劣商品犯罪具有经营性欺诈的特点[②]，其构成行为蕴含着使消费者发生混淆的含义。销售假冒注册商标的商品行为是否同时构成销售伪劣产品罪，要对行为是否满足“掺杂、掺假，以假充真，以次充好或者以不合格产品冒充合格产品”这四个条件之一进行判断。根据 2001 年“两高”《关于办理生产、销售伪劣商品刑事案件具体应用法律若干问题的解释》，“掺杂、掺假”，是指在产品中掺入杂质或者异物，致使产品质量不符合国家法律、法规或者产品明示质量标准规定的质量要求，降低、失去应有使用性能的行为；“以假充真”，是指

① 参见黄荣坚：《刑法问题与利益思考》，台湾月旦出版社股份有限公司 1995 年版，第 265 页。

② 参见阮齐林：《刑法学》（第二版），中国政法大学出版社 2010 年版，第 429 页。

以不具有某种使用性能的产品冒充具有该种使用性能的产品的行为，相反，假冒商标、假冒厂名厂址、假冒装潢并非属于这里的“以假充真”；“以次充好”，是指以低等级、低档次产品冒充高等级、高档次产品，或者以残次、废旧零配件组合、拼装后冒充正品或者新产品的行为；“以不合格产品冒充合格产品”（冒充合格），是指以不符合《产品质量法》第26条第2款规定的质量要求的产品冒充合格产品。[①] 分析可知，这4个条件的共同点是，除了违反产品质量义务要求外，还都同时使消费者发生混淆即具有“混淆性”。具体来说，以假充真、以次充好和冒充合格这三种表现，从措辞表述上即都具有明显的“冒充”属性，使消费者上当受骗；掺杂、掺假既然是“掺”，也包含从表面看难以分辨出是伪劣产品的含义。

（2）《产品质量法》（2000年修正）第26条中规定了生产者的产品质量义务，其中有“具备产品应当具备的使用性能”的质量义务，相应地设置了“但书”，即“对产品存在使用性能的瑕疵作出说明的除外”；第40条规定了销售者对售出的产品“不具备产品应当具备的使用性能而事先未作说明的”，应当承担补救及赔偿责任。可见，产品质量使用性能瑕疵可通过事先作出“瑕疵说明”，而可能获得免除相应的民事法律责任。其原因在于，产品质量法律是为了保证消费者的权益的，在获得有效的“瑕疵说明”后，消费者仍然决意进行交易，可视为是对其权利的一种处分，法律不必强行阻止。从刑事责任来说，“以假卖假”说明，侵权产品与被侵权产品之间不存在“混淆性”，双方交易是建立在“瑕疵说明”基础之上的，对消费者并无损害，如此，则刑法的“打击半径”更应有所控制，一般不宜轻易认定为制售伪劣商品犯罪。

---

① 《产品质量法》（2000年修正）第26条第2款规定：“产品质量应当符合下列要求：（一）不存在危及人身、财产安全的不合理的危险，有保障人体健康和人身、财产安全的国家标准、行业标准的，应当符合该标准；（二）具备产品应当具备的使用性能，但是，对产品存在使用性能的瑕疵作出说明的除外；（三）符合在产品或者其包装上注明采用的产品标准，符合以产品说明、实物样品等方式表明的质量状况。”

（3）例外情况下，“以假卖假”行为也可同时构成销售伪劣产品罪。该类案件中，消费者“无混淆性”仅仅是对“注册商标”即品牌本身瑕疵的知情（某种意义上也是对侵犯商标权行为的“帮助”），但可以合理地认为其前提是假冒商标的产品本身是合格产品。换言之，如不具有同类产品的基本使用性能的假冒产品（即不合格的劣质产品）——典型的行为就是“冒充合格”，不能被“瑕疵说明”所豁免，不应认为知假买假者真正“知情”和同意。因此，制售伪劣产品罪的四种构成行为中，“以假卖假”明显不包括“以假充真”，二者是排斥的；“冒充合格”是最典型的，同时构成销售伪劣产品罪的行为，销售的不仅是假冒商标的产品，而且是连基本产品质量都没达到的不合格产品；“以次充好”的“以假卖假”，一般不同时构成销售伪劣产品罪，因为假冒商标的“次”品质量虽不如正品，但尚未达到“冒充合格”的程度，而这种质次是交易时双方所知情同意的；“掺杂、掺假”一般来说也是未达到“冒充合格”程度的，如果达到了，就可直接认定为“冒充合格”了。

因此，随着“以假卖假”行为现象的日趋类型化，实有必要通过司法解释，明确对其罪名适用的司法规则，一般情况下宜确定为商标犯罪等知识产权犯罪；在“以假卖假”同时达到“冒充合格”程度时，认定为侵犯知识产权犯罪与销售伪劣产品罪的想象竞合犯，从一重定罪和处罚。根据司法解释中规定，“对本条规定的上述行为难以确定的，应当委托法律、行政法规规定的产品质量检验机构进行鉴定”，故是否达到“冒充合格”的程度，从刑事证据规则的角度，一般应进行司法鉴定。

第三节　知识产权刑事量刑机制

一、知识产权刑事量刑概述

（一）TRIPS 量刑标准：“均衡”+“有威慑力”

TRIPS 协定第 61 条第 2 句就知识产权刑事量刑作出了义务性规定，“可使用的救济应包括足以起到威慑作用的监禁和/或罚金，并应

与适用于同等严重性的犯罪所受到的处罚水平一致”。可见,其义务性要求主要包括两个方面:

1. 刑罚应“均衡”

对商业规模的蓄意假冒或版权盗版案件,要求在量刑上与同等严重性的其他犯罪相当。但问题在于,何谓“同等严重性的犯罪”(crime of a corresponding gravity)? 这涉及知识产权犯罪与非知识产权犯罪的轻重比较问题。美国司法部《知识产权犯罪追诉手册》代表了国外一种主流观点,即认为侵权、盗版属于“盗窃或诈骗犯罪”(theft or fraud crime)。2008 年美国《优化知识产权组织与资源法》第二章将侵犯知识产权犯罪规定为“重罪”(a felony),以替代“犯罪”(offense)这一含糊不清的表述,从而有效地排除将其视为“轻罪”(misdemeanor)的做法。学界对此仍存在争议,如 Waddams 教授对用“海盗”“抢劫”“盗窃”等词语试图贬损知识产权侵权者的做法提出质疑,认为(商标)假冒是欺骗的一种形式,假冒产品是为从轻信或知情的消费者手中获取金钱之目的而伪造或复制或非法模仿出来的,并对合法的生产者造成损害;而版权、盗版常被视为是一种盗窃(但针对的是无体财产),然而这并不意味着它就是盗窃。[①] 美国等做法将侵犯知识产权罪与盗窃、诈骗罪类比,实有其利益目的。国内有学者建构了包含刑法分则全部罪名的 SCO 综合罪量指数,即由评价关系中的评价主体(subject)、评价标准(criterion)、评价对象(object)三个维度的变量所综合而成的罪量值,并根据 SCO 值进行简约处理,归纳为十级罪量各异的定序分组。在该体系中,侵犯知识产权罪分属轻重不同的四级犯罪:商标犯罪为二级,罪量值 3.195;商业秘密犯罪为三级,罪量值 3.265;著作权犯罪为四级,罪量值 3.300;专利犯罪为五级,罪量值为 3.370。与之对照,生产、销售伪劣产品罪为九级,罪量值 3.685;盗窃罪为七级,罪量值为

---

① 转引自:LTC Harms (2008), The Enforcement of Intellectual Property Rights: A Case Book(2nd Edition), World Intellectual Property Organization, pp. 378-389.

3.495；诈骗罪为五级，罪量值为3.355。[①] 在该定量研究框架下，罪量值指标是一种综合多种维度计算出的理论"应然"值，具有自身的科学价值。侵犯知识产权罪的罪量值总体上比盗窃罪、诈骗罪及生产、销售伪劣产品罪都要低，不应上升至同一严重程度进行简单比较。

2. 刑罚应"有威慑力"

TRIPS协定第61条第2句要求知识产权刑罚救济（监禁和/或罚金）应"足以起到威慑作用"。这涉及知识产权犯罪的威慑刑论问题。

（1）从威慑效果看，刑罚的确定性常比严厉性更具威慑力。[②] 近代刑法学鼻祖贝卡里亚指出，刑罚的有效性并不在于刑罚的严厉性，而在于刑罚的不可避免性（即确定性）。传统犯罪经济学的贝克尔模型中，违法行为是由理性的个人所作出的，个人根据被惩罚的可能性（即确定性程度）和严厉性来决定是否违法。[③] 较低的刑罚必定对侵犯知识产权犯罪之成本收益带来消极影响。因为刑罚威慑力的大小，不是以刑法典上的规定为标准，而是以罪犯自己的经验来判断。过低的惩罚概率，会让罪犯的预期刑罚成本大打折扣，与过量的利润相比，刑事制裁的风险被其忽略。要对罪犯形成威慑力，使之作出放弃犯罪的决策，需要在犯罪与刑罚的必然因果关系上下工夫。通过研究"保知"专项行动成果可发现，"双打"同时提高了惩罚的确定性和及时性，确实产生了巨大的威慑作用。

（2）"有威慑力"不等于一定要非常严厉。有学者指出，我国的犯罪控制存在着惩罚主义的结构特征，却未能有效遏制犯罪规模和犯罪的总体严重程度迅猛发展的势头，在刑事政策和刑罚体系的主导思想

---

① 参见白建军：《关系犯罪学》，中国人民大学出版社2005年版，第543—560页。

② See Ann. D Witte, "Estimating the Economic Model of Crime with Individual Data", 94 The Quarterly Journal of Economics 57, 1980(1); Christopher Cornwell and William N Trumbull, "Estimating the Economic Model of Crime with Panel Data," 76 Review of Economics and Statistics 360, 1994(2).

③ See Gary Becker, Crime and Punishment: An Economic Approach, 76 Journal of Political Economy, 1968, pp. 169-271.

没有作出重大调整前，刑罚轻缓化的改革仍然任重道远。[①] 也有学者主张，将我国侵犯知识产权犯罪的自由刑最高刑期由7年降低为5年[②]；多数人认为，我国知识产权犯罪刑罚体系的完善方向不是趋轻，而是适当趋重或者至少不应减轻。本书认为，知识产权刑事司法保护方面也应当抑制重刑主义的冲动。在我国现阶段，不可高估刑事立法和司法影响人们行为的可能性。从司法实践看，侵犯知识产权罪的刑罚适用整体比较轻缓，监禁刑与罚金刑并重。因此，治理侵犯知识产权罪，刑罚确定性、及时性与严厉性三者应当综合协调，考虑将更多的资源配置到可以提高破案率、提高惩罚确定性，不可偏重严厉性。

（二）涉案财物处理：罚没措施的并用

TRIPS协定第61条第3句规定："在适当的情况下，可使用的救济还应包括扣押、没收和销毁侵权货物和主要用于侵权活动的任何材料和工具。"该句提出了罚没措施义务，此类措施是在适用刑罚过程中的附随救济措施，不属于"criminal penalties"（虽有时也具备penalty的意味），也至少属于"criminal procedures"，协定将其定性为"可使用的救济"（remedies available）。我国学界有种观点认为，刑法没有规定对侵权商品或者侵权复制品的处理，不符合协定第61条第3句下的义务要求。[③]

在立法论上，判断我国是否履行了协定关于罚没措施要求的义务，考察范围不应局限于刑法典而应着眼于我国整个法律体系。《刑法》第64条关于"犯罪分子违法所得的一切财物"以及"违禁品和供犯罪所用的本人财物"的处理规定，显然难以包括侵权商品以及侵权复制品这种由侵犯知识产权罪行为所生成之物。该条的"犯罪分子违法所得的一切财物"应是指"犯罪所得"（严重的违法所得）而不是"违法

① 参见樊文：《犯罪控制的惩罚主义及其效果》，载《法学研究》2011年第3期。

② 参见刘宪权、吴允锋：《侵犯知识产权犯罪理论与实务》，北京大学出版社2007年版，第206页。

③ 参见赵秉志：《关于完善我国侵犯著作权犯罪立法的几点建言——TRIPS协议与我国侵犯著作权犯罪立法之比较》，载《深圳大学学报》（社科版）2006年第5期。

所得”(一般违法所得)。[①] 但即便如此,也不能说我国刑法不符合协定罚没措施的义务要求,TRIPS 协定第 61 条第 3 句,本来就不是把罚没措施当做刑罚(penalty),而是异于刑罚的“救济”(remedy),因此,刑法自然不一定会作出规定了。

从知识产权法看,我国三大知识产权单行法律规定的罚没措施有两种类型:一种是作为行政处罚的罚没措施,由行政机关适用,不是在刑事程序之中(当然可以是在进行行政处罚后再移送刑事司法);另一种是作为司法处理(包括刑事司法审理)的罚没措施,由法院适用。如 2010 年《著作权法》第 48 条规定的 8 种侵权行为,除应承担民事责任外,如果“同时损害公共利益的,可以由著作权行政管理部门责令停止侵权行为,没收违法所得,没收、销毁侵权复制品,并可处以罚款;情节严重的,著作权行政管理部门还可以没收主要用于制作侵权复制品的材料、工具、设备等”。第 52 条规定:“人民法院审理案件,对于侵犯著作权或者与著作权有关的权利的,可以没收违法所得、侵权复制品以及进行违法活动的财物。”该两条规定正好体现了两种类型的罚没措施,罚没对象包括 TRIPS 协定中“侵权货物和主要用于侵权活动的任何材料和工具”。2013 年《商标法》第 60 条第 2 款规定,工商行政管理部门认定侵犯注册商标专用权行为成立的,“没收、销毁侵权商品和主要用于制造侵权商品、伪造注册商标标识的工具”;2008 年《专利法》第 63 条规定,假冒专利的行为由管理专利工作的部门“没收违法所得”,《专利法》第 64 条第 1 款规定,管理专利工作的部门“检查与涉嫌违法行为有关的产品,对有证据证明是假冒专利的产品,可以查封或者扣押”。可见,我国知识产权部门法提供了符合协定要求的罚没措施,已充分履行了该义务。

(三) 知识产权刑事量刑规范化

从比较角度考察,《美国量刑指南》(United States Sentencing

---

① 参见徐岱:《犯罪所得之物之刑法解释与适用——以商业贿赂犯罪为视角》,载《中国刑事法杂志》2009 年第 1 期。

Guidelines,即U. S. S. G.)是推行量刑规范化的典范。其关于知识产权犯罪的量刑,主要是第2B5.3条。该条经过多次修正,其要者如[①]:2000年修正将基准刑罚档次由原来的6档提高到8档,裁量情节从侵权数额扩展为多元化的众多情节;2005年、2006年、2009年又先后根据《2005年家庭娱乐与版权法》(the Family Entertainment and Copyright Act of 2005)、《制止生产假冒商品法》(the Stop Counterfeiting in Manufactured Goods Act)、《优化知识产权资源与组织法》及时进行了修正。美国这种常态化的量刑规范修正,使知识产权犯罪的量刑规范能不断适应法律国情、世情和刑事政策的变化需要。

我国法院正在进行量刑规范化改革。最高人民法院制定了《人民法院量刑指导意见(试行)》,"两高"、公安部、国家安全部和司法部联合制定了《关于规范量刑程序若干问题的意见(试行)》,在经过全国部分法院较长时间试点取得明显成效后,从2010年10月1日起已在全国法院全面试行。上述规定对量刑的基本方法、常见法定和酌定量刑情节的调节幅度和常见犯罪的量刑等内容作了原则性规定。各高级人民法院可结合当地实际,按照规范、实用、符合审判实际的原则要求,依法、科学、合理地对常见量刑情节及其他尚未规范的量刑情节,以及常见犯罪的量刑起点幅度、增加刑罚量的具体情形和各种量刑情节进行细化,以确保规范性、实用性和可操作性。知识产权刑事司法事关创新驱动发展战略,要求公开程度高,因此,更应积极、大力推行量刑规范化改革。该改革的制度框架为侵犯知识产权罪量刑规范化设定了空间和标准,有利于精细化调节定罪量刑的"阀门",精确地实现罪责刑相适应原则。

二、知识产权刑事案件刑罚裁量

(一)自由刑适用机制

在侵犯知识产权罪7个罪中,有6个罪的主刑包括有期徒刑和拘

① See Computer Crime and Intellectual Property Section of U. S. Department of Justice, Prosecuting IP Crimes Manual (4th ed), 2013, pp. 311-313.

役两种，唯非法制造、销售非法制造的注册商标标识罪另有管制。有5个罪规定了两档刑罚幅度，即“三年以下有期徒刑或者拘役”和“三年以上七年以下”有期徒刑，唯有假冒专利罪和销售侵权复制品罪各仅有“三年以下有期徒刑或者拘役”一档刑罚幅度。附加刑则都是规定“并处或者单处罚金”（基本刑）或“并处罚金”（加重刑）。就自由刑适用而言，存在以下问题值得探讨：

1. 自由刑的适用地位

有论者提出以自由刑为中心来划分侵犯知识产权案件的刑法处罚界限，刑罚设置上尽量不要单处罚金。①

（1）自由刑无疑是侵犯知识产权罪的基本主刑，但强调自由刑中心地位固然有利于刑民案件的分野，却对短期自由刑的弊端失于考虑。世界范围内对短期自由刑存在反对论（弊害论）与支持论的对立，而自由刑究竟在多长时间以内属于“短期”，理论和实务上存在很大分歧，有“3个月说”“6个月说”“1年说”等主张。从我国实际司法适用情况看，表2-19、表2-20显示，在956个实刑判决中，单个案件的最高主刑期限均值为19.68个月的有期徒刑，最小值为两个月拘役。3个月以下实刑刑期占比达3.5%（“3个月说”所称的“短期”），6个月以下实刑刑期占比达14.2%（“6个月说”所称的“短期”），12个月以下的实刑刑期占比达41.7%（“一年说”所称的“短期”）。这一统计分析结果表明，知识产权刑事案件适用短期自由刑的比重甚大，对其固有弊端事先是否注重防范令人忧虑。

（2）排斥在知识产权领域适用单处罚金具有不妥当性。防范短期自由刑弊端的主要措施之一便是采取其替代手段如罚金。表2-33显示，1617个案件中，“有单处罚金”的案例占比仅3.0%。在管制刑没有法律依据（或极少适用）的情况下，对本可适用短期自由刑的被告人，实在有必要提高单处罚金适用率以规避短期自由刑的可能弊端。

---

① 参见胡业勋：《从侵犯商业秘密罪看全球化背景下刑民法之界域》，载《河北法学》2009年第10期。

此外，对短期自由刑的执行必须引起足够的重视，即应当注重在短期内采取有效措施防止恶习感染，力求改造犯罪人。[①] 概言之，过分依赖短期自由刑，并不能达到预期的惩罚和预防犯罪效果。如能通过罚金刑、民事手段或行政手段实现同样目的，就应有效避免适用短期自由刑的可能不良效果，这也正契合了宽严相济的刑事司法政策。

2. 自由刑的适用幅度

对两档刑罚幅度的侵犯知识产权罪必须认定作为择定量刑幅度依据的相关情节。

（1）只有先考虑犯罪构成因素而认定犯罪成立，在此基础上再定刑罚幅度，才是说理的判决和令人信服的判决。实践中，有的判决并未明确认定刑罚幅度及其情节依据，我国早期知识产权刑事司法保护的重刑倾向比较明显，这在 1979 年刑法时代最早的侵犯著作权罪案件，即伍望生侵犯著作权案[②]中就有这种体现。该案于 1995 年 1 月 19 日由武汉市硚口区人民法院判决，判处伍望生 7 年有期徒刑，属于“顶格”判刑。而在本书分析的 1 617 个判决中，期限为 84 个月有期徒刑的只有 1 条记录，且几乎可以肯定，该条记录的社会危害性并不是判决集合中最严重的。这表明，如果动辄判处最重刑罚，则将来发生更严重犯罪时，也只能判处该最重刑罚，于是前后判决违反比例原则与公平原则。故法官应秉持“永远不是最严重的情形”的理念，铭记最严重的案件并未发生。那种达到一定标准就必须判处最高刑的做法，既会导致刑罚过重，又会造成不公，并不可取。[③]

（2）同是两档幅度，自由刑具体数值也受到案件适用罪名的影响。表 2-21 就揭示了商标犯罪与著作权犯罪主刑期限的“二分性”：“上游罪”主刑期限均值大大高于“下游罪”，如假冒注册商标罪 22.31

---

① 参见张明楷：《外国刑法纲要》（第二版），清华大学出版社 2007 年版，第 381 页。

② 参见中华人民共和国最高人民法院：《中华人民共和国最高人民法院公报》1995 年第 4 期，第 131 页。

③ 参见张明楷：《改变重刑观念 做到量刑合理》，载《人民法院报》2013 年 1 月 30 日。

个月,侵犯著作权罪 22.10 个月;相反,销售假冒注册商标的商品罪 17.15 个月,销售侵权复制品罪 14.25 个月,其背后幅度量定根据值得今后进一步梳理和规范。

3. 自由刑的适用方式

侵犯知识产权罪大量适用缓刑,提示着现行自由刑判处或执行存在某些问题。表 2-33、表 2-34 显示,1 607 份判决中被告人有适用(有期徒刑)缓刑、全部判处实刑的案件占比分别为 59.6%、37.0%;908 份判决中,被告人为 1 人的判决记录显示,判处缓刑的有 580 个,占比 63.9%。这说明:

(1) 我国刑事司法注意通过扩大缓刑适用来克服短期自由刑之弊。表 2-23 呈现出一种"主刑期限悖论"现象,即"被告人 1 人"比"被告人两人以上"主刑均值要高出近 3 个月,印证了通过适用缓刑来规避短期自由刑之弊端的司法努力。"被告人 1 人"案件判处实刑的"门槛值"更高,门槛以下的往往不会被判处实刑,而主要是适用缓刑。

(2) 司法实务中犯罪圈涵摄了过多的违法类型行为,有调节"犯罪阀门",挤掉较轻微案件的必要。就单个案件缓刑适用而言,"缓刑的适用缺乏明确标准"。比较适用缓刑和未适用缓刑案件,被告人都具有认罪、悔罪表现,适用缓刑与否的不同处遇反映了司法审判机关对缓刑适用的标准掌握不统一、随意性大,从而损害了刑法适用的公平、公正原则。[①]《知识产权刑事案件解释(二)》第 3 条规定,"侵犯知识产权犯罪,符合刑法规定的缓刑条件的,依法适用缓刑";除外情形则包括:因侵犯知识产权被刑事处罚或者行政处罚后,再次侵犯知识产权构成犯罪的;不具有悔罪表现的;拒不交出违法所得的;其他不宜适用缓刑的情形,而"一般不适用缓刑"。这里"依法适用缓刑",指的是《刑法》第 72 条关于缓刑适用条件的规定,故应严格依照法律的"技

---

① 参见彭辉:《版权保护的制度理论与实证研究》,上海社会科学院出版社 2012 年版,第 97 页、第 102 页。该论者研究了北大法意网"法院案例"库检索所得 33 份侵犯著作权罪裁判文书,时间跨度为 2006 年至 2011 年。

术标准”而为之。对侵犯知识产权罪的犯罪分子宣告缓刑，可以根据犯罪情况，同时颁布“禁令”：禁止犯罪分子在缓刑考验期限内从事与知识产权业务相关的特定活动，进入特定区域、场所，接触特定的人。

4. 影响自由刑幅度的情节

知识产权刑事和解是司法实务中值得关注的一个酌定从宽情节。根据《刑事诉讼法》第277—279条规定，公诉案件之“当事人和解”程序已排除了适用于侵犯知识产权罪的余地①；知识产权自诉案件允许“自行和解”，但实践中自诉案件很少见。于是，司法实践中普遍出现了变通适用“当事人和解”的做法，被告人与被害人达成“赔偿协议”，取得被害人谅解，从而影响量刑。如在徐楚风等侵犯著作权案②中，被告人购买微软公司“WindowsXP”软件而取得开放式许可协议，后擅自在该份开放式许可协议上添加微软公司6种软件，转手销售非法获利294 409元。法院判决认为：“本案审理过程中，被告人徐楚风、姜海宇主动与微软公司及英特儿营养乳品有限公司就其行为后果的妥善处理达成‘三方协议’，对本案的社会危害性起到一定的弥补作用，量刑时酌情予以考虑。”遂结合自首情节等，都判处缓刑，“违法所得人民币二十九万四千四百零九元退赔微软公司”。当然有的判决并未表述为“和解协议”，而只是提及已经进行“赔偿”，如在刘××侵犯著作权案③中，被告人与被害单位盛大公司达成和解协议并支付赔偿金80万元。法院判决认为，被告人“已经对被害单位作出一定的经济赔偿，可以酌情从轻处罚”，但“被告人刘××的违法所得予以没收”。可见，虽

---

① 按照《刑事诉讼法》第277—279条的规定，公诉案件之“当事人和解”程序有以下条件：在范围上，限于因民间纠纷引起，涉嫌刑法分则第四章、第五章规定的犯罪案件，可能判处3年有期徒刑以下刑罚和除渎职犯罪以外的，可能判处7年有期徒刑以下刑罚的过失犯罪案件；在程序上，公安机关、人民检察院、人民法院应当听取当事人和其他有关人员的意见，对和解的自愿性、合法性进行审查，并主持制作和解协议书；在效力上，达成和解协议的法律意义是“公安机关可以向人民检察院提出从宽处理的建议。人民检察院可以向人民法院提出从宽处罚的建议；对于犯罪情节轻微，不需要判处刑罚的，可以作出不起诉的决定。人民法院可以依法对被告人从宽处罚”。

② 参见上海市浦东新区人民法院(2008)浦刑初字第990号刑事判决书。

③ 参见上海市浦东新区人民法院(2012)浦刑(知)初字第52号刑事判决书。

然不是刑事诉讼法意义上的"当事人和解"程序，但知识产权案中的"刑事和解"仍有较大空间。实务中都将赔偿与违法所得没收区分开来，即使赔偿了，仍要没收违法所得（也有的判决将违法所得"退赔"给被害人）。

（二）知识产权刑事案件罚金刑量刑机制考察

对于李清假冒注册商标案中，鄂尔多斯中级法院原一审以"吊牌标价"为基础，通过推断的方式确定商品利润的做法，有学者认为既不合常理，也违背罪刑相适应的原则，称其为"执法过程中出现天价罚金案这样的没有法律依据的乱作为现象"。[①] 其实，该原一审判决是依照《关于非法经营额和罚金额计算规则》作出的，该论者称其没有法律依据是没有理由的，只是在证据采信和罚金具体适用上存在瑕疵乃至不当。该案最初的一审对一个自然人判处两千多万元罚金的判决，令国人哗然。其实，在知识产权犯罪领域，一方面，罚金几十万、几百万甚至上千万元的判决并非罕见；另一方面，罚金几千元的判决也常有耳闻，其中的裁量空间似乎缺乏理性的规制。对此，有必要探讨如何完善本领域的罚金刑适用规则。

1. 知识产权刑事案件罚金刑适用之地位

罚金是法院判处犯罪人向国家缴纳一定数额金钱的刑罚方法。虽然罚金是附加刑，但与其重要地位并无必然关系。在我国 1997 年刑法中，对侵犯知识产权犯罪判处罚金是必用之刑罚：可单处罚金；也可在处拘役、3 年以下有期徒刑或者 3 年以上 7 年以下有期徒刑的同时，并处罚金（必罚制）。2007 年《知识产权刑事案件解释（二）》进一步完善了该类型犯罪罚金裁量制度（如考虑因素、数额等），并集中体现在第 4 条的规定："对于侵犯知识产权犯罪的，人民法院应当综合考虑犯罪的违法所得、非法经营数额、给权利人造成的损失、社会危害性等情节，依法判处罚金。罚金数额一般在违法所得的一倍以上五倍以

---

① 郑友德等：《我国知识产权刑法保护现存问题及完善建议》，载《知识产权》2012 年第 1 期。

下，或者按照非法经营数额的50%以上一倍以下确定。”该条第一句规定的是罚金裁量的“一般条件”，第二句规定的是“两个幅度”规则。

为什么我国刑法体系如此重视对侵犯知识产权犯罪适用罚金刑？理由在于：大多数侵犯知识产权犯罪都属于贪利性犯罪，适用罚金刑符合罪刑相适应的原则；罚金具有剥夺犯罪人再犯能力的独特功效；符合成本效益规律，因为在制度设计中如何加大其犯罪的成本降低其预期收益，这是有效控制知识产权犯罪的关键。[①] 对于情节严重的贪利情形，仅处自由刑尚不足以遏制其再犯，必须并科罚金剥夺其金钱，破其所图，灭其所欲。对情节相对较轻不需判处自由刑的，单处罚金即可使其感到在经济上不仅无利可图，且得不偿失，从而发挥刑罚特殊的预防功能；对社会上其他企图实施侵犯知识产权犯罪以谋取利益的人也具有一般预防的功效。罚金刑与短期自由刑的利弊两相权衡，在一定范围内，针对一定的对象适用罚金刑优于短期自由刑。[②] 尽管单处罚金刑存在的弱点（如教育改善功能小），在短期自由刑中也存在，但罚金仍具有给国家减少狱政开支、避免在狱中传染恶习以及不妨碍受刑人重新社会化等独特的优点。

2. 知识产权刑事案件罚金刑适用之裁量因素

（1）关于罚金数额幅度的定量规定。侵犯知识产权罪的罚金数额标准在2007年《知识产权刑事案件解释（二）》之前并无统一的规定，各地法院做法不一，直到该解释确立了“两个幅度”规则，才得以规范和统一。关于“两个幅度”规则，关键是准确计算“违法所得”和“非法经营数额”，前文对此已有论述，但仍然有两个问题需要明确：第一，依“违法所得”和“非法经营数额”得出的罚金数额存在重大差异时该如何处理？司法者在斟酌时到底以何者为根据，这已进入司法裁量权的空间。作为刑事门槛定罪根据的“违法所得”和“非法经营数额”，

---

① 参见唐稷尧：《知识产权犯罪：利益背景与刑事控制》，载《中国刑事法杂志》2002年第3期。

② 参见马克昌主编：《刑罚通论》，武汉大学出版社1999年版，第194—203页。

在某些侵犯知识产权罪中本来就是选择性或择一性的，达到任何根据门槛就应认为构成犯罪。一般而言，法院如果只认定了“违法所得”或“非法经营数额”不存在问题，即以哪个根据定罪，其罚金标准就以其为基础。然而，在“其他严重情节”被细化后，侵权复制品数量、非法经营数额与违法所得数额这三个标准之间出现矛盾就在所难免，但不能笼统说谁架空谁，需要结合作品类型才能具体下结论。如果侵权复制品500张（份）就构罪，而就盗版图书、常用软件、音像制品、光盘等而言，单张（份）售价100元或获利60元［只有达到这一单价，500张（份）才能达到非法经营数额5万元与违法所得数额3万元的门槛］的罕见，故几乎达不到非法经营数额5万元与违法所得数额3万元的标准；如果就盗版电影、专用软件等，其单价甚至高至过千、过万元，未达侵权数量标准就可能已达非法经营数额或违法所得数额标准了。如果法院把两个根据都认定了，但各自计算的罚金数额相差很大该如何处理？此时就存在选择的裁量问题。本书认为，首先，应以竞合为由，以自由刑较重的法定刑幅度来确定定罪根据到底是“违法所得”还是“非法经营数额”，其次，以所选定的定罪根据为基准，酌情从重计算罚金数额（因为它同时满足两个定罪根据）。第二，“一般”在违法所得或非法经营数额的基础上确定，“例外”情形应如何确定？主要包括：侵犯知识产权罪中的“销售型”犯罪，即销售假冒注册商标的商品或侵权复制品，只认定了件数的商标标识类犯罪，侵犯商业秘密类犯罪等，都属于不能适用该两个幅度规则的“例外”情形；还有就是根据案件情况（如有刑事责任从轻、减轻等情形）而不适用的情形等。但是，“例外情形”需要在判决中予以说明，以保证司法公正和司法统一。

笔者研究了大量司法判决，发现基本都在“两个幅度”范围之内，但低于幅度下限的也为数不少。因为根据现有的数额标准，对于自然人的基准罚金至少在2.5万元（即入罪标准5万元非法经营额的50%）以上或3万元（即入罪标准违法所得额的一倍）以上（不过注意涉两项商标、专利的适当降低）；当然，这仅仅有相对意义，如侵犯两种以上知识产权的非法经营额门槛将为3万元，以违法所得、侵权产品数量等为门槛根据的则不按该方法计算罚金额。然而,表2-27显示,在1 577份适用了罚金的判决中,罚金额均值为60 785.87元,最大值为250万元,众数为2万元;从累计百分比看,罚金额在5 000元以下的占比16.1%,在1万元以下的累计占比32.8%,2万元以下的累计达48.5%,3万元以下累计达60.2%,5万元以下累计占比75.5%,10万元以下的累计为90.9%。可见,实践中判处罚金额低于该“相对意义”上的应处最低额的判决数量有超过一半,表明罚金适用数额总体上是较轻的。如在王某、左某、钟某假冒注册商标案[①]中,公安机关当场查获假冒黑牌、红牌、芝华士、轩尼诗、伏特加、杰克丹尼、皇家礼炮、人头马、马爹利、百龄坛等注册商标的洋酒956瓶,又在其地下工厂查获已灌装好的假冒注册商标的洋酒148瓶以及大量制假工具和空瓶、商标标贴、瓶盖、原料等。经物价部门估价上述成品洋酒的价值总计人民币27万余元,法院认定假冒注册商标罪,非法经营数额在27万余元,对主犯王某(并无立功等情节)判处有期徒刑3年零6个月,罚金人民币4万元,对从犯左某、钟某各判处有期徒刑1年零6个月,并处罚金人民币2万元。至少单从判决书看不出为何主犯王某的罚金不在司法解释所确定的幅度范围之内。有学者研究了33份侵犯著作权罪裁判文书,分析后认为,“罚金刑适用既偏执且随意”。“偏执”是由于33个案件全部采用并处罚金方式而无一单处罚金,反映司法机关重刑轻财的观念,折射出我国实行的依旧是重刑主义的刑事政策;“随意”是由于罚金数额符合“违法所得一倍以上五倍以下”或“非法经营数额的50%以上一倍以下”的样本案例不多,低于法定最低标准的为数不少。[②]

在本来意义上,从法律上限制罚金刑的数额界限有利于司法操作的规范、公正,但鉴于目前司法实践中罚金数额突破司法解释所规定

---

① 参见上海市普陀区人民法院(2011)普刑初字第774号刑事判决书。

② 参见彭辉:《版权保护的制度理论与实证研究》,上海社会科学院出版社2012年版,第102—103页。

的低限幅度的现象比较突出,故有必要提高法院系统对罚金数额的幅度意识。同时,在单处罚金时,更应注意偏幅度上限来裁量宣告的罚金数额。在判决中对罚金数额应有规范的说理要求,最好以公式化方式综合各情节和因素,形成令人信服的罚金额。

(2)关于罚金刑适用的一般条件。《知识产权刑事案件解释(二)》第4条第二句规定,是前述"两个幅度规则"的前提条件,构成侵犯知识产权罪适用罚金刑的一般条件,即要综合考虑而不以偏概全。这在许多判决中都未能予以适当注意,从而为机械执法、以偏概全埋下了劣根。

根据前述的一般条件,犯罪人现有及将来的支付能力应属于判处罚金时须考虑的因素。《刑法》第52条规定:"判处罚金,应当根据犯罪情节决定罚金数额。"这乃罪刑相适应原则使然,因为全部犯罪情节决定犯罪危害程度和犯罪人的人身危险程度,作为犯罪法律后果的罚金,应当与犯罪危害程度及犯罪人的人身危险程度相适应。但罚金意味着犯罪人向国家缴纳一定数额的金钱,故判决时既要考虑犯罪人现有的支付能力,又要考虑其将来的职业状况与其他情况。[①] 这在一定程度上可以克服罚金刑所固有的贫富之差可能导致的不公正性。

根据《刑法》第53条规定:"罚金在判决指定的期限内一次或者分期缴纳。期满不缴纳的,强制缴纳。对于不能全部缴纳罚金的,人民法院在任何时候发现被执行人有可以执行的财产,应当随时追缴。如果由于遭遇不能抗拒的灾祸缴纳确实有困难的,可以酌情减少或者免除。"根据最高人民法院《关于财产刑执行问题的若干规定》(法释〔2010〕4号),对罚金的执行,被执行人在判决、裁定确定的期限内未足额缴纳的,人民法院应当在期满后强制缴纳。人民法院应当依法对被执行人的财产状况进行调查,发现有可供执行的财产,需要查封、扣押、冻结的,应当及时采取查封、扣押、冻结等强制执行措施,对未规定的事项,则参照适用民事执行的有关规定。对一个自然人判处两千万

---

① 参见张明楷:《刑法学》(第三版),法律出版社2009年版,第420页。

元罚金,下判的法官也明知不可能执行到位,为何还要判处?不免令人觉得有机械式执法和适用罚金之嫌。

因此,罚金刑执行力度无疑应当得以提高,但罚金刑适用的难题从"判处"转移到"执行",并非理想的司法思路。宜从源头上优化罚金刑适用机制,在判处时就预先"综合考虑"违法所得、非法经营数额、权利人损失、社会危害性等情节,也包括被告人具有的法定、酌定的从轻、减轻情节确定最佳罚金数额。侵犯知识产权犯罪适用罚金刑的一般条件规定,意味着司法解释赋予法官裁量空间,而不必一条道走到黑。当然,长远来看,最好通过量刑规范化改革、司法指导案例制度等的运作来加以控制。

三、知识产权刑事涉案财物处理

(一)追缴、责令退赔和没收:法律性质及其司法适用

涉案财物处理是知识产权刑事案件办理的重要问题。党的十八届三中全会《关于全面深化改革若干重大问题的决定》第34段提出了"进一步规范查封、扣押、冻结、处理涉案财物的司法程序"。2015年3月,中办、国办发布《关于进一步规范刑事诉讼涉案财物处置工作的意见》。最高人民法院《关于全面加强知识产权审判工作为建设创新型国家提供司法保障的意见》(法发〔2007〕1号)第7条规定,对知识产权犯罪要"注意通过采取追缴违法所得、收缴犯罪工具、销毁侵权产品、责令赔偿损失等措施,从经济上剥夺侵权人的再犯罪能力和条件",这与英文中的"incapacitation"(剥夺犯罪能力)旨趣相同。有学者指出,将关于犯罪所得的立法应用于知识产权犯罪领域,将是执行知识产权的一个潜在工具,对假冒和盗版会产生降低其积极性的结果。[①] 英国专门制定有《犯罪收益法》(Proceeds of Crime Act)等法律。《打击跨国有组织犯罪国际公约》第12条第1款规定了对犯罪所得的

---

① See Louise Blakeney and Michael Blakeney, Counterfeiting and Piracy—Removing the Incentives Through Confiscation, E. I. P. R. 2008(9).

没收措施，借助该“没收”机制，可对侵犯知识产权领域的跨国有组织犯罪予以沉重打击。

《刑法》第64条规定了追缴、责令退赔和没收三种措施，即“犯罪分子违法所得的一切财物，应当予以追缴或者责令退赔；对被害人的合法财产，应当及时返还；违禁品和供犯罪所用的本人财物，应当予以没收。没收的财物和罚金一律上缴国库，不得挪用和自行处理”。全国人大常委会法工委刑法室人员撰写的“立法说明”认为，这些措施“是对犯罪分子违法所得、供犯罪所用的本人财物以及违禁品的强制处理方法，而不是一种刑罚”，“它适用于一切犯罪”。①

1. 学界和实务界对三种措施的法律性质存有认识分歧

（1）关于“追缴”的性质，存在实体处分说和程序措施说的分歧。实体处分说认为，追缴是将犯罪分子的违法所得强制收归国有的最终确权处分。程序措施说认为，追缴并非一种独立的实体处罚措施，而是司法机关担负的“追赃”责任；追缴“违法所得”最终可能的实体处理有两种，一种是上缴国库，另一种是发还被害人；如果某种违法所得是必须上缴国库的，就不应当判决追缴而应判决没收。

（2）“责令退赔”，是指犯罪分子已将违法所得挥霍、使用或毁坏，责令其按违法所得财物的价值退赔，以保护公私财产，不让犯罪分子在经济上占便宜。② 关于“责令退赔”性质，也同样存在实体处分说与程序措施说的分歧：前者的表现是，判决宣告前退赔事宜未落实到位便判决责令退赔，成为需要等待强制执行的民事赔偿判决。后者则认为，责令退赔在性质上是侦、控、审三机关的一项职责，是司法机关的一项附带性工作，系根据被告人自有财产状况直接命令被告人退赔被害人的相应损失或犯罪者的犯罪所得。如果责令后仍未退赔的，司法机关并不能追缴犯罪分子的合法财产发还给被害人作为赔偿，被害人

① 胡康生、郎胜主编：《中华人民共和国刑法释义》（第二版），法律出版社2004年版，第57页。

② 参见胡康生、郎胜主编：《中华人民共和国刑法释义》（第二版），法律出版社2004年版，第62页。

只能通过民事诉讼途径获得救济。[①]

（3）就此处“没收”性质而言，学界基本达成共识，即它是一种区别于《刑法》第59条“没收财产”刑罚的刑事没收措施，属于强制处理方法。刑法中的没收包括一般没收和特别没收：一般没收即《刑法》第59条规定的没收财产刑，属于刑罚；第64条规定的是特别没收，包括三种情形：没收违法所得、没收违禁品、没收供犯罪所用的本人财物。[②]

2. 知识产权刑事司法实务中对上述措施适用较为混乱

存在的主要问题有：

（1）刑事判决主文中对罚没财物未做处理或有遗漏。如张茂田假冒注册商标案[③]中，判决书写明“查获茅台酒48瓶、五粮液酒24瓶”，但判决主文仅“判处拘役两个月，并处罚金人民币2000元”，对假冒注册商标的商品如何处理未作任何说明。在彭某某、黄某侵犯著作权案[④]中，被告人在其所代理的网站上为“传奇”私服发布广告并提供相应私服网址链接，法院认定非法经营额达483万余元不等。该判决提及公安机关出具的“扣押物品、文件清单”和辩方“愿意把冻结的十万多元作为对被害单位的赔偿”“愿意把获利归还被害单位”等意思表示，但是判决主文对涉案财物仅仅简单表述为“查获的犯罪工具等予以没收”。除没收内容以笼统的“等”字指代的瑕疵外，对判决中提及的“冻结的十万多元”及“获利”款项怎么处理？如果是没收，有无“属于被害人的合法财产”而返还的部分？这些在主文中并未说明。

（2）对罚没财物描述过于简略，缺乏可执行性。如张某某、游某某侵犯著作权案[⑤]中，判决“违法所得的一切财物予以追缴，并发还被害单位上海久游网络科技有限公司；不足部分责令退赔；作案工具予

---

① 参见杨宏亮：《责令退赔的司法适用及程序完善》，载《人民检察》2005年第12期。

② 参见张明楷：《论刑法中的没收》，载《法学家》2012年第3期。

③ 参见河南省郑州市管城回族区人民法院（2009）管刑初字第1040号刑事判决书。

④ 参见上海市徐汇区人民法院（2012）徐刑（知）初字第3号刑事判决书。

⑤ 参见上海市第二中级人民法院（2010）沪二中刑初字第85号刑事判决书。

以没收”，到底追缴哪些财物，退赔的“不足部分”是多少，作案工具是什么，都仅有“宣示”性而语焉不详。又如上海市徐汇区人民法院审结的陈某某侵犯著作权案①中，判决认定被告人研发、制作《傲视天地》游戏软件的外挂程序，在“经审理查明”部分提及已向被害单位“退赔赃款人民币11万元，获得了对方的谅解”，案件证据中包括有“扣押物品清单、涉案笔记本电脑”，而判决主文除第一项“判处拘役六个月，并处罚金人民币三万元”外，第二项“被告人的违法所得责令退赔给被害单位”，第三项“被告人被扣押的涉案物品予以没收”。该判决认定的是“非法经营额达11万余元”，判处的却是“责令退赔”“违法所得”，但“违法所得”的数额既未认定也未明确。“被扣押的涉案物品”到底是哪些，其数量、形式、价值等都完全没有说明，法院应在对事实进行审理后，再确定哪些是应没收的物品，哪些是被告人、第三人所有且与案件无关的款物，作为最终处理机关，不应如此未经甄别说理就笼统地全盘“没收”，而应当在判决主文中或在判决书后附财产清单，说明扣押、冻结在案的财产形态、数量、价值、流向等信息。

（3）混淆或不当使用“追缴”“责令退赔”和“没收”。如江苏省徐州市中级人民法院审结的纪凡超侵犯著作权案②中，判决有“已追缴赃款一万元上缴国库（由扣押该款的公安机关上缴），未退缴赃款继续追缴；作案工具电脑予以没收”。这里对赃款区分“已追缴”和“未退缴”情形，对后者判决“继续追缴”。对此，本书认为，判决“继续追缴”是一种不当处理，因为既无法律根据，又与“追缴”的程序措施性质相悖，更会遭遇执行上的“空判”尴尬。如有研究报告曾指出，其所在省份各级法院继续追缴判决执行率为零。③

本书认为，《刑法》第64条规定对“犯罪分子违法所得的一切财

---

① 参见上海市徐汇区人民法院(2011)徐刑初字第256号刑事判决书。

② 参见江苏省徐州市中级人民法院(2013)徐知刑初字第6号刑事判决书。

③ 参见刘延和：《关于刑事追缴、责令退赔和没收适用情况的调查》，载最高人民法院刑二庭编：《经济犯罪审判指导》（总第六辑），人民法院出版社2004年版，第136页。

物”的“追缴或者责令退赔”，明显具有程序措施性质，其适用应当在刑事诉讼过程中，而不是在判决时。该条中的“追缴”针对财物存在的情形，“责令退赔”针对原财物不存在的情形，到位后的实体处理则或因属于“被害人的合法财产”而及时“返还”，或因属于违禁品和供犯罪所用的本人财物而“没收”。2012 年《刑事诉讼法》第 234 条印证了其程序措施性质，该法第 1 款、第 2 款规定：“公安机关、人民检察院和人民法院对查封、扣押、冻结的犯罪嫌疑人、被告人的财物及其孳息，应当妥善保管，以供核查，并制作清单，随案移送。任何单位和个人不得挪用或者自行处理。对被害人的合法财产，应当及时返还。对违禁品或者不宜长期保存的物品，应当依照国家有关规定处理。”“对作为证据使用的实物应当随案移送，对不宜移送的，应当将其清单、照片或者其他证明文件随案移送。”可见，侦、诉、审三机关既有追缴或责令退赔的权力（“查封、扣押、冻结”正是涉财行权的手段），也有“返还”被害人合法财产的决定权力；这说明，它并非作为最终实体处理的判决的专属内容。程序措施性质在《刑法》第 64 条和《刑事诉讼法》第 234 条中得到呼应。针对旧法之不足，《刑事诉讼法》第 234 条在第 3 款、第 4 款还增加规定：“人民法院作出的判决，应当对查封、扣押、冻结的财物及其孳息作出处理。”“人民法院作出的判决生效以后，有关机关应当根据判决对查封、扣押、冻结的财物及其孳息进行处理。对查封、扣押、冻结的赃款赃物及其孳息，除依法返还被害人的以外，一律上缴国库。”这表明，对已追缴或退赔的财物（即“查封、扣押、冻结的财物及其孳息”）进行最终实体处分的权力在于法院；凡是“查封、扣押、冻结的赃款赃物及其孳息”，除了“返还”外，都应“没收”。因此，追缴和责令退赔在程序上的意义大于其实体上的意义，在一定程度上又是法院量刑的情节，宣判时除尚未查获的款项外，追缴和责令退赔的主要工作应已完成①，追缴或责令退赔不应是刑事判决的内容。② 就实务而言，

① 参见何帆：《刑民交叉案件审理的基本思路》，中国法制出版社 2007 年版，第 286—298 页。

② 参见师伟、汤金钟：《追缴或责令退赔不应是刑事判决内容》，载《人民法院报》2005 年 8 月 24 日。

如果赃款赃物已经追缴或退赔而扣押在案，不必再进行重复式的判决追缴或责令退赔，相反，应进行甄别处理，可直接表述为已经追缴或退赔的财物"属于被害人的合法财产，予以返还"或"予以没收，上缴国库"，从而完成最终的司法处分任务。未追缴或未退赔在案的涉案财物，不应判决"继续追缴"或"责令退赔"，而可考虑直接判决没收，因为判决没收并不需要以已经扣押、冻结或对款物的具体查获为前提，只要法院能依据有关证据及被害人、被告人说明，大致确定犯罪所得的方位、数额，就应对尚未控制的款物作出没收判决。[①] 当然，如不能确定财产以判决没收，就只能将不退赃情形作为酌定量刑情节处理了。属于被害人合法财产部分，可另行民事起诉。

（二）知识产权刑事涉案财物处理中的被害人保护

知识产权被侵犯以后，权利人成为刑法上的被害人。根据现行法律制度规定，知识产权刑事被害人获得保护和救济的途径大致可归纳为两类：第一类是"被动型保护"，即通过被害人提起诉讼获得救济，包括提起刑事附带民事诉讼而判处赔偿经济损失，或另行提起民事诉讼。第二类是"主动型救济"，即司法机关在知识产权刑事程序中主动运用公权力依法进行"追缴"或"责令退赔"，并将"属于被害人的合法财产"返还被害人。"主动型救济"，实质是在知识产权刑事涉案财物处理程序中对被害人的赔偿救济。

1. 司法实践中的做法及评析

实践中有两种截然相反的做法：

（1）"主动型救济"否定论。典型案例是沈阳市中级法院终审的苏东岭等侵犯商业秘密案[②]（以下简称"苏案"）。该案一审判决对四被告人以侵犯商业秘密罪判处有期徒刑（缓刑）和罚金，同时判决按比例各自向受害单位中国科学院沈阳科学仪器研制中心有限公司（以下

① 参见何帆：《刑民交叉案件审理的基本思路》，中国法制出版社2007年版，第361页。

② 参见辽宁省沈阳市高新技术产业开发区人民法院（2007）高新法刑初字第37号刑事判决书，辽宁省沈阳市中级人民法院（2007）沈刑二终字第259号刑事裁定书。

简称“沈科仪”)“赔偿经济损失”103.9 万元(判决前均已部分赔偿),“扣押物品、设备返还沈科仪公司,冻结合同款按比例返还付款单位,扣押电脑等作案工具依法没收”。苏东岭等对原审判决的定罪量刑、扣押作案工具依法没收无异议,但就赔偿和扣押物品、设备,冻结合同款返还及部分事实认定等事项提出上诉。二审法院认为:原审在刑事判决中作出民事赔偿和财产处分的裁判,没有法律依据,遂直接改判,撤销原判主文的第二项(赔偿经济损失)和第三项中的扣押、冻结财产返还部分。其理由是,本案权利人没有提起附带民事诉讼,即判决书中没有民事诉讼主体,且本案亦不属于最高人民法院《关于刑事附带民事诉讼范围问题的规定》所规定的附带民事诉讼范畴;原审被告人侵犯商业秘密,并非非法占有、处置被害人的财产,所扣押的设备等不是违法所得且并非全部是由侵权部分组成,不应适用《刑法》第 64 条有关追缴、返还财产的规定;冻结的合同款是博远公司(4 名被告人所成立的公司——笔者注)与案外人之间的经济往来款项,不应用本案刑事判决来调整被告人与案外人的民事法律关系。

(2)“主动型救济”肯定论。如佛山市中级法院终审的邓某、苗某侵犯商业秘密案[①](以下简称“邓案”)中,一审法院在判处有期徒刑和罚金的同时,“责令被告人苗某、邓某赔偿南海市鹰图工艺品有限公司 617 277.69 元;没收犯罪工具东芝牌电脑一台、组装电脑两台,上缴国库”。上诉人认为,原判没有附带民事赔偿诉讼,径行作出民事赔偿判决不当。二审法院维持原判,认为:被害单位在一审阶段已提出附带民事诉讼,由于其提出的赔偿请求不属于刑事附带民诉的受理范围,原审法院已另行裁定驳回其诉讼请求;原判所责令的赔偿,是依据《刑法》第 36 条第 1 款的规定(即由于犯罪行为而使被害人遭受经济损失的,对犯罪分子除依法给予刑事处罚外,并应根据情况判处赔偿经济损失)及第 64 条(即犯罪分子违法所得的一切财物,应当予以追缴或

---

① 参见广东省南海市人民法院(2000)南刑初字第 386 号刑事判决书,广东省佛山市中级人民法院(2001)佛中刑终字第 63 号刑事裁定书。

者责令退赔)作出的,合法有据,更没有违反程序法。

上述两案的不同做法,为《刑法》第36条、第64条的适用提供了极好的研究素材。现评析如下:

“苏案”判决对主动赔偿的做法“叫停”,应当说正确区分了被动型救济和主动型救济,在无附带民事诉讼的刑事案件审理中,判决主文直接表述“被告人赔偿被害人××元”确无根据,系混淆刑民判决功能的体现。但简单“一撤了事”可质疑点甚多:一是犯罪所用之物且侵犯商业秘密的扣押设备最终如何实体处理?既不存在“返还”被害人的问题,又不没收、不折价退赔给被害人,难道未做任何司法处理(如拆除侵权部分)就“解冻”物归原主?类似的,在马长根、马国庆、李国钢、袁永林侵犯商业秘密案[①]中,判决确定“对从被告人所成立的森锐公司处扣押的侵权设备(移动式改性沥青成套设备),应予拆卸并销毁侵权部分(集成式搅拌器及研磨工艺流程管路),其余部分应当返还给森锐公司”。二是侵权交易款项不返还第三人,也不赔偿被害人,仍由被告人所经营的博远公司所占有并不妥当,未能实现“从经济上剥夺侵权人的再犯罪能力和条件”。

“邓案”判决以《刑法》第36条和第64条为法律依据,值得商榷。《刑法》第36条规定的“判处赔偿经济损失”,应当是刑事附带民事诉讼的结果[②],故不应成为本案判决的依据。第64条的追缴和责令退赔,是使被害人的公私财物恢复原状的一种程序强制措施,是司法机关承担的职责,如违法所得财物(原物)存在就适用追缴,如已不存在且被告人有其他财产可供赔偿则适用责令退赔。该案在侦诉阶段仅扣押“犯罪工具东芝牌电脑一台、组装电脑两台”,并未掌控犯罪人其他违法所得,该判决却“责令”被告人“赔偿”被害人61万余元,其执行将很难落到实处。相反,如果被害人另行提起民事诉讼,容易被民事审判庭以刑事判决已对同一财产判决为由而驳回起诉。

---

① 参见浙江省绍兴市中级人民法院(2005)绍刑初字第620号刑事判决书。

② 参见张明楷:《刑法学》(第四版),法律出版社2011年版,第562页。

2. 被害人保护应当实行有限的“主动型救济”与全面的“被动型救济”相结合

(1) 被告人侵犯被害人的财产性权利,如侵犯商业秘密、著作权、商标权等犯罪而获得的违法所得,不能在采取扣押等措施后直接返还被害人,因而可以判决责令被告人向被害人退赔违法所得。[①] 一方面,涉案财物处理程序中的对被害人主动赔偿救济,应限于对已经查封、扣押、冻结在案的违法所得进行判决。判决前违法所得没有追回的,不宜以“主动型救济”赔偿。另一方面,知识产权犯罪的损害救济不可能是“恢复原状”式的“返还”,而应当是“退赔”或“赔偿”。具体可表述为“追缴(或责令退赔)的××款物依法退赔(或折价退赔)给被害人”。像钱某某、夏某侵犯著作权案[②]判决所写的对“退缴的违法所得人民币二万六千七百零八元,未退缴的违法所得人民币七十七万三千七百六十元五角二分予以追缴,发还网络游戏《Audition》(《劲舞团》)软件著作权的相关权利人”,体现的是典型的物权思维。

(2) 在应当进行“主动型救济”的场合,具体的退赔标准又大致有两种:一是采“在案财产”标准。如王志骏、刘宁、秦学军侵犯商业秘密案[③]的判决就认为,“已被冻结的沪科公司账户内款项,责令退赔给华为公司(退赔金额以人民币588.01万元为限)”。二是采“不局限于在案财产”标准。如上海市嘉定区人民法院审结的杨俊杰、周智平侵犯商业秘密案[④]就判决“责令退赔违法所得78万元(已在案30万元),发还卡伯公司”(该判决因二审中撤诉而生效)。对此,有学者曾指出,“责令退赔的财产范围不必拘泥于违法所得,在被告人有财产可供赔

---

① 参见刘延和:《关于刑事追缴、责令退赔和没收适用情况的调查》,载最高人民法院刑二庭编:《经济犯罪审判指导》2004年第2辑(总第六辑),人民法院出版社2004年版,第142页。

② 参见上海市浦东新区人民法院(2008)浦刑初字第1610号刑事判决书。

③ 参见深圳市南山区人民法院(2004)深南法刑初字第439号刑事判决书。

④ 参见徐松青:《杨俊杰、周智平侵犯商业秘密案——自诉案件中如何认定侵犯商业秘密罪的主要构成要件》,载最高人民法院刑事审判庭编:《刑事审判参考》2010年第2集,法律出版社2010年版,第1—10页。

偿的情况下，无须被害人另行提起民事赔偿诉讼，可以直接通过责令退赔予以解决”。从应然角度看，知识产权刑事案件应实行“司法为民”原则，在可能情况下，附带处理民事赔偿问题有利于节约诉讼成本、提高诉讼效率。判决中退赔的财产应当是“在案财产”，但不局限于是在案的“违法所得”。如果仅有部分违法所得已追回的，应当优先“退赔”而非“没收”，以与“民事赔偿优先”相一致。

（3）免予刑事处罚判决的“责令赔偿损失”有自身的独立法律依据，即《刑法》第37条。该条的“责令赔偿损失”不只是民事责任的实现方式，也是犯罪的法律后果，判决宜直接表述为“（被告人免予刑事处罚）被告人赔偿被害人×元”。如在汕头市金基有限公司、黄某某销售假冒注册商标的商品案[①]中，被告单位以58 000余元的价格销售给他人一批包装上印有“MARUTO”和“EAGLEWAVE图形”的两种假冒注册商标的钓鱼钩，被判决免予刑事处罚，“违法所得发还被害人”。但是，判决主文并未明确“违法所得”是多少（“58 000余元的销售价格”并不等于就是违法所得）。

（4）凡“主动型救济”未覆盖的范围，应允许实行全面的“被动型救济”。属于被害人合法财产的部分，如曾追缴或责令退赔而未追缴到位或未实际退赔，以致不能“返还”的，可由被害人提起民事诉讼获得救济。

从比较角度看，美国《优化知识产权资源与组织法》规定，所有被定罪的知识产权犯罪人作为财产犯罪人必须向犯罪被害人支付赔偿。[②] 不少国家利用罚没措施机制来实现对被侵权人经济补偿规定的目标，即司法机关所没收的犯罪人非法所得、犯罪工具或者设备、侵权复制品可以折抵价值补偿给侵犯知识产权犯罪中的被侵权人。法国《知识产权法典》第L·335-6条和第L·335-7条就是这样。1994年

---

① 参见上海市闸北区人民法院（2009）闸刑初字第132号刑事判决书。

② 参见谭江：《美国知识产权立法的最新动向——解读美国〈优化知识产权资源与组织法案〉》，载《知识产权》2009年第1期。

泰国《著作权法》第 76 节规定,法院向著作权犯罪人收取罚金的一半要支付给著作权人;第 75 节规定,所有的侵权复制品成为著作权人的财产,用于实施违法犯罪的物品则予以没收。[1] 我国有论者认为,知识产权犯罪的侵权复制品、材料、工具一律没收或销毁不合理[2],将《刑法》第 64 条"没收的财物和罚金,一律上缴国库,不得挪用和自行处理"改为"没收的财物可以折抵价值赔付给因犯罪遭受重大损失的被害人或者被侵权人"[3],由于《刑法》第 36 条确立的"民事赔偿优先"原则仅涉及罚金和没收财产,故从被害人救济角度就涉案财产处理制度进行重构,具有积极意义。

---

① See Paul Torrenmans (ed.), Copyright Law: A Handbook of Contemporary Research, Edward Elgar Publishing Limited, 2007. p. 418.

② 参见刘远山:《我国侵犯商标权犯罪定罪和量刑研究》,知识产权出版社 2010 年版,第 200 页。

③ 黄晓亮:《论侵犯著作权犯罪之法律后果的立法完善》,载《中国版权》2007 年第 5 期。

结 语

本书从年度数据、案件判决、解释规范三个实证维度，对知识产权刑事司法保护机制（以下简称“该机制”）进行了运行实践与规范架构分析，并在此基础上展开司法定量机制、行刑衔接机制、侦控机制、审判机制四个角度的理论描述与实务问题分析。主要结论如下：

（一）我国知识产权刑事司法年度数据蕴含着该机制宏观的运行特色

（1）知识产权犯罪人的捕送比、捕诉比、捕判比总体呈下行走势，征表着通过控制逮捕适用来改善刑事诉讼生态环境的努力。逮捕适用的减少，给后续阶段决定起诉或不起诉、有罪或无罪审理及公正量刑等提供宽松空间，有利于现代刑事诉讼规则在知识产权领域的实施。

（2）近年知识产权案件的起诉率，相对于持续上升的绝对数形成“量升率降”的“悖反现象”，相对于一般刑事案件起诉率形成“差距现象”；移送审查起诉可能存在数量偏大及质量值得检视的问题。

（3）知识产权审结案数的年度增长率曲线有波谷和波峰较明显的两个倒“V”字结构，与2004年和2010年两次全国性打击侵犯知识产权“专项行动”相关联，体现出我国知识产权刑事司法某种“运动型”色彩。

（4）司法机关已处理案件的案均人数呈总体下降趋势，2012年已锐减至 1.21 人/案，甚至低于采取“大犯罪”概念（即包括我国“犯罪”与“违法”在内）的美国案均人数，提示在整体上司法打击了很多群体性程度较低的犯罪案件。

（5）近十年来，知识产权刑事案件被告人的有罪判决率都至少在 99.50% 以上，与批捕率及被起诉率形成巨大反差。在“侦控审”三阶流程中，“控”这一环节过滤较多，不符合法律标准的犯罪嫌疑人和案件一旦被提起公诉，则“审”这一环节已无多大过滤空间。

因此，建议我国应当对知识产权刑事司法保护力度与年度数据之间的关系进行科学解读和理性对待，实现由“运动型”向“机制型”司法的模式转变，调整政策目标，突出查办重点案件，进一步改善了知识产权刑事诉讼生态环境。

（二）我国知识产权刑事判决揭示出该机制微观具体的运作特色

（1）在审判程序特征上，中级人民法院、人民陪审员、审判委员会均发挥着自身的积极作用。中级人民法院的主要角色是上诉审理，在许多省份的刑事一审中也发挥着重要作用。人民陪审制在知识产权刑事司法中有重要作用，在城区基层法院的超六成案件中被适用。审判组织选择因案由不同而有显著差异，假冒专利罪、侵犯商业秘密罪案件全部采取合议制。经过审判委员会讨论的案件，无一被检察院抗诉，审判委员会的制度功能仍有作用空间。

（2）在审判实体特征上，审理判决“瑜”中存“瑕”、刑罚轻缓化特征突出。一审判决有罪率极高，被告人上诉的“二审发改率”达两成，表明被告人扮演着重要的判决纠错角色。有被告人适用缓刑的案件近六成，“被告人 1 人”案件比“被告人 2 人以上”案件判处实刑的“门槛值”更高。判处实刑的案件，最高刑期在 1 年、3 年以下的占比分别达四成和九成，均值为 19.68 个月。案件最高罚金额均值 60 785.87 元，在 5 000 元、10 000 元、50 000 元以下的案件累计占比分别达一成半、三成和七成半，实际判处罚金额低于“两个幅度”规则应处最低额的案件过半。

（3）在侦控特征上，侦查结果明显受到被告人数多寡及在逃与否的影响。控诉中被害人提起附带民事诉讼的比率极低，被害人权利保护值得高度关注。现有抗诉空间小，在比例极低的检察院抗诉案件中，抗诉成功超四成。

（三）我国知识产权刑事司法解释规范，体现出专有权、回应型和犯罪化特色

（1）司法解释权由"两高"独享，但存在"同质之弊"与"冲突之弊"。建议通过解释事权"分而治之"及长远实行一元解释模式来解决。公安部等参与制定司法解释缺乏法律依据；授权省高院制定数额具体标准实不足取；对地方公、检、法机关联合制定配套文件应加强约束。

（2）司法解释动力来源于回应国际和国内需求。建议应更强化自主解释，对外回应更需做到原则性与灵活性相结合，对内回应需关注长期被忽视的某些问题以在解释规范上体现。

（3）司法解释具有犯罪化效果。建议犯罪化解释应在法治轨道谨慎行权，并遵循实质解释论实现不当罚行为在知识产权领域出罪化。

（四）我国知识产权刑事司法机关权力运作，呈现出"司法具体定量"特色

（1）"违法—犯罪二元主义"是我国的基本"法律国情"，"司法具体定量"实现"立法抽象定量"的操作化，且更具有灵活性和与时俱进的品格。中美知识产权刑事程序的差异是两国刑事定罪标准不同的根本原因。

（2）量的设定，包括如何确定定量根据与设定数值，涉及司法解释的形成进路与调整技术问题。今后应在"秩序本位"基础上落实"兼顾权利保护"理念，使定量根据尽快应对信息时代挑战和完成体系化构建使命。

（3）量的测定，即犯罪数额或数量的计算方法，涉及实际案件司法操作问题。侵犯著作权罪数量标准"从 1 000 到 500"式门槛降低现

象直指量的设定正当性瑕疵,未遂犯定量“三倍规则”征表着数额既遂标准说的胜出,单位门槛标准上的司法实践差异根源于规范的含糊,司法解释修改可考虑采取修正案方式。

(五) 我国双轨保护制度下知识产权案件“行刑衔接”,表现出合力打击违法犯罪的特色

(1) 知识产权双轨保护是该机制存在和运行的制度土壤。“行政执法之轨”是一种重要的“壳”资源,“行刑衔接”是程序“管道”。通过加强行政执法和加大行刑衔接力度,能为知识产权刑事司法提供更好的平台和条件,合力处理知识产权违法(国外轻罪)和犯罪行为。

(2) 行刑衔接机制优化应简化主体关系。移送“出口”需统一、集中,倒逼知识产权行政执法由主体多元分散走向综合执法改革。行政处罚的功能应回归理性。考虑国情实际尤其是队伍人员的数量悬殊和专业差距,行政处罚在我国可起到对刑事司法的“过滤”和“分流”功能。

(3) 行刑衔接机制优化应畅通渠道。建议对行、刑二“罚”适用同样的定量计算方法,移送标准适当低于追诉标准。一般性地采用“行政优先”程序适用原则,来认定知识产权犯罪的“行政违法性”及为认定“刑事违法性”做准备,符合司法公正和效率的要求。

(4) 行刑衔接机制优化应强化监督。行刑衔接信息共享机制是监督的基础平台和“牛鼻子”,平台监督是一种信息化带动下创新的监督形式,还应建立和实施执法责任制度。

(六) 我国知识产权侦控呈现出侦查“借力”、公诉“一诉独大”和亟待专业化优化配置的特点

(1) 知识产权刑事侦查应合理借助专家之力、技术之力、合作者之力。借助专家之力的鉴定意见,在采信上尚需“以专制专”的制度创新。建议将司法鉴定、专家证人、专家咨询(陪审)三位一体形成合力,允许采用合理的陷阱取证等技术侦查措施,主动利用好知识产权侦查的社会合作和国际合作机制。

（2）知识产权刑事公诉“一诉独大”，有待打破“方式垄断”。“严重危害社会秩序和国家利益”的公诉案件标准和“可能判处三年以上有期徒刑”的“自诉转公诉”过滤条件未被重视和遵守，导致依职权的公诉程序处理了不少未达公诉门槛的案件。在 TRIPS 协定第 61 条意义上，自诉是“弹性机制”之一，应成为我国新的重要履约方式。附带民事诉讼应明确允许和支持。

（3）我国知识产权刑事领域没有呈现出一般刑事案件领域所具有的“侦查决定型”特色。侦控机制对知识产权刑事司法有“路径塑造”作用，对知识产权刑事侦查起诉资源和组织进行理性优化是更有效率的司法资源配置。侦控主体设置应实行机构专门化，将检察机关的法律制约作用前置到取证等侦查过程中。

（七）我国知识产权审判呈现出“集中专业化审理”改革试点、定罪“去竞合化”和量刑日趋规范化的特点

（1）“三合一”改革关注知识产权刑事案件所具有的“因侵权而犯罪”特质，体现出“集中专业化审理”的特色，符合知识产权司法公平与效率的价值追求。建议“三合一”下合理衔接刑民交叉案件审理程序和调整侦、诉、审刑事链条的管辖衔接和办案程序等机制。

（2）知识产权领域罪名适用“去竞合化”，使侵犯知识产权罪成为真正的罪名武器。建议明确“以假卖假”案件罪名适用规则，即一般情况下宜确定为商标犯罪等知识产权犯罪而不构成制售伪劣商品犯罪；只有同时达到“冒充合格”程度时，方成想象竞合犯而从一重罪处置。

（3）知识产权刑事量刑需力避短期自由刑之弊端，从源头上综合考虑适用罚金刑的一般条件。涉案财物处理措施存在适用不规范的问题，建议明确追缴和责令退赔的程序措施性质，不应判决“继续追缴”或“责令退赔”，而可直接判决没收或留予被害人另行民事起诉。涉案财物处理中对被害人实行有限“主动型救济”与全面“被动型救济”相结合。

当然，本书也存在一些遗憾与不足。在实证方法运用上，受到数据本身及获取性的限制，如公、检、法三大刑事司法机关对因主要统计

指标存在口径差异,有的年份数据没有可获得性;收集的司法判决在有些研究价值大的观测点上信息缺失,并由于缺失值太多,难以加以系统比较而被迫作罢。在机制的问题分析上,某些方面如司法定量机制中“其他问题”的计算方法等尚未及深入;虽然提出了知识产权刑事司法机制四个子机制的主要特色与问题及完善,但未能形成类似于美国联邦司法部《知识产权犯罪追诉手册》一样的办案指引。这些遗憾与不足,有赖今后就相关数据不断积累,就某些具体问题的相应领域拓深、拓宽研究,并通过延伸研究而完成“知识产权刑事司法办案指引”这一实务研究任务。

参考文献

一、著作类

1. 白建军:《法律实证研究方法》,北京大学出版社 2008 年版。

2. 白建军:《关系犯罪学》(第二版),中国人民大学出版社 2009 年版。

3. 白建军:《罪刑均衡实证研究》,法律出版社 2004 年版。

4. 曹新明、梅术文:《知识产权保护战略研究》,知识产权出版社 2010 年版。

5. 陈辐宽主编:《知识产权犯罪疑难问题解析》,中国检察出版社 2010 年版。

6. 陈福利:《中美知识产权 WTO 争端研究》,知识产权出版社 2010 年版。

7. 陈瑞华:《刑事诉讼的中国模式》,法律出版社 2008 年版。

8. 邓建志:《WTO 框架下中国知识产权行政保护》,知识产权出版社 2008 年版。

9. 丁寿兴主编:《浦东法院知识产权审判文选(2005—2008)》,知识产权出版社 2009 年版。

10. 甘古力:《知识产权:释放知识经济的能量》,宋建华等译,知识产权出版社 2003 年版。

11. 甘绍宁编:《国家知识产权事业发展“十二五”规划研究》,知识产权出版社 2012 年版。

12. 龚培华主编:《侵犯知识产权犯罪构成与证明》,法律出版社 2004 年版。

13. 国家保护知识产权工作组编写:《行政执法和司法人员知识产权读本》,人民出版社 2008 年版。

14. 汉斯·舍格伦等:《经济犯罪的新视角》,北京大学出版社 2006 年版。

15. 何帆:《刑民交叉案件审理的基本思路》,中国法制出版社 2007 年版。

16. 贺小勇等:《WTO 框架下知识产权争端法律问题研究——以中美知识产权争端为视角》,法律出版社 2011 年版。

17. 贺志军:《我国著作权刑法保护问题研究》,中国人民公安大学出版社 2011 年版。

18. 姜伟主编:《知识产权刑事保护研究》,法律出版社 2004 年版。

19. 李发耀:《多维视野下的传统知识保护机制实证研究》,知识产权出版社 2011 年版。

20. 梁根林:《合理地组织对犯罪的反应》,北京大学出版社 2008 年版。

21. 刘春田主编:《知识产权法》(第四版),中国人民大学出版社 2011 年版。

22. 刘科:《〈与贸易有关的知识产权协定〉刑事措施义务研究》,中国人民公安大学出版社 2011 年版。

23. 刘远山:《我国侵犯商标权犯罪定罪和量刑研究》,知识产权出版社 2010 年版。

24. 刘宪权、吴允锋:《侵犯知识产权犯罪理论与实务》,北京大学出版社 2007 年版。

25. 孟鸿志主编:《知识产权行政保护新态势研究》,知识产权出版社 2011 年版。

26. 莫洪宪、贺志军:《多维视角下我国知识产权的刑事保护研究》,中国人民公安大学出版社 2009 年版。

27. 彭辉:《版权保护制度理论与实证研究》,上海社会科学院出版社 2012 年版。

28. 皮勇主编:《侵犯知识产权罪案疑难问题研究》,武汉大学出版社 2011 年版。

29. 钱锋主编:《用创新的方法保护创新》,法律出版社 2012 年版。

30. 钱锋主编:《中国知识产权审判研究》(第一至第四辑),人民法院出版社 2009、2011、2013 年版。

31. 全国人大常委会法制工作委员会刑法室编:《关于修改中华人民共和国刑事诉讼法的决定条文说明、立法理由及相关规定》,北京大学出版社 2012 年版。

32. 单晓光、许春明:《知识产权制度与经济增长:机制·实证·优化》,经济科学出版社 2009 年版。

33. 沈德咏主编:《中国特色社会主义司法制度论纲》,人民法院出版社 2009 年版。

34. 沈国兵:《与贸易有关的知识产权协定下强化中国知识产权保护的经济分析》,中国财经出版社 2011 年版。

35. 王飞跃:《刑法中的累计处罚制度》,法律出版社 2010 年版。

36. 王世洲主编:《关于著作权刑法的世界报告》,中国人民公安大学出版社 2008 年版。

37. 王殊:《中国知识产权边境保护》,中国政法大学出版社 2012 年版。

38. 王志广:《中国知识产权刑事保护研究》(理论卷)(实务卷)(共两卷),中国人民公安大学出版社 2007 年版。

39. 吴汉东:《知识产权多维度解读》,北京大学出版社 2008 年版。

40. 吴汉东:《知识产权制度基础理论研究》,知识产权出版社 2009 年版。

41. 吴汉东主编:《科学发展观与知识产权战略实施》,北京大学出版社 2011 年版。

42. 杨国华:《中美知识产权问题概观》,知识产权出版社 2008 年版。

43. 张明楷:《刑法分则的解释原理》(第二版),中国人民大学出版社 2011 年版。

44. 张明楷:《刑法学》(第四版),法律出版社 2011 年版。

45. 章忠信:《著作权法逐条释义》,五南图书出版股份有限公司 2007 年版。

46. 赵国玲、王海涛主编:《知识产权犯罪中的被害人——控制被害的实证分析》,北京大学出版社 2008 年版。

47. 赵秉志主编:《国际化背景下知识产权的刑事法保护》,中国人民公安大学出版社 2011 年版。

48. 赵秉志主编:《侵犯著作权犯罪研究》,中国人民大学出版社 2008 年版。

49. 赵秉志主编:《刑法解释研究》,北京大学出版社 2007 年版。

50. 赵星:《知识产权侵权犯罪被害人保护和救济研究》,中国人民公安大学出版社 2008 年版。

51. 郑成思:《知识产权论》,社会科学文献出版社 2007 年版。

52.《知识产权与改革开放 30 年》编委会:《知识产权与改革开放 30 年》,知识产权出版社 2008 年版。

53. 中国人民大学知识产权教学与研究中心、知识产权学院编:《中华人民共和国最高人民法院公报知识产权案例全集(1987—2011)》,华中科技大学出版社 2012 年版。

54. 中国社会科学院知识产权研究中心、中国知识产权培训中心编:《完善知识产权执法体制问题研究》,知识产权出版社 2008 年版。

55. 中国社会科学院知识产权中心编:《中国知识产权保护体系改革研究》,知识产权出版社 2008 年版。

56. 最高人民法院刑事审判第一、二、三、四、五庭主办:《中国刑事审判指导案例 2:破坏社会主义市场经济秩序罪》(《刑事审判参考》(1999—2008)分类集成),法律出版社 2009 年版。

57. 最高人民法院刑事审判第一、二、三、四、五庭主办:《刑事审判参考》,法律出版社出版(各期)。

58. 左卫民等:《中国刑事诉讼运行机制实证研究(二)》,法律出版社 2009 年版。

59. Alexander R. Klett, et al. (2008), Intellectual Property Law in Germany: Protection, Enforcement and Dispute Resolution, Verlag C. H. Beck.

60. Andrew Mertha (2005), The Politics of Piracy: Intellectual Property in Contemporary China, Cornell University Press.

61. Bankole Sodipo (1997), Piracy and Counterfeiting: GATT, TRIPS and Developing Countries, Kluwer Law International.

62. Carlos Correa (2007), Trade Related Aspects of Intellectual Property Rights: A Commentary on the TRIPS Agreement, Oxford Univ. Press.

63. Carlos Correa(2010), Research Handbook on the Interpretation and Enforcement of Intellectual Property Under WTO Rules: Intellectual Property in the WTO(Research Handbooks), Edward Elgar Press.

64. Christoph Antons (2011), The Enforcement of Intellectual Property Rights: Comparative Perspectives from the Asia-Pacific Region, Kluwer Law International.

65. Christophe Geiger(2012), Criminal Enforcement Of Intellectual Property: A Handbook of Contemporary Research, Edward Elgar Publishing Limited.

66. Christopher Heath and Anselm Kamperman Sanders(2005), New Frontiers of Intellectual Property Law: IP and Cultural Heritage, Geographical Indications, Enforcement and Overprotection, Hart Publishing.

67. Claudia Milbradt (ed.)(2009), Fighting Product Piracy: Law & Strategies in Germany, France, the Netherlands, Spain, UK, China, USA, German Law Publishers.

68. Computer Crime & Intellectual Property Section (2013), Prosecuting IP Crimes Manual, United States Department of Justice.

69. Daniel Gervais(ed.)(2007), Intellectual Property, Trade and Development: Strategies to Optimize Economic Development in a TRIPS-Plus Era, Oxford University Press.

70. Fiona Macmillan(eds) (2005, 2006), New Directions in Copyright Law, Volume 1-3, Edward Elgar Publishing Limited.

71. Frederick M. Abbott, Thomas Cottier and Francis Gurry(2007), International Intellectual Property in an Integrated World Economy, Aspen Publishers.

72. George Cumming, et al. (2008), Enforcement of Intellectual Property Rights in Dutch, English and German Civil Procedure, Kluwer Law International.

73. Geraldine S. Moohr(2008), The Criminal Law of Intellectual Property and Information: Cases and Materials, Thomson.

74. Jay Albanese(2009), Combating Piracy: Intellectual Property Theft and Fraud, Transaction Publishers.

75. John Barton(2003), Integrating Intellectual Property Rights and Development Policy, London: Commission on Intellectual Property Rights.

76. Kamil Idris(2003), Intellectual Property : A Power Tool for Economic Growth, World Intellectual Property Organization.

77. L. T. C. Harms(2009), The Enforcement of Intellectual Property Rights: A Case Book, World Intellectual Property Organization.

78. Louis Harms(2006), Enforcement of Intellectual Property Rights, World Intellectual Property.

79. Martin K · Dimitrov(2009), Piracy and the State: The Politics of Intellectual Property Rights in China, Cambridge University Press.

80. Michael Blakeney(2012), Intellectual Property Enforcement: A Commentary on the Anti-Counterfeiting Trade Agreement, Edward Elgar Publishing Limited.

81. Michael Blakeney, et. al. (2008), Border Control of Intellectual Property Rights, Thomson Sweet & Maxwell.

82. Michael McAleer and Les Oxley(2007), Economic and Legal Issues in Intellectual Property, Blackwell Publishing.

83. Oliver Vrins and Marius Schneider(2012), Enforcement of Intellectual Property Rights through Border Measures: Law and Practice in the EU(2nd ed.), Oxford University Press.

84. Paul Torremans, Hailing Shan and Johan Erauw(2007), Intellectual Property and TRIPS Compliance in China: Chinese and European Perspectives, Edward Elgar Publishing Ltd.

85. Peter-Tobias Stoll, Jan Busche and Katrin Arend (ed.)(2009), Trade-related Aspects of Intellectual Property Rights, Max Plank Institute for Competetive Public Law and International Law, Martinus Nijhoff Publishers(Leiden Boston).

86. Robert Burrell(1998), A Case Study in Cultural Imperialism: The Imposition of Copyright on China by the West Perspectives on Intellectual Property and Ethics, Sweet & Maxwell.

87. Russell L. Parr (2012), Intellectual Property: Valuation, Exploitation and Infringement Damages 2012 Cumulative Supplement, Wiley.

88. Sherri Schornstein(2013), Criminal Enforcement of Intellectual Property Rights: U.S. Perspective, Oxford University Press USA.

89. Timothy Trainer(2002), International Intellectual Property Enforcement: SOP (Standards, Observations and Perceptions), International Anti-Counterfeiting Coaltition, Inc.

90. Timothy Trainer and Vicki E Allums (2006), Protecting Intellectual Property Rights Across Borders, Thomson West.

91. UNCTAD-ICTSD(2005), Resource Book on TRIPS and UNCTAD Development, Cambridge Publishing.

92. Xuan Li and Carlos Correa(2009), Intellectual Property Enforcement: International Perspective, Edward Elgar Publishing Ltd.

二、论文类

1. 白建军:《法律、法学与法治》,载《法学研究》2013 年第 1 期。

2. 陈苏:《司法解释的建构理念分析——以商事司法解释为例》,载《法学研究》2012 年第 2 期。

3. 陈惠珍:《知识产权诉讼中"陷阱取证"的效力认定》,载《浦东审判》2013 年第 3 期。

4. 陈屹立:《犯罪治理中的策略配合:基于实证文献的分析》,载《中国刑事法杂志》2011 年第 9 期。

5. 陈屹立:《中国犯罪率的实证研究》,山东大学 2008 年博士学位论文。

6. 陈越峰:《公报案例对下级法院同类案件判决的客观影响——以规划行政许可侵犯相邻权争议案件为考察对象》,载《中国法学》2011 年第 5 期。

7. 储槐植:《论我国刑法中犯罪概念的定量因素》,载《法学研究》1988 年第 2 期。

8. 崔立红:《著作权犯罪与谦抑原则的适用——以〈关于办理侵犯知识产权刑事案件具体应用法律若干问题的解释(二)〉为视角》,载《知识产权》2007 年第 5 期。

9. 邓建志:《中国专利行政保护制度绩效研究》,载《中国软科学》2012 年第 2 期。

10. 丁娟:《知识产权犯罪案件事实认定的特别程序保障——以台湾〈智慧财产案件审理法〉为借鉴》,载《北方经济》2012 年第 1 期。

11. 樊文:《犯罪控制的惩罚主义及其效果》,载《法学研究》2011 年第 3 期。

12. 范晓东等:《试论网络知识产权犯罪中的审判管辖制度》,载《知识产权》2012 年第 1 期。

13. 冯俊伟:《行政执法证据进入刑事诉讼的类型分析——基于比较法的视角》,载《比较法研究》2014 年第 2 期。

14. 高通:《行政执法与刑事司法衔接中的证据转化——对〈刑事诉讼法〉(2012 年)第 52 条第 2 款的分析》,载《证据科学》2012 年第 6 期。

15. 高晓莹:《论非法经营罪在著作权刑事保护领域的误用与退出》,载《当代法学》2011 年第 2 期。

16. 顾培东:《人民法院内部审判运行机制的构建》,载《法学研究》2011 年第 4 期。

17. 郭华:《行政执法与刑事司法衔接机制的立法问题研究——以公安机关的经济犯罪侦查为中心》,载《犯罪研究》2009 年第 1 期。

18. 国家知识产权局:《中国知识产权保护状况白皮书》(各年度),载国家知识产权战略网 http://www.nipso.cn/bai.asp。

19. 国务院新闻办公室:《中国政府建立打击侵权假冒常态化工作机制》,载中国网 http://www.china.com.cn/zhibo/zhuanti/ch-xinwen/2011-12/13/content_24140675.htm.

20. 韩大元、于文豪:《法院、检察院和公安机关的宪法关系》,载《法学研究》2011 年第 3 期。

21. 何国强、马婷婷:《知识产权刑事案件立案、定罪、量刑问题考察》,载《湖北警官学院学报》2013 年第 5 期。

22. 胡鸿高:《公共利益的法律界定》,载《中国法学》2008 年第 4 期。

23. 胡良荣:《侵犯商业秘密刑民交叉案件处理的困惑与出路》,载《知识产权》2011 年第 6 期。

24. 胡铭:《法律现实主义与转型社会刑事司法》,载《法学研究》2011 年第 2 期。

25. 黄祥青:《罪质分析法与转换定罪规则的适用》,载《刑事审判参考》(总第 75 集),法律出版社 2010 年版,第 171—182 页。

26. 黄晓亮:《破坏金融管理秩序罪追诉标准问题研究》,载《政治与法律》2010 年第 3 期。

27. 季美君:《专家证据的价值与我国司法鉴定制度的修改》,载《法学研究》2013 年第 2 期。

28. 江必新:《司法对法律体系的完善》,载《法学研究》2012 年第 1 期。

29. 姜芳蕊:《知识产权行政保护与司法保护的冲突与协调》,载《知识产权》2014 年第 2 期。

30. 蒋志培:《中国知识产权司法保护机制的特点》,载《新青年》2007 年第 7 期。

31. 蒋涛:《罪刑法定下我国刑法司法解释的完善》,华东政法大学 2008 年博士论文。

32. 孔祥俊:《积极打造我国知识产权司法保护的"升级版"——经济全球化、新科技革命和创新驱动发展战略下的新思考》,载《知识产权》2014 年第 2 期。

33. 李兰英等:《论"因侵权而犯罪"和"因犯罪而侵权"》,载《现代法学》2012 年第 5 期。

34. 李翔:《论创设性刑法规范解释的不正当性》,载《法学》2012 年第 12 期。

35. 李晓明:《从中美 IP/WTO 第一诉谈我国的轻罪体系建构——重在两国 IP 保护力度的分析》,载《中国法学》2007 年第 6 期。

36. 梁根林:《但书、罪量与扒窃入罪》,载《法学研究》2013 年第 2 期。

37. 梁志文:《法院发展知识产权法:判例、法律方法和正当性》,载《华东政法大学学报》2011 年第 3 期。

38. 林广海:《"三审合一"——知识产权案件司法保护新机制述评》,载《河北法学》2007 年第 2 期。

39. 刘方权:《刑事诉讼实证研究中的数据解读——与徐美君女士商榷》,

载《中国刑事法杂志》2010 年第 12 期。

40. 刘树德:《刑事司法语境下的“同案同判”》,载《中国法学》2011 年第 1 期。

41. 刘蔚文:《侵犯商业秘密罪中的“重大损失”司法认定的实证研究》,载《法商研究》2009 年第 1 期。

42. 刘晓虎:《试论“以假充真”和“以假卖假”行为在定罪和销售金额认定上的区分》,载最高人民法院刑事审判庭编:《刑事审判参考》2011 年第 1 集(总第 78 集),法律出版社 2011 年版。

43. 刘延和:《关于刑事追缴、责令退赔和没收适用情况的调查》,载沈德咏主编:《经济犯罪审判指导》(总第六辑),人民法院出版社 2004 年版,第 132—143 页。

44. 刘杨东、侯婉颖:《论信息网络传播权的刑事保护路径》,载《法学》2013 年第 7 期。

45. 柳忠卫:《刑事政策视野中犯罪未完成形态立法模式的理性建构》,载《法学家》2012 年第 5 期。

46. 卢海君:《后 TRIPS 时代中国知识产权战略选择研究——以经济分析为视角》,载吴汉东主编:《知识产权年刊》(2006 年号),北京大学出版社 2007 年版。

47. 卢建平:《知识产权犯罪门槛的下降及其意义》,载《政治与法律》2008 年第 7 期。

48. 梅术文:《知识产权的执法衔接规则》,载《国家检察官学院学报》2008 年第 2 期。

49. 邱志英、吕晓华:《侵犯知识产权犯罪数额探析》,载《刑事审判参考》(总第 82 集),法律出版社 2012 年版。

50. 宋晓:《判例生成与中国案例指导制度》,载《法学研究》2011 年第 4 期。

51. 孙海龙、董倚铭:《知识产权审判中的民刑冲突及其解决——以构建协调的诉讼程序和专业审判组织为目标》,载《法律适用》2008 年第 3 期。

52. 孙山:《反思中前进:商业秘密保护理论基础的剖解与展望》,载《知识产权》2011 年第 8 期。

53. 孙骁勇:《“非法经营额无法计算”的认定》,载《中华商标》2011 年第 3 期。

54. 谭江:《美国知识产权立法的最新动向——解读美国〈优化知识产权资源与组织法案〉》,载《知识产权》2009 年第 1 期。

55. 唐震:《侵犯商标权刑事犯罪罪量认定思路之把握——基于湖南农民售假被处天价罚金事件所展开的分析》,载《法律适用》2013 年第 3 期。

56. 唐震:《商标权利人出具的商品真伪鉴定意见的证据属性及其审查》,载《企业与法》2013 年第 2 期。

57. 田宏杰:《侵犯知识产权犯罪的几个疑难问题探究》,载《法商研究》2010 年第 2 期。

58. 涂龙科:《犯罪论中数额的地位》,载《法律科学》2012 年第 4 期。

59. 万海富、秦天宁:《上海检察机关办理侵犯知识产权犯罪案件调查》,载《中国刑事法杂志》2010 年第 6 期。

60. 万毅:《解读"技术侦查"与"乔装侦查"——以〈刑事诉讼法修正案〉为中心的规范分析》,载《现代法学》2012 年第 6 期。

61. 王波:《无证经营取缔制度的研究报告》,载《东吴法学》2011 年秋季卷。

62. 王洁岽:《假冒注册商标罪几种特殊情形下非法经营数额的司法认定》,载《中国知识产权》2013 年第 3 期。

63. 王玫黎:《文化、机构竞争与国家能力——美国学者关于中国知识产权执法的解释进路》,载《知识产权》2010 年第 6 期。

64. 王敏远、郭华:《行政执法与刑事司法衔接问题实证研究》,载《国家检察官学院学报》2009 年第 1 期。

65. 王强:《法条竞合特别关系及其处理》,载《法学研究》2012 年第 1 期。

66. 王强军:《非法制造、销售非法制造的注册商标标识罪的法理缺陷与应对》,载《知识产权》2013 年第 10 期。

67. 王逸吟:《设立知识产权法院 带动整体司法改革》,载《光明日报》,2014 年 6 月 19 日。

68. 汪建成:《中国刑事司法鉴定制度实证调研报告》,载《中外法学》2010 年第 2 期。

69. 汪建成:《〈刑事诉讼法〉的核心观念及认同》,载《中国社会科学》2014 年第 2 期。

70. 汪雄:《内化法律之路——以内化禁止性规则为切入点》,载《环球法律评论》2011 年第 3 期。

71. 吴汉东:《知识产权的多元属性及其研究范式》,载《中国社会科学》2011 年第 5 期。

72. 吴汉东:《中国知识产权法制建设的评论与反思》,载《中国法学》2009 年第 1 期。

73. 吴汉东、锁福涛:《中国知识产权司法保护的理念与政策》,载《当代法学》2013 年第 6 期。

74. 吴永锋等:《侵犯商业秘密罪"重大损失"的认定研究》,载《法学杂志》2010 年第 9 期。

75. 武善学:《美日韩知识产权部门联合执法概况及其借鉴》,载《知识产权》2012 年第 1 期。

76. 萧宏宜:《数字时代著作权刑法的挑战与因应》,东吴大学 2008 年博士论文。

77. 熊琦:《著作权的法经济分析范式——兼评知识产权利益平衡理论》,载《法制与社会发展》2011 年第 4 期。

78. 徐岱:《犯罪所得之物之刑法解释与适用——以商业贿赂犯罪为视角》,载《中国刑事法杂志》2009 年第 1 期。

79. 徐美君:《我国刑事诉讼运行状况实证分析》,载《法学研究》2010 年第 2 期。

80. 徐武强、刘跃峰:《假冒伪劣现象的财政学分析》,载《财政研究》2005 年第 12 期。

81. 杨彩霞:《网络环境下著作权刑法保护的合理性之质疑与反思》,载《政治与法律》2013 年第 11 期。

82. 杨帆:《论我国知识产权刑事定罪标准——以中美知识产权争端为视角》,载《知识产权》2009 年第 4 期。

83. 杨鸿:《〈反假冒贸易协定〉的知识产权执法规则研究》,载《法商研究》2011 年第 6 期。

84. 杨宏亮:《责令退赔的司法适用及程序完善》,载《人民检察》2005 年第 12 期(上)。

85. 杨兴培、朱可人:《论商业秘密保护的民刑界限——以跳槽后使用原单位的图纸进行营利行为的性质认定为视角》,载《法治研究》2013 年第 1 期。

86. 姚建军:《三审合一:知识产权立体保护资源配置探究》,载《知识产权审判指导》2010 年第 2 期。

87. 余高能:《对我国侵犯知识产权犯罪刑事立法系统性的考量》,载《知识产权》2013 年第 12 期。

88. 余军:《“公共利益”的论证方法探析》,载《当代法学》2012 年第 4 期。

89. 于志刚、郭旨龙:《信息时代犯罪定量标准的体系化构建》,载《法律科学》2014 年第 3 期。

90. 于志强:《网络空间中著作权犯罪定罪标准的反思》,载《中国刑事法杂志》2012 年第 5 期。

91. 于志强:《信息时代侵权作品传播行为的定罪处罚标准》,载《政法论坛》2014 年第 1 期。

92. 虞政平:《中国特色社会主义司法制度的“特色”研究》,载《中国法学》2010 年第 5 期。

93. 张斌:《两大法系科学证据采信结构评析——从事实认知的角度》,载《环球法律评论》2011 年第 2 期。

94. 张利兆:《“刑事案件”概念的实体法意义》,载《法学》2010 年第 9 期。

95. 张伟君等:《ACTA 关于“数字环境下知识产权执法”规则评析》,载《知识产权》2012 年第 2 期。

96. 张猛:《知识产权国际保护的体制转换及其推进策略——多边体制、双边体制、复边体制?》,载《知识产权》2012 年第 10 期。

97. 张明楷:《改变重刑观念,做到量刑合理》,载 2013 年 1 月 30 日《人民法院报》。

98. 张明楷:《论刑法中的没收》,载《法学家》2012 年第 3 期。

99. 张智辉、王锐:《行政处罚与刑事处罚的衔接——以知识产权侵权行为处罚标准为视角》,载《人民检察》2010 年第 9 期。

100. 赵赤:《从“民法中心”到“刑法中心”的转变与实现——评析美国知识产权刑事立法的演进与最新发展》,载《天津行政学院学报》2010 年第 5 期。

101. 赵丽:《国际多边条约知识产权执法研究》,华东政法大学 2012 年博士学位论文。

102. 郑书前:《论知识产权保护双轨制的冲突及协调》,载《河南大学学报(社科版)》2007 年第 5 期。

103. 郑勇、李长坤:《刑事涉案财物处理问题之探讨》,载《刑事审判参考》(总第 79 集),法律出版社 2011 年版,第 187—202 页。

104. 郑友德等:《我国知识产权刑法保护现存问题及完善建议》,载《知识产权》2012 年第 1 期。

105. 庄绪龙:《侵犯商业秘密罪危害结果认定标准新论——基于一种数学模型的考虑》,载《政治与法律》2010 年第 6 期。

106. 最高人民法院研究室、民三庭、刑二庭:《知识产权刑法保护有关问题的调研报告》,载最高人民法院民三庭编:《知识产权审判指导与参考》(第 7 卷),法律出版社 2004 年版,第 94—144 页。

107. Alberto Chong, Is the World Flat? Country-and-Firm-Level Determinants of Law Compliance, 27 J. L. E. O. 272.

108. Ann. D Witte, "Estimating the Economic Model of Crime with Individual Data", (1980)94 The Quarterly Journal of Economics 57.

109. Christine Thelen, "Carrots and Sticks: Evaluating the Tools for Securing Successful TRIPS Implementation", (2005) 24 Temple Journal of Science, Technology & Environmental Law 519.

110. Christopher Cornwell and William N Trumbull, "Estimating the Economic Model of Crime with Panel Data,", (1994)76 Review of Economics and Statistics 360.

111. Danny Friedmann, How to Work within China's IPR Enforcement System for Trademark and Design Rights, http://www.nfprojects.nl/ipdragon/BMM_Bulletin_How_to_work_within_Chinas_IPR_enforcement_system.pdf.

112. Enrico Bonadio, "Remedies and Sanctions for The Infringement of Intellectual Property Rights under EC Law", (2008)30 E. I. P. R. 320.

113. Fredrick Abbott, "Seizure of Generic Pharmaceuticals in Transit Based on Allegations of Patent Infringement: A Threat to International Trade, Development and Public Welfare, (2009) 1 World Intellectual Property Organization Jour-

nal 49.

114. Gary Becker, Crime and Punishment: An Economic Approach, (1968) 76 Journal of Political Economy, pp. 169-271.

115. Geraldine Szott Moohr, Overcriminalization, "The Politics Of Crime Defining Overcriminalization Through Cost-Benefit Analysis: The Example Of Criminal Copyright Laws", (2005) 54 Am. U. L. Rev. 783.

116. Gregor Urbas, "Criminal Enforcement of Intellectual Property Rights, Interaction Between Public Authorities and Private Interests", in Christopher Heath & Anselm Kamperman Sanders (eds), New Frontiers of Intellectual Property Law, Hart Publishing, 2005, pp. 302-322.

117. H. Liu, the Criminal Enforcement of Intellectual Property Rights in China: Recent Developments and Implications, (2010) 5 Asian Criminology, pp. 137-156.

118. IIPA (International Intellectual Property Alliance), Paper on Copyright Enforcement under the TRIPS Agreement, October 2004.

119. Intellectual Property Office (UK), IP Crime Annual Report, available on http://www. ipo. gov. uk/

120. Intellectual Property Office (UK), Prevention and Cure : the UK IP Crime Strategy 2011, available on http://www. ipo. gov. uk/ipcrimestrategy2011. pdf

121. Irina D. Manta, "The Puzzle of Criminal Sactions for Intellectual Property Infringement", Harv. J. of Law & Technology, vol. 24, No. 2 Spring 2011, p 514.

122. Laurence Helfer, "Regime Shifting: The TRIPS Agreement and New Dynamics of International Intellectual Property Lawmaking", (2004) 29 Yale Journal of International Law 1.

123. Lin Ma, "Patent Criminal Enforcement in the People's Republic of China", International Review of Intellectual Property and Competition Law (IIC) Vol. 41 1/2010, pp1-30. "Straf-und zivilrechtliche Falle im bereich des geistigen Eigentums in China", Gewerblicher Rechtsschutz und Urheberrecht, 8/2011

124. Louise Blakeney and Michael Blakeney, "Counterfeiting and Piracy——Removing the Incentives Through Confiscation", (2008) 30 E. I. P. R. (9).

125. Natalie G. S. Corthésy (Jamaica), Challenges to Combating Piracy and Counterfeiting in Jamaica, the WIPO Academy and the WTO Intellectual Property Division, Research Papers From the WIPO-WTO Colloquium for Teachers of Intellectual Property (2011), Geneva, June 20 to July 1, 2011.

126. Nuno Garoupa and F. Gomez, Punish Once or Punish Twice: A Theory of the Use of Criminal Sactions in Addition to Rugulatory Penalties, (2002) UPF School of Law (mimeograph).

127. Paul Sugden, "How Long is A Piece of String? The Meaning of 'Commercial Scale' in Copyright Piracy", (2009) 31 European Intellectual Property Review 202.

128. Peter K. Yu, "Enforcement, Enforcement, What Enforcement?", (2012) 52 IDEA: The Journal of Law and Technology 239.

129. Rawlinson, P., "The UK Trade Marks Act 1994: It's Criminal", (1995) 1 E. I. P. R. 54.

130. Richard Rapp and Richard Rozek, Benefits and Costs of Intellectual Property Protection in Developing Countries, Journal of World Trade, Vol. 249 (1990), pp. 75-102

131. Royal Canadian Mounted Police: A National Intellectual Property Crime Threat Assessment, 2005 to 2008, accessible at: http://www.rcmp-grc.gc.ca/pubs/ipta-piem-eng.htm

132. S. A. Kadish, Some Observations on the Use of Criminal Sactions in Enforcing Economic Regulation, (1963) 30 University of Chicargo Law Review, pp. 423-49.

133. S. Shavell, the Optimal Structure of Law Enforcement, (1993) 36 Journal of Law and Economics, pp. 255-87.

134. Samantha E. Wu, "Effective Enforcement of Intellectual Property Right in China: A Real Possibility", (2006) 4 Dartmouth Law Journal 40.

135. Social Science Research Council, Media Piracy in Emerging Economies (MPEE), United States, March 2011, accessible at: http://piracy.ssrc.org/the-report.

136. Sylvia Albert et al., "Intellectual Property Crimes", 42 Am. Crim. L. Rev. 631 (2005).

137. T. Bender, "How to Cope with China's (Alleged) Failure to Implement the Trips Obligations on Enforcement", (2006) 9 Journal of World Intellectual Property 230.

138. U. S. Department of Justice, Progress Report of the Department of Justice's Task Force on Intellectual Property, June 2006.

139. U. S. Department of Justice, PROIP Act Annual Report FY2011, 2011.

140. U. S. Department of Justice, Performance and Accountability Report, available on http://www.justice.gov/ag/annualreports/pr2012/par2012.pdf.

141. Vichai Ariyanuntaka, Enforcement of Intellectual Property Rights Under TRIPS: A Case Study of Thailand,

142. William Fisher, "Theories of intellectual property", in S. Munzer (ed.) (2000), New Essays in the Legal and Political Theory of Property, Cambridge University Press.

143. Yoshifumi Fukunaga, "Enforcing TRIPS: Challenges of Adjudicating Minimum Standards Agreements", (2008) 23 Berkeley Technology Law Journal 867.

后　记

学习法律以来，我一直怀着探求“市场机制法律保护”的情愫。在武大读博时，因发生“中美 WTO 知识产权争端案”，“知识产权刑法保护”成为我研究的切入点和关注点。秉承“多一点我发现，少一点我认为”的理念，我采用法律实证分析方法，关注司法判决、执法数据等法律实施问题。2010 年我有幸获得国家社科基金“中国特色知识产权刑事司法保护机制实证研究”的青年项目，本书便是在该项目最终成果基础上经较大修改而成的。

该项目研究难度远超最初的预想。一方面，知识产权刑事司法机制的逻辑体系架构、“中国特色”的提炼、代表性问题的发现，无一不需要强大的学术驾驭能力；另一方面，十余个年度司法数据的整理与挖掘，1 617 份刑事司法判决的收集、指标体系设计、建立数据库、SPSS 分析，30 余个司法解释文件 130 个规范的文本实证分析……都是非常浩大耗时而又要求精细的学术工程，对法科出身的我无疑是一种巨大挑战，学术研究和写作过程充满酸甜苦辣、五味杂陈。在此，感谢本书合作作者袁艳霞女士。她善于计量统计分析，作为课题组核心成员全程参与课题研究；负责撰写了本书的实证分析章节（第一、二、三章）。我也要感谢课题组其他所有成员为完成该项目所做的一切贡献！

本书的顺利完成乃至我的整个学术发展，离不开各位老师的悉心指导和领导们、朋友们的关心帮助。

首先要感谢我的博士后合作导师吴汉东教授。承蒙导师厚爱，吸纳和引领我跨入知识产权法学殿堂,继续市场机制法律保护的学术梦想。先生品德高尚、学术精湛,睿智豁达、诲人不倦,虽逾花甲之年却仍笔耕不辍,引领学界和业界前沿。在这样一位国内外法学权威的指导下研习知识产权学术,真是如沐春风、三生有幸。特别要感谢我的博士生导师莫洪宪教授和硕士生导师唐世月教授、马长生教授,他们引领着我进入刑事法学殿堂,领略学术研究的道道亮丽风景,与法学学术结下此生情缘。四位导师在学术、工作和生活上待我如亲人,给予无私关怀帮助,师恩如山,此生难忘!

感谢工作单位湖南商学院提供发展平台,三尺讲台尽春晖;感谢校院两级领导和同事不吝帮助和鼓励扶持。副校长王明高教授引领我在“反腐”领域开辟新的学术园地,院长杨峥嵘教授对我多有鼓励和鞭策,曾荇、刘期湘、胡艳香、谭志君、胡君、匡青松及其他老师从各方面给予莫大支持。感谢中南财经政法大学知识产权研究中心曹新明、赵家仪、彭学龙、胡开忠、黄玉烨、詹映、熊琦等老师的指点和帮助;感谢中南财经政法大学齐文远、夏勇、徐涤宇教授及田国宝编审和中南大学何炼红、北京师范大学阴建峰等老师的积极帮助;感谢赵双阁、郝发辉、李晓秋、徐元、王超政、夏壮壮、姚鹤辉、孙松等诸学友的切磋互助。

感谢我的家人。一家三代互相关爱,彼此支持,共同诠释着“家是爱的港湾”。爱子景轩带给我们对生命的体验和成长的蓬勃活力,分享亲子互动的幸福和快乐,强化着我的担当感,也不觉放慢了生命的节奏,更加听从内心的声音。

最后,由于水平有限,资料不足,加上时间仓促,书中存在很多不足甚至错误,恳请读者批评指正。北京大学出版社的蒋浩、王丽环老师和他们的同仁为本书出版付出了辛勤劳动,谨致诚挚谢意。

贺志军

2015 年 11 月 20 日于长沙

图书在版编目(CIP)数据

知识产权刑事司法:中国特色实证研究/贺志军,袁艳霞著.—北京:北京大学出版社,2016.1

ISBN 978-7-301-26671-7

Ⅰ.①知… Ⅱ.①贺… ②袁… Ⅲ.①知识产权—刑事诉讼—研究—中国 Ⅳ.①D924.334

中国版本图书馆 CIP 数据核字(2015)第 299934 号

书　　名	知识产权刑事司法：中国特色实证研究 Zhishichanquan Xingshi Sifa：Zhongguo Tese Shizheng Yanjiu
著作责任者	贺志军　袁艳霞　著
责任编辑	王丽环
标准书号	ISBN 978-7-301-26671-7
出版发行	北京大学出版社
地　　址	北京市海淀区成府路 205 号　100871
网　　址	http://www.pup.cn　http://www.yandayuanzhao.com
电子信箱	yandayuanzhao@163.com
新浪微博	@北京大学出版社　@北大出版社燕大元照法律图书
电　　话	邮购部 62752015　发行部 62750672　编辑部 62117788
印 刷 者	北京大学印刷厂
经 销 者	新华书店
	965mm×1300mm　16 开本　24.5 印张　323 千字
	2016 年 1 月第 1 版　2016 年 1 月第 1 次印刷
定　　价	49.00 元